企业管理培训丛书

# 培训案例全书

陈龙海　化保力　陈飞◎主编

修订本

地震出版社

Seismological Press

**图书在版编目（CIP）数据**

培训案例全书 / 陈龙海，化保力，陈飞主编. —
修订本. —北京：地震出版社，2022.1
（企业管理培训丛书）
ISBN 978-7-5028-5283-2

Ⅰ.①培… Ⅱ.①陈… ②化… ③陈… Ⅲ.①企业管理—职业培训—案例
Ⅳ.①F272.92
中国版本图书馆CIP数据核字（2021）第213809号

地震版　XM4819/F（6159）

# 培训案例全书（修订本）

## 企业管理培训丛书

陈龙海　　化保力　　陈　飞　　主编

责任编辑：王亚明
责任校对：凌　樱
出版发行：**地震出版社**
　　　　　　北京市海淀区民族大学南路9号　　　　邮编：100081
　　　　　　发行部：68423031　68467991　　　　传真：68467991
　　　　　　总编办：68462709　68423029
　　　　　　编辑四部：68467963
　　　　　　E-mail：seis@mailbox.rol.cn.net
　　　　　　http://seismologicalpress.com
经销：全国各地新华书店
印刷：三河市九洲财鑫印刷有限公司

版（印）次：2022年1月第一版　2022年1月第一次印刷
开本：710×1000　　1/16
字数：563千字
印张：29
书号：ISBN 978-7-5028-5283-2
定价：98.00元

# 编 委 会

李建兵　高级人力资源管理师，曾担任知名企业总经理、知名物业集团副总裁

任　翔　民航业实训导师、内训师，企业高管，长期从事人力资源管理工作

乔思远　职业培训师，佐开教育创始人，曾先后任职于百度、58同城、行动教育等上市公司管理层与首批内训师

尹若芹　资深培训专家、石材护理行业国家职业鉴定考评员、从事经营管理20余年

杨守勇　一级人力资源管理师，佛山云天智能电力科技有限公司总经理

许耀斌　课程开发专家，资深企业经理人，曾担任多家跨国公司职业经理人

李新章　培训师，咨询顾问，曾担任多家跨国公司经理人，北京思沃特管理咨询有限公司董事长

胡政伟　企业内训师，北京首开城市运营服务集团有限公司战略部副经理

罗时迁　培训文化产品开发专家，曾担任培训在线负责人，为多家大中型企业提供培训咨询服务

蔡余杰　商业模式落地操盘手，培训专家，深圳聚海千舸企业管理顾问有限公司董事长

陈爱民　培训师，营销专家，上海海倍企业管理顾问有限公司董事长

何　峰　职业培训师，曾先后担任多家知名公司培训部负责人和培训经理

刘　军　庐陵书院副院长，曾任岁宝百货培训主管及某知名培训机构深圳负责人

　　管理大师彼得·圣吉博士（Peter M.Senge）说过：未来最成功的公司，是那些学习型的组织。有效的学习和培训正在成为企业发展的新的动力源泉。"谁停止变得更优秀，谁就不再优秀。"成为许多企业的镇山格言。在这场学习型组织革命当中，新兴的培训师队伍正在逐渐成为时代的弄潮儿，在企业的日常管理当中扮演着越来越重要的角色。

　　然而，正如一棵树的快速成长，枝叶的日渐繁茂需要伴随着根部的深植与扩展一样，随着培训在企业预算分量中的日渐加重，面对实践中出现的各种各样的新问题，企业管理者与培训师同样需要广泛地吸收养料，寻求更完善的解决途径。正如我们所看到的，国内的管理者苦苦受困于一系列问题：如何以最小的成本组织最有成效的培训？如何培养自己的优秀培训师队伍？培训师在实施培训的时候，如何使话语活泼生动，从而使听众不至于坐立不安、昏昏欲睡？如何用最简短的话语和形式让受众最大限度地领悟所讲述的思想与理念？如何让讲授不流于理论空谈而具有更实用的价值？

　　……

　　针对这一系列的问题，在长期的课程研发中，我们深切感到有必要为管理人员和培训者提供更多的培训、管理工具与素材，因此我们集中编创了这一套培训系列图书：

《培训游戏全书》

《培训故事全书》

《培训幽默全书》

《培训案例全书》

《户外拓展训练全书》

《杰出员工训练全书》

《培训管理全书》

《培训师训练全书》

《PPT微课制作全书》

我们相信，如果管理者或培训师能够将这些游戏、故事、幽默和案例运用于管理培训与日常交际生活之中，一定可以谈笑自如，魅力焕发。我们更相信，会有更多的企业培训师和企业培训管理者从这套丛书中得到灵感的火花，在培训课程开发和组织方面不断创新，完成从优秀到卓越的飞跃。即使是普通读者，也能够从这套丛书中得到智慧的启迪和人生的乐趣。

本套丛书历经几年时间收集整理而成，在编辑过程中，参考了国内外的许多书籍资料，并且得到了从事管理和培训工作多年的众多朋友的支持与帮助，在此深表谢意。希望本套丛书能成为广大管理人员和培训师的最佳助手和工具，也希望读者朋友将它巧妙地运用于自身的工作和生活中，使工作与生活更加丰富和完美。

编　者

# 目录

CONTENT

# 目 录

目 录

# 目录

## 第十三部分　服务营销

# 目 录

第 一 部 分

目标
管理

## 化整为零，实现目标

一位美国作家讲了一个故事。他第一次写书时，与书商在合同中约定用 6 个月的时间写完，所以，在这半年的工作日程表上，作家在每个日期后面都写上"写书"两个字。

但是 6 个月很快就过去了，作家的书并没有写出来。于是，书商只好再给他 3 个月的时间。作家的工作日程表上，这 3 个月中所有日期的后面仍然天天写有"写书"两个字，但书却仍然没有写出来。最后，书商无可奈何地又给了作家 3 个月的时间，说这次要是再写不出来，作家可就得承担违约的法律责任。作家真不知道该如何是好。

幸运的是，作家遇到了《服务于美国》一书的作者卡尔·阿尔布雷希特。卡尔给了他一个建议：化整为零。卡尔问作家总共要写多少页书，作家说 180 页；又问作家总共有多少写作时间，作家告诉他 90 天。于是，卡尔告诉作家：很简单，只要在工作日程表上写上"今天写两页"就行了。作家每天至少会写出两页来，要是顺利的话，每天可写上四五页。就这样，在卡尔的指点下，作家仅用了 1 个月的时间就完成了写书的任务。

> 一个人要想达成目标，就要学会把大问题分解并加以处理。这正像某些人所说的，一个人可以吃掉一头大象，但得一口一口地吃。这样的一个分解过程就叫"化整为零"。

## 目标的重要性

为了证明目标的重要性，曾有人做过一个实验。让 3 组人分别向 10 公里外的 3 个不同的村子步行。

第一组的人不知道村庄的名字，也不知道路程有多远，只告诉他们要跟着向导走。刚走了两三公里就有人叫苦；走了一半时有人愤怒了，他们抱怨为什么要走这么远，何时才能到目的地；有人甚至坐在路边不愿走了……越往后走，他们的情绪越低。

第二组的人知道村庄的名字和路程有多远，但路边没有里程碑，他们只能凭经验估计走了多远、花了多长时间。走到一半的时候，大多数人都想知道他们走了多远，比较有经验的人说："大概已经走了一半的路程了。"于是大家又一同向前走，当走到全程的 3/4 时，大家觉得疲惫不堪，情绪低落，而路程似乎还很长。这时有人说："快到了！"大家又振作起来，加快了步伐。

第三组的人不仅知道村子的名字、路程，而且公路上每一公里就有一块里程碑，人们边走边看里程碑，每前进一公里，大家便有一阵小小的快乐。前进过程中，他们用歌声和笑声来消除疲劳，情绪一直很高涨，所以很快就到达了目的地。

**分析** 当人们的行动有明确的目标，并且把自己的行动与目标不断加以对照，清楚地知道自己的进度与目标的距离时，行动的动机就会得到维持和加强，人们就会自觉克服一切困难，努力达到目标。

## 让目标引导人生之旅

美国一个研究成功学的机构，曾经长期追踪 100 个年轻人，直到他们年满 65 岁。结果发现：只有 1 个人很富有，还有 5 个人有经济保障，剩下 94 人情况不太好，可算是失败者。这 94 个人之所以晚年拮据，并非年轻时努力不够，主要是因为没有选定清晰的目标。聪明的人，有理想、有追求、有上进心的人，一定都有一个明确的奋斗目标，懂得自己活着是为了什么。他的所有努力，从整体上来说都能围绕一个比较长远的目标进行。他知道自己怎样做是正确的、有用的，避免做无用功，绝对不会浪费时间和生命。

**分析** 芸芸众生中，能取得成功的人占绝对少数。希望你能成为上述例子中这成功的 6%。

## 成功的道路是由目标铺成的

有人问罗斯福总统的夫人："尊敬的夫人，你能给那些渴求成功的人，特别是那些年轻、刚刚走出校门的人一些建议吗？"

总统夫人谦虚地摇摇头，但她又接着说："不过，先生，你的提问倒令我想起我年轻时的一件事。那时，我在本宁顿学院念书，想边学习边找一份工作，最好是电信业的工作。我的父亲便帮我联系，约好去见他的一位朋友：时任美国无线电公司董事长的萨尔洛夫将军。"

"等我单独见到萨尔洛夫将军时，他便直截了当地问我想找什么样的工作，具体哪一个工种。我想，他手下公司的任何工种我都喜欢，无所谓选不选了。于是我便对他说，随便哪份工作都行！"

"只见将军停下手中的工作，注视着我，严肃地说："年轻人，世上没有任何一类工作叫'随便'，成功的道路是由目标铺成的！"

> **分析** 有了目标才有奋斗的方向；没有目标，失去奋斗方向的人生会十分坎坷。

## 赖嘉的目标

赖嘉随父母迁到亚特兰大市时，年仅 4 岁。他的父母只有小学五年级的学历，因此当赖嘉表示要考上大学时，他的亲友大多不相信，但赖嘉心意已决，最后果真成为家中唯一进入大学深造的人。但是一年之后，他却因为贪玩导致功课不及格而被迫退学。在接下来的 6 年，他过着得过且过的生活，毫无人生目标。他多半时间都在一家低功率的电台担任导播，有时也替卡车卸货。

有一天，他拿起柯维的第一本著作《相会在巅峰》，从那时起，他对自己的看法完全改变了，他发现自己有不平凡的能力。重获新生的赖嘉，终于了解到目标的重要性，认识到目标决定着自己的将来。

赖嘉的目标是重返大学，然而他的成绩实在太差了，以致连遭墨瑟大学拒绝两次。在遭到第二次拒绝之后的某天，赖嘉无意间撞见院长韩翠丝，他趁机向院长表明心志。院长答应了他的请求，准许他入学，但有一个附加条件：他的平均分数要达到乙等，否则就要再度退学。

赖嘉一改过去的散漫态度，以信心坚定、目标明确、内心无畏的姿态，重新踏入校门。经过 2 年零 3 个月，赖嘉即以优异的成绩取得了学位，紧接着再迈向更高的目标。如今，这个伐木工人的儿子已成为赖嘉博士。

> **分析** 目标会让你产生动力，会让你生出为了达到目标而不顾一切的勇气。有了目标，你就会拥有一个全新的人生。

## 为谁工作？

在一个炎热的下午，一群人正在铁路的路基上工作。一列缓缓开动的火车打断了他们。火车停了下来，最后一节车厢的窗户——顺便说一句，这节车厢是特制的并且带有空调——被人打开了，一个低沉的、友好的声音响了起来："大卫，是你吗？"大卫·安德森——这群人的负责人回答说："是我，吉姆，见到你真高兴。"于是，大卫·安德森和铁路公司总裁吉姆·墨菲进行了愉快的交谈。在长达一个多小时的交谈之后，两人热情地握手道别。

大卫·安德森的下属立刻包围了他，他们对大卫是铁路公司总裁的朋友这一点感到非常震惊。大卫解释说，20多年以前他和吉姆·墨菲是在同一天开始为这条铁路工作的。

一个下属半开玩笑地问大卫："为什么你现在仍在骄阳下工作，而吉姆·墨菲却成了总裁？"大卫非常惆怅地说："20多年前我为1小时1.75美元的薪水而工作，而吉姆·墨菲却在为这条铁路而工作。"

**分析**　一个具有崇高目标的人，毫无疑问会比一个目标短浅的人更有作为。有句苏格兰谚语说："扯住金制长袍的人，或许可以得到一只金袖子。"那些志存高远的人，所取得的成就必定高于目光如豆的人。即使你的目标没有完全实现，你为之付出的努力本身也会让你受益终生。卓越的人生是梦想的产物。可以说，梦想越大，人生就越丰富，达成的成就就越卓越。也就是常说的："期望值越高，达成期望的可能性越大。"

## 不要轻易放弃目标

迈克·兰顿生长在一个奇特的家庭里，父亲是个十分排斥天主教徒的犹太人，而母亲却偏偏是个十分排斥犹太人的天主教徒。在他小的时候，母亲经常寻死觅活；当父亲火气来时，会抓起挂衣架追着他毒打。因为生活在这样的环境，所以他自幼就有些畏缩，身体很瘦弱。

迈克读高中一年级时，有一天，体育老师带全班学生到操场去教他们如何掷标枪。这节体育课改变了迈克的人生。在此之前，不管他做什么事都是畏畏缩缩的，对自己一点自信都没有，可是那天奇迹出现了，他奋力一掷，只见标枪越过了其他同学的纪录，多出了足足30英尺（1英尺＝0.3048米）。就在那一刻，迈克知道自己前途无量，大有可为。在日后面对《生活》杂志的采访时，他回想道："就在那一天，我才突然意识到，原来我也有比其他人做得更好的地方。当时，我请求体育老师借给我这支标枪，在那年的整个夏天里，我就在运动场上掷个不停。"

迈克的发现使他精神振奋地面对未来，他全力以赴，取得了惊人的成绩。

那年暑假结束后，他的体格已有了很大的改变，而在随后的一整年中，他特别加强重量训练，使自己的体能不断提升。高三时的一次比赛，他掷出了全美国中学

生的标枪纪录，赢得了体育奖学金。

有一次，迈克因锻炼过度而严重受伤，医生说他必须永久退出田径场。这使他也因此失去了体育奖学金。为了生计，他不得不到一家工厂去担任卸货工。

不知道是不是幸运之神眷顾了迈克，有一天，好莱坞的星探发现了他，问他是否愿意在即将拍摄的影片《鸿运当头》中担任配角。这部影片是美国电影史上第一部彩色西部片，迈克进入演艺圈后从此就没有回头，先是演员，然后演而优则导，最后成为制片，他的人生事业就此一路展开。

一个美梦的破灭往往会开启另一段未来。迈克原先有个在田径场上发展的目标，而这个目标引导着他锻炼出强健的体魄，后来的打击却又磨炼了他的性格。这两种训练却成了他另外一个事业所需的特长，使他有了更耀眼的人生。

迈克因为能够坚持而扭转了自己的人生。有时候，我们虽然未能达成某个目标，可是只要方向正确，不轻易放弃，最终可能达成比之前的目标更为宏大的目标。

分析

人的目标不可能一下子实现，在追求梦想的过程中总会有艰难险阻，但是如果不愿花任何力气坚守信念，勇往直前，你只会浪费时间和力气，日后可能得投资更多来弥补现在的错误。

## 贫困男孩的梦

一个生长于旧金山贫民区的小男孩，从小因为营养不良而患有软骨症，在6岁时双腿变成"弓"字形，小腿严重萎缩。然而在他幼小心灵中，一直藏着一个除了他自己没人相信会实现的梦，那就是有一天他要成为美式橄榄球的全能球员。

他是传奇人物吉姆·布朗的球迷。每当吉姆所在的克里夫兰布朗斯队和旧金山

四九人队在旧金山比赛时，这个男孩便不顾双腿的不便，一跛一跛地到球场去为心中的偶像加油。由于他穷得买不起票，所以只有等到全场比赛快结束时从被工作人员打开的大门溜进去，欣赏最后几分钟的比赛。

13岁时，有一次他在布朗斯队和四九人队比赛之后，在一家冰激凌店里终于有机会和偶像面对面接触，那是他多年来所期望的一刻。他大大方方地走到这位大明星跟前，说道："布朗先生，我是你最忠实的球迷！"

吉姆·布朗和气地向他说了声谢谢。男孩接着

说道："布朗先生，你晓得一件事吗？"吉姆问："小朋友，请问是什么事呢？"男孩摆出一副自若的神态说道："我记得你所创下的每一项纪录、每一次的布阵。"

吉姆·布朗十分开心地笑了，然后说道："真不简单。"这时男孩挺了挺胸膛，眼睛里闪烁着光芒，充满自信地说道："布朗先生，有一天我要打破你所创下的每项纪录！"听完男孩的话，美式橄榄球明星微笑着对他说道："好大的口气。孩子，你叫什么名字？"

男孩得意地笑了，说："布朗先生，我的名字叫奥伦索·辛普森，大家都管我叫小O.J.。"布朗说："我们会成为什么样的人，会有什么样的成就，就在于先做什么样的梦。"

奥伦索·辛普森日后的确如他少年时所说的，在美式橄榄球场上打破了吉姆·布朗所创下的所有纪录。

 要使梦想变为现实，就要全力以赴，持之以恒。

## 穆尔的故事

穆尔于1939年大学毕业后，在哥利登油漆公司找到了一份业务员的工作。当时，他的月薪是160美元，但满怀雄心壮志的他仍拟定了一个月薪1000美元的目标。逐渐对工作感到得心应手后，穆尔立即拿出客户资料以及销售图表，以确认大部分业绩来自哪些客户。他发现，80%的业绩都来自20%的客户，同时，不管客户的购买量大小，他花在每个客户身上的时间都是一样的。于是，穆尔的下一步就是将购买量最小的36个客户退回公司，然后全力服务其余20%的客户。

第一年，穆尔就实现了月薪1000美元的目标，第二年便轻易超越了这个目标，成为美国西海岸数一数二的油漆制造商。最后，他还成了凯利穆尔油漆公司的董事长。

成功一定有方法，失败一定有原因。确定目标的同时，你还要掌握达成目标的方法。

## 4个男人和一个箱子

在非洲一片茂密的丛林里走着4个瘦得皮包骨头的男子，他们扛着一只沉重的箱子，跟跟跄跄地往前走。

这4个人是巴里、麦克里斯、约翰斯、吉姆，他们是跟随队长马克格夫进入丛

林探险的。马克格夫曾答应给他们优厚的报酬。但是，在任务即将完成的时候，马克格夫不幸得了病而长眠在丛林中。

这个箱子是马克格夫临死前亲手制作的。他十分诚恳地对4人说道："我要你们向我保证，一步也不离开这只箱子。如果你们把箱子送到我朋友麦克唐纳教授手里，你们将分得比金子还要贵重的东西。我想你们会送到的，我也向你们保证，比金子还要贵重的东西，你们一定能得到。"

埋葬了马克格夫以后，这4个人就上路了。但密林里的路越来越难走，箱子也仿佛越来越沉重，而他们的力气却越来越小了。他们像囚犯一样挣扎着，一切都像在做噩梦，而只有这只箱子是实在的，是这只箱子在撑着他们的身躯，否则他们全都要倒下了。他们互相监视着，不准任何人单独动这只箱子。在最艰难的时候，他们想到了未来的报酬，那比金子还重要的东西……

终于有一天，绿色的屏障突然拉开，他们经过千辛万苦终于走出了丛林。4个人急忙找到麦克唐纳教授，迫不及待地问起应得的报酬。教授似乎没听懂，只是无可奈何地把手一摊，说道："我一无所有啊！或许箱子里有什么宝贝吧。"于是当着4个人的面，教授打开了箱子，大家一看，都傻了眼。箱子里面堆满了无用的木头！

"这开的是什么玩笑？"约翰斯说。

"一钱不值！我早就看出那家伙有神经病！"吉姆吼道。

"比金子还贵重的报酬在哪里？我们上当了！"麦克里斯愤怒地嚷着。

此刻，只有巴里一声不吭，他想起了他们刚走出的密林里，到处是一堆堆探险者的白骨；他想起了如果没有这只箱子，他们4人或许早就倒下了……巴里站起来，对伙伴们大声说道："你们不要再抱怨了。我们得到了比金子还贵重的东西，那就是生命！"

**分析**　马克格夫是个智者，而且是个很有责任心的人。从表面上看，他所给予的只是一个谎言和一箱木头；其实，他给了那4个人行动的目标。人不同于一般动物之处是人具有高级思维能力，不能浑浑噩噩地生活。人的行动必须有目标。有些目标最终无法实现，但至少它曾经激励了我们的一段生活。现代人无聊、缺少激情，其病根大都在于目标的丧失。一个人生活的意义有的时候就在于一个目标。

# 目标的制订

约翰雇了位叫作汤姆的业务员。在完成导向训练和培训后，约翰让他制订前90天的目标。

汤姆雄心勃勃，不到半小时就制订了他的三个目标：

（1）对公司所有产品进行推介，不需任何协助。

现实目标：90天；理想目标：60天。

（2）与自己销售区域内的所有顾客接触，了解其满意度。

现实目标：90天；理想目标：60天。

（3）增加销售额，从50万美元提高到100万美元以上。

现实目标：100万美元；理想目标：130万美元。

约翰觉得这些目标没一个是现实的，但他什么也没说。让业务员从自己的错误中吸取教训很重要。

90天后，约翰发现他一个目标也没能实现。这时，约翰就像教练一样，问汤姆在实现目标时遇到了什么障碍。

汤姆认为，他低估了公司复杂的技术和产品实用性，致使他没能完成第一个目标。公司没能给他提供所需的展示设备，因而在设备抵达之前，他不得不靠反复拜访来抓住顾客。结果，他没有多少时间接触客源，也就没能完成第二个目标。当然，也就无法达到预想的增加销售额的目的，即第三个目标。

当约翰得知他遇到了业务员本身无法克服的障碍时，便马上采取行动，让汤姆在谈话后两周内，就得到了他需要的展示设备。

于是，汤姆又坐下来制订了新的目标：

（1）增加销售额，从目前的60万美元增至100万美元。假定平均销售额为两万美元，那么需增加两万个销售线索才能增加40万美元的销售额。如果每8次拜访能产生一条销售线索，就需拜访160次。

现实目标：100万美元；理想目标：150万美元。

（2）把销售经理的推荐信发给所有顾客。

现实目标：60天；理想目标：30天。

（3）限期向销售经理和应用部经理展示设备。

现实目标：60天；理想目标：30天。

这次的目标现实多了。注意，汤姆这次详细地描述了要实现某项销售活动所要做的事情。

业务员渴望拥有自主权和控制权的同时也需要信息反馈和指导。目标管理能使二者之间达成平衡。因此，业务员可自主确立目标，并自行评估实现目标的情况。这样，他们才能感觉到可以对自己的成败负责并加以控制。

## 离终点只有一英里

1950 年，世界著名女游泳运动员弗洛伦丝·查德威克曾经横渡过英吉利海峡。她想再创一项纪录。1952 年的深秋，天气已经非常寒冷，海面上浓雾重重。查德威克在海里已经游了整整 16 小时，她泡在冰冷的海水里，嘴唇冻得发紫，身体不停地打着寒战。放眼望去，前方笼罩着浓浓的大雾，望不见一丝海岸的影子，只有几个朋友在一条随行的小艇上陪伴着她。终于，查德威克觉得自己坚持不住了，她向朋友们请求道："我不行了，快把我拉上来吧。"艇上的朋友不停地劝她说："只有一英里（1.61 千米）远了，坚持一下，再坚持一下就到海岸了。"可是，浓雾挡住了她的视线，她看不见海岸，还以为朋友在骗她。她再三请求着："请把我拉上来吧。"朋友没有办法，只好把她拉上了小艇，而这时，她离终点真的只有一英里远了。事后在接受记者采访时，冷得发抖、浑身湿淋淋的查德威克这样说道："如果我当时能看到海岸，就一定能坚持游到终点。可是大雾使我看不到方向，我感觉不到希望的存在。"两个月后，查德威克再次进行挑战。天气依然寒冷，大雾依然弥漫，但是这次不同的是，她的助手在海面上每隔一定的距离就设置一个浮标，查德威克每游到一处就可以暗示自己——我离目标还有多远。这一次她成功了！

目标清晰化是很重要的一件事。但是在当今很多企业的目标管理中，目标不清晰的情况却无处不在。

## 休利曼实现梦想

海恩利西·休利曼因发现特洛伊遗迹而闻名。小时候，他从父亲口中得知古代希腊英雄叙事诗人荷马创作的《伊里亚特》《奥德赛》等故事。这些故事是他发挥想象力的开端。

原本，特洛伊战争被认为是一种传说，但少年休利曼却坚信它的存在。而后，立志发现其遗迹就成为休利曼的终生梦想。这个梦不断扎根在他内心深处。

休利曼并没有把他的梦想在幻景中结束，而是为了实现这个梦想，制订计划，锻炼自己，使自己一步一步向梦想靠近。休利曼因家境贫寒而中途辍学，不过在工作 20 年后，他经过自身努力而成为一个成功的实业家。后来，休利曼为了实现多年的梦想，毅然地结束了他的事业，把资金投入发掘特洛伊遗迹上。数年之后，他的梦想得以实现，成为一个青史留名的传奇人物。

**分析**　有了梦想及目标，人就不会安于现状，才能快速成长，才能使人生变得充实。梦想及目标越高，则越无法轻易实现，但是如果将它放弃，人生会陷入连续的挫折当中，失去意义。所以我们做任何事情，都需要制订计划，实现自己的梦想和目标。

## 用恰当的目标为自己铺就成功之路

史蒂芬·斯皮尔伯格在 36 岁时就成为世界上最成功的制片人，电影史上十大卖座的影片中，他个人囊括 4 部。这样年轻就有此等成就，他是如何做到的呢？

斯皮尔伯格在十二三岁时就知道，有一天他要成为电影导演。在他 17 岁那年的一天下午，当他参观环球制片厂后，他的一生改变了。那可不是一次不了了之的参观活动，在他得窥全貌之后，当场就决定要怎么做。他先偷偷摸摸地观看了一场实际的电影拍摄，再与剪辑部的经理长谈了一个小时，然后结束了参观。

对于许多人而言，故事就到此为止，但斯皮尔伯格可不一样。他有个性，他知道自己要干什么。从那次参观中，他知道得改变做法。

于是，第二天，他穿了套西装，提起他老爸的公文包，里头塞了一块三明治，再次来到拍摄现场，假装是那里的工作人员。当天他故意避开大门守卫，找到一辆废弃的手拖车，用几个塑胶字母，在车门上拼成"史蒂芬·斯皮尔伯格""导演"等字。他利用整个夏天去认识各位导演、编剧、剪辑，终日流连于他梦寐以求的世界里；从与别人的交谈中学习、观察并发展出越来越多关于电影制作的灵感来。

终于在 20 岁那年，他成为正式的电影工作者。他在环球制片厂放映了一部他拍的片子，收获了好评，因而获得了一纸 7 年的合同，导演了一部电视连续剧。他的梦想终于实现了。

**分析**　斯皮尔伯格知道他所追求的目标，也知道应该怎样去做，他善于学习，用恰当的目标为自己铺就了成功的道路。

## 管道的故事

很久很久以前，意大利中部的小山谷里有两位年轻人，一个叫柏波罗，一个叫布鲁诺，他们是堂兄弟，住在一个小村子里。

两位年轻人从小就是很好的伙伴，他们都雄心勃勃，常常没完没了地谈论着：在某一天，通过某种方式，让自己成为村里最富有的人。他们都很聪明而且非常勤奋，他们所需要的只是机会。

有一天，机会来了。村里决定雇两个人把附近河里的水运到村广场的蓄水池里去。村长把这份工作交给了柏波罗和布鲁诺。

两个人各抓起两只水桶奔向河边开始了他们辛勤的工作。当一天结束时，他们把村广场的蓄水池装满了。村长按每桶水一分钱付钱给他们。

"我们的梦想终于实现了！"布鲁诺大喊着，"我简直不敢相信我们的好运气。"但柏波罗却不是这样想的。他的背又酸又痛，用来提那重重水桶的手也起了泡。他害怕每天早上起来都要去做同样的工作。于是他发誓要想出更好的办法，将河里的水运到村里去。

"布鲁诺，我有一个计划，"第二天早上，当他们抓起水桶往河边奔去时，柏波罗说，"一天才几分钱的报酬，而要这样辛苦地来回提水，不如我们修一条管道将水从河里引进村里去吧。"

布鲁诺愣住了。

"一条管道？谁听说过这样的事？"布鲁诺大声嚷道，"柏波罗，我们拥有一份很棒的工作。我一天可以提100桶水。按一分钱一桶水的话，一天就是1元钱！我已经是富人了！一个星期后，我就可以买双新鞋；1个月后，我就可以买一头牛；6个月后，我就能盖一间新房子。我们有全镇最好的工作，还有双休日，每年有2周的带薪假期。我们这辈子都不用愁了！放弃你建管道的幻想吧！"

但柏波罗不是容易气馁的人。他耐心地向他最好的朋友解释这个计划。柏波罗将一部分白天的时间用来提桶运水，用另一部分时间以及周末来建造管道。他知道，在岩石般坚硬的土壤中挖一条管道是多么艰难。因为他的薪酬是根据运水的桶数来支付的，他知道他的薪酬在开始的时候会降低。而且他也知道，要等一两年，管道才会产生可观的效益。但柏波罗相信他的梦想终会实现，于是他就去做了。

不久，布鲁诺和其他村民就开始嘲笑柏波罗，讽刺他为"管道建造者柏波罗"。布鲁诺挣到的钱比柏波罗多一倍，并常向柏波罗炫耀他新买的东西。他买了一头毛驴，配上全新的皮鞍，拴在了他新盖的两层楼旁。他还买了亮闪闪的新衣服，在饭馆里吃着可口的食物。村民尊敬地称他为布鲁诺先生。他常坐在酒吧里，掏钱请大家喝酒，而人们则为他所讲的笑话高声大笑。

当布鲁诺晚上和周末睡在吊床上悠然自得时，柏波罗却还在继续挖他的管道。头几个月里，柏波罗的努力并没有多大的进展。柏波罗工作得很辛苦——比布鲁诺的工作更辛苦，因为他晚上、周末也要工作。

但柏波罗不断地提醒自己，实现明天的梦想是建立在今天的牺牲上面的。一天一天过去了，他继续挖，一次只能挖一英寸（0.0254 米）。

"一英寸又一英寸……成为一英尺（0.3048 米）。"他一边挥动凿子，打进岩石般坚硬的土壤中，一边重复这句话。

"短期的痛苦能带来长期的回报。"每天的工作完成后，筋疲力尽的柏波罗跌跌撞撞地回到他那简陋的小屋时，总是这样提醒自己。他通过设定每天的目标来衡量自己的工作成效。他这样坚持下来，因为他知道，终有一天回报将大大超过此时的付出。

"目光要牢牢地盯在回报上。"每当他入睡前，耳边尽是酒馆中村民的嘲笑声时，他一遍又一遍地重复这句话。

"目光要牢牢地盯在回报上。"

时间一天天、一月月地过去了。有一天，柏波罗意识到他的管道已经完成了一半，这也意味着他只需提桶走一半的路程了。柏波罗把这多出的时间也用来建造管道。终于，完工的日期越来越近了。

在他休息的时候，柏波罗看到他的老朋友布鲁诺还在费力地运水。由于长期的劳累，布鲁诺的背驼得更厉害了，步伐也开始变慢了。布鲁诺显得很生气，闷闷不乐，好像是为他自己注定一辈子要运水而愤恨的样子。

他睡在吊床上的时间减少了，却花更多的时间泡在酒吧里。当布鲁诺走进酒吧时，老顾客们都窃窃私语："提桶人布鲁诺来了。"当镇上的醉汉模仿布鲁诺弓腰驼背的姿势和他拖着脚走路的样子时，他们都咯咯大笑。布鲁诺不再买酒请大家喝了，也不再讲笑话了。他宁愿独自坐在漆黑的角落里，被一大堆空酒瓶所包围。

最后，柏波罗的重大时刻终于来到了——管道完工了！村民们一窝蜂地来看水从管道中流到水槽里：现在村子里有源源不断的新鲜水了。附近其他村子里的人也都纷纷搬到这个村子中来。这个村子繁荣起来了。

管道一完工，柏波罗便再也不用提水桶了。无论他是否工作，水都一直源源不断地流入村子。

他吃饭时，水在流入；他睡觉时，水在流入；当他周末去玩时，水还在流入。

流入村子的水越多，流入柏波罗口袋里的钱也就越多。

管道建造者柏波罗的名气大了，人们都称他为奇迹创造者。政客们赞扬他的远见，还恳请他竞选市长。但柏波罗明白他所完成的并不是奇迹，这只是一个宏伟梦想的第一步。柏波罗的计划大大超越了这个村庄。

柏波罗计划在全世界建造管道！

管道的建立使提桶人布鲁诺失去了工作。看到他的老朋友向酒吧老板讨酒喝，柏波罗的心里很难受。于是柏波罗安排了一次与布鲁诺的会面。

"布鲁诺，我来这里是想请求你帮忙的。"

布鲁诺挺起腰，眯着他那无神的眼睛，声音沙哑地说："别挖苦我了。"

"我不是来向你夸耀的，"柏波罗说，"我来向你提供一个很好的生意机会。我建造第一条管道花了两年多的时间，但这两年里我学到了很多！我知道该使用什么工具、在哪里挖、如何连接管道，一路上我做了笔记。我开发了一个系统的方法，能让我们建造许多条管道。"

"由我自己来做，一年可以建成一条管道，但这并不是利用我的时间的最好方式，我想做的是教会你建造管道，然后你再教其他人，然后他们再教更多的人，直到管道铺满本地区的每个村落……最后，全世界的每一个村子都要有我们所铺就的管道。"

柏波罗继续说："我们只要从流进这些管道的水里赚取一个很小的比例，越多的水流进管道，就会有越多的钱流进我们的口袋。我所建的管道不是我们梦想的结束，而仅仅是开始。"

布鲁诺终于明白了这幅宏伟的蓝图。他笑了，向老朋友伸出他那粗糙的手。他们紧紧地握住对方的手，然后像多年未见的老朋友那样拥抱。

许多年以后，尽管柏波罗和布鲁诺已退休多年了，他们遍布全球的管道生意还是每年把几百万元的收入汇进他们的银行账户。他们在全国各地旅行时，会遇到一些提水桶的年轻人。

这两个一起长大的好朋友总是把车停下来，将自己的故事讲给年轻人听，启迪他们建立自己的管道。一些人会听，并且立即抓住这个机会，开始做起管道生意。但悲哀的是，大部分提桶者总是不耐烦地拒绝了这个建造管道的念头。柏波罗和布鲁诺无数次地听到相同的借口……

"我没有时间。"

"我朋友告诉我，他朋友的朋友试图建造管道，但失败了……"

"只有那些很早就开始动手的人才可以从管道生意中赚到钱。"

"我这辈子一直都在提水桶，我只想维持现状。"

"我知道有些人在管道的骗局中亏了钱，我可不干这个！别来骚扰我！"

　　柏波罗和布鲁诺为许多人缺乏远见而感到悲哀。他们知道，那些人只是生活在一个提桶的世界里，只有一小部分人敢做建造管道的梦。

　　一个人能实现自我，根本不是因为他有好运气，而是因为他能设定一个正确的目标。只要设定好目标，并且坚持不懈地朝着自己的方向努力，就能实现自我。

第 二 部 分

THE SECOND PART

# 时间管理

## 名人管理时间的技巧

美国《财富》杂志报道过一个高级主管是如何分身乏术的例子。高级主管的一天经常是十分忙碌的，一个接一个的会议，电话不断，很多的研讨会，甚至吃饭时都有人汇报工作，这叫早餐汇报，或者叫作午餐汇报。这些高级主管既要有宏观的眼光思考公司的长远大计，又要聚精会神地盯着公司的营运琐事。前任惠普总裁、东南航空最高执行长官、天美时钟表最高执行长官，这些名人几乎都是常年在外。他们要接受采访，甚至还要跟总统开会，没有时间跟顾客沟通。他们有什么秘诀来管理时间呢？

答案就是：时间管理其实就是做决策，决定哪些事情重要哪些事情不重要。

前任惠普公司的总裁格拉特把自己的时间划分得清清楚楚。他将20%的时间和顾客沟通，35%的时间用在会议上，10%的时间用在电话上，5%的时间看公司的文件，剩下的时间用在和公司没有直接或间接关系但却有利于公司的活动上，例如预备业界共同开发的技术专案，或者参加总统召集的有关贸易协商的咨询委员会。当然，每天还要留下一些时间来处理突发事件，例如接受新闻界的采访。

美国第二大电脑公司的总裁库拉特，每年有2/3的时间都不在公司。他怎么会有时间和顾客沟通？关键在于授权。他聘用了一些退休主管来负责这项工作。他把与顾客的电脑沟通工作都授权出去了，所以虽然他不与客户直接沟通，但仍然可以掌握顾客的需求。库拉特还授权别人替代他到外界去演讲。因为他进行了授权，所以他才有更多的时间。

越来越多的高级主管让别人来掌握自己的时间表。这并不代表主管失去了自我控制，相反，主管可以自由地针对目标和策略做更广泛的思考。当然，这必须有一位得力的助手才行。美国东南航空公司最高执行长官凯勒赫，授权一位副总裁（也是他的法律秘书）全权管理他的时间表。副总裁每天都会给他一张待处理的单子，里面的事情被分成两类，一类必须立刻完成，一类最迟可以延长到明天早上完成。这样做效果非常神奇。

**分析** 大型公司的总裁要在有限的时间之内处理最重要的事务，所以时间管理对他来说是一项重要的事情。

## 柴田和子的时间管理

柴田和子是一位在事业和家庭上都很成功的日本女性。柴田和子即使有了自己的事业，也没有忘记自己还是一位家庭主妇，自己的身份也是人妻、人母，并没有因为有了工作，就将家里的事置之不顾。

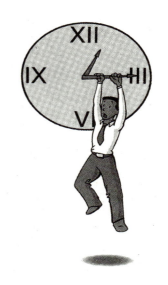

　　柴田和子早上5：20起床，坐汽车上班，到公司的时间大约在9：10～9：30之间。上午按约好的行程办事，下午有时也会赴约，要不然就处理其他业务。

　　客户多的时候，柴田和子一天会和30多位客户面谈，出门巡回拜访。大部分拜访对象都需要特别用心经营，而且每次谈话的内容都非常紧凑，因此只要转三个地方，就会累得快要瘫下来。

　　柴田和子在拜访客户时，交通工具是电车，驾驶汽车容易受到路况影响而无法掌握抵达的时间，所以，搭电车是最恰当的选择。有必要的话，下了电车再搭出租车也很方便。

　　周末对柴田和子而言，是参加客户的婚礼、拜访亲朋好友或是出席各种聚会的时候。柴田和子工作多年，交际广，这些机会就特别多。

　　另外，整理办公桌也成了假日工作之一，如果不整理的话，书信、传真等必须处理的文件很快会堆积如山。此外，周末是柴田和子的身体保养日。星期日，有一位与柴田和子同名同姓的小姐到家里来，为柴田和子做两个小时的全身按摩，非常有效，针灸则是每隔一周做一次。

　　中午，柴田和子一直都习惯在外面用餐，晚上尽量在家吃晚饭。在外面吃饭时，柴田和子一定和自己喜欢的朋友一起吃，而不是客户。

　　柴田和子从不喝酒，所以不会去有酒的场所，晚上即使在外面吃饭，也会较早回家。柴田和子把星期日定为全家团聚的日子，那天的晚餐是和全家一起吃的。

　　柴田和子认为一个人要想事业成功，有一个幸福的家庭是很重要的，无论事业进行得多么顺利，如果家庭不和谐，问题百出，就没有任何意义了。

**分析**　成功人士能取得成功，关键并不在于拥有超乎常人的聪明才智，而在于能有计划地管理时间。

## 小张的拖延习惯

　　小张有一个习惯：每天上班的路上思考当天要做的事情。今天他决定把那份报告写出来呈交给上级，而且要写得非常好。他兴冲冲地来到办公室，一进门，就觉得办公桌上文件堆得乱七八糟，于是开始动手整理办公桌。30分钟过去了，办公桌整理得非常干净，虽然报告还没开始写，但是他觉得已经很有成就感了。现在有了一个良好的工作环境，该着手写报告了。他把纸铺好，拿起笔，忽然又瞥见了昨天的晚报。报上有一个话题关系到国企改革的方针，非常精彩。他想，报纸是我每天必看的，而且我上午不看下午也得看，下午不看晚上也要看，反正都是看，就现在看吧！于是他把报纸拿过来，又花了 20 分钟，仔仔细细地把报纸内容从头到尾读了一遍。"报纸看完了，一定要写报告了！"他告诫自己。这时候电话铃响了，他拿起听筒。这是一个客户的投诉电话，投诉的对象是他的同事。在业务处理过程中，他一直非常耐心地跟客户解释原因，最后总算平息了客户的怒火，又过去了 20 分钟。小张现在的脑子里乱乱的，写报告需要头脑清醒，他决定到休息室去抽根烟，回来后再写报告。

一进休息室，小张就发现好多同事都在聊天，聊的话题又是他比较感兴趣的，他就跟大伙儿一起聊了起来。聊完以后，他想这下报告真的要写了，结果一看表，距离 11 点的部门会议只有 15 分钟了，反正这 15 分钟也干不了什么，整个下午又要外出公干，干脆明天再写吧。

检查小张这一天的工作，会发现他没有完成计划要做的事情，浪费时间的同时还拖延了工作。对付拖延的办法只有一个，那就是当机立断，该办的事情绝不拖延，否则只能一直拖下去。

**分析** 相信很多人都会遇到拖延的问题。拖延是所有一事无成者的通病，希望你不要为它所困扰。

## 格里：时间的紧迫感

格里在美国威格利南方联营公司当了 20 多年总经理。该公司是美国最成功的超市之一，格里也获得了许多荣誉。在格里看来，正确管理的基础是良好的时间管理。他说，专业的时间管理要能够让人在"同样的时间完成更多的工作"，"我们占用的时间是相等的，我们在利用时间的效能上是不相等的。我总是把时间用在重要的事情上。没有足够的时间仅仅是借口，而不是理由"。

### 1. 需要时间观

格里在时间管理风格上最重要的特点之一是有时间观，即如他所说的"时间的紧迫感"。其次，他认为管理者应该确定自己的主要目标，把这些目标排列出优先次序，然后进行分析，消除那些阻止这些目标完成的时间浪费因素。把别人能够做的事交给别人做，把只有你才能做的事保留下来，这样就能避免那些不重要的事情占据你的时间。

格里在时间管理实践中成功的一个关键性因素是他取得了管理小组的信任。他让管理小组成员同他一起考虑问题。他定期抽出时间检查自己的管理实践，防止坏习惯复发。格里介绍说他的管理小组也这样做。他主张管理小组应参与目标管理。他认为企业是民主的，每个人都有平等表决的权利。同时，他投身于管理研究。

格里将一切日常工作和琐事几乎都委托给秘书。他认为，一个精干的秘书能够为总经理排忧解难。虽然授权需要花费时间去训练、解释、指导、商讨和贯彻等，但是用去的每一分钟都是值得的。格里说："一切做完以后，你就不用单独工作了。管理的定义就是借助别人完成任务。"格里是把合理的训练同有效的授权视为同等重要的少数几个总经理之一。他相信，管理者要成长，就必须学会有效的授权。假如总经理总是对下属的能力持怀疑态度，因而迟迟不肯授权，那么下属就永远无法取得必要的经验来证明自己的能力。给予必要的支持以后，有效授权的训练是在实际工作中进行的。事必躬亲的管理者从这种两难处境中选择了容易的办法，结果他得到了报应，因为总是只有他才知道如何干，所以他不得不一次又一次地亲自干。

格里把自己"要干的工作"按先后次序分为三类，"必须做的""应该做的"和"能够做的"。他的最佳思考时间是在清晨，所以总是离不开他的录音机。早上他一到办公室就把自己当天的工作计划录到磁带上，他的秘书会立刻根据录音打印出书面计划表再交给他。

## 2. 排除危机

照格里的看法，不需要对危机进行管理。只要细心确定目标，系统排列目标的优先次序，制订计划以实现这些目标，就能够消除或相当有效地扼制几乎所有使管理者苦恼的危机。他说，几乎全部有效的管理者都集中精力采取措施来防止各种最严重的问题发生。改正错误比一次正确地完成要多花三倍的努力。只要多一点思考，我们就能一次正确地完成更多的工作。

格里拒绝为自己的下属制订决策。他愿意与他们商讨问题，询问他们有什么解决问题的方案。在需要的时候，格里也会帮助下属思考，由他们自己找出解决办法。格里极力主张由下属去决定他交给他们的事情。否则，他无法使他们对做出的决定负责。

**分析** 善用时间、有效授权、做好时间安排是每个成功经理人得以发挥才干的不二法门。多一些思考，做正确的事情，你会受益终生。

# "我是一个浪费时间因素"

美国西太平洋航空公司的拉斯蒂·哈里斯写道："我是一个浪费时间因素。"他说，要想认真改进对自己时间的管理，必须采用今天自我改进协会使用过的很多方法，即坦承"我是一个浪费时间因素"。认识到这一点，就能够采取一些改善处境的具体步骤。

以哈里斯为例。两年前在公司第一次时间管理研讨会上，他坦承自己是一个浪费时间因素。自此以来24个月的实践确实证明了时间管理在提高管理效能方面的好处，并且产生了日新月异的变化。在提高管理效能方面卓有成效的变化是：

（1）同秘书的关系更融洽、更有成效了；

（2）制订了闭门谢客制度；

（3）采取了经过修改的开门办公政策；

（4）会议减少了，而会议的效率提高了。

上述4个变化中最重要的是和秘书关系的改进。秘书不同于其他任何人，她对哈里斯每天的工作安排负有责任，所以，在休息时间，她也要按照一定的需要去阅读、写作，最重要的是去思考。

忙忙碌碌的哈里斯为了提高工作日的效率，雇了一个有能力、聪明又富有同情心的秘书，让她成为自己工作的组成部分，成为自己的左膀右臂。秘书不仅知道他工作的具体内容、上司的职能和责任，而且了解上司的好恶和考虑问题的方法。这样，秘书才能有效地发挥作用。

哈里斯节约时间的第二条经验是安排闭门谢客的时间。没有得力的秘书，这样做本身也不会有什么作用。在你闭门谢客的时候，电话仍然在响，下属仍然急着见你。但是令人吃惊的是，哈里斯的秘书在这段时间热心守卫，竟没有什么人能打扰他。每天坚持一小时闭门谢客，就能够消除或大幅度减少每天晚上带着鼓囊囊的公文包回家的现象。

同闭门谢客一样，修改后的开门办公政策也需要一个得力的秘书才能有效地发挥作用。筛选和安排求见者，确定约会时间，超时谈话的中断和结束，都由秘书来掌握。于是，那些鸡毛蒜皮的打扰和分心之事不可思议地消失了，更多的时间被留给了手边的工作。

哈里斯会议的数量已经被大幅度削减了，会议的时长也缩短了。会议记录能够使缺席者同出席者一样了解情况。指定任务时要明确完成和检查结果的时间。由于采用预先通报的议事日程，会议更有成效了。原来12个高层负责人每天一个半小时的例会改为每周一次，为时一小时，这样，节省的时间对这些负责人的下属来说是一笔巨大的财富。

以前，基层员工曾感到哈里斯把大部分时间都花在开会上，有事很难见他，为此他们常常抱怨不休。后来，开会的状况一经改变，这种情形也随之发生了变化。过去，从来没有书面会议记录，现在，会议记录由全体高级管理人员传阅，他们感到比过去消息灵通多了。就西太平洋航空公司总的情况来看，至少在会议方面出现的变化是一个最有影响的节省时间因素。

**分析**　认清自身浪费时间的因素，同秘书和员工做好配合，不仅节约了自己的时间，而且节约了整个公司员工的时间，提高了生产效率。

## 市长办公扩大会议

市长要开办公扩大会议，要求新闻予以报道，并要求秘书长切实落实此项工作。会议时间确定为次日上午 10 点整。

为使此项工作切实落到实处，秘书长在时间上增加了提前量。他语气严肃地打电话给电视台台长，要求新闻报道人员在 9 点半前必须到达会场进行报道。台长接到秘书长的电话后，感到此次报道非同一般，于是也打了提前量，通知新闻部的负责人必须在 9 点钟以前到达会场进行报道。新闻部负责人从台长的语气中感到事关重大，于是也增加了提前量。记者小汪接到的通知是必须在早上 8 点赶到会场进行报道。

次日，小汪和同事在 8 点准时赶到会场，发现会场大门紧闭，空无一人，经询问，方知会议在 10 点钟才开始。小汪感到十分恼火，一个会议如此通知，竟然害得他要在会场门口等 2 个小时。

**分析**　无论是迟到还是早到，都是不守时的表现。不守时本身不是问题，而是问题的症状。作为企业的管理人员，只有找出问题的源头才能对症下药。能解决问题的做法不是做一张关于计划的电子表格，或报名参加什么时间管理课程，这些只能治标而不能治本。不守时不是技术问题。这个案例出现的问题，源于任务安排者缺乏办好事情的把握，害怕出现混乱，所以凡事要紧握控制权，不愿面对未知。然而，现实生活中充斥着未知，提早布置工作只是一种处理问题的消极措施。应当培养执行人员具有面对突发情况的能力，才是正确解决问题的方法。

# 列出合理的时间表

卡耐基在教授别人期间，有一位公司经理去拜访他。经理看到卡耐基干净整洁的办公桌感到很惊讶。

他问卡耐基说："卡耐基先生，你没处理的信件放在哪儿呢？"

卡耐基说："我所有的信件都处理完了。"

"那你今天没干的事情又推给谁了呢？"经理紧接着问。

"我所有的事情都处理完了。"卡耐基微笑着回答。看到经理困惑的表情，卡耐基解释说："原因很简单，我知道我所需要处理的事情很多，但我的精力有限，一次只能处理一件事情，于是我就按照所要处理的事情的重要性，列一个顺序表，然后一件一件地处理。这样就能有条不紊地完成工作。"

"我明白了，谢谢你，卡耐基先生。"几周后，这位经理请卡耐基参观其宽敞的办公室，对卡耐基说："卡耐基先生，感谢你教给了我处理事务的方法。过去，在我这宽敞的办公室里，我要处理的文件、信件等，堆得和小山一样，一张桌子不够，就用3张桌子。自从用了你说的法子以后，情况好多了，瞧，再也没有没处理完的事情了。"

这位经理就这样找到了处理事务的办法。几年以后，他成了美国社会成功人士中的佼佼者。我们为了个人事业的发展，也一定要根据事情的轻重缓急，制订出一个顺序表来。人的时间和精力是有限的，不制订顺序表，你会被突然涌来的大量事务弄得手足无措。

 根据你的人生目标，将所要做的事情排出顺序，这有助于目标的实现。养成这样一个良好习惯，会使你每做一件事，就向你的目标靠近一步。

# 华为时间管理的4大法宝

解决问题的前提是界定问题。华为时间管理培训的第一部分，就是让受训者清楚了解时间管理的两大误区。

### 误区一：工作缺乏计划

华为的时间管理培训指出，大量的时间浪费来源于工作缺乏计划，比如，没有考虑工作的可并行性，结果使并行的工作以串行的形式进行；没有考虑工作的后续性，结果工作做了一半，才发现有外部因素限制，只能搁置；没有考虑对工作方法的选择，结果长期用低效率、高耗时的方法工作。

### 误区二：不会适时说"不"

华为认为，"时间管理当中最有用的词是'不'。"组织工作不当中最常见的一种情况就是不会拒绝，这特别容易发生在热情洋溢的新人身上。新人为了表现自己，往往把来自各方的请托都一一不假思索地接受下来，但这不是一种明智的行为。

学会说"不"，量力而行，对己对人都是一种负责。首先，自己不能胜任请托的工作，不仅徒费时间，还会对其他工作造成障碍。同时，无论是工作延误还是效果无法达标，都会打乱请托人的时间安排，造成"双输"的局面。

所以华为一向强调，接到别人的请托，不要急于说"是"，而是要分析一下自己能不能如期按质地完成工作。如果不能，那要具体与请托人协调，在必要的时刻，要敢于说"不"。

### 掌握时间管理的 4 大法宝

虽然，有道是"成功地界定问题就已经解决了问题的一半"，但是，如果没有切实可行的解决方案，困境还是不会改变。据华为员工小宁介绍，华为在时间管理上有 4 大法宝。

### 法宝一：以 SMART 为导向的华为目标原则

华为的时间管理培训指出，目标原则不单单是有目标，而且是要让目标达到 SMART 标准，这里 SMART 标准是指：

具体的（Specific）。这是指目标必须是清晰的，可产生行为导向的。比如，"我要成为一个优秀的华为人"不是一个具体的目标，但"我要获得今年的华为最佳员工奖"就算得上是一个具体的目标了。

可衡量的（Measurable）。这是指目标必须可以用指标量化表达。比如"我要获得今年的华为最佳员工奖"这个目标，就对应着许多可量化的指标——出勤、业务量等。

可达成的（Attainable）。"可达成的"有两层意思：一是目标应该在能力范围内；二是目标应该有一定难度。小宁说："一般人在这点上往往只注意前者，其实后者也相当重要。经常无法达成目标的确会让人沮丧，但同时得注意，太容易达成的目标也会让人失去斗志。"

相关的（Relevant）。"相关的"是指目标应与现实生活相关，而不是简单的"白日梦"。

基于时间的（Time-based）。"基于时间"就更容易理解了，它是指目标必须确定完成的日期。在这一点上，华为的时间管理培训指出，不但要确定最终目标的完成时间，还要设立多个小时间段上的"时间里程碑"，以便进行工作进度的监控。

### 法宝二：关注第二象限的华为四象限原则

根据重要性和紧迫性，我们可以将所有的事件分成 4 类（即建立一个二维四象限的指标体系）。

第一类是"重要且紧迫"的事件，例如：处理危机、完成有期限压力的工作等。

第二类是"重要但不紧迫"的事件，例如：防患于未然的改善、建立人际关系网络、发展新机会、长期工作规划、有效的休闲。

第三类是"不重要但紧迫"的事件，例如：不速之客，某些电话、会议、信件。

第四类是"不重要且不紧迫"的事件，更直白地说就是"浪费时间"的事件，例如：阅读令人上瘾的无聊小说、收看毫无价值的电视节目等。

华为时间管理培训指出，第三象限的收缩和第四象限的舍弃是众所周知的时间管理方式，但在第一象限与第二象限的处理上，人们却往往不那么明智——很多人更关注第一象限的事件，这样做会使人长期处于高压力的工作状态下，经常忙于收拾残局和处理危机，很容易使人精疲力竭，长此以往既不利于个人发展也不利于工作。

小宁说："我在进华为之前，以及在华为工作的初期，也是一个关注第一象限事件的人。那时候感觉很糟，天天加班，而且工作质量也不尽如人意。后来我转换了关注的方向，发现整个感觉都改变了。这主要是因为第一象限与第二象限的事本来就是互通的，第二象限的扩大会使第一象限的事件减少。而且处理时由于时间比较充足，效果会比较好，人也更有自信了。"

### 法宝三：赶跑时间第一大盗的华为韵律原则

日本专业的统计数据指出："人们一般每 8 分钟会收到 1 次打扰，每小时大约 7 次，或者说每天 50～60 次。平均每次打扰大约是 5 分钟，总共每天大约 4 小时，约是工作时间的 50%。其中 80%（约 3 小时）的打扰是没有意义或者价值很小的。人被打扰后重拾原来的思路平均需要 3 分钟，每天总共约 2.5 小时。"从以上统计数据可以发现，每天因打扰而产生的时间损失约为 5.5 小时，按 8 小时工作制算，这占了工作时间的 68.7%。

华为也明显认识到这一点，在许多员工的笔记本页头，赫然用红笔写着"打扰是第一时间大盗"。为了解决这个问题，华为提出了自己的时间管理法则——"韵律原则"，它包括两个方面的内容：一是保持自己的韵律，具体方法是对于无意义的打扰电话要礼貌地挂断，要多用打扰性不强的沟通方式（如 E-mail），要适当地与上司沟通减少来自上司的打扰等；二是要与别人的韵律相协调，具体方法是不要唐突地拜访对方，要了解对方的行为习惯等。

### 法宝四：执着于流程优化的华为精简原则

"崔西定律"指出："任何工作的困难度与其执行步骤数目的平方成正比。例如，完成一件工作有 3 个执行步骤，则此工作的困难度是 9；而完成另一工作有 5 个执行步骤，则此工作的困难度是 25，所以必须简化工作流程。"

绝大多数华为员工是标准的"崔西定律"拥护者，无论对于个人工作的流程，还是部门的工作流程，都是"能省就省"。分析工作流程的网络图成为他们的工作爱好之一，每去掉一个多余的环节，就少了一个延误工作的可能性，这意味着大量时间的节省。

"无法管理时间，便什么都无法管理。"这是现代管理大师彼德·德鲁克的名言。追求自我突破的华为人不但听懂了，而且做到了。

## 学会拒绝

### 疯狂打电话的客户

客户主管王小姐：我最怕公司搞活动。就像这回公司推出的"积分换奖"活动——客户只要在过去半年里累积一定消费额，就能换取从手机到境外旅游等各种奖品。活动介绍说得简单，其实真想把奖品换到手，还有一大堆附加条件。结果，我一上班，咨询电话就没停过："这个条件到底是什么意思？"好不容易解释清楚了，过一会儿又来个电话："那个条件，我们好像也满足的哦？"最怕那种明明不符合条件却还不依不饶的："什么？我们是大客户耶！我不管，你给我搞定！"一天只要有两三个客户缠着我，我就要抓狂了——他们哪里晓得，我还要开会、写报告、向老板汇报工作……

症结在于你没有把客户的问题彻底解决，虽然你以为已经讲得清清楚楚了。客户每次来电话，都只想到了问题的一部分，你跟他就事论事，电话自然还会追着打来。

学会集中解决客户的疑问。如果你手头正在赶别的工作，不妨告诉他。忙完手头的工作，再集中时间回几个客户的电话。你也尽可以提出："我们最好约个时间，当面解决。你看明天怎么样？你还有什么要求，告诉我，我看有没有什么资料，明天一起带给你。"这样，他今天就不会再来烦你了。

### 懒得动脑的同事

咨询顾问姚先生：一进公司就把内部工作软件的"帮助"从头到尾看了一遍。可不久我就发现，这种长达上百页、全是英文的玩意儿，很少有同事像我这样学习过。于是，我不但要当客户的顾问，还得给同事"解惑"。A来电话问怎么在一堆数据里找出重复的；B来电话问怎么为一堆数字在一张数据表里找到匹配的；C则想把一个数据的某些部分去掉……我的工作被求助电话切割得支离破碎，着实影响效率。可人家客客气气来问，我总不能不管吧？

帮助同事是应该的，但最好"化零为整"：对常见问题，把个人心得整理成资料放在内部网上；每周抽1小时午休时间集中解答大家的问题。你零零散散地随时解答，没人会觉得占用了你的时间，化零为整，大家才会看到你为他们做出的贡献。

礼貌地告诉他，你正在忙，无法立即回答他的问题；不过你会在他给的期限内，把资料整理一下，再共享给大家。几次之后，他应该会改掉拿你当求助热线的习惯。

另外一种常见情况，是同事要你对某项工作提出建议。先问他有没有期限，然后告诉他，你现在很忙，如果立即说，建议可能只有一条；到今天下班前，你可以说出几条；如果到明天午饭前，你也许可以给他一份书面建议。

### "心太软"的上司

市场专员李先生：我上司好讲话，可苦了我们下面这些干活的。有时候，他9点半给我派了5件活，讲好午饭前交差，10点就有别的部门经理找到他，要我协助做件更紧急的工作。我们公司讲究"团队合作"，上司人好，架不住人家十万火急的口气，5分钟内就会点头，把我"卖给"人家。可人家的那件麻烦事做下来，也差不多该吃午饭了。我还没顾上喘气，上司的催命电话又打了过来："早上叫你做的事情怎么样了？还没做完？"我只好把给人家干的活流水账似的报一遍，他不相信似的"嗯啊"两句，最后不忘再补一句："最近有个关于提高工作效率的培训，你有没有兴趣去听一下？"噎得我胸闷！天呐！我究竟该怎么办？

**分析** 任何时间管理的培训，都会教你把工作分成"紧急""不紧急""重要""不重要"，但事实上，很多事情并不是控制在你手里的。既然如此，为什么不把球踢回给安排你工作的人呢？

**对策** 告诉上司，他原本交代你做的工作要花多久时间，其他部门的那件工作要花多少时间，先做哪件，请他指示。你列菜单，上司点菜，他要哪道，就给他上哪道。千万不要一个人闷头吃下，对两边都说"好好好，马上给你"，最后做得两眼发黑，两边却都不给你好脸色看。时间管理——决心决定一切。

## 别帮部属养"猴子"

比尔·翁肯曾提出一个有趣的理论——"背上的猴子"。他所谓的"猴子"是指肩负的任务。回想一下，你是否有过这样的情形：在走廊里碰到一位部属，他说："我能不能和您谈一谈？我碰到了一个问题。"于是你便站在走廊里专心听他细述问题的来龙去脉，一站便是半个小时，既耽搁了原先你要做的事，也发现所获得的信息只够让你决定要介入此事，但并不足以做出任何决策。于是你说："我现在没时间和你讨论，让我考虑一下，回头再找你谈。"

在这样的情形下，"猴子"原本在部属的背上，谈话时彼此考虑，"猴子"的两脚就分别踏在两人背上，当你表示要考虑一下再谈时，"猴子"便移转到你背上。你接下了部属的角色，而部属则变成了监督者。他会三番五次地跑来问你："那件事办得怎样了？"如果你的解决方式他不满意，他会强迫你去做这件原本他该做的事。你一旦接收部属该养的"猴子"，他们就会以为是你自己要这些"猴子"的，因此，你收的愈多，他们给的就愈多。于是你饱受堆积如山、永远处理不完的问题所困扰，甚至没有时间照顾自己的"猴子"，努力将一些不该摆在第一位的事情做得更有效率，平白让自己的成效打了折扣。

　　经理人应该将时间投资在最重要的管理层面上，而不是养一大堆别人的"猴子"。身为经理人，如果你能让员工去抚养他们自己的"猴子"，他们就能真正地管理自己的工作，你也有足够的时间去做规划、协调、创新等重要工作，让整个单位持续良好地运作。

　　翁肯提出的"猴子"管理法则，目的在于帮助经理人确定已由适当人选在适当的时间用正确的方法做正确的事。当然，这个法则只能运用在有生存价值的"猴子"身上，不该存活的"猴子"，就狠心把它杀了吧！

　　法则一：说明除非下一个步骤已经明确界定，否则经理人和员工都不能离开。严守这项法则可以获得三种好处：第一，如果员工知道要提出适当的下一步骤才能结束谈话，他就会在事前做更缜密的规划；第二，可以促使员工采取行动；第三，对"猴子"做描述，把下一步骤说清楚，能提高员工的工作意愿，让他们跨出最具关键性的一步。

　　法则二：所有经理人和员工的对谈要到每一只"猴子"都分配给一个人拥有之后才能结束。原则上要尽可能把"猴子"交给能照顾到它们福利的最低阶层人员去照料，因为部属总共可以投入的时间精力比高阶经理人来得多，而且经验告诉我们，部属往往比我们所想的还要能干。把"猴子"送错主人，有时候是经理人自己内心的需求使然，想要避开管理所带来的挑战，或是以为唯有自己才做得来，有时候却是组织政策使然。要替"猴子"找到适当的主人，就必须技巧与自制力兼施，尤其是自制力最为重要。要求部属尽力把工作做到最好，可能会遭遇部属反抗，这与为"猴子"找到合适主人的实务变得有些抵触，因为经理人会发现，有时候把"猴子"接过来，要比让"猴子"靠在适当主人背上要来得容易。但是请记住：要培养一个人的责任感，唯一的方法是给予他们责任。

　　法则三：在把每一只"猴子"放出去面对组织"丛林"之前，先为它们买个保险。此法则提供了一个系统性的方法，用以平衡员工所需的处理"猴子"的自由空间与经理人对结果所负的责任。赋予员工权限和自由，经理人和员工可以互蒙其利。经理人能自由裁量时间，监督员工的时间及精力减少；员工也可以享受到自我管理的好处，有更高的满足感、更高昂的士气。但员工拥有自由空间，就不免会犯错，这时候"猴子"的保险就要派上用场，保证他们犯的错是组织所能承受得起的。"猴子"保险有两个层次：第一是给予建议，然后行动。当员工犯下组织承受不起的错误的可能性相当高时，可以有机会否决他们的行动计划，这是一种保护措施，但却得牺牲经理人的时间及员工的自由空间。第二是行动，然后给予建议。确信员工可以自行完善料理"猴子"，先行动再报告，这让员工有很大的运作空间，也省下经理人的监督时间，但风险也较大。至于该选择哪一份保险，则视情况而定，而双方都可以行使选择权。

法则四：照料与检查企业的成功取决于"猴子"的健康，因此必须定期为它们做检查，维持它们的身体健康。检查"猴子"的目的有两点：一是发现员工正在做正确的事，进而称赞他们；二是发掘问题，并在问题形成危机之前采取校正行动。

"猴子"生病，不是由于缺乏照料、营养不良，就是因为照料不当。有时候员工不想让经理人知道"猴子"生病了，因为他们大都想自行解决问题。经理人应该与员工建立默契，要他们尽力照顾病"猴子"。如果情况没有改善，就必须把"猴子"交给经理人检查。相对地，如果经理人发现"猴子"生病，就应该把下一次检查的时间提早到"猴子"身体状况所能允许的时候。这里的检查着重在"猴子"的情况，而非员工本身，因此检查让经理人有机会发现员工在正确地进行某事、查明及纠正问题、指导员工、降低自己的焦虑，之后，就由员工自己去表现了。

翁肯的理论让我们知道，如果我们真的想帮助他人，就必须教他们如何捕鱼，而不是送他一条鱼。剥夺他人的主控权，去喂养他人的"猴子"，无法帮他们解决问题，这只是为别人做他自己可以做的事。

### 时间管理之钥

经理人应将时间投资在管理层面上，而不是养一大堆别人的"猴子"。如果能让员工去抚养他们自己的"猴子"，他们就能真正管理自己的工作，你也有足够的时间去做规划、协调、创新等重要工作。几乎每一位主管人员都有时间不够用的烦恼。关于时间管理的理论汗牛充栋，将来也还会有更多，因为时间不够是工作上经常出现的问题。翁肯教授独特的时间管理概念是时间管理理论的经典之作。翁肯教授在某次假日加班时，发现部属却在打高尔夫享受休闲生活，才突然领悟到主管人员时间不够用的症结，是因为没有做好授权分责，招揽太多原本属于部属的工作，以至于永远在苦苦追赶工作进度。

翁肯教授把那些工作比喻为活蹦乱跳、随时可能跳到你身上的"猴子"，而把他那独特的时间管理理论称之为"猴子管理艺术"。"时间管理之钥"是依据翁肯教授的理论发展出来的。这套管理"猴子"的要诀包括：① 决定"猴子"应该喂养或射杀；②"猴子"的数量应控制在主管的最大负荷量之下；③ 分派给属下的每一只"猴子"都要投保意外险；④ 属下应按明订的时间和地点主动请你喂养"猴子"；⑤ 面对面或用电话喂养"猴子"，绝不可用信件。

### 第三类时间

作为管理者，用于工作的时间类别大致有三种：第一类是"上司判予时间"。这些时间用于处理上司发给的任务，未能完成这些任务会受到直接且即时的惩罚；第二类是"系统判予时间"。这些时间用在对同级同事的工作支持上，未能完成也会受到惩罚，但没有第一类的那样直接；至于第三类的"自我判予时间"，用于管理者自发的及同意的工作，不会与惩罚挂钩。这类时间又分为"下属判予时间"及"自由时间"，即真正属于管理者的时间。管理时间的运用要从第三类时间着手。而管理者要增加"自由时间"，便要将下属判予的事情控制至最少。

### 转移主动权

然而，很多管理者不知不觉地处理了下属判予的事务。这令管理者不但要利用"自由时间"应付上司与系统事务，还要照顾"猴子"。结果，工作堆积如山，落后于正常进度。面对这个本末倒置的情况，管理者要想扭转形势，便要将工作的主动权转移至下属身上，并保持下属的工作主动性。这就是所谓的主动性管理方法。按工作的主动程度可分为以下五种：

（1）等候指示。

（2）询问有何工作可给分配。

（3）提出建议，然后再进行有关行动。

（4）行动，但会提出一次意见。

（5）单独行动，定时汇报。

第一种属于最低主动性，因为时间与工作性质也未能受到控制。而第二种虽然可以控制时间，但不能控制工作性质。第三种至第五种的主动方法，采用者可同时控制时间与工作性质，第五种方法具有最高的主动性。

因此，对于下属，管理者先要避免他们采用第一种与第二种的主动法，令下属在没有选择的情况下独立地处理工作。另外，每次下属与上司就工作问题会面时，双方除了定下下次会面的时间与地点，还要在自主程度上达成共识。

让我们将注意力放回到那位背负"猴子"的经理上来。星期五晚上，他的背上已有整个星期积累下来的"猴子"。当晚，他打算星期六回公司处理"猴子"们。然而，他没有回公司。他使用"自由时间"与家人共度周末。星期一，回到公司，他逐一召见问题的原有者。这位经理将"猴子"放在桌上，并与该下属一同商讨解决方案。商讨后，下属需自行解决问题，并定时向经理汇报。终于，"猴子"重回下属的背上。而这次是经理探头询问："事情的进度怎样了？"

> **分析**
> 管理者一定要掌握喂养"猴子"的要诀和让"猴子"离开的时机：
> （1）"猴子"一定要被喂养或人道毁灭。否则，经理只会将时间浪费在处理过时的事务上。

（2）"猴子"的数量要保持在经理的控制能力内。

（3）只在预订时间喂养"猴子"。

（4）喂养"猴子"时，要面对面或通过电话沟通。但切记，不能通过邮件。

（5）要定下每只"猴子"再次喂养的时间及下属的行动权力。

## 会议成本分析制度

日本太阳公司为提高开会效率，实行会议分析成本制度。每次开会时，相关人员总是把一个醒目的会议成本分析表贴在黑板上。

会议成本的算法是：会议成本 = 每小时平均工资的 3 倍 ×2× 开会人数 × 会议时间（小时）。公式中平均工资之所以乘 3，是因为劳动产值高于平均工资；乘 2 是因为参加会议要中断经常性工作，损失要以 2 倍来计算。因此，参加会议的人越多，成本越高。有了成本分析，大家开会态度就会慎重，会议效果也十分明显。

如何节约时间，以最大限度地提高企业工作效率并节约成本是摆在企业管理者面前的一个不容忽视的问题。很多企业时常会把时间和精力浪费在无休止、无意义的会议上。

这里倒不是说企业不开会更好。会议是企业统一思想、整顿形象的关键环节，可如果把更多的时间花在喊口号上，员工们还有时间去做自己的工作吗？

会是要开的，一周开一次例会就差不多了。在开会时，要致力于讨论或解决具体的问题。如果开会只是为了在会议室打一阵子瞌睡，喝两杯茶，这只能说明会议只是走形式而已。

**分析** 聪明的老板是不愿看到一群对工作心不在焉的下属的。这就要求企业培养高素质的员工，让他们设身处地地为企业着想，珍惜每一分钟，哪怕是开会的那几十分钟。即使没有人发言，只要他在认真地听，已说明他是个认真干事的人了。

## 额外时间的调查

曾经有一家顾问公司对 100 名经理人做过一次调查，结果表明：

仅有 1 人认为有足够的时间；

10 人认为需要 10% 的额外时间；

40 人认为需要 25% 的额外时间；

其余的人认为需要多于 50% 的额外时间。

从这个数据可以知道，很多人需要有更多的额外时间。

事实上：

时间不只是金钱；

时间比金钱更有价值；

时间就是生命。

**分析** 实际上，我们需要的额外时间和浪费的时间比较起来要少得多。如果你不再需要额外时间的时候，你就已经能很好地驾驭时间了。

## 时间就是财富

美国一家钢铁公司的总经理常常遇到很多时间管理上的问题，如为什么公司总是这么忙、做事情效率总是这么低等。他非常想让人帮助他分析和解决时间管理的瓶颈问题，于是就找了一个顾问。这个顾问花了一段时间，天天观察这家公司的做事方法，最后给总经理提出了三条建议，并说："你可以先不付给我钱，先根据我这三条建议做一段时间后，如果有成效，你再来决定给我多少酬金。如果没有成效，你可以分文不给。"两个月以后，这个顾问收到了一张 25000 美元的支票。实践证明这三条建议是非常有成效的。

这三条建议其实非常简单：

（1）把每天要做的事列一份清单；

（2）确定优先顺序，从最重要的事情做起；

（3）每天都这么做。

**分析** 这么简单的建议能值 25000 美元吗？如果能完全按照这个建议行事，那么你的收益将非常可观。

## 时间银行

如果银行每天早晨向你的账号拨款 8.64 万元，你在这一天可以随心所欲地花这笔钱，想用多少就用多少，用途也没有任何的规定，条件只有一个：用剩的钱不能留到第二天再用，也不能节余归自己。前一天的钱你用光也好，分文不花也好，第二天你又有 8.64 万元。请问：你会如何用这笔钱？

如果遇到这种情况，你会怎么办呢？像大多数人一样，你会很快想出办法把每天拿到的钱花光。开始，你会购买你最喜欢的东西，但如果你是聪明人，你会很快想出办法把每天的钱用于投资。从长远来看，这投资会使你得到更多的回报。

你感觉得到也好，感觉不到也好，其实你每天都面临上述情况。那家银行就是"时间"。你每天都能得到 8.64 万秒，随便你怎么使用。这些时间你如果不利用，最后也不会被积攒下来。

**分析** 我们生活在世界上，都有自己最宝贵的资源——时间。这一点对于每个人都是公平的。善用你的时间，让它发挥最大的效益吧。

## 浪费时间的因素

维克托·米尔克在世界领先的现代化大食品公司的墨西哥城推销中心担任技术总监。他的工作直接或间接地受到公司 5000 名雇员中 3000 多人的影响。他总是忙得不可开交，想找点时间度假非常困难，可是他的工作却从来也没有干完过。为此，他参加了在墨西哥城举行的一次时间管理研讨会，专家总结出了他浪费时间的几个因素，并提出了改进意见。经过一段时间的检验，证明专家的解决方案非常有效。

第一个是经常加班工作。米尔克说："我总是每周工作 50～55 个小时，也常把工作带回家做。我应该在较少的时间里做完更多的工作，按保守的说法，我每天完成与过去同样的任务后还能节余一个小时。最重要的方法是制订每天的工作计划，并且根据各种事情的重要性安排工作顺序。"

"首先完成一号事项，然后再去进行二号事项。过去则不是这样，我那时往往将重要事项延至有空的时候去做。我没有认识到次要事项竟占用了我的全部时间。现在我需要把次要事项都放在最后处理，即使这些事情完不成，我也不用担忧。这样我能够按时下班而不会心中感到不安。"

"我需要明确各项目标。过去我从未迫使自己写出要做的事并将它们排列出优先次序。这样做使我对各项目标有了明确认识，把需要做的事交给别人，自己则可集中精力去处理那些需亲自做的事。"

另一点是缺乏现在就办的概念。"我需要有意识地尽力克服工作上的拖延现象。在困境中抓住一件事情就努力一次性予以处理，而不是留下一大堆乱七八糟的东西在办公桌上。实际上，推销中心参加研讨会的50名管理人员已经把杂乱无章的办公桌和人为的混乱列为第二号浪费时间因素。"对于第二条的解决方案，则是制订浪费时间因素表，并且把它贴到墙上。

米尔克说："我核对过其中20个浪费时间因素，证明它对我是非常重要的，其中有几个我曾特别强调。现在对头号浪费时间因素（变换先后次序和拖延）和办公桌上杂乱无章的控制有了明显进展。我的第三个浪费时间因素是危机管理，这好像是说我们的生活危机四伏。通过大型电脑控制室，我们能够鉴别机械或电子设备方面出现的问题。现在我们正设法采取措施来防止将要出现的危机，并且正在寻找能够更好地管理危机的办法。我们赞成温斯顿·丘吉尔的看法：展望未来比我们现在所能理解的要困难得多。同时我们也确切地发现，采取措施防止可能发生的危机和制订应急计划完全可能最大限度地减少危机的影响。"

 防止时间浪费的方法很多，只有不断总结经验教训，发现浪费时间的因素，并解决其中重要的问题，才能最大限度地合理利用时间。

## 掌握二八法则

晓玉大学毕业后，应聘到一家企业做总经理助理。总经理向她介绍了公司的情况和现状，并且交给她两件事情：一件是解决公司资金周转问题，另一件是处理员工日常供给问题。晓玉心想：解决公司资金周转问题虽然重要，但不是十分紧急；解决员工的日常所需问题不重要但紧急，那就哪个紧急先处理哪个吧。但是公司琐事太多了，每天都有人来找她反映问题，而且这些问题看起来都很着急，她不得不在各个部门间跑来跑去，几乎把时间都用在处理日常琐事上。当总经理问她另一项工作进展时，她才发现自己把最重要的事情给忘了。总经理认为晓玉不善分配和管理自己的工作时间，以不适合助理这项工作为由将她辞退了。

　　职场上有很多人都是这样。他们不明白，处理工作中的事情有一个重要原则，那就是先处理最重要的工作，而不是先处理最紧急但不那么重要的工作。在工作中，要掌握二八法则，就是利用大部分时间处理好最重要的事情。因此，我们可以用时间象限法对事情进行划分：第一象限，重要且紧急的事，一种是一些突发性的工作，一种是原本属于第二象限，没有及时处理，转到第一象限；第二象限，重要但不紧急的事，比如起草年终总结、制订工作计划等；第三象限，不重要但紧急的事，比如日常琐事、接听客户来电等；第四象限，不重要且不紧急的事，这类事情现在不做或将来不做，不会对工作产生较大影响。

　　将工作任务进行详细的划分后，把它们填写到相应的象限里，把大部分时间投入第一象限和第二象限中，完成重要的事情，剩下的时间再考虑处理第三象限的事情，如果还有时间，再考虑那些不重要且不紧急的事。

第 三 部 分

THE THIRD PART

# 团队
# 精神

# 史玉柱东山再起的秘密

1994 年，史玉柱凭借巨人汉卡和脑黄金迅速腾飞，然后因巨人大厦而迅速坠落。经过几年的蛰伏之后，史玉柱依靠"脑白金"和"征途"重新崛起，人生呈现一个精彩的"N"形转折，被誉为当代中国企业界的传奇人物。而这位传奇人物在经历企业破产后又东山再起，这中间是靠什么支撑呢？靠的是一直没有离开他的核心团队。

史玉柱当年的经历在今天早已不是什么秘密。一夜之间，他从亿万富翁成为负债累累的"亿万负翁"。然而就是在这种状况下，他的核心团队始终不离不弃。为什么他能吸引这么多人不计报酬地跟随他？他又是凭借什么才做到这一点的？有人采访了费拥军——一个跟了史玉柱 20 多年的骨干，在史玉柱落难的那段时间里，他始终不离其左右。记者见到他时，他显得很苍老。因为巨人在"落难"后一两年他居无定所，四处游击、坐硬座，住 30 块一宿的招待所，甚至他还跟爱人产生了分歧，最终劳燕分飞。当记者问他为什么跟着史玉柱时，他说："兄弟有难，不能抛下不管！"费拥军说史玉柱很懂他们这些人，也知道他们不会轻易离开他，所以自从巨人集团倒下之后，史玉柱本人就一直憋着一股劲儿，想要还清债务，东山再起。费拥军他们则相信史玉柱的能力，知道他只要去干，就一定有成功的机会，所以愿意跟随他。就是因为这些核心团队的不离不弃，才有了东山再起的史玉柱。

> **分析** 作为一名管理者或创业者，永远要清楚，一个强大的核心团队比什么都重要。因为只要有一个强大的核心团队，他们就能和你创造一切！

# 你会打篮球吗

1987 年圣诞节前夕，当阿光正在美国进修资管硕士学位时，有一门课要求他和 3 个同学共 4 个人一组到企业去实习写系统，由于同组的另外 3 个美国同学对系统开发没有概念，所以他这位组长只好重责一肩挑，几乎是独立完成了所有的工作。终于拖到了结案，厂商及老师对他们的（其实是阿光的）系统都相当满意。第二天，阿光满怀希望地跑去看成绩，结果竟然是一个"B"，更气人的是，另外那 3 个家伙拿的都是"A"。阿光懊恼极了，赶快跑去找老师。

"老师，为什么其他人都是"A"，只有我是"B"？"

"那是因为你的组员认为你对这个小组没什么贡献！"

"老师，你该知道那个系统几乎是我一个人写出来的吧！"

"是啊！但他们都是这么说的，所以……"

"说起贡献，你知道每次我叫布莱恩来开会，他都推三阻四，不愿意参与吗？"

"对呀！但是他说那是因为你每次开会都不听他的，所以觉得没有必要再开什么会了！"

"那杰夫呢？他每次写的程序几乎都不能用，都要我帮他改写！"

"是啊！就是这样让他觉得不被尊重，就越来越不喜欢参与，他认为你应该为这件事负主要责任！"

"那撇开这两个不谈，咪咪呢？她除了晚上帮我们叫比萨外，几乎什么都没做，为什么她也拿"A"？"

"咪咪啊！布莱恩跟杰夫觉得她对于挽救贵组陷于分崩离析有极大的贡献，所以得"A"！"

"亲爱的老师！你该不是有种族歧视吧？"

"噢！可怜的孩子，你会打篮球吗？"

这到底关篮球什么事？这么说吧，任何一个在中国长大的大学生，对于竞争大约都不会陌生。大考、小考，一路到高考，能够顺利进入大学的，大概都算得上竞争中的胜利者。但是不幸的是，高考的竞争比较像是打棒球，而不是打篮球。

你瞧，如果你当一个外场手，球飞过来了，你只能靠自己去接住它，别的队员跑过来，不但帮不上忙，还可能妨碍你接球。高考也是这样的一场个人秀，无论你的亲朋好友、老师同学有多么想帮你，最后还是得你一个人进考场，自己为自己的未来奋斗。

但是高考结束后，你会发现这类个人秀型的竞争是很少见的。不论你是工程师、经理人或是特殊教育的老师，你的成就必须仰赖别人跟你的合作。就像打篮球那样，任何得分都必须靠队员之间缜密的配合。好的篮球球员，除了精湛的球技之外，更重要的是他与队员间良好的默契，以及乐于与队员共同追求卓越的精神。

时间过得真快，一转眼就已经过了10年的时间。阿光回顾学习的历程，发觉在那天上午，他的老师给了他一份比硕士学位更宝贵的圣诞节礼物。这个老师让阿光了解到狭隘的抱着"你赢就是我输"甚至"只取不予"的生活态度，虽然有时会占到一些小便宜，但是最后却只会为自己带来悲惨的下场。不论你的目标是升官发财，还是单纯地享受工作乐趣，都需要通过团队合作才能实现。今天的阿光，每一天的工作都需要上级的提携、同事伙伴的帮助以及老同学的大力配合，从那天开始，阿光就再也没有那么轻易地搞砸过自己的团队。

在高中的时候，父亲常常告诉阿光："人生就像是一局桥牌，能够把一手烂牌打到最好，就是成功。"阿光的父亲说得很有道理，但是在这里，阿光要说的是："有时候人生也像是一张牌，不论你是黑桃老 K 还是红心小三，重要的是，你是不是在一组同花顺里面。"

所以，你会打篮球吗？让我们一起来学一学吧！

**分析** 一个人无论多么能干、聪明，多么努力，只要他不能或是不愿意与团队一起合作，日后绝不会有什么大成就。

## 真正的成功是团队的成功

某公司有两位刚从技术工作提升到技术管理职位的年轻管理者：A 经理和 B 经理。

A 经理觉得自己责任重大，技术进步日新月异，部门中又有许多技术问题没有解决，很有紧迫感，每天刻苦学习相关知识，钻研技术文件，加班加点解决技术问题。他认为，问题的关键在于他是否能向下属证明自己在技术方面的出色。

B 经理也认识到了技术的重要性和自己部门的不足，因此他花很多的时间向下属介绍自己的经验和知识；当他们遇到问题时，他也帮忙一起解决，并积极地和相关部门联系和协调。

三个月后，A 经理和 B 经理都非常好地解决了部门的技术问题，而且 A 经理似乎更突出。但半年后，A 经理发现问题越来越多，自己越来越忙，但下属似乎并不满意，觉得很委屈。B 经理却得到了下属的拥戴，部门士气高昂，以前的问题都解决了，还搞了一些新发明。

**分析** 对管理者而言，真正意义上的成功必然是团队的成功。脱离团队去追求个人的成功，这样的成功即使得到了，往往也是变味的和苦涩的，长此以往是对企业有害的。因此，一个优秀的中层管理者绝不能单枪匹马地孤军深入，而是要带领下属共同前进。

## 合格率是怎样提升的

张先生在一家中外合资企业工作，这家企业给海尔、科龙生产压缩机。当时正赶上新任的总裁交接，新任总裁说张先生的 4 个团队是给他最好的礼物。

这 4 个团队中包括质量团队，该团队是从企业的 5 个车间中抽出一些人来负责质量问题。过去，这 5 个车间只有最后一道车间负责质量问题，前面 4 个车间把他们的零部件拿好，然后交到第五车间去组装，第五车间必须把好质量关，出了问题第五车间要负责，但第五车间的人说前面的半成品根本没办法检验是否合格，让他们来把关是不现实的。他们的理由是对的。

该企业产品的合格率只有 95%，如何提升产品合格率是质量团队的责任。他们从不同的部门抽出一个 6 人质量团队，每个人都必须对本车间的产品质量负责，一开始还比较协调，但后来成员们有点担心：对我的考核还要让我的车间主任来完成，如果我提出这个车间产品有质量问题，车间主任会对我怎么看？于是，就采取交叉作业的方式，A 到 B 车间，B 到 C 车间，通过这种交叉作业的方式，不仅解决了这个问题，而且组员又可以学习别的车间的生产过程。结果通过这个质量团队的工作，他们很快将产品的合格率由 95% 提升到 98%，客户的满意度也更高了。

这些团队成员的感受是：我是这个质量团队的一员，在这个团队当中，我得到了在传统部门中所不能学到的认知，我开始把公司产品的质量看作我自己的事情，而过去没有这个权利，也没有这个责任和目标。

**分析** 要把团队的责任看成高于一切的任务，才能爆发出强大的令你难以想象的力量。

## 创业团队：合久必分

刘先生是青岛 A 公司的总经理。A 公司从事家庭装修材料的生产和销售，经过四五年的发展，已经成为青岛地区家庭装修材料市场的领头羊，2002 年全年销售额 3000 多万元，市场占有率稳居第一。不过刘总最近的心情非常郁闷，因为和他一起从江西老区出来打天下的几个公司元老级人物离开了他的公司，这其中最令刘总心痛的是王副总。王副总在公司的威望极高，是元老中唯一的本科生，公司的发展有一大半应归功于王副总。王副总的一番话令刘总至今难忘："刘总，当年是你把我和文涛（公司销售部经理）、刘庆（公司技术部经理）从江西老区拉到这里，我们一起拼命干，从 6 个人 5 万块钱做到现在的 300 多个人 3000 多万元资产，可是企业越做越大，我们的心也越来越寒。这么多年了，每年分红就凭你一时的高兴，想给谁多少就给多少，大家心里都不踏实啊！我们都觉得干活没盼头，像现在这样下去，我们肯定都会走的。"

创业团队成员的高流失率已经是一个普遍的现象，据国外一家研究机构对 100 家成长最快的小公司所做的调查，发现其中有一半的创业团队无法在公司头 5 年中保持完整，而另一家机构在他们所研究的 12 个创业团队的个案中发现，只有两家在创立的 5 年后创业团队还保持创立初期的完整。

**分析**

首先，随着企业规模的扩大，有些成员的能力已经不适应更大规模、更规范的企业经营管理的需要。其次，创业团队成员的经营理念与方式不一致，团队思想不统一，有些成员不认可公司的目标策略和价值观，导致创业团队解散。第三，创业成员之间因为性格、个性、兴趣不合，磨合出现问题，创业活动难以正常开展，导致创业团队解散。第四，团队在创立初期没有确定一个明确的利润分配方案，随着企业的发展、利润的增加，在利润分配时出现争议，导致创业团队解散。

要保持创业团队的稳定性，需要重视以下几点。创业团队一定要在讨论后形成一致的创业思路，成员要有共同的目标远景，认同团队将要努力的目标和方向，同时还要有自己的行动纲领和行为准则。这些其实就涉及团队文化的建设问题了。以法律文本的形式确定一个清晰的利润分配方案，把最基本的责权利界定清楚，尤其是股权、期权和分红权，此外还包括增资、扩股、融资、撤资、人事安排、解散等与团队成员利益紧密相关的事宜。

要保证团队成员间通畅的沟通渠道，进行持续不断的沟通。团队开始工作时要沟通，遇到问题时要沟通，解决问题时也要沟通，有矛盾时更要沟通。沟通的时候要多考虑团队的远景目标和远大理想，多思考有利团队发展的事情。只有目标真正一致、齐心协力的创业团队才会取得最终胜利。

## 纺织厂的团结协作

史密斯的纺织厂是按照基本的工业工程程序布置的，每一工作岗位都基于工程核算，仔细分配工作量。厂区每间屋子里有 224 台织布机，由 12 个专职小组操作并维护，每位纺织工人操作 24 或 32 台机器，每组填料工人负责 40～50 台机器，每位优秀的工人能不可思议地平均控制 75 台机器；另外有 9 个专职小组负责服务和维护工作，每位工人负责 112 或 224 台机器。尽管工人看起来运作得很熟练，但仍然没有达到令人满意的产出。

　　研究表明，所有12个小组要紧密协作，发扬团队精神，才能保证有较高的产出，然而工厂这样组织，不利于团结协作。一位填料工人负责一位纺织工人的全部织布机和另外一位纺织工人的部分机器，这就意味着纺织工人与填料工人没有组成一个团结的整体。尽管工作程序本来很需要这样做，实际上，一位负责24台机器的纺织工人与一位负责40台机器的填料工人一起工作，仅仅利用了填料工人3/5的能力，而另一位纺织工人只能配以填料工人2/5的生产能力了，这种情形比负责75台机器的熟练工人的工作情况要复杂得多。

　　最终，工厂重新进行组织。这样，一组工人对一定量的机器负责，工人们能够建立起协作关系，发扬团队精神，使生产能力得到提高。

　　**分析**　只有优化技术因素、人力因素和组织结构，才能在纺织厂内建立一个富有效率的体系。哪怕只有一个因素发生改变，就会产生不和谐，管理层需要与工人们保持紧密联系，了解工人需求，避免代价高昂的变革造成负面影响。交流与沟通的方式众所周知，企业的布局与工作流程在很大程度上决定着人们是否有机会进行交流。

## 部门间的矛盾

　　兴发公司的主要业务是工业产品的设计服务。他们拥有这样一种运作模式：销售部门接触市场、接触用户，据此提出新产品的建议，让研发部门开发；研发部设计的新产品，交给生产部门生产，让销售部门销售。而销售部门和产品研发部门往往存在矛盾。

　　研发部门拿到销售部门的意见、建议时说：这些人什么都不懂，就懂得市场，他们根本不懂技术，不知道产品有一定的技术规则。

　　销售部门说：研发部门根本不懂得市场，搞出的东西一点儿也不实用，顾客不买账。

　　**分析**　一个团队中的各个部门要有团队意识。无论个人水平多高，他在团队中总是属于微小的一分子，只有互相合作、互相配合，才能形成统一的企业战斗力。

# 高绩效团队的改革

最近，生产管理部经理 A 先生越来越感到本部门的创新氛围大不如前。现在部门成员对本职工作都非常熟悉，工作完成情况较好，但就是有一种不思进取的态度。另外，部门成员对待其他部门的态度和看法也与以前不同，平时言谈中总是流露出不满的情绪，诸如某部门的人员如何没有理念、没有思路。自满的态度在部门成员间平时的交谈中表露无遗。A 经理感到现在到了应该好好想想本部门问题的时候了。

A 先生所在的企业是一家生产日用消费品的合资企业。这几年公司业务发展迅速，平均每年都有 10% 以上的利润增长，虽然近两年国内市场的竞争越来越激烈，但是由于在前几年形成了良好的企业文化、打下了扎实的管理基础，公司仍能继续保持平稳发展。公司这几年一直采用目标管理（MBO）这一管理工具，强调参与式的目标设置，并且强调所有目标都必须是明确的、可检验的和可衡量的。同时，公司在 4 年前成功运行了一套企业资源计划系统（ERP），这套计算机管理系统不仅使公司的物流、财流、信息流达到最优化，而且使公司组织结构扁平化，目标设定具体化，并对目标的绩效反馈有很大帮助。目标管理与 ERP 系统相辅相成，使公司具备了良好的管理基础，并形成了良好的企业文化。

A 先生于 5 年前进入公司并在生产管理部门担任负责人。生产管理部共有 4 位员工，他们是进入公司 1 年的 B 先生、C 小姐，进入公司 3 年的 D 先生与 E 小姐。在进入此部门两星期后，A 先生了解到 B 先生做事有条理，交给他做的事总能有计划地完成，但是 B 先生在工作中主动性不够。C 小姐活泼开朗，经常在工作中提出一些新鲜点子，但是做事条理性欠缺。D 先生从公司刚成立就已在此部门工作，经验丰富，而且工作积极主动。E 小姐与 D 先生同为公司资深员工，工作经验丰富，且人缘很好，在公司各个部门都有好朋友。

在 4 年前公司 ERP 系统成功上线后，经过业务流程重组，A 先生负责的生产管理部主要包括以下工作职责：

（1）制订生产计划。主要是根据公司市场部门提供的销售预测及公司财务部门的库存目标，结合工厂产能计划，制订年度、季度、月度的生产计划。

（2）制订产能计划。主要是与工程部门、技术部门、生产部门一起核定生产产能计划，通常每年定期核查，平时如有变化就及时更改。

（3）安排日常生产排程。主要将客户订单及生产计划变成生产指令下达给生产部门组织生产。

（4）制订采购计划。系统依据生产计划及动态客户订单数量产生基础 ERP 计划，经过人为整合下达采购指令，下达给采购部门采购原料。

（5）制订分销资源计划。由于公司在全国有 5 个仓库向各地发货，所以需要向各仓库分配产品，安排运输，同时还要与各地经营部联络，满足各地的订单需求并控制各地库存水平等。

A 先生利用业务流程重组的机会，将手下 4 位员工的工作职责进行了重新划分。经验丰富的 D 先生被安排负责制订生产计划与产能计划，同样经验丰富的 E 小姐负责制订分销资源计划，B 先生负责日常生产排程，C 小姐负责制订采购计划。由于部门内所有人在公司上 ERP 项目的时候都经过了系统的完整培训，同时又都有一定的工作经验，所以大家很快熟悉并胜任了各自的工作。

由于公司采用了目标管理工具，每个员工都要参与制订每个人各自的工作目标，所以大家都清楚知道个人及上级的工作目标。生产管理部经理 A 先生的目标是生产计划达成率为 90% 以上，原辅料、半成品、成品的库存控制在 4000 万元以下，客户订单的交货期为 5 个工作日以内。而此目标又分解到部门其他 4 位员工，如 C 小姐负责采购计划，她的目标是原料库存在 2500 万元以下，缺料率在 2% 以下，主要原料缺料率为 0。同样，B 先生负责生产排程，他的目标是客户订单交货期为 5 个工作日以内，半成品库存为 200 万元以下等。由于所有人的目标明确，都可衡量，且 ERP 系统保证了所有的数据都可随时提供，绩效反馈非常有效，所以保证了公司激励制度的有效实施。而且各成员的工作都具有一定的挑战性，A 先生这个部门的工作满意度较高。

本部门工作完成情况要看其他部门的配合度，所有的工作都需要与人沟通才能完成。如要完成生产计划，不仅要与本部门负责生产流程、采购计划、分销计划的成员充分沟通，还需要与市场部、财务部、研发部、技术部、工程部等部门进行有效的沟通。同样地，制订分销计划，不仅要与本部门的生产流程相关人员进行沟通，还要与工厂仓库、运输公司、各经营部客户服务人员、市场部人员、各地仓库等进行沟通。所以 A 先生在部门内一直强调沟通的重要性，并积极提倡协同配合，使大家都明了每个人的工作都需要部门内其他人员的帮助才能完成。而要做到这一点，大家就必须互相信任、互相帮助、开诚布公。

由于在生产管理部内各成员的工作都相辅相成、互相依赖，大家都有了解别人工作的愿望。A 先生要求各成员将各自的具体工作包括各类细节写成流程形式，供部门内所有人员参考，还鼓励大家互相学习彼此的工作，而且规定每年必须轮换工作。由于工作业绩互相依赖，大家都努力学习他人的工作和长处，同时努力帮助他人克服缺点，至今部门内所有人都具备单独完成各项工作的能力。

A 先生在部门中一直提倡创新观念，他本人就一直提出各种各样新的观点和想法来帮助大家更好地完成工作，而 D 先生一般会帮助 A 先生将他的观念落实，如制订操作程序等,B先生和C小姐也会经常对这些观念提些建议,而E小姐小心谨慎,她会考虑新观点对各方面的影响。由于A先生的倡导,部门内逐步形成了许多好的观念,如"鼓励提出不同意见""不能提出改进意见,就不要反对别人的观点""不提出改进意见,就完全按别人的意见做"等。

经过这几年的成长,生产管理部已成为一个工作绩效高、学习能力强、工作满意度高、内部凝聚力强的团队,部门成员都以在这个团队中工作为荣。然而,当前在这个团队中出现了诸如篇头提及的一些不和谐的现象,A先生通过几天的考虑,决定采取行动。

**分析** A先生能够创造适合团队发展的环境与氛围,并积极投入团队建设中去,培养了员工与他人合作、共享信息、包容个人差异的良好作风,成功塑造了一个高绩效的工作团队。但是成功容易导致自满、保守、封闭的态度,这样就需要不断地培训和改善,实现团队的整体工作目标。

## 一家合伙公司的解散

1999年,有一个博士生和两个硕士生不满足他们的现状,决定一起设计属于他们自己的未来,创造属于他们自己的事业,于是他们辞掉了各自的工作,一起筹办了一家公司。创业是艰难而又充满乐趣的,在这个阶段,大家是以一种共同创业的精神来合作的,每一个人都把公司当作自己的事业来对待。在公司成立后的半年左右,企业业绩开始呈现快速增长的态势,但是就在这个时候,矛盾出现了,除了关于企业发展战略方向的问题外,利益分配问题开始影响彼此的合作,有人开始觉得自己的付出和回报并不对等,虽然每个人的收入都比原来有了很大幅度的提高,但是,正如其中一位所说,他们需要彼此的平等。一位副总认为自己在创业中的付出和贡献是最大的,但是没有得到应有的回报,而另一位则认为自己的能力是最强的。总之,原来非常融洽的合作气氛逐渐消失。2000年4月,其中一位终于脱离了公司,准备寻找新的合伙人创办属于他个人的事业。而另一位在2001年初被一家猎头公司看中,"跳槽"进入了一家外资企业。

**分析** 一个团队中的合作各方如果在思想观念上不一致,那么他们之间的合作只能以失败告终。

## 为何无法形成团队

一家经营保健品的公司，早期购买了一项专利，根据这项专利生产产品，并迅速将其投入市场，客户好评如潮，公司业绩在最初两年里翻了两番。但是，伴随着企业的逐步做大，创业者开始关注自己的"财产"如何不被别人侵蚀，同时，他聘请了一家咨询公司为企业设计了各种严格的规章制度。这些规章制度看起来非常科学，或者说是无懈可击，似乎每一个环节都不会给员工侵蚀企业财产以"可乘之机"。相对来讲，公司员工的收入是比较高的，但是，
企业辛辛苦苦招聘来的人才大多待不了几个月就提出辞职了，甚至有的在马上就要成为业务骨干时离公司而去。用中层干部的话讲，留下来的往往是企业不想留的，而走的又往往是企业不希望走的。事实上，3 年内，企业的骨干走了将近30%，其中相当一部分被竞争对手挖走，而这对这家公司构成了一种致命的打击。不到两年时间，企业在当地保健品市场的占有率，由原来的 30% 很快下降到了10% 以下。

　一家公司要想长远发展，一定要保证整个团队的存在和发展。如果团队成员弃团队而去，那么公司必然无法运作下去。

## 微软公司培训记

在微软公司内部的培训室，美国顾问莫师傅首先宣布这两天必须遵守的十几条规矩，也被我们称为"长鞭"。后来，我们把微软公司的这些规矩发展为团队规矩，一直自觉遵守。其中有几条是：不含敌意的冲突是好的；附和意见之前先问自己：出了门是不是还会支持团队的决议，为其辩护？遵守日程表上的时间，一次一个人发言，发言要简单明了，不要浪费大家的时间……我从此继承了那只长鞭，每当我的团队涣散、偏离团队规则的时候，这条长鞭就会在头顶盘旋。

接下来，每个人只用 10 分钟自我介绍一下是做什么工作的和一件大家都不知道的事情。

训练开始了。莫师傅坚信，任何团队的终极目标都是要赢，而运动队最注重赢的精神，所以不管是哪些行业的客户团队，他都用教练运动队的法子来训练。教练的方法是鞭策、激励、指导、示范、参与，甚至是不容分说的粗暴指令，与顾问的启发、引导的温和做派完全不同。

莫师傅一个接一个地下着指令：

"3分钟之内，每个人写出微软中国最重要的市场机会，量化。"

"3分钟，各组讨论，选定全组认定最重要的市场机会，不许超过3条！"

"5分钟，各组代表简要解释你们认定最重要的机会是什么，说明原因。"

共有4组，每个组的代表都拼命在最短时间内说明自己组提出的是最重要的。这时白板上贴了十几条看法，有几条看法是各组不谋而合的，自然被大家公认是最重要的，对剩下的七八条——

"每个人可以有两次——只有两次——举手的机会，表决决定最重要的两条。"

如此这般，在20分钟之内，墙上就张贴出来"机会的宇宙"这一条。常见的企业思维模式是，拿过去的业绩＋实现的资源＋已有的策略来制订增长计划，最习惯看销售业绩百分比增长的梯形。莫师傅训练我们要脱离与自己过去相比较的巢穴，强迫我们习惯去看"机会的宇宙"，它代表与微软中国业务相关的中国IT市场的机会，我们用小小的"一角"假设已有的市场份额，它可以衬托出一个巨大的市场空间。

莫师傅指着"宇宙"问我们："想要多少？"

我们太长时间专注于救火，两眼紧盯着火情，限制了向外的视野，只把扭转危机作为团队的最大目标。莫师傅豪情万丈指点"宇宙"，激活了我们向前、向外发展的想象力和胆量。

"机会的宇宙"一直挂在墙上，它的量化虽然粗糙，但能时时提醒我们有的是机会，有的是发展空间，我们只需要找到并专注于最有效的区间，制订有效策略，调整部署资源，就可以把机会变成现实。在讨论制订下半年和明年的销售策略、销售指标时，我们参照的是"机会的宇宙"，而不再是对比过去。习惯的参照过去是人们给自己设置的最大的限制之一，企业也往往如此。

每当我们陷入具体而微小的细节争论时，他立刻叫停，问："你们在争论如何抓住这些大机会吗？"一次又一次，我们被莫师傅从习惯的思维里拉出来，直到摆脱束缚，形成新的习惯。

"停！转入下一项！微软中国今天最重要的问题是什么？3分钟……"

"停！下一项！要抓住最重要的机会，最重要的策略是什么，7分半钟……"

在莫师傅一个接一个的口令声中，每个人的思维都被强迫脱离"我自己、我的部门"。大家开始统一到"微软中国"的思维频率，我们的动作开始协调，越来越像一个团队的动作了。墙上贴着的东西越来越多：

微软中国今天最迫切需要解决的最重要问题（注意，最迫切的不一定就是最重要的，反之亦然）？

在最重要的机会领域里，较之竞争对手，微软所没有或不能为客户提供的价值是什么？

微软中国的 3 年目标是什么？

财年 1999 年下半年的目标是什么？

实现目标的策略是什么？

……

渐渐地，我意识到这些顺序也是有道理的，先看清无限的机会与自己当前的限制，就能更现实地把握机会；对着无限的机会定出来的 3 年目标就显得一点也不可怕；而为了实现 3 年的目标，下半年、明年的阶段性目标就必须定得很高；要实现很高的阶段性目标就必须订出新的策略。

一次，莫师傅要求"每人写出其他 3 个部门的最重要策略，假设你是那 3 个部门的经理"。大家顿时鼓噪反对，说我们不懂其他部门，不是专家做不出来。莫师傅非常赞同专家意见的重要性，并立即举出一些权威专家的经典意见：

"重于空气的物体飞行绝无可能。"

"所有可能发明的东西都已被发明。"

"任何有理性、负责任的妇女决不会参加选举。"

大笑之后，大家突然觉得不是专家也可以提专家意见。我特别喜欢这个换位训练，它不仅能使各部门互相关心，而且"外行"的意见特别能帮助"专家"与其他部门的配合。我后来经常这样做，大家越来越默契，再不需要启发诱导。

两天下来，满墙的贴纸已经形成了一整套文件，包括使命、远期目标、近期目标、部门指标，以及财年 1999 年下半年 6 个月内的 5 个关键领域要产生的营销结果、战略、策略、实施计划、资源配备。

莫师傅要求我们做最后一个作业：集体完成一篇文章，是预备 6 个月后财年结束时要向全体员工发表的，它是今后 6 个月里我们要完成的总结。4 组人各写一段，同时在 15 分钟之内完成！我们已经习惯了莫师傅的各种乖张指令，但这个是太离谱！莫师傅坚决不让步，说："真正好的团队什么都可以做到，别说合作一篇文章了！"威逼利诱下，我们还是完成了。

莫师傅把各组作业收齐，在 15 分钟内竟然写出了将近 2000 字的文章！每组的代表依次高声朗读，读的人激动，听的人激动，每一个人都被我们的作品所震撼，真是一篇绝妙的文章。各组分别写的段落，都确切表达了整个集体的想法，全文文笔流畅，修辞风格如出同一个人的手笔，其中跃动的激情又是团队的集合。我们意识到我们可以做以往看起来不可能的事。

这些理论都读过很多遍了,但莫师傅教给我们的是如何去实践这些理论的方法,他帮助我们发现自己可以这么棒!

我们团队后来的实践证明,运动队式的团队精神不仅能形成危机中的凝聚力,在"和平建设时期"也非常有效。

> **分析** 本文选自前微软总经理吴士宏的自传《逆风飞扬》。受过团队训练的员工,对于团队精神的理解一般会更深刻,也能使企业形成更强的凝聚力。

## 建立高效能团队

通用电气在杰克·韦尔奇领导下,改变了通用电气的文化,不仅要求主管针对75%以上的提议必须立即做出明确答复,促使主管开始聆听员工的意见,掌握组织前沿的问题,迎接新的挑战,领导与主管也不再逃避问题。

例如 GE 运输事业,因为20世纪80年代该行业不景气,营运现实与运输事业的领导们眼光出现大落差,市场没有朝预期的方向发展,成长速度突然慢了下来;更明显的信号是订单减少了。世界变了,运输事业的经营团队简直像掉落地狱一般。

但是,该团队面对这个情况并未做掩饰或辩解,反而说:"我们错了。"然后开始在经营事业方法上做了根本的改变,去除管理阶层,将重复的工作和部门合并,除非是必要的,否则一律删除。

运输事业领导人施来默在取得总部同意后,以成本价销售420个火车头给中国,这是使工厂各项工作得以维持到市场复苏的过渡性策略。同时,施来默在面对避免

亏损的压力下,召集所有员工,向他们解释即将采取的必要措施:进一步降低成本。他说:"我们必须想想办法。"

这番话引发了员工们的斗志。工人在没有主管提示的情况下,自行决定重新设计火车头车盖,结果节省了45%的成本。在全体员工的努力下,运输事业团队非但没有亏损,在年景最差的1984年还保持1200万美元的利润。

面对运输事业,杰克·韦尔奇说:"我们不必改变任何人,因为他们有自信自我

改变。"

面对现实，是企业回归简单、快速掌握机会与解决问题的基础。但是犯下严重错误的人会经常怀疑自己，没有自信，无法面对简单的现实，也不会与他人合作，造成组织的内耗与绩效低落，难怪韦尔奇说："受伤的自信是很难恢复的。"

使企业生产力更高、更有竞争力的方法，就是释放员工的精力与智能，激发他们的自信。有自信，才能面对真实情况，采取简单的做法直接沟通，追求简单、快速，团队效能与运作速度也因此不断提升。

然而，自信从何而来？如何才能激发员工与团体的自信？是聆听他们的意见、邀约参与就会激发自信？还是支持冒险与变革的态度、容忍错误的工作环境？或是不惩罚未达标准的人，而是有进步就给予奖励，即使还未达到标准？

韦尔奇以合力促进计划，邀约参与、聆听员工的意见、让主管们面对前沿问题与挑战，在组织变革的进程中激发自信，追求简单、快速。

有效的团队将有力地促进企业的发展。

## 团队意识与个人英雄主义的关系

曾经有一位啤酒企业新上任的区域市场经理（以下称 A 君）通过电子邮件向老张道出了一件令他苦恼的事：他手下的一名营销人员（以下称 B 君）虽然在市场上敢拼敢打，是一名虎将，而自恃学历高、工作能力强、销售业绩好，在他面前狂傲不已，作风散漫，不太愿意遵守劳动纪律，还经常在公开场合反对他的意见，不太听话，多次让他在公开场合丢面子。A 君恼火不已，几次想辞退 B 君，但又找不到充分的理由，又不愿和他合作。A 君向老张请教，他该如何处理这件事。

老张在对 A 君理解和同情的同时，没有火上浇油让他给 B 君穿小鞋，没让他想办法开除 B 君来维护自己的领导尊严，反而是帮他深入分析了问题，找到了合适的对策。

老张首先帮 A 君分析了出现这种状况可能的深层次原因：

（1）A 君刚上任不久，二人缺乏深入的沟通和了解，A 君的才干没有得到充分展示，以致 B 君认为 A 君的才能不如自己，轻视 A 君；

（2）前任经理存在严重的官僚主义习气，过多地向下属发号施令，使 B 君对领导产生反感情绪，这种情绪延续到 A 君身上；

（3）B 君的才能没有受到充分的重视和关注，他的期望没有充分实现，从而产生了失落感；

（4）B君在工作中没有受过大的挫折，比较顺利，压力不大，而周围比他水平高的人很少，自傲情绪严重；

（5）B君个人英雄主义占上风，对自己的期望值较高，表现欲较强，独立性较强，而团队意识较差。

接着老张针对B君给出了的客观评价和处理意见：

（1）B君是一匹烈马，只要调教好，远比一头柔顺的驴子强；

（2）B君的个性很强，创造性思维也很强，具有优秀营销人员的天赋；

（3）这种人往往心直口快，心胸较开阔，有点江湖义气，调教得当，可以成为忠臣良将；

（4）要化解矛盾，为我所用，而不要武断地开除他。

接着老张又为A君提供了解决问题的详细对策：

（1）A君要心胸开阔，拿出领导的风范，主动与B君沟通，以礼相待，以诚相待，用自己的人格魅力去感化他；

（2）在工作之余，多与B君沟通，加深私人感情，比如周末主动请他去喝茶、唱歌；

（3）工作上重视他的存在，对本区域市场上一些重大问题，多征求他的意见；

（4）给他更具挑战性的工作，比如最困难的市场，让他去开拓，但绝对不是给他穿小鞋；

（5）向上级领导推荐他，让周围的同事主动接近他；

（6）在公开场合恰当地对他的优点和成绩进行肯定和表扬；

（7）给他灌输团队意识及其重要性，让他了解只有大家团结合作、共同拼搏，才能取得更好的成绩。

经过和老张多次探讨，A君认为老张的分析和判断基本上与实际情况相吻合，最终接受了老张的观点和意见，并根据老张提出的对策，结合实际制订了一套详细策略，开始实施。

一开始，B君对A君仍怀有一定的戒心，并不太合作，A君想放弃。精诚所至，金石为开，老张劝他坚持下去。没有多久，B君看到A君是真诚的，就放下了戒心，积极与A君沟通。通过接触，A君了解了许多他并不知情的事。原来前任经理心胸狭窄，看到B君比他水平高，就处处压制他、为难他，使B君自尊心受到了很大伤害，对领导缺乏信任，认为领导只不过是瞎指挥而已，没有什么真本事，所以对新任经理也缺乏好感，处处表现出不合作的态度。

A君虚心地同他探讨市场问题，请他一同制订市场方案，邀他一同考察市场，下班后请他吃夜宵，增进感情。经过半年时间的磨合，二人成了非常要好的朋友，业务员成为经理的参谋和助手，经理成为业务员的好向导。B君不再心高气傲，对人友善谦虚，团队意识变得非常强，工作的积极性和主动性也大大提高。二人通力合作，使几个业绩不好的市场起死回生。A君又让B君组织一帮人成立了战斗力非常强的"敢死队"，担起区域空白市场开发的重任。B君勇往直前，取得了不错的业绩。A君又让B君担任本部门的培训师，每周对全体业务员进行一次理论知识和业务技能培训。A君还积极向总经理推荐B君，B君突出的业绩受到公司肯定，公司把B君树为典型，并进行了奖励和表扬，号召全公司营销人员向他学习。后来，B君调任另一个区域市场的经理。B君每提起A君都非常感动，总是说自己事业上的进步离不开A君的真诚关心和帮助，对A君终生感激不尽。

**分析**　以上案例带给我们最大的思考就是在营销管理中如何处理好团队意识与个人英雄主义（这里说的个人英雄主义是指个人的自我创造、自我发展的欲望和能力，而不应理解为张扬个性，以自我为中心的利己思想）之间的关系。我们要处理好团队意识和个人英雄主义之间的关系，就要深刻认识二者之间的区别和联系，充分发挥二者的积极性，避免二者产生对立和冲突，切实提高团队的工作绩效。

## 阿希的"三垂线"试验

作为群体的一员，你肯定渴望被群体接受，这样，你就会倾向于按照群体规范行事。大量事实表明，群体能够给予其成员巨大压力，使他们改变自己的态度和行为，与群体标准保持一致。当代经典的阿希"三垂线"试验揭示了群体的强大影响。

阿希把七八个受试者组成一个小群体，并让他们都坐在教室里，要求他们比较试验人员手中的两张卡片。一张卡片上有一条直线；另一张卡片上有三条直线，三条直线的长度不同，其中一条直线和第一张卡片上的直线长度相同，线段的长度差异是非常明显的（如下页图所示）。在通常条件下，被试者判断错误的概率小于1%，被试者只要大声说出第一张卡片上的直线与另一张卡片上三条直线中的哪一条长度相同就可以了。但是，如果群体中的其他成员一开始就回答错误，会发生什么情况呢？从众的压力会导致不知实情的被试者改变自己的答案，以求与群体其他成员一致吗？阿希想知道的就是这一点。为此，他做了这样的安排：让群体其他成员都给出错误回答，而这一点是不知情的被试者所不知道的。而且，阿希在安排座位时，有意让不知情的被试者坐在最后，最后做出回答。

 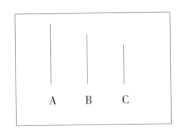

**阿希实验所用卡片图**

　　试验开始后，被试者先做了几套类似练习。在这些练习中，所有被试者都做出了正确回答。但在做第3套练习时，第一个被试者做出了明显错误的回答，比如，图中的C线段与X一样长，下一个被试者也做出了同样的错误回答，再下面的人都是如此，直到不知情者为止。不知情的被试者知道，B与X长度相同，但别人都说是C，他面临的选择形势是：自己可以公开说出与群体中其他成员不同的答案吗？或者，为了与群体中其他成员的反应保持一致，而说出一个自己认为是错误的答案？

　　阿希所获得的结果表明：在多次试验中，大约有35%的被试者选择了与群体中其他成员的回答保持一致，也就是说，他们知道自己的答案是错误的，但这个错误答案与群体其他成员的回答是一致的。

> **分析**　　阿希的试验结果表明，群体规范能够对群体成员形成压力，迫使他们的反应趋于一致。我们都渴望成为群体的一员，而不愿意与众不同。我们可以把这个结论进一步展开：如果个体对某件事情的看法与群体中其他人的看法很不一致，他就会感到很大的压力，并与其他人的看法趋于一致。

第 四 部 分

THE FOURTH PART

# 职业规划

## 弗兰克的困惑

拥有 11 年融资工作经验、9 年外资银行信贷工作经历的弗兰克在最近两年内精力可谓十分旺盛——考了教师证、参加了德语培训、通过了谈判技巧的训练、获得保险代理人资格、学习了计算机应用（硬件）、参加了人才中介的培训、获得了报关员的资格，现在正打算报名一个价格不菲的 3T 认证培训师培训。

弗兰克是一个典型的"三明治"：上有老下有小，中间还有一个全职太太，不仅有房贷、车贷要还，还要给在国外读书的大儿子提供生活费……巨大的负担使得弗兰克不得不"未临深渊而如临"，总是考虑着将来如果有一天职务不保，自己将何去何从。所以弗兰克选择了那么多的培训以加强自己各个方面的实力，可问题也出在这里，他本人在获得了各种证书之后反而产生了强烈的困惑，觉得自己的发展方向越来越不明确了，觉得自己这也合适，那也可以胜任……

弗兰克真正应该思考的问题是什么呢？他应该如何处理他的职业问题？

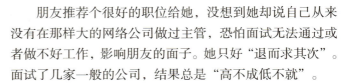

**分析** 职业风险需要冷静面对，而不是盲目地进行职业培训。你需要了解自己的优势，并且发挥自己的优势。

## 摆脱"心理高度"的限制

孙小姐因公司改组被迫离职。3 个月过去了，求职却一直不顺。结果越是不顺就越是不知道自己该干什么，越是不相信自己的能力，找工作就越难。

朋友推荐个很好的职位给她，没想到她却说自己从来没有在那样大的网络公司做过主管，恐怕面试无法通过或者做不好工作，影响朋友的面子。她只好"退而求其次"。面试了几家一般的公司，结果总是"高不成低不就"。

后来在朋友的推荐下，孙小姐进行了职业测试，通过系统的分析后发现，以她的专长和管理协调能力，负责一个部门运行是不成问题的，问题的根本在于其本人怎么也想不到的心理高度的制约。通过认真的分析比较，并充分认识自身的优势后，孙小姐已经知道自己该怎么办了。一个月后，孙小姐高兴地告诉大家说，她现在已经是一家很知名的网络公司的部门主管了。

分析 　在职业发展过程中，若能够摆脱"心理高度"的限制，冲破常人望而却步的"心理制高点"，那么我们的职业发展空间和成功率将会很大。

## 成功要符合自己的价值观

1974 年，美国著名证券经纪人邓尼斯在行业里已干了 6 年。以社会标准来看，他是美国中产阶级分子的典范：他拥有美满的婚姻、3 个聪明伶俐的孩子、一栋房子、两部车。不过，他的收入虽然不错，但证券经纪商这份职业却与他的性格格格不入。他希望活得更扎实，但现在却无法支配自己的命运，这使他觉得受挫。

"只有自己与上帝才能支配我的命运。"这句话惊醒了邓尼斯。于是，他开始设立自己的目标。他从小就爱好业余无线电，于是他决定创业，成立邓特隆无线电公司，生产并销售"火腿"（指业余无线电爱好者）需要的设备。

1974 年 4 月，邓尼斯辞去工作，卖掉车子当资金，以信用卡借款，开始在他的地下室生产业余无线电设备。邓特隆公司诞生了。他的许多朋友与亲戚都以担忧和不解的眼光看着他，断定他发疯了。

1974 年 8 月 24 日，邓特隆无线电公司成交了第一笔生意。1975 年 4 月，公司搬到了俄亥俄州的厂房中。到 1975 年底，邓特隆公司的营业额超过了 100 万元。今天，邓尼斯已是一家资产数百万美元的工厂的股东与总裁。

分析 　毫无疑问，本案例中的邓尼斯是一个很有主见的人，他很清楚自己的特长，知道他会成功，所以才会毫不畏惧地选择他的事业。

## 从"自我认可语言"谈起

黄小姐从当地的通信公司辞职了，但是她的父母和朋友几乎都对黄小姐的这种"鲁莽而草率"的行为提出了反对意见。亲友的这种观点对黄小姐产生了影响，渐渐地，黄小姐自己也对当初的辞职决定动摇了。

黄小姐辞职前在公司客服部，部门中有相当一部分人是通过各种渠道的"关照"进来的，大家上班纯粹为了消磨时间，没有良好的工作状态。她不想年纪轻轻就适应这样的工作节奏，认为这对自己的进步是毫无帮助的。这还不是最关键的。黄小姐发现她身边的同事们常常会为了你的月奖金比我的多 5 块钱而打小报告，看到别人比自己少拿个几块钱就会偷乐。几个月前发年终奖的时候，黄小姐发觉自己比别人少拿了近 200 元时，心里顿时感到一种莫名的嫉妒。事后，黄小姐感到十分可悲：自己怎么也有了她以前鄙视的那种短视而小肚鸡肠的计较呢？当黄小姐发现自己已经被环境慢慢同化的时候，毅然选择了摆脱这个环境。

在密码学里面，有个现象叫作"自我认可语言"，意思就是说，如果一个人足够聪明，能看得懂密码，那么这个人就被允许知道密码的含义。其实，每个处在特定工作环境中的人势必需要进行自我调整来适应环境，这也是一个职场人所必须具备的素质。但是工作环境中需要每个人做出改变的因素是否完全有益于个体的发展，这就需要冷静而客观地分析了。

如果黄小姐之前所处的工作环境，使身处其中的人的思维产生了固化、健康心态发生了质变、目光变得短浅、心胸变得狭窄，那么这种变化（更恰当的词或许是"伤害"）很有可能是不可逆的，它将伴随个体的职业发展轨迹，始终影响其工作的态度、方式、绩效表现等，往往这种定势是很难再次改变的。

面对这样的环境，我们需要从理智中总结出职场"自我认可语言"：如果一个人足够聪明，懂得从长远的职业生涯发展的角度来看待自己目前的工作状态，并且能够做出分析和判断，知道哪些对自己的发展有利，哪些是起到阻碍和限制个人成长的因素，那么这个人就是能得到更大发展机会的聪明人了。由此看来，黄小姐当初选择离开这家公司的决定，是相当明智的。

分析　人们对工作环境的要求是择业的一个重要因素。这个道理只有在你遭受到环境的折磨之后才能更清晰明了。

## 留学还是就业

小张刚从上海某财经大学毕业，学习的专业是国际会计，同学对她的评价是性格坚强、有上进心、学习能力强。现在她已经收到了英国某大学的入学通知，专业是行政管理；同时收到四大会计师事务所之一的普华永道的通知，做审计师，小张必须做出选择。小张的职业目标是高级财务经理，但是留学的机会很难得，到底是留学还是就业呢？小张感到非常迷茫。

专家提供的职业设计意见是先就业，去普华做审计师，然后再选择合适的机会出国深造。

他们的理由是：小张原本希望出国进修工商管理类课程，但国外大学对申请工商管理类专业的学生都有工作经验要求，所以最后只收到了行政管理专业的录取通知。小张学会计，喜欢商务，对行政工作兴趣不大，若为出国而放弃原有兴趣并不明智。先工作或先出国，其目的都应该是有更好的职业发展前景，违背个人兴趣和职业理想而出国留学，从个人职业发展来看并不可取。

从职业发展考虑，普华位列国际六大会计师事务所之一，有完善的培训计划、良好的工作氛围、规范的工作机制，对职业技能发展大有好处。出国学习行政管理硕士一年课程所获专业资质资历和在普华工作一年积累的经历和技能相比，前者在职业市场上的价值未必比后者高。

普华是专业的国际性会计师事务所，审计工作与小张大学所学专业知识基本对口，且小张勤奋刻苦，事业心强，意志坚定，加上名牌大学毕业生的综合素质，完全可以胜任普华的工作。

从小张职业目标定位于高级财务经理这一点看，他具备会计专业学历资质和专业技能，但缺乏作为高级财务经理所必须具备的专业管理知识。小张希望学工商管理类课程的想法是正确的，为出国而放弃原本计划并不利于长远的职业发展。

国外工商管理硕士课程要求申请者具备一定的工作经历，小张先工作后出国，正合乎要求。且高级财务经理必须具备的另一大重要要素就是丰富的专业工作经历，所以，先积累工作经历，也是在为实现职业理想作铺垫。

小张在先就业与先出国之间面临选择。到底是先出国更有利于职场发展，还是先就业更有利于职业发展，应该是每一个面临类似情况的毕业生都应该仔细考虑的问题。

**分析** 作为刚刚毕业的大学生，选择合适的职业发展方向尤为重要。人生精力有限，必须选准方向，强化发展。职业方向的确定必须结合个人特长、兴趣，并综合考察行业前景来确定。应届毕业生尤其应该在择业和继续深造上进行正确的选择。

## 转行，可行吗？

王虹，师范类中文专业，有两年中学语文教师工作经验，目标职业是能够发挥自己文字特长的工作。朋友评价她性格文静，善文字不善口头表达及与人沟通。

教师工作环境稳定、福利优厚，是不少人心中的理想职业。王虹面临的问题是：在两年的教学过程中发现自己并不适合做老师，虽具备相应的学历，但不具备老师应有的管理学生的能力，课堂上调动学生积极性的能力也不够，所带班级成绩并不理想，学校对其工作表现不是很满意，王虹自己也很苦恼。

从王虹的性格特点分析，她的确不适合教师行业。教师不仅需要所教学科的学科知识，更需要懂得如何管理学生，调动学生的积极性。文静、不善表达的王虹虽具备专业的学历资质，但显然不具备教师应有的教学技巧。

从王虹的职业兴趣分析，她希望能够发挥自己的文字特长，而中学语文教师一职缺少创意，显然不是王虹的兴趣所在。教师工作的不成功让王虹心中很是苦恼、沮丧。教师一职不仅没有满足王虹的兴趣，反而由于工作不顺利严重打击了王虹的自信心。

王虹应该转行，但应该转什么行业？转行成功的可能性有多大？王虹虽然不善管理学生、口头表达能力差，但文笔优美、文字能力强，其内心职业倾向也是希望发挥自身的文字能力。专家通过分析，推荐王虹从事广告行业文案工作或媒体文字编辑类工作。这些岗位对员工的管理能力、口头表达能力要求不高，更重视个人的文字创作能力，不用过多与人打交道，对于王虹来说正好可以扬长避短、发挥优势，转行成功的可能性也较大。

> **分析**　从师范类大学生到中学教师似乎是理所应当、顺理成章的事，然而实践中有太多例子表明，一个师范类毕业生并不一定就是一个称职的教师。最新研究成果显示，职业成功必须全面具备专业技能、学历资质、良好的综合素质三方面因素。根据这个标准，王虹在教师岗位上可以说很难成功。教师工作的确能给王虹带来稳定的收入和不错的福利，但凭王虹的表现，这个"稳定"还能维持多久？所以，王虹必须果断做出选择，重新择业，找一份真正适合自己发展的工作。

## 她是这样成为销售总监的

29岁的辛西娅是一家IT公司的销售总监，回想起自己在职业生涯中前进的每一步，她都感觉到脚踏实地。

7年前，辛西娅毕业于某理工大学，当时有两个职位供她选择：一个是到一家大型事业单位任秘书，一个是到一家起步时间不长但发展势头较好的IT企业做销售。大部分朋友都劝她到那家事业单位去，认为这样的工作比较稳定，适合女孩子；但辛西娅根据自己喜欢挑战的特质和对于高科技产品比较敏感的特点，选择了销售。辛西娅根据自己的职业兴趣选择了适合自己发展的工作，这也许就是她成功的第一步吧。

经过几年的工作经历，原本"很有个性"的辛西娅，在销售中逐渐掌握了商场中为人处事、与人沟通的技巧和一些游戏规则。从卖软件到卖系统和打包的解决方案，辛西娅逐渐形成了自己的工作原则和亲切的风格，凡事都站在客户的角度出发销售产品，在工作中对客户的承诺说到做到。由此，辛西娅使自己成为销售产品的专家，同时也赢得了客户的信赖和回报。她对自己更有自信了，也更认定当初的决定是正确的。

在这个过程中，辛西娅给自己不断制订新的目标，包括销售额和个人收入，而这些计划常常带有挑战性。通过强迫自己实现目标，她证明了自己还能做到更多、更好。她不但有了丰厚的收入，也在这个行业有了点名气。

当销售做到一定业绩后，她却发现在销售管理方面有些乏力。面对如此情况，辛西娅又依照私人职业顾问对她职业生涯规划的建议，勇敢地跨出了新的一步：在选择充电的同时，跳槽到了一家准备大力开拓市场的公司做了销售经理。虽然这种紧凑的状态使她生活得不太轻松，但她却很"沉迷"，有着如鱼得水的满足感，更重要的是从中学会了如何更好地管理一个销售团队，这正是她进入这家公司的主要原因。她最后成为 IT 公司一名出色的销售经理。

最近，辛西娅被猎头公司看中，十分顺利地进入同行业的一家公司，在新的业务年度里，成为销售总监。辛西娅在职业发展上又将有不小的飞跃。辛西娅直言，猎头公司是辗转几次才挖到她的，并且主动开出了薪水翻番的优厚条件，在 IT 的"冬天"消失不久后的现在，这个待遇是非常难得的，所以自己就动心了。

从辛西娅的职业发展过程中，我们可以看到她成功的三个重要原因：选择适合自己的职业方向、进一步接受挑战性的工作、良好的职业规划和管理。

选择适合自己的职业方向并不是我们通常所想象的那么简单，有时候抉择是需要勇气的，特别是在和周围的亲朋好友的意见发生冲突时，选择更需要建立在全面、客观的分析基础之上，以对自己负责的态度做出独立的判断。

相比挑战性的工作，很多女性往往更愿意从事诸如文员、助理、秘书之类的普通型工作。这些工作的性质似乎更适合女性的温柔个性，但这些职位在遇到提升和进入管理层等具体情况时就会凸现出许多阻力。而具有挑战性的工作虽然具有风险，但职位成长性却较高，不仅可以锻炼人，也易出成绩，因此相比之下就更容易被"猎"。

**分析**　科学的职业规划，对个人在职业上的发展是非常重要的。每个人在选定了工作方向后，要想得到更快速的进步和成长，就要对自己的职业生涯有一个全面的规划，来指导自己的发展。

## 每个人都有特长

加拿大少年琼尼·马汶的爸爸是木匠，妈妈是家庭主妇。这对夫妇节衣缩食，一点一点地存钱，因为他们准备送儿子上大学。

马汶读高中二年级时，一天，学校聘请的一位心理学家把这个 16 岁的少年叫到办公室，对他说："琼尼，我看过了你各学科的成绩和各项体格检查，对你各方面的情况我都仔细研究过了。""我一直很用功的。"马汶插嘴。

"问题就在这里，"心理学家说，"你一直很用功，但进步不大。看来你对高中的课程有点力不从心，再学下去，恐怕会浪费你的时间。"孩子用双手捂住了脸："那样我爸爸妈妈会难过的。他们一直希望我上大学。"

心理学家用一只手抚摸着孩子的肩膀，说："人们的才能各种各样。工程师不识简谱，画家背不全九九表，这都是可能的。但每个人都有特长——你也不例外。终有一天，你会发挥自己的特长。到那时，你就会令你爸爸妈妈感到骄傲。"

马汶从此再也没有去上学，而是试着找一份工作。城里活计难找，马汶只能替人整建园圃，修剪花草。因为勤勉，他的手艺提高很快。不久，顾主们开始注意到这小伙子的手艺，他们称他为"绿拇指"——因为凡经他修剪的花草无不出奇地繁茂美丽。

也许这就是机遇或机缘。一天，他凑巧进城，又凑巧来到市政厅后面，更凑巧的是一位参议员就在他眼前不远处。马汶注意到一块满是垃圾污水的场地，便鲁莽地向参议员问道："先生，你是否能答应我把这个垃圾场改为花园？"

"市政厅缺少相关经费。"参议员说。

"我不要钱，"马汶说，"只要允许我办就行。"参议员大为惊异，他还不曾碰到过哪个人办事不要钱呢！他把这孩子带进了办公室。

马汶步出市政厅大门时，满面春风：他有权清理这块被长期搁置的垃圾场了。

当天下午，他拿了几样工具，带上种子、肥料来到垃圾场。一位热心的朋友给他送来一些树苗；一些相熟的顾主请他到自己的花圃剪用玫瑰插枝；还有人则提供篱笆用料。消息传到当地一家最大的家具厂，厂主立刻表示要免费制作公园里的条椅。

不久，这片肮脏的垃圾场就变成了一个美丽的公园：绿油油的草坪、曲幽幽的小径，人们在条椅上坐下来还能听到鸟儿在唱歌——因为马汶也没有忘记给它们安家。全城的人都在谈论，说马汶办了一件了不起的事。人们通过它看到了琼尼·马汶的才干，都认为他是一个天生的风景园艺家。

这已经是25年前的事了。如今的琼尼·马汶已经是全国知名的风景园艺家。

不错，马汶至今没学会说法语，也不懂拉丁文，微积分对他更是个未知数，但色彩和园艺是他的特长。他使年迈的双亲感到了骄傲，这不光是因为他在事业上取得的成就，而且因为他能把人们的住处弄得无比舒适、漂亮——他工作到哪里，就把美带到哪里！

分析

　　每个人都有自己擅长的领域，你在某一个领域不行，并不表明在所有的领域都不行。一个人总会发现自己的闪光点，只要用心去做，你的才华总有得到发挥的时候。

## 频频跳槽为哪般

黄先生毕业于机电工程专业，今年26岁，虽然学的是机电工程专业，但他对技术工作一点兴趣都没有，当初报考该专业只是听从家人的安排；就业时，选择做工程师等技术型工作也是因为不得不选择与专业相关的职业，希望能"骑牛找马"。但是几年下来，"马"没找到，自己还是骑着一头不喜欢的"牛"。

黄先生在3年的职业生涯中换了6份工作，并且每份工作的在职时间都呈递减趋势。第一份工作做得最长，在一家日资企业做工程师，干了一年两个月；第二份工作是一家民营企业的技术员，做了7个月；而今年的9个月内，他走马灯似的换了4份工作，做过市场推广、计算机程序员、工厂电工。最后一份工作仅一个星期就辞掉了。现在黄先生又回到他已非常熟悉的人才市场，重复习以为常的动作：投简历、面试，再投简历、再面试……他非常苦恼和迷茫，不知道自己究竟适合什么职业。他感到自己迫切需要做一个全面的职业规划，不然的话，只会虚度青春。

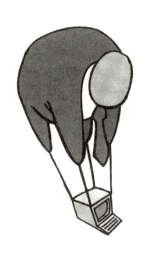

黄先生进行了全面的职业测评。结果显示黄先生的确不喜欢从事具体的、重复的、习惯性的、程序要求很强的技术型及技能型工作，他的兴趣在乐于助人、喜欢从事与人交往的工作，而他的职业能力、个性、兴趣三者也较为匹配，适合从事人力资源、客户服务等与人沟通较多的工作。

分析　我们经常见到这样的情形：不少人每天为了工作而工作，没有丝毫激情；不少人虽然对自己的工作很有兴趣，但经常力不从心；有些人为了获得更好的职业发展，希望转换一个职业平台，有新的建树，但英雄无用武之地。俗话说："男怕入错行，女怕嫁错郎。"一份工作是否适合自己，除了要考虑自己所学的专业知识外，更重要的是要了解自己的职业兴趣、个性特点、职业能力，以及它们之间是否匹配；同时还要考虑自己的职业目标、职业价值观与企业使命、企业文化是否吻合。

## 热门行业的诱惑

陈智在大学里主修广告专业，毕业后在一家广告公司做文案。半年后，她的一个在猎头公司工作的朋友给她提供了一个信息：在大公司里做老板秘书不仅薪水高，日子舒服，而且发展好，因为很多大公司的行政部门经理都是老板秘书出身。陈智被说得心动了。后来在这个朋友的帮助下，她真的进了一家500强企业做某高层的秘书，但是她很快就发现自己不适合这份工作：每天早上要给老板泡咖啡感觉不平等；上下班打卡感觉不自由……这些都跟自己熟悉并喜欢的广告公司不一样。试用期未满，她就赔了违约金，打算重回广告公司，但是这时候她就只能从头开始了。

有一些人跳槽时只是认准了一个热门行业，却忽视了自己的兴趣和专业背景，结果往往会失败，最终得不偿失。加入一家热门行业的公司并不是成功的关键，适合自己的才是最好的选择。

## 以最低学历求职

一位留美的计算机博士，毕业后在美国找工作，结果好多家公司都不录用他。思前想后，他决定收起所有证明，以高中学历求职。

不久，他被一家公司录用为程序输入员，这对他来说简直是"高射炮打蚊子"，但他仍干得一丝不苟。不久，老板发现他能看出程序中的错误，非一般的程序输入员可比，这时他亮出学士证，老板给他换了个与大学毕业生对口的专业。

过了一段时间，老板发现他时常能提出许多独到而有价值的建议，远比一般的大学生要高明。这时，他又亮出了硕士证，于是老板又提升了他。

再过一段时间，老板觉得他还是与别人不一样，便与他进行了深入的交谈，此时他才拿出博士证。老板对他的水平有了全面认识，毫不犹豫地重用了他。

只要是金子就会闪光，但有时候你很难找到闪光的机会，这时候你要做的，就是想方设法找到这样的机会。

## 天下大事，成之于细

大学时读经济管理的赵小姐来公司已经半年了。她的职位是财务助理，实际上更类似于一个打杂的。赵小姐每天面对的是形形色色的报表，而她只需要把这一摞报表复印、装订成册即可。在财务人员忙得不可开交时，她会去凑个手。

面对这样凌乱而且不太可能有发展机会的工作，你是不是得过且过，然后寻找机会跳槽？我们来看一下赵小姐的做法。

在复印并装订报表的时候，赵小姐先仔细地学习各种报表的填写方法，逐步用经济学知识分析公司的开销，并结合公司一些正在实施的项目，揣度公司的经济管理。工作第八个月的时候，赵小姐书面汇报了公司内部一些不合理的经济策略，并提出了相应的整改意见。现在的她，已经是公司的高层决策人。

显然，处理和分析日常琐屑的事情体现了一个人的能力。也就是说，在折纸、摆谷粒这样简单的动作中，要自主地发挥本身具有的内涵。你要能够在很基础、很凌乱的事情中做出冷静的分析、思考，这样才会把自己所做的工作升华为事业的成功。否则，就算你再踏实，日复一日只是单纯的重复罢了。所谓"天下大事，成之于细"，就是这样的一个道理。

**分析** 真正的人才都是从普通的工作做出来的。那些从底层过来的领导人最懂得普通工作的重要性。

## 正确给自我定位

以下是某广告公司总经理当年初入广告界的经过。在20岁以前，这位总经理渴望成为一名技师。在学校时，他就很努力地充实这方面的知识。有一次，他想卖掉手边的一架唱机和唱片，于是选出了几位对这方面有兴趣的朋友，分别写信问他们，看谁愿意买。其中一位朋友不断地夸赞他文笔流畅，颇具说服力。因此便建议他，既然能写出这么有魅力的推销信函，为什么不投入广告界从事撰写广告文案的工作呢？

朋友的这封信，就像一粒石头丢入水中，激起了阵阵涟漪，"投入广告界，立志做个出色的广告人！"这个念头就此整日盘旋在他脑中。如果我们从另一个角度来看，当立志要在广告界一展身手时，他便已经成功了。

**分析** 错误的选择也许会耽误你的一生，但是只要你走对了方向，那么前方将会是一片光明。

# 职业惰性——跳槽的最大障碍

孙子强是某大型国有企业技术设计人员。从一所名牌大学电气系毕业的他心高志远，由于这个企业的行业特殊性和政策关系，每年都能有不错的绩效，孙子强的职位自然也成为收入不菲、众人羡慕的金饭碗。

但在亲朋好友赞许的目光后面，孙子强却觉察到一股危机感正在迫近——随着市场机制的进一步深化，他所在企业的特殊性正在消失，很快就要面临众多外部竞争者的威胁；再者，这个国有企业僵化的人事制度、缓慢的节奏、复杂的派别之争，也使得他觉得学不到有用的东西，并且感到自己的思想也在变质。他开始厌恶企业内的风气，但这里的舒适稳定、收入丰厚、工作悠闲，却使得他有点举棋不定。况且外面激烈的择业竞争和快节奏，也让孙子强深感压力。

职业顾问公司在对孙子强的情况做了一番了解后，规划了他将来的职业趋势：

（1）从性格测试结果来看，孙子强独立性强，但对他人并不敏感；这样的性格适合做项目设计和主导；而他现在所在的国企人际关系复杂，他并不能适应这样的环境。

（2）从工作满意度测试结果来看，除了工资、工作性质，他几乎对其他要素，诸如公司的团队建设、企业文化、管理制度都心存芥蒂。在这样的企业里，他的精神其实一直处于压抑状态。

（3）在专业上，孙子强有着非常扎实的理论根基，且在技术上有很强的创新意识，他希望能有自己的建树。而在现在的企业，他的工作并不允许他有太多的创新，即便有也不被采纳。他需要的是有着自由空气的设计环境。

（4）孙子强目前所处的企业环境，使他产生了越来越强的惰性，但随着行业市场化的深入，垄断不再，如果不能早日培养竞争意识，贪图安逸，将走上一个职业断崖，所谓"燕雀处堂，不知祸之将及己"。

（5）根据孙子强的个性和能力，职业顾问认为他适合做研发和设计工作。应尽早离开现在这个职位，投身到自己当初热爱的事业中去。

**分析**

职业生涯时常有潜在的危机。对于这样的危机，人们一般都能有所认识，但是大多数人仍不会很积极地采取应对措施。无论在职业行业危机中还是在人事危机中，如果看清情况，就要及时采取适当的措施。

人们往往喜欢维持现状来保护既得利益，惰性就在这当中滋生、蔓延，这是需要随时警觉的问题。在个人的职业规划中，我们需要放长眼光，对未来有个中长期的打算。为了目前的一点好处而裹足不前是不可取的。

# 职业生涯不必"从一而终"

贾森医科大学毕业后，顺利进入上海一家大医院工作。医生这一职业是贾森从小的理想，而真正走上医生岗位后，贾森却发现医生这一职业与自己原来的理想相去甚远。除了工作压力大，工作条件、工作待遇不尽如人意外，一普通医生要升职到主治医师，需要多年的实践和学习，尤其在大医院，论资排辈、等级观念非常严重，要想有出息，要付出的更多；早、中、晚倒班也让贾森头痛不已，个人娱乐放弃倒也罢了，自我充电计划也屡屡泡汤。一晃两年过去了，贾森干得不温不火，既不是医院培养的年轻骨干，也没有在岗位上出过纰漏，但贾森发现自己渐渐失去了当初的工作热情，对自己当初选择的职业十分茫然。

一次大学同学聚会上，贾森无意中发现，同学中有些人转型走出医院做起了医药代表。这些同学当初学习成绩平平，但已拥有车子，购置了商品房。贾森顿时备感失落，竟有些想跳槽的冲动。但是做医生怎么说也是铁饭碗，旱涝保收，只是需要时间去慢慢熬，所谓越老越吃香，但目前在这样的状态下贾森又实在打不起精神。一家著名的欧美制药企业正好有一个销售空缺，对此，贾森颇为心动，但又怕自己没有经验不能胜任……

为了给自己增强信心，贾森做了一次职业测评。测评显示，贾森性格开朗，善于沟通，人际关系较好，思考能力颇强，事业心强，做事求完美，真诚亲切。职业顾问认为这些素质都比较符合销售的职业特性。于是，贾森下定决心，辞去了医生的工作，做起了销售代表，并且很快取得了不俗的成绩。

**分析** 贾森最大的问题在于失去了职业方向，存在对职业不确定的恐惧，只要打破这种恐惧，就能重新找回自我。

## 跳槽时别忘了感情因素

沙文研究生毕业后，在一家小型软件公司工作已有3年了。他工作成绩优秀，深得上司青睐，是技术部里的一把手。然而，一个录用通知打破了沙文平静的生活，某大型外企欲挖沙文做售后技术支持，待遇比现在高25%，福利更是诱人。沙文向老板暗示自己的困境，老板却极力挽留他，承诺给沙文足够的发展空间和机会。想到平时老板待他不薄，沙文犹豫了。跳槽？不跳槽？沙文找到了职业顾问。

职业顾问认为，"主观感情"也是影响跳槽的因素。在"规划职业生涯"这一理念尚未登陆中国的时候，人们在职业生涯转折时刻，以个人主观感情来做跳槽判断的占相当高的比例。所以，即使我们现在能理性地对待跳槽，对待职业生涯转折，仍不能忽视主观感情因素。

主观感情，即你对该团队的感情，包括你对公司、同事、上司的感情：也许团队的成长发展过程倾注了你很多的心血；也许你的同事和你一起为团队而努力拼搏；也许你的上司对你的看重和期望，让你有强烈的使命感……

我们不能把主观感情因素打入冷宫，认为它扰乱跳槽者的客观判断。首先是因为每个人的个性不同，被理性的人抛弃的这些主观感情因素却很可能被感性的人注重，所以要因人而异。其次，主观感情因素指数很大程度上代表着你对该公司的满意程度，这对做出跳槽判断的确很有分量。

让我们来分析一下沙文的情况。首先职业顾问给沙文做了一份"职业倾向性"的测评，结果显示，沙文是一个比较内向、感性的人，踏实稳重，比较适合与物打交道。沙文也承认，学不会与人打交道的本领，只喜欢钻研技术。接下来做的"职业满意度"的测评显示，沙文对目前任职的公司、所处的职位都很满意，和同事、上司相处也挺好。职业顾问指出，沙文性格比较稳定，属于感性性格。

在与职业顾问的一番深入沟通后，沙文也坦言，对于那个录用通知，一开始的确动过心，但马上就犹豫就是因为对公司已经有了很深的感情，熟悉现在的工作环境、气氛和共事的人。尤其是老板对他的挽留，更是很大程度上让他放弃跳槽念头。不过，沙文还是理智地请职业顾问从专业的角度帮他分析一下利弊。

职业顾问指出，职业生涯的任何判断抉择，都要遵循一条原则：尊重自己。沙文主观上偏向留在原公司，他的理由是熟悉那里的工作环境，并习惯这样的环境，对于重新适应新环境有种惶恐以至于排斥。熟悉并满意的工作环境的确能让人更好地发挥能力，这是肯定的，所以职业顾问要做的就是分析沙文所在公司的发展情况。职业顾问认为，沙文所在的公司虽然规模、实力、名气上比不上那家外企，但的确是一家发展势头良好，有发展潜力的公司，拥有良好的公司环境、企业文化，非常重视人力资源管理和人才管理。沙文技术上过硬，老板也承诺给予发展空间和机会，所以继续留在原公司，对沙文的职业生涯发展没有影响，甚至有益。

在职业顾问的指导下，沙文继续效力于原公司。前不久，沙文打电话给职业顾问说，公司公派他去美国进修半年，他在公司的发展越来越好了。

**分析** 对于职业选择，有时候感情因素有很大的影响，此时对于薪酬的考虑，也许没有想象中那么重要。

第 **五** 部分

THE FIFTH PART

# 沟通管理

# 哥伦比亚航空 052 号班机的悲剧

1990 年 1 月 25 日，哥伦比亚航空 052 号班机在肯尼迪国际机场上空盘旋了近两个小时后，由于燃油耗尽，坠毁于长岛，机上 73 人全部遇难。

以下是整个过程的描述。1990 年 1 月 25 日晚 7 时 40 分，哥伦比亚航空 052 号班机飞行在美国南新泽西海岸 3.7 万英尺（1 英尺 = 0.3048 米）上空。机上的油量可以维持近两个小时的航程，在正常情况下，飞机降落至纽约肯尼迪机场仅需不到半个小时的时间，然而此后发生了一系列延误。首先，晚上 8 时整，肯尼迪机场航空交通管制员通知 052 号班机的飞行员，由于严重的空中交通问题，他们必须在机场上空盘旋待命。8 时 45 分，052 号班机的副驾驶员向肯尼迪机场报告他们的"燃油快用完了"。管制员收到这一信息，但在 9 时 14 分之前，飞机仍没有被批准降落。在此之前，机组成员再没有向肯尼迪机场传送任何情况十分危急的信息，但飞机座舱中的机组成员却相互紧张地通知他们的燃油供给出现了危机。

9 时 14 分，由于飞行高度太低及能见度太差，052 号班机无法保证安全着陆，第一次试降失败。当肯尼迪机场指示 052 号班机进行第二次试降时，机组乘员再次提到他们的燃油将要用尽，但飞行员却告诉管制员新分配的飞机跑道"可行"。9 时 31 分，飞机的两个引擎失灵，1 分钟后，另外两个引擎也停止了工作，耗尽了燃油的飞机于 9 时 34 分坠毁于长岛。

在长达两小时的等待过程中，飞行员一直说他们"燃油不足"，而交通管制员则告诉调查者这是飞行员们经常使用的一句话。当出现上述延误的情况时，管制员认为每架飞机都存在燃油问题。但是，如果飞行员发出"燃油危急"的呼救，管制员有义务优先为其导航，并尽可能迅速地允许其着陆。一位管制员指出，"如果飞行员表明情况十分危急，那么所有规则程序都可以不顾，我们会尽可能以最快的速度引导其降落"。遗憾的是，052 号班机的飞行员从未说过"情况危急"，所以肯尼迪机场的管制员一直未能了解飞行员所面对的真正困难。

调查表明，飞行员的文化传统和机场的职权使得飞行员不愿声明紧急情况，一旦正式报告紧急情况，飞行员需要写出大量的书面汇报。另外，如果发现飞行员对飞行油量计算错误，联邦航空局就会吊销其飞行执照。这一系列因素使得飞行员不愿发出紧急呼救，而旅客的生命则成了他们的赌注。

**分析** 良好的沟通对任何群体和组织的工作效果都十分重要。事实上，对人际冲突来说，沟通不良可能是主要的原因。研究表明，如果不算睡眠时间，人们用近 70% 的时间进行沟通，因此缺乏有效的沟通是阻碍群体取得良好工作绩效的最大障碍。

# 华为的有效沟通

华为技术有限公司成立于 1987 年，总部位于广东省深圳市龙岗区。华为的产品和解决方案已经应用于全球 170 多个国家，服务全球运营商 50 强中的 45 家及全球 1/3 的人口。2020 年 8 月 10 日，《财富》杂志公布世界 500 强榜（企业名单），华为排在第 49 位。此外，华为名列 2020 中国民营企业 500 强第一名。

华为公司创始人任正非深知沟通的重要性，只有公司上下形成有效的沟通机制和沟通氛围，才利于公司的长远发展。

任正非是军人出身，深知"将士一心"和"上下同欲"的道理。他主张管理者要和下属打成一片，要多请下属吃饭并买单。在任正非看来，吃饭是一种分享、一种沟通手段。任正非喜欢和大家分享，华为的分享机制，从请下属吃饭就可以看出来，或者反过来讲，任正非请下属吃饭就是一种分享机制。"你感觉自己进步了，就自己请自己撮一顿；你想当好领导吗？那么，多请部下吃几盘炒粉吧！在轻松自由的氛围里，很容易做到上下沟通，协同工作，部门的效率也就提高了；搞管理的，更要经常聚餐。"

还有这样一个故事：有一次几个同事在电梯中无意间抱怨说，为什么公司不能给开发的基站建立一个财务系统，这样的话，基站的工作人员就不用再浪费时间专门跑到公司总部来开发票了。这个不经意的建议被同乘电梯的任正非听到了，当几位同事发现旁边的人是华为总裁时，不禁被吓了一跳，担心受到领导的批评，然而任正非不但没有批评他们，反而在开发基站的地点建立了财务系统。

在这之后，华为甚至专门设置了意见箱，鼓励员工提出自己的意见。只要是对企业有利的建议，华为都会采纳，并且对员工进行表扬。任正非是非常赞同员工对企业提意见的，不只是针对一些管理者，甚至是对自己，他也非常希望员工能够多提意见。他认为，只有大家相互沟通、相互学习，华为才能发展得更快。

要想企业内部沟通更加顺畅，就要鼓励员工敢说真话。员工只有敢说真话，沟通才真正有意义。场面话并不能帮助企业发展。

那么，除此之外，华为还采取了哪些措施加强沟通管理呢？

### 1. 建立促进沟通的管理制度

从管理制度及企业文化建设上强化集团总部的监管作用，在企业内部树立集团的核心文化理念，培养全体员工视华为集团为大家庭的观念。

### 2. 推行内部管理沟通评估机制

为促进各业务公司积极改善内部管理沟通的效率，在华为集团每年针对各业务公司进行的绩效评估体系中，将内部管理沟通列为其中一项考核指标，或专门建立针对内部管理沟通的评估体系，集团将以评估结果作为年度业绩奖惩的依据之一。

### 3. 沟通渠道的改进

以技术手段整合现有管理系统，搭建集团统一的信息化工作及沟通平台。出于创建自有品牌及内部沟通的需要，过去华为集团各业务子公司分别建立了自己的对外宣传网站及内部的办公自动化系统（OA）。同时，各职能部门也架设了专门的数据管理系统用于集团职能化管理，如人力资源部的人力资源管理系统（HRMS）用于记录员工个人及工作信息、管理各类人事档案；财务部的预算管理系统是日常电子化财务管理的重要载体；市场部的客户服务系统对内提供丰富的市场信息，对外提供各业务公司的产品信息等。

华为集团不仅主张管理者广泛运用各种人性化的沟通举措，更建立了高效的内部沟通制度，使得几十万华为人真正做到了"上下一心"，融为一体，从而使得庞大的华为成为一个极具战斗力的超级团队。

## 别变成"可有可无"的人

身为计算机工程师的朋友在公司人事缩减时被裁掉，他难过极了。

"我又没有犯什么过错，"他沮丧地问同事们，"经理为什么选择把我裁掉？"

"大概是你哪里做得不够好。"同事 A 说，"还记得上次他要你支持某个部门使用计算机，被他逮到你坐在那里没事做吗？"

"什么我没事做？那时大家刚好都没有问题，我才自己上一下网的，这样为什么不行？我不是照样在一旁待命，有人发问我不也是马上就去？"朋友反驳。

"就是啊！"同事 B 附和，"经理留下来的另一个工程师，那天帮另一个部门的人修计算机，修到整台计算机坏掉，经理没裁他，竟然裁你，真说不过去！"

"你冒犯过谁吗？也许是别的部门的人说了你什么坏话。"同事A又问。

"会不会是那一次工厂那个无理的厂长不满意你的态度？"同事B说："他不会用计算机还自作聪明，后来把自己的计算机弄坏了，还将责任推到你身上。"

"但那次经理为我说话，他明白那次是厂长的错。"朋友回答。

他们徒劳无功地讨论了一个多小时，同事A终于说："哎，你直接去问经理吧。"

"可是，"朋友犹豫了起来，"这样好吗？没人这样做过……"

"我也觉得没有必要去自取其辱，"同事B附和，"裁员还会有什么理由？何必挑明了让大家尴尬？"

"但是问清楚了，如果真有错，下次可以做得更好，不是吗？"同事A说。

朋友回家仔细想了同事A的话，一直耐不住心里的不满和疑惑，终于决定亲自找经理谈一谈。

"我只是想了解一下这次裁员的原因。我知道这次为了精简公司编制，总得有人被裁掉，但我很难把裁员的原因和我的表现联想在一起。"朋友将在心里排练好久的话一口气全讲了出来："如果真的是我的表现不好，请经理指点，我希望有改进的机会，至少在下一份工作上我不会再犯同样的错误。"

经理听完他的话，愣了一下，竟露出赞许的眼神："如果你在过去的这一年都这么主动积极，今天被裁的人肯定不会是你。"

这回换朋友愣住了，不知所措地看着经理。

"你的工作能力很强，所有工程师里你的专业知识算是数一数二的，也没有重大过失，唯一的缺点就是主观意识太重。团队中本来每个人能力不一，但只要积极合作，三个臭皮匠就能胜过一个诸葛亮。如果队友中某个成员不懂得主动贡献，团队总是必须为了他特别费心协调，就算那个人能力再好，也会变成团队进步的阻力。"经理反问他："如果你是我，你会怎么办？"

"但是我并不是难以沟通的人啊！"朋友反驳。

"没错，但如果你将自己的态度和同事相比，以10分为满分，在积极热心这方面你会给自己几分？"经理问。

"我想我明白了。"朋友说。原来自己是个"可有可无"的员工。

"你有专业能力为基础，如果你积极热心，懂得借着合作来运用团队的力量，你的贡献和成就应该会更大。"

接下来的半小时，朋友虚心聆听经理给他的建议。他非常庆幸自己没有独自揣测被裁员的原因，没有躲起来怨天尤人，也很高兴因为鼓起勇气和经理谈话，明白了自己的缺点在哪里。

不仅如此，经理很高兴能看到他如此上进的一面，几天后亲自打电话介绍给他另一个职位，比原来的工作更好。

**分析**

我们常常忘了人与人之间最宝贵的资源，就是合作关系——生活告诉我们要保护自己，多做可能多错，热心多会受伤，于是我们宁可自扫门前雪，被动一些，甚至对人漠不关心。一个人可以聪明绝顶、能力过人，但若不懂得用积极热心来培养和谐的合作关系，不论多成功，都会事倍功半。

不积极热心的人在团体中只会做好本职工作，愿意付出的人就算能力有限，却能带动团体，集结众人的力量，使工作加倍顺利。当别人感到被关心时也会付出相应的善意，分享自己的资源，就像朋友的经理愿意介绍朋友到另一个更好的职位，这就是合作最大的益处。维持良好的合作关系，能助你事半功倍。

## 盖茨先生的沟通难题

20 世纪 30 年代，罗伯特·盖茨在底特律创办了一家收音机制造厂。之后，这家小厂逐渐成为雄踞全国的一家最大的收音机、电视机和同类产品公司，1965 年，该公司的销售额达 3 亿美元，雇员 15000 人，拥有 10 个加工制造点。在该公司整个成长过程中，创始人保持了公司积极的、富有想象力的和主动进取的风格。

公司在创办初期，每个主管和工人都认识盖茨，而盖茨也能叫出其中大多数人的名字。即使公司壮大到相当规模以后，人们也觉得他们了解公司创始人和最高层主管。公司员工对公司怀有强烈的忠诚感，有着密切的关系。

但是，随着公司的繁荣和发展壮大，盖茨先生却担心公司正在丧失"小公司"精神；他也担心公司的信息沟通受到阻碍；公司员工不理解他的目标和哲学，因对其他部门从事的工作无知，而造成了大量无效的重复劳动，其结果是新产品的开发和市场营销活动都受到影响。同样，他还担心自己失去了同员工的联系。

为了解决信息沟通问题，他聘用了一个信息沟通主任并让他报告有关情况。他找到了其他公司正在使用的各种信息沟通手段并加以运用：在每个办公室和分布于全国的工厂安装公告栏；办了一份刊载大量影响各个经营点的公司新闻和个人新闻的生机勃勃的公司报；发给每个员工《公司实况》一书，提供关于公司的重要信息；公布定期的利润分配书；公司出面举办信息沟通课程；在公司总部每个月举行一次由 100 名高层主管人员参加的例会；在旅游胜地每年举行为期 3 天的、由 1200 名各层次主管参加的例会；为讨论公司事务而召开的大量特别委员会会议。

在付出了大量时间、精力和费用以后，盖茨先生感到失望。他发现在公司的信息沟通中的问题依然存在着，而且他的计划执行结果看来并不算好。

**分析** 现代企业一般都有比较合理的企业组织形式，以解决企业内部的沟通问题，同时辅以企业文化和知识管理等手段达到企业员工之间的顺畅沟通。企业沟通模式总是和企业的目的和要求一致，所以盖茨先生首先应该考虑小企业的精神是否还适应目前的状况。

## 到底是谁的错误

吴经理以前是某跨国公司的职业经理人，负责南大区的运作，职位已经很高了，但总感觉有"玻璃天花板"，才能没能充分发挥，很苦恼。正好有个机会结识了民营企业家张总，经过"甜蜜的恋爱"以后，被重金聘为销售部经理。

但刚上任3个月，销售代表小李被客户投诉贪污返利，审计部去查，果真如此，返利单据上面还有吴经理的签名。这件事，惹得总经理很是光火，于是他亲自到销售部质问此事。

### 场景一

"我不知道你是怎么当经理的，"张总对吴经理说，"你手下的销售代表竟然胆敢贪污客户的返利，这么长时间了，你居然不知道？要等到客户投诉到我这里才知道。你是怎么做管理的！"

"我也知道了这件事，"吴经理辩解道，"按照流程，小李是把返利单报到我的助理那里，她审一下，整理好，给我签字，我的工作也多，可能没有看清楚。"

"是没有看清楚那么简单吗？你的工作比我多吗？"张总怀疑地看着吴经理。

吴经理无奈地说道："是我工作的疏忽，回头我会和助理商量改进工作流程，并要求公司处理她，也请处理我。"

"处理助理能补回公司的损失吗？这件事应该负全责的是你！"张总对于吴经理这种模糊的态度很气愤。

"是这样的，"吴经理继续辩解道，"张总，你也知道我刚来，销售部很多关系还没有理顺。我们都知道，这个助理很能干，在工作上是一把好手，但她和我的关系，我总感觉存在问题，没有理得很顺，甚至有时我要顺着她的意思来签署一些文件。毕竟我是新来的，要有适应阶段，我保证今后这样的事情一定不会发生了，你再给我一次机会吧！"

"本来我过来，是来了解一下事情的原因，并不是要处理你的，"张总说道，

"不过现在得考虑一下你的能力问题了。"

### 场景二

张总办公室。吴经理不请自来。

"张总，这个事情是我的疏忽，我应该仔细审一下返利单的，如果仔细一点、严格一点，可能就不会这样了。我要为这事负责任。"吴经理对张总说道。

张总紧绷着的脸松弛了一点，语气和缓地说："这个事情的影响很坏，你知道别的部门会怎么想？别的销售代表会怎么想？很可能对你以后的工作开展不利。"

"没有办法，既然这样了，我就要为这个事情负责，我服从公司的决定。"吴经理恭敬地说。

"处理你不是根本的办法，关键是以后不出这样的事情，你有什么好的建议吗？"

"我觉得以后还是由财务部直接计算返利，再在客户下一次进货时扣除，这样就不通过销售代表了，没有人为的干扰了。"

"这样也是一个办法，但销售代表手上的资源就更少了，你以后要和他们协调起来就更难了。不过这还算是个好办法，我看就出个制度，把这个事情固定下来。"张总赞许地说。

"怎么样，工作上有什么问题吗？"张总问。

"还好，我现在的助理可以帮我很大的忙，一般都是她审核，整理以后，给我签字。毕竟她是公司的老员工，对公司的情况比我了解。在这3个月，她对我的支持很大，我已经对公司的基本运作有了比较清楚的了解，我想是不是给这么优秀的员工一个机会，让她能有更好的发展空间？"吴经理这样说，明面上是在夸奖助理，同时也向老板暗示了自己的苦衷，让他来进一步安排。这些话也可以直接说，这要依老板的性格而定。

"她的事情由你来安排，这是你们部门内部的事。"张总说。

**分析** 从场景一的对话来看，两个人在沟通上都有问题，吴经理在老板眼中是代表销售部的，只要是销售部出了问题，一定有吴经理的责任；但反过来不一定成立，销售部有功劳，不一定是销售部经理的功劳。所以出了状况，张总问起来，吴经理要首先认错，而不是推脱，更不是拿小小的助理垫背，这些行为都为老板所不齿，一定会遭到怒斥。这些是缺乏责任心的表现，公司的经理都不愿意承担责任，又怎么能管理员工呢？员工怎么能服从呢？

老板知道出了问题，惩罚当事人不是唯一办法，关键是不让问题再发生。有人主动承担责任了，大家才好尽快静下心来，寻找解决问题的办法，否则人人自危，怎么有心思想办法呢？花时间在谁是责任者上纠缠，在老板眼中没有多大的意义，除非确实能起到"杀一儆百"的作用。

反过来看场景二，只有经理先把责任扛下来，下属才可能和经理一起想出根本的解决问题的办法，而不是想责任到底在谁。所以无论从老板的角度，还是从下属的角度，经理都要首先站出来承担责任。而承担了责任的经理会得到上司的认同，也会得到下属的拥戴，这样反而更安全。

# 迪特尼的员工意见沟通系统

迪特尼·包威斯公司是一家拥有 12000 余名员工的大公司，该公司很早就认识到员工意见沟通的重要性，并且不断加以实践。现在，公司的员工意见沟通系统已经相当成熟和完善。特别是在 20 世纪 80 年代，面临全球性的经济不景气，这一系统对提高公司劳动生产率发挥了巨大的作用。

公司的员工意见沟通系统是建立在这样一个基本原则之上的：个人或机构一旦购买了迪特尼公司的股票，他就有权知道公司的完整财务资料，并得到有关资料的定期报告。

本公司的员工也有权知道并得到这些财务资料，和一些更详尽的管理资料。迪特尼公司的员工意见沟通系统主要分为两个部分：一是每月举行的员工协调会议，二是每年举办的主管汇报和员工大会。

## 一、员工协调会议

员工协调会议是每月举行一次的公开讨论会。在会议中，管理人员和员工共聚一堂，商讨一些彼此关心的问题。在公司的总部、各部门、各基层组织都会举行协调会议。这看起来有些像法院的结构，从地方到中央逐层向上反映，以公司总部的首席代表协会会议为最高机构。员工协调会议是标准的双向意见沟通系统。

在开会之前，员工可事先将建议或怨言反映给参加会议的员工代表，代表们将在协调会议上把意见转达给管理部门；管理部门也可以利用这个机会，同时将公司政策和计划讲解给代表们听，相互之间进行广泛的讨论。

在员工协调会议上都讨论些什么呢？这里摘录一些资料，可以看出大致情形。

问：新上任人员如发现工作与本身志趣不合，该怎么办？

答：公司一定会尽全力重新安置该员工，使该员工能发挥最大作用。

问：公司新设置的自助餐厅的墙上一片空白，很不美观，可不可以搞一些装饰？

答：管理部门已拟好预算，准备布置餐厅的墙面。

问：公司的惯例是工作 8 年后才有 3 个星期的休假，管理部门能否放宽规定，将限期改为 5 年？

答：公司在福利工作方面做了很大的努力，诸如团体保险、员工保险、退休金福利计划、增产奖励计划、意见奖励计划和休假计划等。我们将继续秉承以往精神，考虑这一问题并呈报上级，如被批准，将在整个公司实行。

问：可否对刚病愈的员工行个方便，使他们在复原期内担任一些较轻松的工作。

答：根据公司医生的建议，可给予个别对待。只要这些员工经医生证明，每周工作不得超过 30 个小时，就能从事较轻松的工作。但最后的决定权在医生。

问：公司有时要求员工星期六加班，是不是强迫性的？如果某位员工不愿意在星期六加班，公司是否会算他旷工？

答：除非重新规定员工工作时间，否则，星期六加班是属于自愿的。在销售高峰期，如果大家都愿加班，而少数不愿加班，应仔细了解其原因，并尽力加以解决。

要将迪特尼 12000 多名职工的意见充分沟通，就必须将协调会议分成若干层次。实际上，公司内共有 90 多个这类组织。如果问题在基层协调会议上无法解决，将被逐级反映上去，直到有满意的答复为止。公司的总政策一定要在首席代表会议上才能决定。总部高级管理人员认为意见可行，就应立即采取行动，认为意见不可行，也得把不可行的理由向大家解释。员工协调会议的开会时间没有硬性规定，一般都是一周前在布告栏上通知。为保证员工意见能迅速逐级向上反映，基层员工协调会议应先开。

同时，迪特尼公司也鼓励员工参与另一种形式的意见沟通。公司安装了许多意见箱，员工可以随时将自己的问题或意见投到意见箱里。

为了配合这一计划，公司还特别制订了一项奖励规定，凡是员工意见经采纳后，产生了显著效果的，公司将给予优厚的奖励。令人欣慰的是，公司从意见箱里获得了许多宝贵的建议。

如果员工对这种间接的意见沟通方式不满意，还可以用更直接的方式来面对面和管理人员交换意见。

## 二、主管汇报

对员工来说，迪特尼公司主管汇报、员工大会的性质，和每年的股东财务报告、股东大会相类似。公司员工每人可以接到一份详细的公司年终报告。

这份主管汇报有 20 多页，包括公司发展情况、财务报表分析、员工福利改善、公司面临的挑战以及对协调会议所提出的主要问题的解答等。公司各部门接到主管汇报后，就召开员工大会。

员工大会都是利用上班时间召开的，每次人数不超过 250 人，时间大约 3 小时，大多在规模比较大的部门中召开，由总公司委派代表主持会议，各部门负责人参加。会议先由主席报告公司的财务状况和员工的薪金、福利、分红等与员工有密切关系的问题，然后进行问答式的讨论。

有关员工个人的问题是禁止提出的。员工大会不同于员工协调会议，提出来的问题一定要具有一般性、客观性，只要不是个人问题，总公司代表一律尽可能予以迅速解答。员工大会比较欢迎预先提出问题这种方式，因为这样可以事先做充分的准备，不过大会也接受临时性的提议。

下面列举一些讨论的资料。

问：本公司高级管理人员的收入太少了，公司是否准备采取措施加以调整？

答：选择比较对象很重要，如果选错了对象，就无法客观评价，与同行业比较起来，本公司高层管理人员的薪金和红利等收入并不少。

问：本公司在目前经济不景气时，有无解雇员工的计划？

答：在可预见的未来，公司并无这种计划。

问：现在将公司员工的退休基金投资在债券上是否太危险了？

答：近几年来，债券一直是一种很好的投资，虽然现在不景气，但是如果立即将这些债券脱手，将会造成很大损失。公司专门委托了几位财务专家处理这些投资，他们的意见是值得我们考虑的。

迪特尼公司每年在总部要先后举行 10 余次员工大会，在各部门要举行 100 多次员工大会。那么，迪特尼公司员工意见沟通系统的效果究竟如何呢？

在 20 世纪 80 年代全球经济衰退中，迪特尼公司的生产率每年平均以大于 10% 的速度递增。公司员工的缺勤率低于 3%，流动率低于 12%，在同行业中是最低的。

**分析** 迪特尼公司的沟通制度对于企业的发展有积极的效果。由此可见，一个大型公司的所有员工进行多方位、多层次的沟通是非常必要的。

## 共鸣的理解

巨人棒球队藤田监督率球队远征外地。在抵达机场大厅时，藤田问当天出场的先发投手："情况还好吗？"而这位投手却以微弱的声音回答："嗯，还可以。"藤田心里觉得这位投手与平常的状况不太一样，但还是让他上场比赛了。球赛才开始，这位先发投手就显得有些失常；到了第三局，应该接到的滚地球却漏接了，反而让球弹了起来打到眼睛。这位投手痛得蹲在原地，比赛组织者只好赶紧派遣一辆救护车送他到医院急救。这位投手最后单眼失明，因而结束了他的运动生涯。事件最后竟然演变到这种严重的地步。

问题到底出在哪里？原因是这位投手为了家庭问题而伤脑筋，所以他的精神状况不是很好。身为监督的人，随时都要注意队员。藤田监督当然也很尽责，直到开赛前，他还在询问投手的状况，但是问题就在于之后的追问与行动处置。如藤田监督能更进一步走到这位投手身旁积极地问他："看起来没有精神哦！是否有什么心事？"如此一问，就可能会问出他有家庭方面的烦恼事。就因为未做到这一步，所以无法知道他为何不能放松心情打比赛的真正原因。事后，藤田监督吸取了这个教训，从此他随时注意选手们的精神状况，以免再有类似的事件发生。

**分析** 对于员工在情绪上的变化，主管应该及时处理。这是人性化管理的一个方面。

## 对自己的言论负责

查尔斯·詹姆斯·福克斯是英国著名的政治家，他以"言而有信"获得了很高的声誉。

当福克斯还是一个孩子时，有一次，他的父亲打算把花园里的小亭子拆掉，再另行建造一座大一点的亭子。小福克斯对拆亭子这件事情非常好奇，想亲眼看看工人们是怎样将亭子拆掉的，他要求父亲拆亭子的时候一定要叫他。小福克斯刚巧要离家几天，他再三央求父亲等他回来后再拆亭子，老福克斯敷衍地说了一句："好吧！等你回来再拆亭子。"

过了几天，等小福克斯回到家中，却发现旧亭子早已被拆掉了，小福克斯心里很难过。吃早饭的时候，小福克斯小声地对父亲说："你说话不算数！"老福克斯听了觉得很奇怪，说："不算数？什么不算数？"原来父亲早已把自己几天前说过的话忘得一干二净。老福克斯听到儿子的话后，思前想后，决定向儿子认错。他认真地对小福克斯说："爸爸错了！我应该对自己说过的话负责！"

于是，老福克斯让工人们在旧亭子的位置上重新盖起一座和旧亭子一模一样的亭子，然后当着小福克斯的面，把"旧亭子"拆掉，让小福克斯看看工人们是怎样拆亭子的。

后来，老福克斯总是对儿子说："言而有信，对自己的言语负责，这一点比黄金更为珍贵！"从此以后，小福克斯把"言而有信"作为人生的一大信条。

**分析** 沟通需要遵循一定的原则，言而有信就是其中最主要的原则。

# 华盛的有效沟通障碍

经济衰退给华盛集团带来了沉重的压力，公司总部被迫决定进行人事精简。正好现代人力资源管理体系成为公司高层考虑重点，因此二者结合起来成为必然。人事总监叶扬负责实施此项现代人事策略。

华盛集团有数量庞大的分支机构，遍布全国。此次精简涉及 137 名员工，都属于集团下属一家公司。他们都明确知道换岗以及调入集团下属其他公司的机会虽然存在，但数量有限。大多数相关员工的技能并非人力资源市场所急需。相当数量的人员是外地员工。他们可以选择换岗（薪水更低，公司提供岗位培训），或者自愿退休。

这项行动采用突然中断模式。相关部门在总部成立，但是各地由专职小组负责。专职小组由一名全职人员和一名兼职人员组成，在日常工作之外处理相关事宜。全部换岗和自愿退休的详细信息通过他们传给相关员工。当地人才市场的机会有限，公司内部和集团其他公司的工作调换机会也不多，只有最合适的人才有可能得到这样的机会，详细岗位信息和要求都会提供给有关人员。他们必须给予相关员工详细的财务咨询，以帮助他们做出选择，同时也会举办一系列讨论会和他们谈论调换和退休的好处。同时，公司总部制订的再就业培训也对全部员工开放。

大多数员工选择自愿退休，但是在统一签约时，有时员工代表团和集团发生争执，焦点在于员工认为集团没有提供全面的职位调换信息和足够且及时的再就业培训。

此事惊动了行业商会。经过调查发现，虽然总部投入的资源适当，但是地区分部得到的资源并不充足。地区的人事部门必须在日常工作之外执行这项工作，无法对每个员工的要求给予同等重视。这导致了以下问题：

（1）员工个人要求和能力没有被充分发掘，也不清楚外地员工是否真正充分理解了他们能够得到的权益。

（2）虽然每个分部的职位调换机会被广泛告知，但是员工并不完全了解跨地区职位调换的详细情况。

（3）管理部门和员工关系恶劣，导致摩擦和争执的产生和激化。

叶扬阅读完报告后，经过仔细思考，向公司高层提出了自己的看法。他认为关键因素是此项行动没有重视人事管理上的沟通战略，缺乏足够的反馈和监督体系来明确总部和分部的角色和责任。这导致了以下问题：

（1）总部做出了错误估计，认为分部员工能够得到足够的帮助；

（2）分部没有向总部报告，它们缺乏足够的资源来进行这项人事管理行动；

（3）各分部员工对于全国性、跨地区换岗的兴趣被忽略了。员工换岗的可能性局限于当地，而非全国；

（4）华盛集团没有建立有效的沟通网络，来使这些信息在总部、各个分部之间充分共享。

叶扬的汇报引起了高层的重视，并因此受命重新开展这项行动。

**分析** 类似的问题大量存在于国内的企业中。企业沟通做得不好，将直接导致企业员工的低效率。

## 为何要提建议

A集团公司是一所拥有62000名员工的大型食品包装厂，B是其下属的一家分厂。最近，A集团公司实行了一项让工人主动提建议的计划。工人可主动针对改善设备、工作环境或者工作方式等方面提出建议，如被采纳，将得到奖品和奖励，金额由实施该建议而省下来的收益决定；另外，在某一指定时期内，最好的建议的提出者还会得到公司股票作为奖励。调查表明：75%的被访工人赞成该计划；但工人们都对于自己或其他工人可能因新建议的实施而被解雇感到害怕。一位资深工人雷某说："我不会提出会使部分工友失业的建议，绝对不会；当我刚来这儿时，搬运水果到冰库的工作全部手工完成，但现在他们已安装了传送带，所需人手也减少了一半！"

另一位老职工王某说："我不会为了几百元就提出一个会减少10个工人的建议。相反，如果这个建议可以改善环境或帮助工人，我一定会提出来。当公司开除一个工人时，我心里会感到很难受。开除不单伤害了他一个人，还伤害了他身边的其他人。"

某工会负责人设计了一个防止工人被解雇的方案："工会应特别安排一个负责人，或者提议工人自己将建议交给一个知道工作安排情况的人审阅。如果不会导致裁员，就可以提出。"

但一位53岁的老工人刘某有不同看法。他说："我已递交了好几份建议了，虽然没指望拿到奖金，但我仍认为这是件好事。许多人认为新的发明会使人们失去工作，但事实并非如此。历史表明，有用的发明越多，就会创造出越多的工作机会。同时，产品也可以更经济地生产，许多人没有意识到这一点。"

曹某是一个赞成"提建议计划"的工会负责人，他看穿了工人和公司双方的论点："照理说，这个计划是可行的，但却有一种与之完全相反的感觉，像有些人提了建议，于是就有2~3个人失去了工作，好在这样的事情还不是很多。他们拿到了1000元，但可能因此使其他人一家的生计受到影响。但从公司的角度看，追求的是改善生产而已。这的确是个棘手的问题。"

**分析** A集团公司的提建议计划能得以实施，本身就是一个进步，虽然该项计划好像没有取得直接的成果，但是双方之间的沟通目的已经达到。当然，随着沟通的进一步发展，应该能找到更为可行和有效的经营思路。

## 企业的沟通误差

老板告诉秘书："查一查我们有多少人在上海工作，星期三的会议上董事长会问到这一情况，我希望准备得详细一点。"老板秘书打电话告诉上海分公司的秘书："董事长要一份在你们公司所有工作人员的名单和档案，请准备一下，我们在两天内需要。"分公司的秘书又告诉其经理："董事长要一份在我们公司所有工作人员的名单和档案，可能还有其他材料，需要尽快送到。"结果第二天早晨，四大箱航空邮件到了公司大楼。

**分析** 每一个组织中都会遇到沟通不畅的问题，从人际误解到财政、运营和生产问题，无不与沟通低效有关。一位著名管理学家曾经深有感触地说，沟通不良是组织低效的一个基本原因。

企业中的沟通不良主要来自两个方面：一个是从上到下的沟通障碍（从管理者到员工），另一个是从下到上的沟通障碍（从员工到管理者）。向下沟通容易出现信息膨胀效应，且传递环节越多，越容易出现膨胀和歪曲。

自下而上的沟通有：下级提供的工作绩效报告、意见箱、员工态度调查、申诉程序等。向上沟通容易出现信息压缩效应。一般是好消息向上报，坏消息被过滤。结果导致高层经理不了解下情，做出错误决定。

企业的沟通误差存在着潜在的破坏因素，它像一张无形的大网，可以让任何人深陷其中，甚至会引发极端事件。

## 倾听员工的意见

以下是两段对话，可以对比一下双方沟通的态度和技巧。

对话一：

下属：嗨，老板，我刚听说又要更换颜色，那么我们刚持续生产了30分钟，又要把设备拆洗一遍，我和伙计们都不情愿。

老板：波拉，你和你的伙计们最好别忘了谁在这儿说了算。该做什么就做什么，别再抱怨了！

下属：我们不会忘掉这事儿的！

对话二：

下属：嗨，老板，我刚听说又要更换颜色，那么我们刚持续生产了30分钟，又要把设备拆洗一遍，我和伙计们都不情愿。

老板：你们真的为此感到不安吗，波拉？

下属：是的，这样我们得多做许多不必要的工作。

老板：你们是觉得这类事情实在没必要经常做是吗？

下属：也许像我们这种一线部门没法儿避免临时性变动，有时我们不得不为某个特别顾客加班赶订单。

老板：对了。在现在的竞争形势下，我们不得不尽一切努力为顾客服务，这就是为何我们都有饭碗的原因。

下属：我想你是对的，老板。我们会照办的。

老板：谢谢，波拉。

很明显，第一段对话完全没有达到目的，不仅如此，而且加深了雇主和员工双方的不信任感。第二段对话就比较到位，能够使双方都满意，因为每个人都需要得到理解和支持。

## 群体沟通的优缺点

某服装公司决定加快工艺流程改造，并进行工艺重组。但以前在进行工艺重组时，工人的反应非常强烈，对工艺的改动持敌视态度。为了实施改革计划，公司管理层采用了三种不同的策略：

策略一，与第一组工人采取沟通的方式，向他们解释将要实行的新标准、工艺改革的目的及这么做的必要性和必然性，然后给他们一个反馈的期限；

　　策略二，告诉第二组工人有关现在工艺流程中存在的问题，然后进行讨论，得出解决的办法，最后派出代表来制订新的标准和流程；

　　策略三，对第三组工人，要求每个人都讨论并参与建立、实施新标准和新流程，成员全部参与，如同一个团队一样。

　　结果令人惊奇。虽然第一组工人的任务最为简单，但他们的生产率没有任何提高，而且对管理层的敌意越来越大，在40天内有17%的工人离职；第二组工人在14天里恢复到原来的生产水平，并在以后有一定程度的提高，对公司的忠诚度也很高，没有人离职；第三组工人在第二天就达到了原来的生产水平，并在一个月里提高了17%，对公司的忠诚度也很高，没有工人离职。

　　**分析** 企业沟通模式中，只有真正让员工参与到经营中去，共同讨论企业发展的问题，才能获得员工的支持和信任。所以平时就要注意沟通的方式和时机。

## 办公室布局

　　有一家工厂，缝纫机的布置不便于进行交谈，但管理者不久就发现能提供交流机会的布局能提高生产率，相互交流把人们从常规单调的工作中解脱出来，并且不会破坏生产力。另外，管理者还经常关注办公室布局是否会影响员工休息时的交流。该厂的梁厂长说："办公桌的安排应使需要谈话以协调工作的人们感到方便。试想，如果被一宽阔的走廊隔离开，员工们不得不隔着走廊高声交谈，这种做法给他人造成了影响，最终将导致沟通不畅。"

　　办公室布局对于交流方式的潜在影响提出了几个基本问题。办公室设计的一个问题是为每位员工提供一个封闭的工作间，还是营造一个开放的、视野开阔的工作间，员工互相之间仅用低挡板隔开，或不隔开。一些员工在工作中希望保有隐私和个人空间，许多人希冀建立一个自己的员工区域——他们可以称其为自己的领地，能主宰这里的一切，工作室的划分为员工们提供了拥有自己一片天地的机会，可以

设计、修改办公室布局，甚至根据个人喜好装饰。另一方面，组织也许需要一个适当的环境鼓励自由交流，参与相关任务的员工之间可交流心得，形成一种强烈的团队归属感。

一些企业已经成功地做到了这一点，它们创造出的办公室既包括属于个人的基本空间，也有适合小组交流的空间。这种安排被证明能极为有效地为员工提供一个途径，使员工得以逃离计算机终端一段时间。另有一些组织创造办公室社区。它们是相关的独立办公室中心，借以形成社会群体。这种布局建立在使员工更接近或更亲密的思想上，由此形成的群体组织对于满足员工的归属需求贡献很大。

分析　　细节决定成败，办公室的布局看起来是小事，在注重团队合作的今天，却有可能给沟通带来障碍。

## 社会学家在法国走红

当今社会，经济学家似乎更有用武之地。从政府决策到企业发展战略，都免不了要去征求经济学家的意见。但是过去法国几家大企业在遇到危机时，没有马上去征求经济学家的意见，而是请一些社会学家来调查研究，寻求对策。

1986年底，法国国营铁路大罢工达6周以上，全国交通几乎瘫痪。一些社会学家在对机车库的铁路职工进行调查后，发现铁路公司领导对职工的思想和实际问题一无所知，双方无法沟通。他们的调查报告得到了大多数人的认同。事后，铁路公司领导承认公司的问题来自组织不善及官僚主义，接受了社会学家的建议，公司管理情况开始有所好转。

法国航空公司曾经陷入经济与社会危机，公司领导请了许多经济咨询机构的专家来诊断，结论是工资成本太高，人员过剩，但工会力量强大，动不动就罢工，问题不好解决。他们最后又请社会学家来调查，因为他们认为提出问题的社会学家比解决问题的咨询专家更能发现问题的症结。其实，社会学家发现的问题与经济学家发现的问题并无多大差别，但他们针对特殊情况提出了特殊建议。法航总裁根据他们的建议，采取了"谈心"的方法，与公司职工逐个交谈，开诚布公地讲明公司的现状，说明如果不改革，不做一定的牺牲，公司就可能面临破产或私有化的危险。最终，他的改革建议在公司举行的投票中，得到了近70%的职工的支持。他改组了法航结构，裁减了一些中层管理人员，组成了一些负责上下沟通的工作团体，甚至降低了一些工资，最后又决定把法航与一些航空公司合并，终于使法航有了起色。

**分析** 其实，对那些实力雄厚的法国大企业来说，财政和技术问题都不难解决。但是，企业的问题归根到底是人的问题，而处理好人的问题是领导决策得以实现的关键。如果仅按微观经济学的道理，成本高了就裁人，完全不做人的思想工作，那么很可能会引起社会骚动，让企业和国家都付出更大的代价。

## 升职加薪没有沟通重要

张小姐是一家软件公司的销售主管，能力强，热爱工作，成绩显著。今年被派到她喜欢的上海分公司，升任销售经理，薪水也增加了。但是，近期她工作不但没有热情，甚至还有了辞职的念头。

为什么升职加薪反而要辞职呢？经了解得知，引起张小姐不满的原因来自她的上司。上司对刚到上海工作的张小姐颇不放心，担心她做不好工作，总是安排一些很简单的工作，并且在张小姐工作时经常干预。张小姐工作能力较强，习惯独立思考问题、解决问题。对上司的频繁干预，张小姐非常不习惯，并逐渐产生不满。

张小姐和公司之间经过一段时间的沟通，公司重新制订了内部的员工沟通机制。

首先形成了每周一次的公司员工讨论会，让员工知道公司这一周的销售情况、重要交易、经营业绩和重大事项，这可以使员工及时了解公司的情况，尤其是那些振奋人心的合同、业绩、人物和事件，能够很大程度上鼓励和刺激员工，激发大家的荣誉感和归属感。每周一次的沟通不仅可以及时发现工作中的问题，而且可以增进双方的感情和关系。沟通要求主管能够循循善诱，让员工打开心扉，畅谈工作中和思想上的问题和建议，也要求员工能够开诚布公，畅所欲言。

接下来是每月一次的上下级协调会议，公司管理人员和员工一起开诚布公地讨论彼此关心的问题，甚至是很尖锐的问题，必须由高层管理者马上作出解答。这样就大大提高了管理的透明度和员工的满意度。这对于对管理者来说，是一个巨大的挑战。

自此以后，张小姐感觉在公司如鱼得水，再也没有辞职的念头了。

**分析** 有效和及时的沟通不仅能解决许多工作中现存的和潜在的问题，而且会大大激发员工的工作热情。

## 石油集团裁员

1998 年底，广州某跨国石油公司因在中国的业务进展不顺利，为降低成本，力争 1999 年收支平衡，进行了大规模的公司改革和机构调整，其中的措施之一就是裁员。为了保证裁员工作的顺利进行，使得留下来的人员对公司继续保持信任和归属感，也要使得离开的人员正确理解此次裁员的必要性，不至于在社会上对公司造成不良影响，公司采取了积极的沟通方式——在公司的内部网络上发布"员工通讯"，提前 3 个月把公司的改革信息循序渐进地传达给公司员工。

油品业务部门是公司在中国雇佣员工人数最多的部门，约占总员工人数的 70%，油品业务部门任何的改动对整个公司的运作都有着举足轻重的作用。从开始展露裁员苗头到真正实施历时 3 个月，大多由公司东北亚集团上任才 3 个星期的油品部董事贺先生以第一人称通报工作进展情况的方式来传递相关信息。其中该跨国公司董事会主席和油品业务首席执行官均发布过改革的信息。当裁员的信息日趋明朗后，贺先生的个人网页开通，其中有一个"公开论坛"。在这个论坛上，任何员工都能以匿名的方式，不经审查地发表自己的意见。在论坛开通半个月后，即正式实施裁员的半个月前，由公共事务部针对员工已经提出的和可能提出的疑问采用一问一答的形式在论坛上发表。

半个月后，由各部门经理单独与每位员工见面，通知各员工具体的去留安排。同时，公司成立转职中心，向员工提供心理辅导和再就业技能培训，并备有电话、电脑和复印设备，供员工准备应聘资料，公司派专人开始与其他外资公司和猎头公司联系，协助员工寻找新的工作，转职中心持续工作两个月后关闭。

事后总结这次裁员，发现许多员工对这次调整有很多不满。公司依靠唯一的正式沟通渠道——网上员工通讯进行消息发布，通知改革进展，虽然信息传递的速度非常快，但是形式呆板，多数员工并不乐意和惯于使用这种沟通工具。来自管理层方面的消息很多，不过只是一种声音、一种方式。而员工方面的信息反馈，在后期也只采用网上"公开论坛"这种方式，员工虽然可以自由发表意见，但英语是唯一的语言，由于语言障碍，很多人无法恰当地倾诉心中的不满，公共论坛成为发泄私愤的地方，全然没有起到正常的沟通作用。虽然管理层在一段时间后回答了有关问题，但员工仍觉得没有针对性，心中的不满仍不断积累，以至于有人向媒体发表看法。经公司的努力，总算没有对公司造成很坏的影响。

 　　沟通是双向的，沟通不是一个"智能化"的传声筒，把上级的命令或对下级的要求再表达出来不是严格意义上的沟通。沟通的目的不在于消除各种流言蜚语，沟通的有效性不仅在于形式，更在于内涵。

## 招　聘

　　某大型房地产公司欲招聘部门经理。这家公司规模大、资金雄厚、环境优越、待遇优厚，招聘广告在报上登出后，立刻收到几百份应聘材料，公司经材料筛选、初试、复试、领导会商，A 和 B 脱颖而出，他们被告知在一星期内听候通知。

　　对比两人情况，从"软件"来看，A 和 B 实力相当，难分高低；从"硬件"来看，A 略占优势。他应聘的职位刚好是大学所学的专业，且具备此专业丰富的工作经验；而 B 却只有经验，学的是相关专业。

　　在等候通知期间，A 信心十足，只是静候通知。B 则主动与该公司人事主管通了两次电话。在第一次通话中，B 对该公司给自己提供面试机会诚恳地表示感谢，并感谢人事主管的关照和帮助，祝他工作愉快、顺心。在第二次通话中，B 说明公司对自己有强大的吸引力，表达了经慎重考虑后十分想为公司效劳的愿望。这两次通话言辞恳切，每次都只有寥寥数语。

　　一星期后，B 接到了录用通知。

 　　有效的沟通有时候能弥补你在其他方面的不足。

第六部分

THE SIXTH PART

领导艺术

# IBM 如何打造领导力

现实当中，很多人都把领导力狭隘地理解为领导者的个人能力。从公司的领导力培养的特点中，我们可以显而易见地发现：只有形成自上而下的管理体系和环环相扣的管理梯队，企业才能在激烈的竞争中取得良好的财务表现。

## "长板凳"接班计划

接班人计划是IBM完善的员工培训体系中的一部分，它还有一个更形象的名字："长板凳（Bench）计划"。"长板凳计划"一词，最早起源于美国。在举行棒球比赛时，棒球场旁边往往放着一条长板凳，上面坐着很多替补球员。每当比赛要换人时，长板凳上的第一个人就上场，而长板凳上原来的第二个人则坐到第一个位置上，刚刚换下来的人则坐到最后一个位置上。这种现象与IBM的接班人计划及其表格里的情形非常相似。IBM的"长板凳计划"由此得名。

## "接班人"决定未来

IBM要求主管级以上员工将培养手下员工作为自己业绩的一部分。每个主管级以上员工在上任伊始，都有一个硬性目标：确定自己的位置在一两年内由谁接任；三四年内谁来接任；甚至明确假如你突然离开了，谁可以接替你，以此发掘一批有才能的人。IBM有意让他们知道公司发现并重视他们的价值，然后为他们提供指导和各种各样的丰富经历，使他们有能力承担更重的职责。相反，如果你培养不出你的接班人，你就一直待在这个位置上好了，因为这是一个水涨船高的过程，你手下的人好，你才会更好。

"长板凳计划"实际上是一个完整的管理系统。由于接班人的成长关系到自己的位置和未来，所以经理层员工会尽力培养他们的接班人，帮助同事成长。当然，这些接班人并不一定就会接某个位置，但由此形成了一个接班群，员工看到了职业前途，自然会坚定不移地向上发展。

## 发掘新星"DNA"

IBM有一个成长管道，可以通过"新人→专业人员→领导人→新时代的开创者"的人才梯队培养模式，让新人逐渐成长。在这个过程中，IBM会不断发掘"明日之星"。

开始时，IBM会发掘公司每个人的"DNA"，利用二八原则挑选"明日之星"，20%的人被公司挑选出来。被选中的"明日之星"需要参加特殊的培育计划，强化他们的"DNA"。IBM 的做法是：为他们寻找良师益友或者进行工作的轮调。此外，IBM 还设有专业学院，培养员工在专业方面的素质和技能。一旦启动了这 20%，其他的 80% 也会慢慢动起来。

IBM 人力资源部为这些"明日之星"提供的良师益友就是公司里的资深员工，可以是国内的，也可以是国外的——有些类似国内工厂里的老师傅传、帮、带新人，把资深员工数十年的功力传承下来。而工作轮调计划则可以使接班人的视野更高、更宽。

如果"明日之星"的"DNA"需要用另一种工作去擦亮，这时候 IBM 就会给他提供"换跑道"的机会。

IBM 对于人才梯队的培养可谓不遗余力。在 IBM 中国公司，每个员工人均每年的培训费用在 3000 美元左右。这还不包括公司内部"良师益友"的付出。

### IBM 领导能力模式

研究表明，世界上最受推崇的公司都能够紧扣战略目标，使用系统的领导力素质模型来选拔和培养领导者，并采用科学的薪酬体系加以支持。

领导力素质模型，通常是通过一个严格的程序建立起来的。行为科学家们先经过观察、行为事件访谈法、座谈会等方式收集表现卓越领导者的知识、技能、具体行为和个性特点等资料，然后对这些资料进行有效的归纳和整理，最后建立起一套领导力素质模型。许多公司以此作为领导者招聘、选拔、绩效评估和晋升等的依据，测评现有的企业管理者和领导者，从中发现差距和培养的机会，并制订相应的领导力发展规划。领导力素质模型并非一成不变，它会随时间、环境、任务的要求和公司策略等因素而改变。

对于领导力素质的评价，IBM 有着自己的三环模式：对事业的热情处在环心，其他三个大要素围绕这个环心运转。

### 环心——对事业的热情

IBM 认为，他们的杰出领导者对事业、市场的开拓以及 IBM 的技术和业务充满了热情。对事业热情的指标：充满热情地关注市场的开拓；表现出富有感染力的热情；能描绘出一幅令人振奋的 IBM 未来图景；接受企业的现实并以乐观自信的方式做出反应；表现出对改造世界的技术潜力的理解；表现出对 IBM 解决方案的兴奋感。

一环：致力于成功。

IBM 考察领导者是否致力于成功的三大要素是对客户的洞察力、突破性思维、渴望成功的动力。

对客户洞察力的指标：设计出超越客户预期并能显著增值的解决方案；站在客户的角度和 IBM 的角度来看问题；使人们关注对客户环境的深刻理解；努力理解并满足客户的基本需求及未来需求；一切以满足客户的需要为先；以解决客户遇到的问题为己任。

突破性思维的指标：必要时能突破条条框框；不受传统束缚，积极创造新观念；在纷繁复杂的业务环境中积极开拓并寻求突破性的解决方案；能看出不易发觉的联系和模式；从战略角度出发而不是根据先例做决策；高效地与别人探讨创造性的解决方案；以为企业创造突破性的改进为第一要务；开发新战略，使 IBM 立于不败之地。

渴望成功的动力指标：设立富有挑战性的目标，以显著地改进绩效；能够经常寻求更简单、更快、更好地解决问题的方法；通过投入大量的资源或时间，适当冒险，以把握新的商机；在工作过程中不断改变，以取得更好的成绩；为减少繁文缛节而奋斗；将精力集中于对业务影响最大的事情上；坚持不懈地努力以实现目标。

二环：动员执行。

一位杰出的领导是否能动员团队执行，达到目标，可以从四个要素进行考察：团队领导力、直言不讳、协作、决断力和决策能力。

团队领导力的指标：创造出一种接受新观念的氛围；使领导风格与环境相适应；传达一种清晰的方向感，使组织充满紧迫感。

直言不讳的指标：建立一种开放、及时和广泛共享的交流环境；言行要一致，说到做到；建立与 IBM 政策和实践相一致的商业和道德标准；行为正直；使用清晰的语言和平实的对话进行沟通；寻求其他人的诚实反馈以改善自己的行为；与他人对话应坦率，尽管有时这样做很难。

协作的指标：具有在全球多文化和多样性的环境中工作的能力；采取措施建立一个具有凝聚力的团队；在全球 IBM 组织内寻求合作机会；从多种来源提取信息以做出更好的决策；信守诺言。

判断力和决策力的指标：即使在信息不完整的情况下也能果断地行动，也就是说能处理复杂和不确定的情况；能够根据清晰而合理的原因邀请其他人参与决策过程；快速制订决策；尽快贯彻决策；有效地处理危机。

三环：持续动力。

判定一个杰出的领导者是否能为组织带来持续的动力，IBM 也有三条标准：发展组织能力；指导、开发优秀人才；个人贡献。

发展组织能力的指标：调整团队的流程和结构，以满足不断变化的要求；建立高效的组织网络与联系；鼓励比较和参照公司以外的信息来源，以开发创新性的解决方案；与他人合理分享所学到的知识和经验。

指导、开发优秀人才的指标：提供具有建设性的工作表现反馈；帮助提拔人才，即使这样会使人才从自己的组织或团队转到另一个组织或团队，IBM 团队也要如此；积极、现实地向他人表达对其潜能的期望；激励他人以发掘他们的最大潜力；与自己的直接下属合作，及早分配以培养为目的的任务；帮助他人学会如何成为一个有效的领导者；辅助他人发挥自身的领导作用；以身作则鼓励重视学习的氛围。

个人奉献的指标：所做的选择和对工作轻重缓急的判断与 IBM 的使命和目标保持一致；学习有关本职工作的技术知识；帮助他人确定复杂情况中的主要问题；热诚地支持 IBM 战略和目标；为满足 IBM 其他部门的需要，开放自己的关键人才。

### "蓝色品位"——培养外围领导力

领导力的培养不仅仅在于公司内部领导人才的发展，而且也在于对公司价值链条中的外围战略伙伴的培养。

"蓝色品位"是 IBM 系统部 CEO 商学院的领导力发展项目。它是 IBM 系统部对 IBM 合作伙伴从长期战略支持角度出发的重要尝试，是面对 IBM 业务合作伙伴的资深经理层的为期一个月的短期培训项目。在 6 天的封闭式培训中，IBM 帮助自己的业务伙伴中的资深经理们理解领导力的核心精神，体验和发挥团队动能，提升项目管理的系统性，建立客户导向的企业文化，从而使链条的每一环节都具有强有力的战斗力。

在对外围领导力的培训中，IBM 把很多精力放在经理人对团队力量的建设上。

### "风眼力量"——高质量的团队决策力

IBM 认为许多重要的商业技能因为团队合作而具有全新的价值，而决策技能在这一点上表现得尤其突出。"风眼力量"正是 IBM 对团队决策的真实写照。团队的效力来自杰出的领导者及团队其他成员的决策，正如飓风的威力来自风眼的动力。

一个团队要经常开一些决策性的会议，但是你会发现，会上有许多截然不同的结论和判断。渐渐地，会议会演变为各小组为自己的喜好而游说，最后甚至出现人身攻击，团队成员在其中感受到破坏力。IBM 将帮助它的业务伙伴们学习制订团队决策的五种方式，根据面临的挑战选择合适的决策方式，也就是团队开会前，就要确定决策的方式是个人决策、少数决策、多数决策、共识决策还是一致决策。IBM 会告知这些经理人在什么情况下应该采取什么决策方式，否则，团队决策的效力就会减弱，甚至带来破坏力。

### 243 根琴弦——解决团队中的冲突

在一架音乐会用的大钢琴中，243 根琴弦在铁制琴架上施加了 40000 磅的拉力，这证明了巨大的拉力可以产生美妙的和声。

IBM 认为：冲突会创造和谐，僵局可以提高决策的质量，争执和误解使团队更加团结。

在团队发展的过程中，不可避免地会遇到冲突。遗憾的是，有些团队成员选择不去解决它，相反，他们只关心"任务"，而轻描淡写地绕过了"关系"方面的问题，这样的队员被称为"任务狂"。最终，任务可能完成了，但是团队的发展受到了阻碍，创造力和奉献精神受到了伤害。简单地说，工作环境会变得很沉闷，这只会使大家都感到厌倦和灰心丧气。

而另一些团队成员，可能会对冲突做出完全不同的反应，他们只关心"关系"，这些人被称为"和事佬"。他们会把任务丢在一边，集中精力防止冲突危害到队员之间的关系。这样的团队成员可能会达到相互依存的境界，对团队的忠诚度也会很高，但他们也不会取得什么成绩。

好的领导者把冲突用作培养关系和促进任务的工具。充满支持、信任和成功是我们都向往的团队环境，但是在你知道怎样做一个好的领导者之前，有时会滑向竞争和猜疑的恶性循环中。要想恢复原状，停止正在做的事情，领导者必须和团队成员们一起思考：如果我们解决了这种冲突，团队或公司会从中获得什么益处？

**分析** IBM 的人才培养方式体系严密、制度规范。这类人才培养方式是制造企业领导力的最有力武器，而不仅仅依靠个人的能力。

## 柯达的领导力要求

柯达公司的战略目标已经从影像演变为"信息影像"，公司的培训体系也随之改变。柯达对未来的领导者提出了"以增长为目标的领导力"，包括9种领导力特质。这9种领导者素质包括：

以变应变：事情的发展总是在预想和控制之外，因此必须灵活地应对不断变化的新问题和新局面。

眼光向外：要熟知客户、市场和竞争对手等外部环境，从用户的角度来看待产品。

洞悉全局：了解柯达在其所服务市场的切入点，从全局考虑什么对公司有利。

沟通信息：要自由、开放地同投资者、客户、员工、政府以及社会沟通有关业务增长的举措、目标、问题和成就等重要信息。

鼓舞士气：有根据的自信来自对组织目前状况和未来发展的了解。面对挑战，要有自信，相信柯达能够成为最好。

争做赢家：头脑中时刻牢记柯达要提供世界上最好的产品和服务。

恪守价值观：要恪守柯达的六大核心价值观：尊重个人、正直不阿、互相信任、信誉至上、自强不息和论绩嘉奖。

注重增长：不断寻找新的机会推动业务增长。

推动变化：不能闭门造车，不但要走出去，还要走在前面。

9种领导力特质是培养柯达"将才"必不可少的标准，是柯达人傲视全球影像市场的"独孤九剑"。每一名柯达经理人都必须具备这9种领导力，才能保持柯达的行业领袖地位。

柯达在罗切斯特的美国总部设有专门的领导者培训与发展中心，开设有专门的培训课程，为柯达全球区域总裁以上的高级领导者提供专业培训；还开设有全球领导人论坛。如今，柯达正致力于将这种培训推广到全球更基层的经理人员。

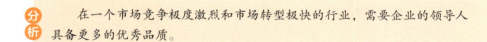

**分析**　在一个市场竞争极度激烈和市场转型极快的行业，需要企业的领导人具备更多的优秀品质。

## 领导者的知识素养

知识素养对领导者的成功非常重要，卓越的领导者往往具备广博的知识。

历史上著名的马其顿国王亚历山大大帝是一代风云人物。他13岁时，父亲腓力国王为了将未来的君主培养成博学多才的人，特意聘请了当时希腊最有学问的贤哲亚里士多德来做儿子的老师。在随后的三年中，师徒两人朝夕相处，形影不离。亚历山大同老师讨论哲学、政治学、伦理学等诸多方面的学问。亚里士多德还特意为他编纂了一部特版的《伊利亚特》，亚历山大十分喜爱这部时时激励自己的著作，他常把它连同自己的短剑一起放在枕头下面。亚历山大十分尊崇老师，因为他教会了自己怎样去做个高贵的人。

在亚里士多德的努力下，亚历山大成了那个时代少有的学识渊博的君主。后来亚历山大率军横扫亚欧大陆，在无数次的远征中，鞍马劳顿之余他仍不忘记读书，还特地命人返回希腊为他运来许多书籍。这些书涉及面广，包罗万象。渊博的知识赋予了亚历山大非凡的魅力和独特的领导才能。有一次，波斯使臣来到马其顿，而波斯是亚历山大一心想征服的庞大帝国，可他理性地掩饰了自己的野心，并以友善的态度和有节制的提问使来访的使臣心悦诚服。最后使臣叹道："这个孩子才是伟大的君主，而我们的国王只不过徒有钱财而已。"

在后来的征服中，亚历山大的才智不仅表现在战无不胜上，还表现在他一边征服一边兴建了许多城市，并把这些城市变成军事、政治和经济中心，埃及的亚历山大港便是其中之一。这些城市后来在人类文明的发展史上起着举足轻重的作用。更为杰出的是，亚历山大还摆脱了那个时代的狭隘，提出了各民族平等合作的思想。亚历山大大帝声名留传百世，正是他那渊博的学识塑造了他的伟大。

**分析** 作为企业的领导人，需要有广博的知识和基本的素养，才能立于不败之地。

## 哪种领导方式最有效

ABC 公司是一家中等规模的汽车配件生产集团。最近，有关组织对该公司的三个重要部门经理进行了一次领导类型的调查。

### 一、安西尔

安西尔对他本部门的产出感到自豪。他总是强调对生产过程、出产量控制的必要性，坚持下属必须很好地理解生产指令，以得到迅速、完整、准确的反馈。当安西尔遇到小问题时，会放手交给下属去处理，当问题很严重时，他则委派几个有能力的下属去解决问题。通常情况下，他只是大致规定下属的工作方针、完成怎样的报告及完成期限。安西尔认为只有这样才能产生更好的合作，避免重复工作。

安西尔认为对下属采取敬而远之的态度是一个经理最好的行为方式，所谓的"亲密无间"会松懈纪律。他不主张公开谴责或表扬某个员工，相信他的每一个下属都有自知之明。

据安西尔说，在管理中的最大问题是下属不愿意承担责任。他觉得他的下属可以有机会做许多事情，但他们并不是很努力地去做。

他表示不能理解他的下属如何能与一个毫无能力的前任经理相处。他说，他的上司对他们现在的工作运转情况非常满意。

### 二、鲍勃

鲍勃认为每个员工都有人权，他觉得管理者有义务和责任去满足员工需要。他说，他常为员工做一些小事，如给员工两张下月举行的艺术展览的门票。他认为，每张门票才 15 美元，但对员工和他的妻子来说这张门票的价值却远远超过 15 美元。

这种方式也是对员工过去几个月工作的肯定。

鲍勃说，他每天都要到工场去一趟，与至少 25％ 的员工交谈。鲍勃不愿意为难别人，他认为安西尔的管理方式过于死板，安西尔的员工也许并不那么满意，但除了忍耐别无他法。

鲍勃说，他已经意识到在管理中有不利因素，但那大都是由于生产压力造成的。他的想法是以一个友好、粗线条的管理方式对待员工。他承认，尽管在生产率上不如其他单位，但他相信他的雇员有高度的忠诚与士气，并坚信他们会因他的开明领导而努力工作。

### 三、查理

查理说他面临的基本问题是与其他部门的职责分工不清。他认为不论是否属于他们的任务，领导都安排在他的部门，似乎上级并不清楚这些工作应该由谁做。

查理承认他没有提出异议，他说这样做会使其他部门的经理产生反感。他们把查理看成朋友，而查理却不这样认为。

查理说过去在不平等的分工会议上，他感到很窘迫，但现在适应了，其他部门的领导也不以为然了。

查理认为纪律就是使每个员工不停地工作，预测各种问题的发生。他认为作为一个好的管理者，没有时间像鲍勃那样握紧每一个员工的手，告诉他们正在从事一项伟大的工作。他相信，如果一个经理为了决定将来的提薪与晋职而对员工的工作进行考核，那么，员工则会更多地考虑他们自己，由此会产生很多问题。

他主张，一旦给一个员工分配了工作，就让他以自己的方式去做，取消工作检查。他相信大多数员工知道自己把工作做得怎么样。

如果说存在问题，那就是他的工作范围和职责在生产过程中发生的混淆。查理的确想过，希望公司领导叫他到办公室听听他对某些工作的意见。然而，他不能保证这样做不会引起风波而使事情变坏。他说他正在考虑这些问题。

**分析**　不同的领导者有不同的风格。风格没有对错之分，但是工作的最终结果将说明一切问题。

## 下属眼中的领导

张慧是某集团总部人事行政部职员，赵总是她在这家公司的第一任经理。赵总曾在多家名企和外企里工作，是那种比较会"支使人"的领导，凡事她喜欢让张慧做，自己再提出修改意见，让张慧自己修改，直到合格为止。张慧有时改得有怨言，甚至比较痛苦，但赵总比较喜欢找张慧谈话，了解张慧的想法，同时发表一些自己的看法，包括生活态度、职业观念等，张慧也很欣赏赵总。

一年以后赵总辞职了，王经理接替了赵总的位置。王经理是个工作狂，凡事只要有时间都亲自动手做，常常独自加班，张慧作为下属反而落得个轻松。一开始张慧还暗自高兴，久而久之就有种烦闷的感觉，觉得自己在这个部门待着没有长进。在集团内部进行的 360 度评估中，张慧认为王经理并不适合这个职位。

领导要善于和下属沟通，才能让员工发挥自己最大的能力。

## 简单执行不等于领导

李先生是一家大型企业的基层管理者，手下有 8 个员工。李先生工作勤恳，为人谦和，对每一个下属都能给予一些关怀和照顾，所以跟大家的关系还算不错。李先生有一个最大的特点：对他的直接领导言听计从，领导安排什么，他马上向下属传达什么。一旦下属提出异议，他马上便说："领导说了，就照这样执行。你照吩咐做了，出了差错领导不会怪你，你如果不照吩咐做，出了问题你得自己担着。"下属一听觉得也有道理，于是便开始认真执行。渐渐地，下属在工作中有了不明白的地方，也就不再问他，而是跳过他直接请示更高的领导，因为大家知道跟他说了也没有用，他还得去请示领导。并且这段时间李先生还遇到了一件烦心事：他发现个别下属开始直接向他"顶牛"，公然不再听从他的指挥，他早就想把这些"害群之马"辞退，但苦于没有办法，他发现他现在连这点权力都没有了。并且他的"无能"渐渐被传播开来，以至于其他原本"听话"的下属也开始不拿他当回事了。

领导最失败的就是只做上层领导的"传声筒"，领导刚做一个决定，他马上便对下属发号施令，自己没有任何思考和领会。这样的管理者往往最被下属看不起，下属不再听从他的指挥是早晚的事。所以执行力越强，越不适合做管理者，而只适合做下属。你对上级领导越是唯唯诺诺、言听计从，领导就越是不敢对你撒手；相反的是，你对一件事情的处理越有主见，领导就越敢对你放权，让你独当一面而自己不再插手，因为高明的领导培养下属的目的是想让下属帮自己分担大量的事务和工作，而不是还要事必躬亲。

## 林肯"独断"

林肯担任美国总统后不久，有一次将 6 个幕僚召集在一起开会。林肯提出了一个重要法案，而幕僚们的看法并不统一，于是 7 个人便热烈地争论起来。林肯在仔细听取其他 6 个人的意见后，仍感到自己是正确的。在最后决策的时候，6 个幕僚一致反对林肯的意见，但林肯仍固执己见。他说："虽然只有我一个人赞成，但我仍要宣布，这个法案通过了。"

表面上看，林肯这种忽视多数人意见的做法似乎过于独断专行。其实，林肯已经仔细地了解了其他 6 个人的看法并经过深思熟虑，认定自己的方案最为合理。而其他 6 个人持反对意见，只是一种条件反射，有人甚至只是人云亦云，根本就没有认真考虑过这个方案。既然如此，自然应该力排众议，坚持己见。因为，所谓讨论，无非就是从各种不同的意见中选出一个最合理的。既然自己是对的，那还有什么可犹豫的呢？

在企业中，经常会遇到这种情况：新的意见和想法一经提出，必定会有反对者。其中有对新意见不甚了解的人，也有为反对而反对的人。在一片反对声中，领导者陷入孤立。这种时候，领导者不要害怕孤立。对于不了解的人，要怀着热忱，耐心地向他说明道理，使反对者变成赞成者。对于为反对而反对的人，任你怎么说，恐怕他们也不会接受，那么，干脆就不要寄希望于他们的赞同。

重要的是你的提议和决策是对的，只要真理在握，就应坚决贯彻下去。决断是不能由多数人来做的。多数人的意见是要听的，但做出决断的是一个人。

**分析**　决断力是企业领导最基本的素质之一。作为领导，要善于从错综复杂的形势中发现解决问题的正确途径，并且不遗余力地执行。

## 威尔逊的远见

世界旅馆大王、美国巨富威尔逊在创业初期，全部家当只有一台用分期付款"赊"来的爆米花机，价值 50 美元。第二次世界大战结束时，威尔逊做生意赚了点钱，便决定从事地皮生意。当时，因为战后人们都很穷，买地皮、修房子、建商店、盖厂房的人并不多，地皮的价格一直很低。听说威尔逊要干这种不赚钱的买卖，好朋友都表示反对。但威尔逊却坚持己见，他认为这些人的目光太短浅。虽然连年的战争使美国经济不景气，但美国是战胜国，它的经济很快会"起飞"的，地皮的价格一定会日益上涨，肯定会在地皮上赚钱。威尔逊用手头的全部资金再加一部分贷款买下了市郊一块很大但却没人要的地皮。这块地皮由于地势低洼，既不适宜耕种，也不适宜盖房子，所以一直无人问津，可是威乐逊亲自到那里看了两次以后，竟以低价买下这片荒凉之地。这一次，连很少过问生意的母亲和妻子都出面干涉。可是威尔逊认为，美国经济很快就会繁荣，城市人口会越来越多，市区也将会不断扩大，他买下的这块地皮一定会成为黄金宝地。事实正如威尔逊所料，3年之后，城市人口骤增，市区迅速发展，马路一直修到了威尔逊那块地的边上，这时人们才突然发现，此地风景宜人，宽阔的密西西比河从它旁边蜿蜒而过，大河两岸，杨柳成荫，是人们消夏避暑的好地方。于是，这块地皮马上身价倍增，许多商人都争相高价购买，但威尔逊并不急于出手。后来，威尔逊在这块地皮上盖起了一座汽车旅馆，命名为"假日旅馆"。由于假日旅馆地理位置好，舒适方便，开业后生意兴隆。从那以后，威尔逊的假日旅馆便像雨后春笋般出现在美国及世界其他地方，这位高瞻远瞩的商人获得了成功。

**分析**

　　企业经营者采用任何谋略，要具有远见和胆识，要善于观察、分析市场发展情况，寻找恰当的时机。当机遇出现时，能够果断做出决策，适应市场变化，从而在竞争中取胜。做生意如同下棋一样，平庸之辈只能看到眼前的一两步，高明的棋手却能看出后五六步。能遇事处处留心，比别人看得更远、更准，这便是威尔逊具备的企业家素质。

## 土光敏夫的演讲

　　土光敏夫就任东芝公司总经理的第一天，向全体职工发表演讲，他的第一句话就是："让一切都充满活力！"随后他在黑板上写下了这样的公式："活力＝智力×（毅力＋体力＋速力）"。

　　随后土光敏夫解释道："充满生机和活力是企业经营成功的前提，也是企业发达兴旺的象征。一个企业要增强活力，首要条件是开发企业智力，人才和知识是企业产生活力的主要作用力。毅力表现在全体职工对企业经营目标表现出极大的兴趣、忍耐和进取精神，并由此而产生高度的责任感。体力则是企业经营者对全体职工健康、福利的关心所带来的充沛精力和高效率。而企业经营的速力表示重视企业经营的时机应当甚于重视经营成果的数量。"

在土光敏夫的演讲精神的鼓励下，东芝公司以开发智力为主导，把充分培养企业整体的毅力、体力、速力作为企业内部经营管理的重心，使之转化为经营的动力，迅速走出濒临破产的困境。

**分析** 土光敏夫的事例说明，作为一名成功的企业管理者必须善于表达，善于向员工讲述自己的观点，也就是要具备较强的演讲能力。这首先需要管理者思路清晰，能够将企业的现状、发展前景或存在的问题整理清楚；然后用简练的、有感染力的语言表述出来，要求吐字清楚、准确，语气、语调、声音、节奏富于变化；同时注意在陈述观点的过程中运用非言语的姿态、动作、手势和表情来加强言语的感染力；还要注意与听众进行交流，营造良好的现场气氛。

## "一切责任在我"

在营救驻伊朗的美国大使馆人质的作战计划失败后，当时美国总统吉米·卡特即在电视里郑重声明："一切责任在我。"仅仅因为上面那句话，卡特总统的支持率骤然上升了 10% 以上。

当问题发生时，寻找解决方法，而不是找代罪羔羊。下属最担心的就是做错事，特别是花了很多精力又出了错。在这个时候，老板说了句"一切责任在我"，那这个下属又会是何种心境？

**分析** 下属对一个领导的评价，往往决定于他是否有责任感。上级勇于承担责任，不仅能使下属有安全感，而且也会使下属进行反思，反思过后会发现自己的缺陷，从而在大家面前主动道歉，并承担责任。

老板这样做，表面上看是把责任揽在了自己身上，使自己成为受谴责的对象，实质上不过是把下属的责任提到上级领导身上，从而使问题解决起来容易一些。假如你是个中级领导，你为你的下属承担了责任，那么你的上司是否也会反思，他也有某些责任呢？一旦公司里上行下效，形成勇于承担责任的风气，便会杜绝互相推诿、上下不团结的局面，使公司有更强的凝聚力，从而更有竞争力。

## 赢得部属的心

有一次，松下幸之助在一家餐厅招待客人，一行 6 个人都点了牛排。等 6 个人都吃完主餐，松下让助理去请烹调牛排的主厨过来，他还特别强调："不要找经理，找主厨。"助理注意到，松下的牛排只吃了一半，心想，一会儿的场面可能会很尴尬。

主厨来时很紧张，因为他知道请自己的客人来头很大。"是不是有什么问题？"主厨紧张地问。"烹调牛排，对你已不成问题，"松下说，"但是我只能吃一半，原因不在于厨艺。牛排真的很好吃，但我已80岁了，胃口大不如前。"

主厨与其他5位用餐者面面相觑，大家过了好一会儿才明白这是怎么一回事。"我想当面和你谈，是因为我担心，你看到吃了一半的牛排送回厨房，心里会难过。"

如果你是那位主厨，听到松下先生的说明，会有什么感受？是不是觉得备受尊重？客人在旁听见松下如此说，更佩服松下的人格，更喜欢与他做生意。

又有一次，松下对一位部门经理说："我个人要做很多决定，并要批准他人的很多决定。实际上只有40%的决策是我真正认同的，余下的60%是我有所保留的，或我觉得过得去的。"

经理觉得很惊讶。假使松下不同意某件事，大可一口否决就行了。

然而松下的回答是："你不可以对任何事都说不，对于那些你认为过得去的计划，你可以在实行过程中指导它们，使它们重新回到你所预期的轨迹。我想一个领导人有时应该接受他不喜欢的事，因为任何人都不喜欢被否定。"

**分析** 松下以骂人出名，但是也以会栽培人才而出名，这两个不同的形象就是透过真诚与关怀而整合在一起的。

## 亚科卡主动降薪救公司

亚科卡就任美国克莱斯勒公司经理时，公司正处于一盘散沙状态。他认为经营管理人员的全部职责就是动员员工振兴公司。在公司最困难的日子里，亚科卡主动把自己的年薪由100万美元降到1000美元，这100万美元与1000美元的差距，使亚科卡超乎寻常的牺牲精神在员工面前闪闪发光。榜样的力量是无穷的，很多员工因此感动得流泪，也都像亚科卡一样，不计报酬，团结一致，自觉为公司勤奋工作。不到半年，克莱斯勒公司就成为拥有亿万资产的跨国公司。

一个公司处在困境中，老板要挺住，下属也要挺住，只有这样，公司才能走出困境。当公司处于困境时，老板尤其要身先士卒，做好榜样，带给下属自信与保障。如果老板自己先乱了阵脚，手足无措，可想而知，下属能不打退堂鼓吗？

> **分析**　行为有时比语言更重要。领导的力量很多时候往往不是由语言体现出来的，而是由行为动作体现出来的。聪明的领导者尤其如此。

## 科林·马歇尔的领导风格

　　1983 年，有着马拉松运动员般修长外表的科林·马歇尔就任英国航空公司总经理，从此，他对该公司产生了巨大的影响。如果说有什么东西可以把科林·马歇尔同其他英国总经理区别出来，那就是他不顾一切地从事自己所宣传事业的献身精神。

　　科林·马歇尔刚任职时，发现公司内部机构风纪松懈。英国航空公司所进行的各种竞争都失败了，公司人员流失率骇人听闻，获胜的信心已低到令人绝望的地步。然而他的到来，却宣告了航空公司最糟糕阶段的结束，开始了重新把英国航空公司机群进行编组和重新调整资金的工作。当时，人们对英国航空公司的信心丧失殆尽，以致公司内外的许多人认为，即使该公司有把握幸存下来，要重新恢复以往的荣耀似乎是不可能的。

　　科林·马歇尔认为，英国航空公司之所以成为人们的笑柄，是因为公司工作效率低，员工们丧失信心，飞机肮脏而使顾客纷纷转向比它小但有活力的竞争者。他花了近 6 个月的时间考虑自己新的作战计划，接着就开战了。他选定往来于英格兰和中部地区的区间飞行服务作为他的第一战。该区域航线的顾客一度没有其他选择，英国航空公司当时对待不得不掏钱乘飞机的顾客如同对待牲畜一般。这样做的结果是业务一落千丈，使公司蒙受了巨大损失。当竞争者出现时，英国航空公司在短短几周内就失去了 1/3 的顾客，为此，科林·马歇尔进行了改革。他把膳食和饮料引进了区间运输线，他使飞机窗明几净，他开创了让人在飞机起飞前买票订座的办法，鼓励全体机组人员热忱欢迎顾客，并不断督促地勤人员准时做好工作，从而提高了飞机起飞的准点率。他甚至还教飞行员怎样说服内部通信联络系统按照他们的方法操作。

　　改革的成绩是显著的，该公司挽回了许多它曾失去的乘客。不久其对手就抱怨起英国航空公司来，说它采取的是不正当竞争，还装出一副不景气的样子骗人，科林·马歇尔赢得了

第一个回合的胜利。

这次胜利的重要性在于，它配合了马歇尔战役的全局进程，即"把人放在首位"，"英国航空公司的目标是要成为世界上最优秀的、最成功的航空公司"。他告诉全体员工说："我们只有坚持不懈地向顾客提供优质服务，这个目标才能达到。"

从1983年9月开始，该公司实施了一项"顾客第一"的培训工作。培训首先从顾客联络员开始，英国航空公司21000名顾客联络员投入了一场历时2天的"如何使顾客感到满意"的培训活动。这种培训活动以后扩展到航空公司的每个人身上。为了说明学习这些课程的重要性，马歇尔亲自学习了其中的许多课程。他用自己的行动告诉英国航空公司的全体员工：处理他们之间的关系，与处理他们与顾客之间的关系是同等重要的。他说："在一个像我们这样的行业里，没有什么生产线，因此，人就是我们最重要的财富，每件事都取决于他们如何作为一个整体来工作。"

培训课程取得了显著成效，在英国航空公司的历史上，飞行员和机组工作人员第一次发现自己与检查人员和行李管理员融合在一起。机组人员开始告诉地勤人员，他们接待一个在检查口被非礼的乘客时心情是什么样的。英国航空公司成立起"顾客第一"的自愿队，想出新招来提高服务质量和改善公司形象，例如，在节日给每一个乘客送一朵红玫瑰，设法从根本上改变人们"青年飞行员是没有保证的毛头小伙"的印象；另外，航空公司还把机票发给新的工作人员，让他们站在受检队里，体验一下自己成为别人攻击目标时的心情。渐渐地，"把人放在首位"成为一股势头，马歇尔通过完全改换航空公司制服来支持这股势头。为此，他雇用了美国设计商行兰德公司。有了兰德公司的帮助，马歇尔并没有停止对每件细微之事予以精心细致的关照，他甚至延期发放新机舱工作人员的制服，直到对空中小姐服装上的细条子的宽度感到满意为止。

科林·马歇尔曾打着"我们努把劲试试"的旗帜创建了艾维茨国际商业公司，他给了英国航空公司一套全新的做法，信条是：乘客是第一的、最后的，也就是一切的一切；一个航空公司好比一个汽车出租公司，只有提供比其他竞争对手更好的服务，才能战胜对手。同时，马歇尔还把国际电话电报公司不可多得的锐气带给了新公司，只要他不忙于英国航空公司与世界各地的业务活动，他便会不断向高级官员们打听他们各部门工作的进展情况。每个部门都定期向他汇报本部门的工作情况，这并非强制。当马歇尔召开一次任何人都可以出主意或随便发言的圆桌会议时，他总给人一种随和的感觉。

马歇尔给下属们留下的深刻印象是，他对每个人都了如指掌。他工作勤奋，一般情况下每天早上7点起床后就伏案工作，无一例外地浏览当天的报纸，打电话给公益事务值日官核实其他的报道评论，每周至少工作5天半。他常常徒步在机场四周转转，与行李管理员和汽车驾驶员谈天，就好像飞行员与乘客欣然聊叙一样；当他飞往英国航空公司的任何分公司时，他总要挤出时间与当地工人聊聊。作为航空公司的官方代言人之一，了解每个员工的事，在他公务中居首要的部分。他说："如果雇员认为你很关心他，或在感情上非常理解他的话，那么，他就会尽心尽力，甚至不顾一切地完成他们所接受的任务。我认识一些杰出的人物，他们性格暴躁、蛮横无理、难与人共事，但他们都有强烈的正义感，他们说话算数，从不食言，关心他人胜过关心自己；他们募捐时，自己首先捐献，并且捐得最多，甚至当他们要求更多的报酬时，他们也明确表明自己首先考虑下属的利益。"

科林·马歇尔在接管新工作6个月后，曾在高级官员中发动了一场众所周知的"7月大屠杀"，即他以惯有的细致态度研究了机群管理部门情况后，便毫不留情地把它撤销了，大批高级管理人员被开除，取而代之的是一批低级管理人员，他们中许多人年龄都在40岁以下。几乎没有一个管理人员是从公司外面招聘来的，这些人很可能在他即将创造的新环境中产生影响，实践证明，马歇尔的冒险是正确的，他们将一起迎接挑战。自然，这些人成了马歇尔最坚定的支持者。

马歇尔的组织制度很简单。他喜欢一些掌握很高职权的副职官员，这些人把主要权力置于自己的控制之中，他完全相信他们有能力管好各自的部门。他总是不断地提出问题：关于工作的执行情况、工作效果，以及为什么9点15分飞往格拉斯哥的区间飞机9点25分还停留在地面上等。对许多英国航空公司的雇员来说，他似乎是无所不在的。

总结马歇尔的领导风格，最突出的还是他对人的有效管理。如果一个服务型企业所有的员工能做好给他的任务，那么这个企业还有什么理由做不到正常发展呢？

## 深潜和表率

GE公司医疗器械事业部的一个改进扫描仪射线管项目持续了4年多。改进前的射线管寿命是25000次，这是制约扫描仪销售的最重要问题。改进项目组提出的口号是："射线管——设备的心脏。"经过改进，寿命提高到200000次。

韦尔奇直接参与了这个项目。每个星期，项目负责人都要发一份传真给韦尔奇，报告进展。当收到韦尔奇这样的回复："太慢，太法国化，快点行动，否则换人"时，他就把它锁到抽屉里。当他收到韦尔奇的祝贺时，就把它张贴起来，让每个人都看到。

在他深潜的项目中，韦尔奇总是出主意、想办法、提供资源、帮助协调，甚至帮助他们面试新人。他从不下命令，他的意见也不总是被接受，但他与项目团队成员总能够进行坦诚的交流。

韦尔奇将在各种不同场合与下属平等地讨论问题称为"打滚"。他的一个口号就是"让我们进去打滚吧！"例如，发现 GE 某个环节的公共关系出了问题、出现环境问题或有了一大笔交易，意见不统一时，韦尔奇就到会议现场跟大家一起无拘无束地研究，中间甚至会开玩笑或骂人，甚至都不需要纸和备忘录。在无拘无束的"打滚"过程中，许多有益的思想诞生了。

"打滚"实际上是在一个会议上深潜。韦尔奇感觉这个做法很好，开动脑筋，大家在一起头脑风暴，这是一种身体力行。

除了深潜，韦尔奇还经常身先士卒。韦尔奇在推动每一项变革时，都会带头采取行动或象征性行动，以实际行动表明自己支持这样的变革。

在推行 GE 的电子商务战略时，韦尔奇带头向全体员工发出一封电子邮件。结果在 48 小时内收到了 6000 个回复。从高层经理到普通工人，纷纷通过邮件直接向他反映工人的想法、印象、反应、抱怨、担忧和兴奋。韦尔奇带领 GE 人一同进入角色。

 GE 公司的发展壮大，韦尔奇功不可没，其一系列领导思想值得我们深思。

## 卡尔松的授权

北欧航空公司董事长卡尔松大刀阔斧地改革北欧航空系统的陈规陋习，就是依靠合理的授权，给部下充分的信任和活动自由而进行的。开始时，目标定为把北欧航空公司变成欧洲最准时的航空公司。但他想不出该怎么下手。卡尔松到处寻找，看到底由哪些人来负责处理此事，最后他终于找到了合适的人选。于是卡尔松去拜访他："我们怎样才能成为欧洲最准时的航空公司？你能不能替我找到答案？过几个星期来见我，看看我们能不能达到这个目标。"几个星期后，那人约见卡尔松。卡尔松问他："怎么样？可不可以做到？"

他回答："可以，不过大概要花 6 个月，还可能花掉 160 万美元。"卡尔松插嘴说："太好了，说下去。"因为他本来估计要花 5 倍以上的代价。

那人吓了一跳，继续说："等一下，我带了人来，准备向你汇报到底我们想怎么干。"

大约四个半月后，那人请卡尔松看他几个月来的成绩。当然他已使北欧航空公司成为欧洲第一。但这还不是他请卡尔松来的唯一原因，更重要的是他还省下了160 万美元经费中的 50 万美元。

卡尔松事后说："如果我先对他说：'现在交给你一件任务，我要你使我们公司成为欧洲最准时的航空公司，现在我给你 200 万美元，你要如此这般做。'结果怎样，你们一定也可以预想到。他一定会在 6 个月以后回来对我说：'我们已经照你所说的做了，而且也有了一定进展，不过离目标还有一段距离，也许还需花 90 天左右才能做好，而且仍要 100 万美元经费。'可是这一次，这种拖拖拉拉的事却不曾发生。他要这个数目，我就照他要的给，他顺顺利利地就把工作做完了，也办好了。"

　　卡尔松的授权使他获得了意想不到的业绩。事实证明，充分发挥员工的潜能，对企业管理者来说具有重大意义。

# 善于授权和用权

詹森维尔公司是一个典型的美国式家族企业，规模不大，但自从 1985 年下放权力以来，企业发展相当迅速。1991 年，46 岁的 CEO 斯塔尔的体会是："权力要下放才行。一把抓的控制方式是一种错误，最好的控制来自人们的自制。"

斯塔尔下放权力的主要手段是由现场工作人员来制订预算。刚开始时，整个预算过程是在公司财务人员的指导下完成的。后来，现场工作人员学会了预算，财务人员就只是负责把关了。在自行制订的预算指导下，工作人员自己设计生产线。需要添置新设备时，他们会在报告上附上一份自己完成的现金流量分析，以说明添置设备的可行性。

为了让每一位员工更有权力，斯塔尔大胆撤销了人事部门，成立了"终身学习人才开发部"，支持每一位员工为自己的梦想而奋斗。公司每年向每位员工发放学习津贴，对学有成效的员工，还发给奖学金。自从权力下放以来，公司的经营形势大好，销售额每年递增 15%，比调资幅度高出整整一倍。

　　全球企业近几年来正在经历一场转折：从前的家庭式企业中一人说了算的集中控制方式，正逐步被分权和授权的方式所取代。随着企业规模的迅速扩大和企业全球化战略的实行，公司管理者统管一切的方式不仅在方法上是行不通的，而且对于组织的健康成长来说也是有害的。
　　善于授权和用权是指管理者必须能够将权力有效赋予下属，让他们更加积极地参与到企业的运作和管理上来。在这个问题上，日本松下电器的创始人松下幸之助的话颇耐人寻味，他说："授权可以让未来规模更大的企业仍然保持小企业的活力，同时也可为公司培养出发展必需的大批出色的经营管理人才。"

## 井植薰的用人原则

日本三洋电机公司总经理井植薰告诉人们：如果以每秒钟赚1日元计算，那么，赚1兆日元则需要用31710年的时间；如果将厚约1毫米的1日元铝币一个个叠加起来，长度可达100万公里，可以绕地球25圈。井植薰为什么算得这么清楚？因为三洋集团在他的领导下，从1979年开始，年销售额已经达到了1兆日元。即使

在经济高度发达的日本，也只有本田、索尼、丰田等几家历史悠久的大企业能够达到这个水平，而三洋是在1946年底才起步的企业。能够取得如此辉煌的业绩，靠的是人才。

井植薰造就人才的做法不仅仅是培养，他还很重视体力劳动与脑力劳动的结合。他认为，只有动脑筋干活，才能算得上劳动。他反对凭主观臆断办事。一次，一家公司来请求他说："不知怎么搞的，公司老不赚钱，您能否做个诊断？"于是，他指着零部件问陪他参观的厂长："这个零部件，是多少钱买来的？"

"这个……我不知道，要问问购买科长。"

"你不知道？既然如此，让那位购买科长当厂长如何？这样就会赚钱了。"

还有一次，他到一家工厂了解亏损的原因，和工厂的厂长进行了这样一段对话：

"是否原料买贵了？"

"不是。"

"是生产方法不善吗？"

"大家都在拼命地工作。"

"售价是否太便宜了？"

"并非如此。"

井植薰心里明白了，这三个基本条件都具备，工厂不可能亏损。而现在工厂确实亏损，说明厂长根本不了解工厂的情况，于是撤掉了厂长的职务。

**分析**　井植薰造就人才的做法不仅仅是培养。工厂经营恶化更换厂长，公司事业不振更换经理，是铁的原则。人各有其所能与不能，将不适任的领导者调到适合他的岗位上，对被撤换者来说是件好事。

## 领导不能越俎代庖

高达公司的施先生在很多人的眼里是一个出色的领导，因为一旦他的领导安排了什么工作给他，他敢于将这些任务分解给自己的下属，从而使下属也能够得到锻炼和成长。但施先生对下属要求十分严格，并且是个急性子，这种性格使他在对下属交代过工作任务之后还一直很难放心。一次，施先生将一项工作交代给下属小郑，事后，他不断地询问工作的进展情况，但又感觉有时小郑也不太明确相关情况，于是便直接追问小郑的下属。追问完工作进度之后，施先生当然不能扭头就走，还要对大家的工作进行一些具体的"指导"，于是大家便在两位领导的"指示"中通过对比甄选出"更高领导"的意见作为工作方针。就这样，小郑渐渐地被"晾"在了一边。

　　由于领导对员工不放心而最终直接越俎代庖的现象可谓相当普遍，古语"用人不疑，疑人不用"在领导授权方面给我们再次提供了一个佐证。

## 讨价还价的习惯

一位朋友找到鲍斯诉苦，称自己的公司管理极为不善。鲍斯应约前往，到朋友的公司上下走动了一圈，心中便有了底。

鲍斯问这位朋友："你到菜市场去买过菜吗？"

那位朋友愣了一下，答道："去过。"

鲍斯继续问："你是否注意到，卖菜人总是习惯于缺斤少两呢？"

朋友回答："是的，是这样。"

"那么，买菜人是否也习惯于讨价还价呢？"

"是的。"他回答。

鲍斯提醒朋友说："你是否也习惯于用买菜的方式来购买职工的生产力呢？"

朋友吃了一惊，瞪大眼睛望着鲍斯。

最后，鲍斯总结说："一方面是你在工资单上跟职工动脑筋，另一方面是职工在工作效率或工作质量上跟你缺斤少两——也就是，你和你的职工同床异梦，这就是公司管理不善的病灶所在啊！"

分析 作为老板应该在提高公司的整体效益上下功夫，而不应该在员工的工资待遇上斤斤计较。老板在工资单上与员工动脑筋，员工就会在工作效率和工作质量上短斤少两。

## 西洛斯·梅考克巧妙处理制度问题

美国国际农机公司创始人，世界第一部收割机的发明者西洛斯·梅考克，人称企业界全才。他在几十年的企业生涯中历尽沧桑，没有几条道路是平坦的，但是他以全才的素质，屡屡赢得成功。作为产权人公司的大老板，梅考克虽然掌握着公司的所有大权，有权左右员工的命运，但他却从不滥用职权。他能经常设身处地地为员工着想，在实际工作中，既坚持制度的严肃性，又不伤员工的感情。

例如，有一次，一个老员工违反了工作制度，酗酒闹事，迟到早退。按照公司管理制度，他应当受到开除的处分。管理人员做出了这一决定，梅考克在决定上批示表示赞同。决定一公布，这个老员工立刻火冒三丈。他委屈地对梅考克说："当年公司债务累累时，我与您患难与共。三个月不拿工资也毫无怨言，而今犯这点错误就把我开除，真是一点儿情分也不讲！"听完老员工的叙说，梅考克平静地对他说："你知道不知道这是公司，是个有规矩的地方……这不是你我两个人的私事，我只能按规定办事，不能有一点儿例外。"

后来，梅考克了解到这个老员工的妻子去世了，留下了两个孩子，一个跌断了腿，一个因吃不到妈妈的奶水而啼号。老员工在极度痛苦中，借酒消愁，结果误了上班。了解到这个情况后，梅考克尤为震惊，他立即安慰他说："你真糊涂，现在你什么都不要想，赶紧回家去，料理你老婆的后事，照顾孩子们。你不是把我当成你的朋友吗？所以你放宽心，我不会让你走上绝路的。"说着，从包里掏出了一沓钞票塞到老员工手里。老员工对老板的慷慨解囊感动得流下了热泪，哽咽着说："我想不到你会这样好。"梅考克却认为，比起当年风雨同舟时员工们对自己的帮助，这事儿简直不值一提。他嘱咐老员工说："回去安心照顾家吧，不必担心自己的工作。"听了老板的话，老员工转悲为喜，说："你是想撤销开除我的命令吗？"

"你希望我这样做吗？"梅考克亲切地问。

"不，我不希望你为了我破坏规矩。"

"对，这才是我的好朋友，你放心地回去吧，我会适当安排的。"事后，梅考克安排这个老员工到他的一家牧场当了管家。

西洛斯·梅考克处理工作不感情用事。例如，有几个同他工作多年的员工，在公司遇到困难的时候背离了他。十几年后，公司状况有所好转，这几个人又找上门来了。对于这样的人，任何人都是难以容忍的。即使在当时，梅考克也为此深感痛心，并气愤地说："我希望永远不再见到你们！"如今，公司兴隆，事业大振，梅考克早已把自己的誓言放在脑后，他欣然接受了这几名员工。这件事使这几名员工深受教育，从此以后，他们同西洛斯·梅考克同心协力，为国际农机商用公司的强盛做出了自己的贡献。

　　没有规矩不成方圆。企业发展到一定阶段，就不能完全靠领导者的决断，而是要靠企业各项制度的执行，并且逐步朝企业文化建设方向发展。而作为领导者，无论在什么时候，都需要对企业制度的作用有深刻理解。

## 什么是"内行"领导

　　美国著名的电子专家肖克利是晶体管的发明人，诺贝尔奖获得者，为电子技术的发展做出了巨大贡献。1956 年，雄心勃勃的肖克利在硅谷成立了以他的名字命名的公司——肖克利电子公司，自任总经理。然而，在这位深谙电子专业知识的专家"内行"的领导下，不到两年，公司就倒闭了。

　　难道他不是"内行"吗？为什么电子专家"内行"领导，公司反而倒闭了呢？

　　原因就在于，肖克利并不是真正的"内行"领导。电子公司总经理的"专业"是领导，而不是电子专业；医院院长的"专业"是领导，而不是医学；汽车制造厂厂长的"专业"是领导，而不是汽车。只有掌握管理、领导等"软科学"的专业知识才适合当领导，因而，虽然不排除懂电子、懂医学、懂汽车的人也可以做个好领导，但是，只懂电子、只懂医学、只懂汽车，必定是"领导"上的外行。

　　所谓"内行"领导，实际上是对领导素质的要求。领导的职能是制订决策和推动决策的执行，这是领导在现代纵向社会分工中的地位和社会作用。在现代社会中，领导作为一种分工，要求其具有决策能力和组织能力。对于模糊、随机事件，领导要具备进行非程序化决策的能力，除经验外，主要靠判断力、直觉和创造力，即高超的领导艺术。

## W 商店的决策

　　W 商店在日本拥有 12 家店铺，经营餐饮生意，但数年来业绩一直恶化。这 12

家店铺，有 4 家设于规模庞大的百货店内，有 5 家设于超级市场内，另外 4 家为独立经营。

W 商店的总店创业于 20 世纪 50 年代后期，最近买下了隔壁一块地加以扩充，此店占了该公司总营业额的 23%。因为总店经营顺利，所以百货店主动前来接洽："要不要在我们店里开分店？" W 商店的董事长感到非常光荣，于是未经仔细评估即匆忙开店。初期正逢经济繁荣的时代，所以即使被扣除了销售额回扣 25%，仍能够稳定获得利润，公司的业绩也能快速上升。后来，这家百货店新设立两家大型百货公司时，也特别为 W 商店预留空间以开设分店。可是，布置了好几家店铺之后，日本的经济突然陷入低迷状态，各分店的业绩也远不及预期目标。

W 商店每个月召开一次经营会议。开会时，干部与各分店店长之间总是热烈研讨上个月的业绩，并为达成当月的目标而拟定应该采取的对策，但在经济低迷的背景之下，即使想尽办法也很难提高业绩，于是有干部向社长建议："店铺目前受营业环境的变化，收益已一落千丈，如果不采取根本的对策与措施，将影响到公司的生存。请社长提出今后的经营方针。"

这个问题对于经营会议的议题来说，真是一针见血。可是那位社长只能这么说："我也知道必须关掉百货公司内的分店。不过，如果提出这个要求的话，对方一定会要求连赚钱的店铺也一起关闭。我们无法只关掉其中一部分。因此连我自己也不知道该怎么做才好。唯有期望你们多多努力。只要肯努力，路一定可以找到的。"

从社长所说的话中不难看出，W 商店无异于"坐以待毙"。几年之后，W 商店果然倒闭了。

 领导者对企业的经营必须当机立断采取正确的对策。如此才能开创新的发展之道。

## 张经理发脾气

张经理是某商贸公司的一个分公司经理，脾气相当暴躁。据他手下的员工讲，他们经常能听到张经理在办公室大发雷霆，动辄扬言要把某人辞退，一开始大家都挺害怕，做事很小心谨慎。但后来大家渐渐发现，发脾气只不过是张经理的日常工作习惯而已，并不能产生什么实质性的变革，于是大家便继续我行我素。张经理看到这种不把他放在眼里的情形当然会更生气，于是便恼羞成怒，发更大的脾气。就这样，大家都已经习以为常了，感觉张经理发脾气只不过是为了证明他的存在和彰显他的地位，并没有什么指导性的意义。

**分析** 成功企业的高层领导人一般都是和蔼可亲的，这和他们具备超常的管理技能并不相悖。你越是暴跳如雷，下属就越不害怕你；你越是韬光养晦，下属就越是战战兢兢。

## 赵所长的课题组

李峰最近被研究所任命为新的课题组组长，他心里很是得意。别人下班走了以后，他一个人坐在办公室里，满脑子都是所长对他讲的一番话。说实在的，他很感激所长赵跃对他的欣赏。他决心做好这个课题，让别人看看，他李峰并非能力平平的人。

第二天，李峰一大早就来到了所里，钻进实验室埋头研究他的实验记录。当他从实验室出来时，已经上午11点多了。他打开计算机，准备查阅一份美国斯坦伯研究所发来的有关光子耦合器的电子邮件。正在这时，办公室里进来了一个人。这个人微笑着伸出手来，自我介绍说："我叫张志文，新调到所里来工作，赵所长让我们谈谈咱们研究室里最近承担的一项新课题。"李峰既感到突然，又认为这个人不可思议。突然的是赵所长以前从来没提过要调来一个新成员，不可思议的是他还没有见过以这种方式初次见面的：一句客气话没有，就直接进入工作状态。李峰对张志文有了第一印象，认为这个人很有特点。李峰将一大堆图表、图纸交给他，并把他带到实验室。张志文直到下班也没从实验室出来。李峰不打算惊动他，就先走了。

当他路过赵所长办公室时，发现赵所长还没有下班，于是他敲敲门走了进去。赵所长见他的第一句话是："怎么样，对张志文的印象如何？"说实在的，李峰还谈不出什么具体意见，只是觉得这个人是个事业心挺强的人。赵所长说："这个人以前在应用物理研究所是个业务尖子，搞过你现在承担的这类课题，很有经验，也很有创造力。"李峰一听，心里不由得一沉，他想起赵所长以前讲过的一句话：谁搞出新东西来，谁就会在下一次进所里的领导班子。但他还是对赵所长说："这下好了，他年轻、知识结构好、学历高，又有经验，对我们这个课题一定会有很大的帮助，我很欢迎他。"

第二天，正好研究室的人都来了，张志文一进门，没有等李峰介绍，就先自我介绍起来，然后主动与大家握手，接着像前一天一样，进入了工作状态。张志文谈了他对实验记录的分析，然后说："现在实验的进行有难度，我看可以用詹宁斯曲线试一试，过去我一直在搞曲面自动相关函数的问题研究。也许对实验的进行有帮助。"小王一听，来了精神。他是清华大学的数学硕士，自从分到研究所以后就没有找到知音。他一下子就坐到张志文的身边，开始同他探讨数学分析模型。他们两个人的谈话，李峰一直都在听着；虽然他没有抬头，也没有插话，但是他一直都在听，因为他实在太想知道，这个张志文肚子里到底有多少墨水。不听便罢，一听反倒上火，张志文讲的数学模型与詹宁斯曲线，他李峰一点都不懂。整整一天，李峰都感到心情沉重，他自己也说不清为什么。晚饭吃了一半，电话铃响了，是张志文打来的。他也不管是不是吃饭时间，在电话里滔滔不绝地讲起了他这几天通过对资料与实验记录的分析对课题产生的新想法，这些想法与李峰设计的方案完全不同。尽管李峰对很多问题听不懂，但他还是耐着性子听下去。电话持续了一个多小时，听得李峰耳朵里面嗡嗡作响。

放下电话后，李峰更没心思吃那半碗已经凉透了的饭。妻子问他："是谁呀？打这么长时间的电话，耽误别人吃饭！"李峰没好气地说："是所里新来的天才！"李峰心里想着，过几天研究室开课题论证会，自己应该从什么角度发言才好。如果张志文真的提出一个无懈可击的方案来，自己这个课题组长今后怎么当下去。一连好几天，张志文都没有露面，李峰猜想他一定在搞课题论证，而自己使出吃奶的劲儿来也只能提出目前这个方案来。这次李峰是真的着急了，这个半路杀出的程咬金扰乱了他平静的生活，使他一贯的自信动摇了。他只能寄希望于研究室的课题论证会，也许其他人会凭老关系支持他的方案。李峰是一个坚信"三个臭皮匠，顶个诸葛亮"的人，他认为群众中蕴藏着巨大的智慧，所以他经常召开全体会议，大大小小的事都让大家来讨论。

此外，他心里有一个小算盘：自己的能力有限，对一些事情的决策总觉得没有把握，而集体决策的事情出了错，大家都有责任，自己的责任会小一点。这样，既做到了发扬民主，又有人来承担责任，两全其美，何乐而不为呢？课题论证会那天，全体人员到齐了。李峰率先提出了自己的方案要大家讨论。几个老研究员纷纷表态，对方案的主要思路表示认同，但也有需要修改的地方。除了小王和张志文以外，都发言了。李峰心里高兴起来，心里想，这下你张志文无论怎样施展才能，充其量只有两票了。轮到张志文发言了，他果真提出了一个完全不同的方案，大家表示反对，认为行不通。张志文像被注射了兴奋剂一样，开始对大家进行说服工作。他在黑板上把公式、模型都画出来，出色的表达能力与严密的逻辑推理使大家觉得张志文这个人不简单。几个老研究员由原先的摇头变成了点头。张志文见大家被自己说服了，话题一转，开始对研究室集体思维的方法进行分析。

他认为，这种集体思维有时对于一些具有创造性的方案来说会产生消极作用。他的那种自以为是的态度使李峰很是恼火。他四下环视了一圈，发现几个老研究员在意味深长地交换眼色，几个年轻人在悄悄地议论什么。会议结束了，张志文的方案得到了大家的认可，李峰也发现了大家对他傲慢态度的反感。"研究室的群体合作精神被他贬得一文不值，这么偏激的人怎么能与他合作搞项目。"李峰真想马上找赵所长谈这个问题，但他还是控制了自己的情绪，他担心赵所长会认为他是嫉贤妒能。张志文的方案报到所里了，所里准备一个星期后请科学院的专家来所里开一个现场会，对这个课题做进一步的论证。

按道理，李峰这个课题组长应该在这种场合做主要发言人，李峰希望赵所长主动提出这个问题，谁知道赵所长总是谈一些无关的问题，于是李峰试探着对赵所长说："张志文在这个课题上贡献大，有研究经验，是不是让他做主要发言人？"李峰很希望赵所长说"不"，但是他失望了。赵所长不假思索地说："就这么办吧，你的建议很好。"现场会上，张志文的汇报获得了巨大的成功，他清晰的思路和精辟的论证以及杰出的表达能力吸引了全体与会者，他对提问的解答都思维敏捷，自信诙谐，语惊四座，会场上鸦雀无声，所有的人都全神贯注。李峰在心里不得不承认他是一个人才。现场会后，出现了另一种现象，除了小王以外，研究室的人对张志文都冷淡起来，大家认为他过于锋芒毕露，太爱表现自己，不能与其他人一道研究问题。张志文显然意识到了大家对他的态度，也开始变得沉默起来。

两个星期以后，赵所长的桌上出现了一份请调报告和一份商调函，李峰要求调到珠海一个研究所去工作，对方给的待遇非常优厚。所里没有一个人知道办理调动的整个过程，生米快煮成熟饭了，李峰才向所里汇报。赵所长自然不会轻易放行，百般挽留，但李峰去志已坚，没有余地了。李峰在同赵所长的谈话中提到了课题组长的问题，他认为非张志文莫属。

赵所长十分不理解的是，李峰好好的为什么突然要求调走呢？就在这个关头，所里承接了另一项国家重点科技攻关项目，需要集中几个有能力、有经验的研究人员组成课题组，张志文知道这件事以后主动请战，要求去新的课题组，所里批准了他的要求。张志文和李峰是同一天离开的。原课题组自然蒙受了沉重打击，小王在没有课题组长的情况下，做了代理组长，但赵所长说，找到了合适的人以后，会把他替换下来，结果小王上任了却还是垂头丧气的。

**分析**　领导者对于项目的管理需要专业化和透明化。许多企业领导者在管理和项目组织上有很多错误的做法，已经严重影响到企业的运行。

## 顾此失彼的李主任

李主任是一个刚刚提升的主管，手下有三位职员，刚上任时，他总结了自己成功的一些经验：区域管理、销售技巧、跟催技巧等。因此他不断地为他的同事们解决工作中的难题，总是冲在第一线并获得成功。他成为地区中"攻难能手"，职员叹服，他很自豪。李主任认为客户对市场部来说是最主要的，特别是主要客户，更是公司的资产。因此，他的大部分时间都用在抓住主要的客户，发展良好的客户关系。随着时间的流逝，李主任认为主管的工作就是建立管理系统，通过各种管理办法，让销售代表完成计划。当然，李主任还留了一手，万一三个销售代表完不成计划，他自信能依靠他良好的客户关系，仍然保证完成地区总计划。

李主任要求销售代表严格完成公司规定的日报表、医院客户档案表、每周工作计划、每天工作安排、费用支出明细表等，而且要求字迹工整，内容翔实，以便公司查看。他亲自每周收缴一次，不合格的退回重写。有一天，他按照销售代表甲的每日拜访计划，早上8：20就在A医院门口等甲，一直等到10：00还未见到人影，一打电话，甲才匆匆赶过来，说明因临时有事，已安排在下午拜访A医院。李主任很生气，批评了甲，并强调计划一定要执行，否则，计划就会沦为空谈。临时变动计划，一定要事先通知。李主任认为管理要能干，一定要有悟性。比如与销售代

表随访，一次就能搞清他的工作能力及状况，找出他的问题，帮他改正。不过现在的销售代表更活泛，更精明了，要很快发现他们的问题越来越难，但他认为这更有助于提高自己的能力。工作一段时间后，他的区域成绩一般，人员更多了，但5个职员中有4个是新的，经咨询上级，他认识到考核人员也是他的工作。于是，李主任开始筛选人才，经过长时间的严格考察，李主任公正地认为销售代表乙很好，能严格按公司的要

求完成所有任务，业绩也不错，肯定能成为一个以身作则的管理人。于是，李主任亲自找到乙，告诉乙公司对人才很重视，希望乙能保留并发展。乙也的确更勤奋，更出色地完成他的计划。同时，李主任发现销售代表丙指标尚能完成，但水平很有限，比其他销售代表低一个水准，李主任准备用市场和时间来淘汰丙。

李主任在这个区域中任职主管已有一年时间，这一年，他尽力按上级交给的任务去完成，尽力管理好每一个职员。业绩尚可，年终却又有两位新销售代表提出辞职，尽管他们对李主任提出了感谢和钦佩。就这样，又过了半年，李主任的上级换了一个新人，来到他负责的区域里指导工作。新上司给李主任的评价为C级，这就意味着李主任必须重新上岗。他一片茫然。

许多管理人员似乎没有完全认清自己的职责,他们不仅仅要取得业绩,同时也要带好整个团队,尤其是在管理上需要有明确的目标和方向。

## 两个不同的画面

### 画面1: A公司

下午1点,老板还没有吃午饭。他正在接今天的第36个电话。

一位营销员在请示他,某款PC机降价100块钱可不可以卖?老板做了答复。有一个在公司工作了两年的员工要求辞职,原因是他对企业给他的薪酬不满意。老板和他谈完话,开始考虑:"这个营销员走后,他手上的十几个客户怎么办?"

老板忽然想起,今天晚上约请一个政府官员吃饭,还没有定地方。于是,他按铃请秘书进来,吩咐她安排今晚吃饭的地方。

财务经理敲门进来说:"税务局明天要来查账,我们应该怎么应付?"

营销部经理敲门进来,手上拿着一摞用款单。有几个营销员要出差,请老板签字。

财务总监进来,因为公司仓库里的库存太大,占用很多资金,请示老板怎么办。

老板一直忙到晚上12点,才拖着疲惫的身子回到家里,家人已入梦乡。

### 画面2: B公司

首席执行官正在飞往新加坡的专机上,看通过网络传来的本公司分布在全球各地下属单位的财务分析报告和库存记录。

财务总监刚刚从摩根银行出来,随身带着收购某企业的120亿美元的贷款协议。

运营总监正在制订一份把存货期从7天压缩到5天的计划。

技术总监与市场总监正研究3天前已经研制的一个新产品的样机。

公司的管理学院有一批30多人的学员正在学习高级管理培训课程。

公司11位董事正在听取一个著名咨询公司为他们制订的进入某国市场的投资战略报告。

 企业的高层应该把精力集中在公司的发展大方向上。

第 七 部 分

# 企业文化

## 丰田的企业文化

丰田公司的人力资源管理非常重视企业教育。作为企业文化和人力资源管理相结合的一部分，丰田公司的企业教育取得了丰硕的成果。较高的教育水平和企业人才培训体系的建立是企业乃至社会经济飞速发展的基础。这一点，在丰田的企业文化和人力资源管理中得到了证实。丰田公司对新加入丰田的人员有计划地实施企业教育，把他们培养成为具有独立工作本领的人。这种企业教育可以使受教育者分阶段地学习，并且依次升级，接受更高的教育，从而培养出高水平的技能集团。

丰田企业教育的范围不仅仅限于职业教育，而且还进一步深入到个人生活领域。教育目标具有生活的实际意义，因而能够为员工普遍接受。员工对这样的教育毫无厌烦之意，这种普遍性的教育，或许有人认为其内容是极其平凡的。但是，这种教育是用哲学思想贯穿起来并付诸实践的。有人问："丰田人事管理和文化教育的核心和目标是什么？"丰田的总裁曾做了这样的回答："人事管理和文化教育的实质是通过教育把每个人的干劲调动起来。"丰田教育的基本思想是以"调动干劲"为核心。

非正式教育在丰田叫作"人与人之间关系的各种活动"，是丰田独有的教育模式，这种教育就是前述的关于人的思想意识的教育。非正式教育的核心是解决车间里人与人之间的关系，培养相互信赖的人际关系。光靠提高工资、福利等劳动条件，还不能成为积极调动员工干劲的主要因素。丰田创造出一系列精神教育的活动形式，这种活动是以非正式的形式和不固定形式的做法进行的。其方法多种多样，把一般单纯由"福利保健"部门处理的事情，作为培养人才的基础而纳入职工日常生活之中。

非正式的各种活动有以下两方面：公司内的团体活动；个人接触运动。

其中，"公司内的团体活动"是根据员工的特点，将员工分成了更小的团体；可使参与者更加随意、亲近地接触，这对于培养员工的团队意识是很有帮助的。一个人可以根据各种角色身份参加不同的团体聚会。通过参加这些聚会，既开展了社交活动，又有了互相谈心的机会。为了这种聚会，公司建造了体育馆、集会大厅、会议室、小房间等设施，供自由使用。公司对聚会活动不插手，也不限制。职工用个人的会费成立这种团体，领导人是互选的，并且采取轮换制，所以每个人都有当一次领导人来发挥能力的机会。这些聚会都能够使员工之间的沟通变得顺畅，也能促使员工进行自我启发。

个人接触和"前辈"制度。丰田公司为了让新参加工作的职工熟悉新环境，曾提出了"热情欢迎新职工"的课题，在这方面，采取了"个人接触"的形式。这种形式的做法是，选出一位老员工作为新参加工作的职工的"专职前辈"。这位前辈担负着对新职工所有事情的指导工作，这种做法产生了很好的效果，专职前辈的任职期一般为 6 个月。在工作上、生活上、车间里，专职前辈都给新职工以指导和照顾，对人际关系，上下级关系进行协调。公司把这个"前辈"的做法加以制度化。此外，丰田还有"领导个人接触"的制度。这是对工长、组长、班长施行"协助者"的教育，是一种"商谈"的训练。丰田的管理层和骨干很能干，也是因为他们经过这样多方面锻炼的缘故。他们掌握了系统的技术知识，又在车间有了人事管理的经验。

另外，丰田还采用"故乡通信"的做法。班组长每月轮流给新职工家里寄信。新职工进公司的第一个月，由组织写信并寄小组照片，以及《丰田画报》和《丰田报》。如何使这股团队亲情不断持续下去，是丰田领导者一直在思考的问题。这不是单纯的福利保健方面的问题，而是企业长远的精神建设方面的问题，他们正为开展更加多种多样的活动而苦思冥想。1970 年以后，丰田 20 岁以下的员工占到 50%。他们的思想意识、价值观念和欲望的变化层出不穷。为这些人创造出一个使他们满足而有吸引力的工作环境是很不容易的事情。然而，公司不断进行积极的努力，继续创造能培养"生存的意义和干劲"的土壤。

从表面上看，丰田的生产体系、企业管理和企业文化很简单。它可以用公司印在卡片上的那种口号式的语句来解释，最大限度地流动、消灭浪费、尊重人才。从概念上讲，丰田的企业管理和企业文化并不复杂，但是执行和协调的过程会使人流血、流汗、流泪。"丰田的真正力量在于它的学习能力。它的雇员努力思考问题，为用户着想，这正是丰田生机勃勃的企业文化的源泉。"丰田公司的企业文化与人力资源管理的结合，创造了丰田文化，同时也创造了丰田公司的工业奇迹。

　　员工之间的融洽关系无疑是企业加速发展的催化剂。要在一个企业形成相互信赖的人际关系不是一件简单的事情，丰田的做法给我们树立了很好的榜样。

## 三星的"人才第一"精神

三星企业集团不仅在韩国有较大的影响，在世界范围内也颇有影响。三星成功的诀窍是什么？用三星集团董事长李秉哲的话说，就是贯彻了"人才第一"的精神。

早在 1957 年，三星就成为韩国第一个用公开考试来选择人才的企业。李秉哲每年都要亲自与几百名新考进三星的人面谈。公开选拔的特点就是人才的录用依据智力、人品、健康几个方面，也就是注重一个人的完整性。一旦录用之后，三星就投入大量资本来训练他、培养他。

三星集团也是韩国第一个设有全面员工训练中心的企业。训练中心里悬挂着李秉哲亲笔写的"人才第一"的匾额。在三星训练中心首先接受的是爱三星教育，通过教育培养员工爱护三星，为三星忠诚服务的思想，树立"我就是三星，三星就是我"的信念。其次是学员根据各自的实际需要接受各种不同的教育和训练，在训练结束之前，还要接受一项适应生活及提高推销能力的训练，其方法是交给学员每人两件三星产品，用汽车把他们送到乡下，让他们分头去推销，把货卖掉了才能回来。

三星还十分重视吸收社会各方的有用人才。目前在三星公司，除了诸多经济界、学术界精英外，还包括其他各类人才，以致社会舆论称三星为"人才汇集中心"。

在三星公司，量用人才、注重实效的选才原则得到了有效的贯彻，任何表现差、成绩不佳的主管，不但要被追究责任，还要被免职；而那些经营有方的团队负责人将被委以重任。三星以工作业绩作为人事任免的唯一标准，奖惩分明，不讲人情的铁腕人事政策，同样体现了三星的"人才第一"精神。

 真正的企业文化要能够从上至下地贯彻到每个员工的日常行为规范中，它是一种理念和精神，是一种可以真正吸引员工的东西。

## 韦尔奇的无边界理念

韦尔奇提出的所谓无边界理念不但强调打破企业的内部和外部壁垒，使整个企业充满好学精神，而且强调企业必须既向内部学习也向外部学习，同时必须向企业的全体员工学习。一个无边界组织同时也就是一种学习型组织。韦尔奇鼓励部下经常、快速地扫描公司的各个角落和其他企业的做法，搜寻有价值的、有借鉴意义的东西，经过研究之后，运用到公司的经营活动中。

特鲁特矩阵模型是由 GE 公司配电控制事业部的领导者劳德·特鲁特设计的一种绩效衡量工具。由于其具有普遍的应用性，韦尔奇在全公司加以推广。"因为它具有普遍意义，因而现在已在全公司得到应用。你可以在任何事情上应用它。关键是要调动人们的积极性并让他们逐步理解做的是什么。"特鲁特自豪地说。

在推广远程诊断系统时，GE 公司医疗器械事业部有一项重大的技术突破，即在医疗器械上安装一种监测装置。通过这个装置，GE 公司医疗器械事业部的服务部门可以实现远程诊断，在网上发现医疗器械将要发生的故障，能够在客户发现问题之前，为客户提供及时有效的维修服务。韦尔奇得知这项技术后，立即把远程诊断系统推广到飞机发动机事业部、发电机事业部和交通运输设备事业部等部门。

　　韦尔奇强调，GE 应虚心向外部组织学习。韦尔奇在一次对沃尔玛的参观中，发现了"快速市场信息"方法。也就是如果发现诸如某地某产品过剩而另一地同一产品却供不应求等问题，公司就当场通过计算机网络加以协调解决。韦尔奇认为，这是一种好的经验，它可以使事业部在每个星期都能够掌握最前沿的真实信息，并可以采取及时有效的措施。韦尔奇以其雷厉风行的作风，把沃尔玛公司的这个经验推广到 GE 公司的各个事业部。

　　GE 公司的克劳顿村不但是所有员工学习和培训的中心，而且是新思想的重要发源地之一。为了扩大与外部组织的交流，克劳顿村邀请美国陆军军事学院的上校们与 GE 的高级管理人员合班上课。在共同学习过程中，一位上校提出，GE 公司数一数二的战略可能会成为一种阻碍，影响 GE 公司的成长。其原因在于，GE 公司的管理者为维持市场占有率第一的地位，可能故意把他们的市场定义得非常狭窄。韦尔奇得知这个建议后，立即着手修正"数一数二"的战略愿景，并在新的视野下，寻求进一步改进经营业绩的办法。

　　向员工学习主要是指运用全体员工的智慧，这是韦尔奇群策群力理念的核心内容。自 1994 年以来，韦尔奇每年都要向 3500 名管理人员和 7000 名随机确定的专业人员发放调查表，征求员工对 GE 发展的意见和建议。这种调查和反馈，不但可以印证韦尔奇的经营思路，而且也成为一种与员工沟通和发现有价值思想的来源。

　　GE 的理念其实就是一种不断学习、不断进步的精益求精精神。一个企业只有不断地学习和创新，才能勇于面对竞争对手的挑战和自身转型的挑战。

## 学习型组织的神话

　　20 世纪 80 年代晚期，英国最大的汽车制造厂商罗孚陷入困境：每年亏损超过 1 亿美金，管理混乱，产品质量江河日下，劳资矛盾恶化，员工士气低落，前景一片黯淡。而通过建立学习型组织，罗孚一度走出了困境。

　　罗孚建立学习型组织的历程如下。

### 建立学习事业部

　　罗孚走的第一步是于 1990 年 5 月在公司内部成立了专司学习管理的机构——学习事业部。

　　作为一个独立的实体，学习事业部的主要职责是促进全公司范围内的学习，力求使学习成为公司内每个人和每个单位乃至全公司工作不可分割的部分，并为学习提供必要支持与帮助。通过学习事业部的工作，个人、团队、部门乃至全公司都可以从不断增长的知识、经验中获益，从员工之间的交流中获益，从而使公司不断进步。

学习事业部的主要工作为：

倡导学习——这是刺激、鼓励和支持员工、团队克服思维局限，不断拓展自我，强化个人与集体的协同学习辅导过程，为了指导员工与团队顺利学习，学习事业部要给予其必要的工具、技术与物质支持。

标杆管理——通过设定标杆，引导、支持员工与团队向公司内外先进生产、管理实践组织学习，并在公司内合理分配、使用这些知识，在不同部门之间达成知识、技术和数据的共享。

与供应商、分销商和客户一起成长——塑造世界一流的企业，离不开供应商、分销商和客户等外部因素的配合。为了提高组织的学习能力，必须提高他们的学习能力，并把他们纳入企业考虑的范围，使他们与企业协调起来，共同进步。

负责内部与外部的沟通与交流——学习事业部很重要的一项任务就是负责内部与外部的沟通与交流，以便使员工认识到学习的重要性，在公众的心目中树立"业界最佳学习型组织"的形象。学习事业部的建立揭开了罗孚人称为"公司内真正意义上的革命"的序幕。通过学习事业部的努力，学习逐渐在全体员工心中扎下根。

建立组织学习的观念和信仰，罗孚的公司领导认为这是使公司振兴的唯一法宝。罗孚公司在内部大力推广关于组织学习的观念和信仰，并在此基础上推行全面质量管理和顾客满意项目。罗孚关于组织学习的观念和信仰由以下几部分组成。

学习是人类的天性。

学习和发展是创造性、凝聚力与贡献的"燃料"。

每一个人都有两项工作——现在的工作与改善它。

谁发明，谁受益。

重视人、尊重人。

管理不能解决所有的问题。

把公司目标和全面质量管理与组织学习联系起来。

在建立了组织学习的新观念以后，罗孚公司意识到，还有必要把更明确的目标与组织学习联系起来，并依靠学习来完成这些任务，以达到提高公司绩效的目的。不仅在内部节约成本、转变员工不良态度、发展员工培训与教育等，还要使外界知道公司致力于成为学习型组织，同时获得全国职工培训奖。

罗孚公司同时意识到产品、过程和服务质量对于公司成败具有举足轻重的作用。而组织学习的原理与全面质量管理活动的精髓有着显著的类似性。这体现在持续改善、管理引导、全员参与、注重成效等方面的一致性。

## 领导率先示范和组织结构变革

领导者通过角色变更与身体力行，对组织学习表示明确的支持和坚定的信心。其中，首先是集团全体董事会成员不仅兼任学习事业部的主任委员会成员，而且积极参与学习事业部的工作。公司高层领导者作为学习型领导发动全公司学习、致力于学习、提供给员工学习赞助以及把学习成果运用到工作中来。

罗孚公司开展学习后，针对公司原来僵化和陈旧的组织结构进行了以下变革。

精简组织层次——将过去僵化的管理层转变为扁平化组织，给个人留出更大的责任和自由余地。

加强团队建设——团队可以克服学习障碍，有利于人与人之间相互信任、团结互助的工作关系和宽松的工作环境，有助于个人发展多方面的知识、技能和管理能力。

去掉繁文缛节——取而代之的是大原则、目标、方针和政策，给管理者留下适当的自由处置的余地，加强公司应变能力，也在很大程度上调动了员工的积极性。

方便组织沟通——良好的内部沟通机制可以极大地提高学习效果。为此，罗孚公司创立了一种内部沟通战略，包括员工可以定期得到学习产品、设立公开记事牌、电子公告牌以及人员流动和工作轮换等。

管理哲学——罗孚公司取得成功的一个重要原因是它坚持"以人制胜"的管理哲学。公司相信员工有能力、有责任心，愿意干好工作，因此，放手授权给有能力的员工，帮助员工成长；公司的成功与个人的成功是紧密相连的。罗孚公司还为每个员工制订了工作保障计划和个人发展计划书，实行浮动的工作责任（能上能下），鼓励每一位员工全心全意投入工作，充分调动每一位员工的积极性和创造性，不仅提高了员工的满意度，而且在公司内形成了良好的学习氛围，为每一位员工的学习创造了机会与条件。

罗孚公司十分注重为员工的个人学习创造条件。由管理者和员工个人制订个人发展计划，明确提出自己通过实践和教育、培训要达到的学习目标，使之不仅有利于个人事业上的成功，也有利于员工符合企业的发展需要。同时，建立员工助学工程，公司每年为员工支付175美金津贴用于员工个人学习，鼓励员工发展多方面的技能，不仅鼓励员工学习与本职相关的工作技能，而且鼓励并允许员工掌握新知识、新技术，拓展个人和公司的视野，创造出有利于创新的环境和机会。

## 扩展学习到客户、分销商和供应商

罗孚认识到，一个致力于成为具有世界级竞争力的企业，离不开它的客户、分销商和供应商的支持与配合。在激烈的市场竞争中，企业不能仅仅满足于适应其客户、分销商和供应商的需要，还必须能与他们一起成长。

罗孚公司的学习型组织观念在引导企业树立学习型的企业文化方面起到了重要的作用。

## 沃尔玛企业文化——以人为本

沃尔玛的创始人山姆·沃尔顿曾总结出其事业成功的"十大法则"：忠诚于你的事业；与同仁建立合伙关系；激励你的同仁；凡事与同仁沟通；感激同仁对公司的贡献；成功要大力庆祝，失败亦保持乐观；倾听同仁的意见；超越顾客的期望；控制成本低于竞争对手；逆流而上，放弃传统观念。这"十大法则"中有七条与员工关系有关，由此可见，沃尔玛把员工关系放到了多么重要的位置。

山姆·沃尔顿在当初为争取后来成为沃尔玛CEO的大卫·格拉斯加盟，曾以其百折不挠的精神来游说他，前后整整花了12年时间，这个虔诚的"传教士"终于使格拉斯加盟了沃尔玛，而且格拉斯于1984年出任了沃尔玛总裁。从这里多少可以看出沃尔玛"吸纳、留住、发展"的用人原则。而现在，沃尔玛人力资源的基本战略已发生了转变，"留住、发展、吸纳"成为其用人的指导方针。这不是简单的位置调换，它意味着沃尔玛更加重视从原有员工中培养、选拔优秀人才，而不是在人才匮乏时一味地从外部聘用。沃尔玛的人力资源战略已越来越侧重于从内部"挖金子。"

经过几十年的发展，沃尔玛已经创立了极有价值的企业文化，这成为其吸引、留住人才的关键所在。山姆·沃尔顿曾有段名言："对员工要像对待花园中的花草树木，需要用精神上的鼓励、职务晋升和优厚的待遇来浇灌他们，适时移植以保证最佳的搭配，必要时还要细心除去园内的杂草以利于他们的成长。"这段话道出了沃尔玛企业文化的精髓。

沃尔玛把员工作为企业的合伙人来对待，管理者与员工的关系也是真正意义上的伙伴关系。沃尔玛几乎所有的经理人员都用上了刻有"我们关心我们的员工"字样的包，他们非常注意倾听员工的意见。为真正把员工当作合伙人，沃尔玛于1971年实行了"利润共享"政策。山姆·沃尔顿认为，公司与员工共享利润，不论是以工资、奖金还是以红利、股票折让等方式，流进公司的利润都会源源不断。因为员工会不折不扣地以管理层对待他们的态度来对待顾客。如果员工善待顾客，顾客感到满意，就会经常光顾，而这正是连锁店行业利润的真正源泉。现在，沃尔玛公司已有80%以上的员工或借助利润分享计划，或通过雇员认股计划直接拥有公司的股票，这将公司和员工结成了一个利益共同体，使员工们将公司看成自己的，对公司的认同感大大增强，从而更加努力地工作。除了经济上的措施，沃尔玛公司也比较重视对员工的精神鼓励，其总部和各个商店的橱窗中都悬挂着先进员工的照片，对特别优秀的管理人员会授予"山姆·沃尔顿企业家"的称号。"沃尔玛词典"里还有一个词汇叫"分享信息"。分享信息和分担责任是构成沃尔玛合伙关系的另一个重要内容，它能使人产生责任感和参与感。在各个商店里，沃尔玛公布该店的利润、进货、销售和减价情况，并且不仅向经理及其助理们公布，同时也向商店的每个员工、计时工和兼职雇员公布各种信息。虽然部分信息会流传到公司以外，但他们相信与员工分享信息的好处远大于信息泄露给外人可能带来的副作用。到目前为止，这样做并没有对沃尔玛构成损害。

沃尔玛不但有留住人才的良好平台，还有一套挽留人才的制度。门户开放政策确保无论何时何地，任何员工有关于自己或公司的意见、建议、想法、投诉等，都可以以口头或书面形式报告公司管理层，而不必担心遭到打击报复。沃尔玛有专门的人来从事员工关系工作，他们受理投诉，听取员工意见，为员工排忧解难，组织各种娱乐活动，让每一位同事感受到沃尔玛大家庭的温暖。离职面试制度确保每一位离职员工离职前有机会与公司管理层坦诚交流和沟通。这样，公司能够了解到员工离职的真实原因，有利于公司制订相应的人力资源策略。挽留政策一方面可以将员工流失率降到最低程度；另一方面，即使该员工离职，也可以成为公司的一名顾客。

以人为本就是那么简单，但在沃尔玛就有无穷无尽的内涵。

沃尔玛能发展成世界著名的大企业，在企业文化建设方面有很多独到之处。这些做法无疑对提高企业效益有很大的帮助，同时在企业效益提升的情况下对企业文化建设有促进作用。这就形成了一个良性循环。

## 郑州日产的企业文化建设

郑州日产的实力不断增强，产品逐步升级，管理的层级也逐步攀升，尤其在近两年的企业发展中，企业管理的最高层级——企业文化管理得到有效加强。现在，企业文化正逐步成为企业快速发展的动力源，成为统领企业发展各要件的重要力量。

### 一、文化建设，观念先行

自 1997 年开始，受中国汽车工业和日本日产形势持续低迷的影响，郑州日产的经营一度徘徊不前。进入 2001 年，以董事长郭胜利、总经理郭振甫为首的领导班子，调整经营战略，逐步搭建起企业高速发展的管理平台。

任何变革都是一场观念的洗礼。郑州日产在企业管理创新过程中，始终坚持从转变观念入手，用良好的舆论氛围确保每一项管理措施的成功推行。

### 1. 植入变化观念，员工观念洗礼的第一步。

2001年9月至11月，公司分6个测评小组对全公司各部、处、车间共160个岗位近2000人进行了岗位测评，为更科学地进行机构设置、优化人员配置提供技术依据。与此同步，公司广泛深入地开展了对《谁动了我的奶酪》一书的学习活动。首先，公司要求每一位员工都必须仔细阅读该书；其次，每个人都必须在阅后结合本岗工作写出心得体会；第三，公司各单位都要组织形式多样的学习宣传活动，让"变化"的观念深入人心。其间，各单位都反复组织讨论交流活动，很多单位还以文艺演出的方式演绎该书情节，宣扬"变化"理念。同时，政工室制作了大量宣传彩页，张贴在公司各处、室、车间，让每个人每天都置身于一种迎接变化、适应变化的氛围当中。

经过三四个月的全面宣传，郑州日产广大员工的意识理念发生了很大变化：由害怕、拒绝变化，到接受、容纳变化，再到欢迎、适应变化。这个观念转变的过程是艰难、痛苦、漫长的。但这为郑州日产走管理创新之路迈出了坚实的第一步，为建设郑州日产特色的企业文化奠定了良好的理念基础。

半年后，公司顺利推行了"全员下岗、竞争上岗"的全新用人机制，初步理顺了郑州日产的组织结构。虽是"全员下岗"，涉及人员近2000人，但"竞争上岗"基本达到了机会公平、过程公正、结果公开的预期目的。期间，也有少部分人到党委、工会申诉，但人数不足全体员工的1%，公司靠一对一的思想政治工作很快化解了他们的顾虑，使他们顺利进入再就业中心。重要的是，在岗员工的危机意识、创新意识大大提升，公司的精神面貌、工作效率也随之大为改观。

### 2. 主动与团队——绩效管理的意识动力。

在完成人员及结构的初步优化组合后，郑州日产开始引进更为科学的人员管理模式——绩效管理。对于这种管理模式的吸收运用，同样是两条腿走路，以确保能够行得稳，做得成。

首先，公司聘请了咨询专家做专项导入工程。专家从技术方面给予了专业指导。在导入过程中，公司还分层次组织了十几场绩效管理专题培训，并进行了为期3个月的实战演练。导入、培训、演练的过程既是技术消化过程，也是观念接收过程。半年后，从管理层到基层员工，对绩效管理均有了相对深刻的理性认识。

其次，进行观念培养与意识养成。绩效管理着重培养员工的主动意识和团队意识，主要通过层级管理实现。为达到上述目的，公司借助了对两本书的观念吸收。一是《致加西亚的一封信》，它告诉全体员工，要学会服从上级的安排，始终抱着忠诚于公司的信念，主动去克服工作中出现的任何困难，直至完成任务。二是《圣杯的故事》，这个故事让广大员工尤其是管理者认识到，团队的力量让我们无往不胜，只有合作才能双赢，"一枝独秀不是春，万木葱茏才成林"。这些观念的植入为绩效管理的正式实施发挥了良好的推动作用，使员工的工作状态悄然发生变化：被动变主动，工作效率提高了；推诿扯皮变为沟通协作，部门间的边缘职能加强了。

变化、服从、主动、团队等观念为郑州日产的管理创新初步奠定了意识基础，有效发挥了在企业变革中思想政治工作的"统一思想、提高认识"的基本职能，并逐步形成了郑州日产价值观的雏形。

### 二、郑州日产价值理念的形成

价值观的形成需要相当长的时间。郑州日产结合企业发展的特定理念需求，逐步建立并不断完善公司的价值理念体系。

#### 1. 针对公司价值理念的现状，初步建立价值观

2002 年初，郑州日产的年度工作报告中首次出现了"我们的价值观"这一新的篇章。"我们的价值观"不仅明确提出了郑州日产的价值取向，如"用户的满意是我们永恒的追求""我们追求依靠公司持续稳定的发展和对公司的贡献保证自己的利益""我们永远追求更高的工作效率、更快的反应，坚持反对任何形式的官僚主义、本位主义"等。

同时郑州日产还提出了公司对管理者的要求："作风踏实，强调团队、沟通，面对现实，追求卓越"。对员工的要求："永远努力学习，忠诚于公司，工作踏实，为人正直"等；明确了公司判断工作和行为的标准、原则，即"结果最重要，任何哀叹、抱怨都不如主动去行动，用最少的人办最多的事"等。

基本价值理念确立后，公司对其进行了反复的宣传，组织了十几场专题讨论会、坚持逢会必讲价值观、在具体工作中逐步体验价值观、通过多种文体活动演绎价值观等，使公司的价值观逐步渗透到员工的思想中，逐渐成为员工的意识主流，成为郑州日产员工判断是非的标准。

2002 年是郑州日产统一价值观的第一年，也是郑州日产步入良性发展轨道的关键一年。实践证明，统一价值观与公司各项管理措施一道出色地完成了年度预定目标，实现了郑州日产经营形势的好转。2002 年，郑州日产的产销同比增幅均超过 50%，创历年来利税、利润之新高，NISSAND22 皮卡首次在国产高档皮卡市场中占据半壁以上江山，成为中国高档皮卡的领头羊。

#### 2. 结合公司管理的现状需求，及时补充完善公司价值观

在培育公司价值观的过程中，公司党委书记、总经理郭振甫及时提出，要反对八种现象：自由主义、本位主义、无政府主义、小团体主义、好人主义、个人利益无限膨胀、享乐主义和"夫人"现象。同时要树立以下八种观念：竞争的观念、危

机的观念、协作的观念、秩序的观念、变化的观念、等级的观念、学习的观念和诚信的观念。在"破"中"立"，"破旧"而"立新"。公司对反对的八种现象和倡导的八种观念进行了详细的解释论证，一方面在多种会议、活动中做专题宣讲，加速理念渗透；另一方面把它写进了 2003 年度公司工作报告，作为对公司价值观的深化说明。另外，还把公司价值观的全部内容汇编成册，发放给每一位员工，作为员工日常学习的材料。

八种现象、八种观念及其解释说明加强了价值观的指向性，使公司价值观更加贴近员工、贴近工作要求，促进公司价值观更加直观地深入员工的心中。

这个过程逐渐淡化了自由主义、本位主义现象，员工的责任意识、忠诚意识逐渐提高，加上理念及各专业培训力度的加大和绩效管理等措施的推进，员工的竞争观念和学习观念也逐步加强。郑州日产的工作节奏加快了，生产能力快速提升。

### 3. 在公司快速发展过程中逐步诠释价值观

2003 年初，日本日产同步车型帕拉丁落户郑州日产，这是一款具有国际水准的 SUV。车未上市，订单已纷至沓来。3 月份该车一上市，用户好评如潮，但公司也听到了几个呼唤帕拉丁更完美的声音。其中一位用户对帕拉丁几个细微之处不够完美表示遗憾。公司以此事为契机，首先组织 1800 名员工观看了纪录片，然后展开了工作质量及其标准的大讨论。经历了几十场讨论，每个人都对郑州日产的市场定位及产品要求有了更清晰的认识。党委书记郭振甫同时结合公司发展要求，围绕"拒绝平庸、超越自我、追求卓越"分别在公司高层、中层、基层员工中做了 3 次专题讲话。讲话对企业如何实践"三个代表"重要思想明确了要求，强调要与时俱进；分析了影响郑州日产前进的症结是很多人小富即安、不敢立大志，要求"拒绝平庸、超越自我、追求卓越"成为郑州日产的永恒主题。这次讲话透彻地剖析了郑州日产的现状，挖掘了深藏在内心、表现在工作中的企业弊端，在更高层次上统一了员工的价值理念。

### 三、建立企业行为规范体系

观念的植入最终必须体现在行为上才具有实质意义。统一价值观的过程，同时也是共性行为习惯形成的过程。结合公司价值观要求，公司上下对有悖于价值观的行为进行了逐步修正，如走路的速度不够快、走路时吃东西、吸烟、上下班时间不够严谨等。每发现一点，公司都会在相关会议、活动中反复指正，教育员工迅速改进。

2002 年 8 月，公司整理了《郑州日产员工行为规范（讨论稿）》，下发到各单位组织讨论修订，讨论的过程既是学习消化过程，又是宣传强化过程，同时起到了规范指导作用。经过反复的讨论修正，员工对"怎么规范""为什么规范""这样规范的结果"等有了较为清晰的认识。《行为规范》将逐步变成员工的一种行为习惯，员工行为将逐步统一在价值观的框架内，最终使内部沟通变得顺畅，团队意识和企业向心力得到增强。在此基础上，公司还逐步建立了销售和客户服务行为规范、员工激励规范、员工培训规范、人力资源管理规范、员工沟通规范等，使公司价值观在各领域、各层面得到广泛认同，共同创造一个和谐的、凝聚力强的经营环境，使企业行为文化规范起来，成为企业实际运作的重要组成部分。

郑州日产的企业文化建设才刚刚起步，郑州日产的产销量就创造了历史新纪录。2003 年 1 — 8 月，郑州日产完成工业总产值 19.4 亿元，同比增长 144%。帕拉丁上市后，迅速成为国内中高档 SUV 的领跑者，在全国同类 SUV 中销量第一。正像公司总经理郭振甫所说的那样："也许郑州日产的价值观不是最先进的，但却是最适合郑州日产发展要求的。"

　　一个企业价值观的形成，需要长时间的制度建设和潜移默化，也许它不能产生立竿见影的效果，但是从深层次来说，对企业的发展有着根本性的影响。

## 《华为的冬天》——论华为的危机

华为总裁任正非认为，华为的危机以及萎缩、破产是一定会到来的。在《华为的冬天》这篇文章中，他没有提及任何公司发展的成绩，而是不遗余力地警告所有公司员工应该如何应对即将到来的危机，体现了强烈的忧患意识。

任正非写道："公司所有员工是否考虑过，如果有一天，公司销售额下滑、利润下滑甚至会破产，我们怎么办？我们公司的太平时间太长了，在和平时期升的官太多了，这也许就是我们的灾难。泰坦尼克号也是在一片欢呼声中出的海。而且我相信，这一天一定会到来。面对这样的未来，我们怎样来处理，我们是不是思考过？我们好多员工盲目自豪，盲目乐观，如果想过的人太少，也许就快来临了。居安思危不是危言耸听。"

"10 年来我天天思考的都是失败，对成功视而不见，也没有什么荣誉感、自豪感，而是危机感。也许是这样才存活了 10 年。我们大家要一起来想，怎样才能活下去，也许才能存活得久一些。失败这一天一定会到来，大家要准备迎接，这是我从不动摇的看法，是历史规律。"

"目前情况下，我认为我们公司从上到下，还没有真正认识到危机。那么当危机来临的时刻，我们可能会措手不及。我们是不是已经麻木，是不是头脑里已经没有危机这根弦了，是不是已经没有自我批判能力或者已经很少了。那么，如果四面出现危机时，那我们可能是真没有办法了。那我们只能说：'你们别罢工了，我们本来就准备不上班了，快关了机器，还能省点电。'如果我们现在不能研究出现危机时的应对方法和措施来，就不可能持续活下去。"

"现在是春天吧，但冬天已经不远了，我们在春天与夏天要念着冬天的问题。我们可否抽一些时间，研讨一下如何迎接危机。IT业的冬天对别的公司来说不一定是冬天，而对华为可能是冬天。华为的冬天可能来得更冷一些。我们还太嫩，公司经过10年的顺利发展，没有经历过挫折。不经历挫折，就不知道如何走向正确道路。磨难是一笔财富，而我们没有经过磨难，这是我们最大的弱点。我们完全没有适应不发展的心理准备与技能准备。"

"我们在讨论危机的过程中，最重要的是要结合自身来想一想。我们所有员工的职业化程度都是不够的。我们提拔干部时，首先不能讲技能，要先讲品德。品德是敬业精神、献身精神、责任心和使命感。危机并不遥远，死亡却是永恒的，这一天一定会到来，你一定要相信。从哲学上，从任何自然规律上来说，我们都不能抗拒，只是如果我们能够清醒认识到我们存在的问题，就能延缓这个时候的到来。繁荣的背后就是萧条。玫瑰花很漂亮，但玫瑰花肯定有刺。任何事情都是相辅相成的，不可能有绝对的。今年我们还处在快速发展中，员工的收入都会有一定程度的增加，在这个时期来研究冬天的问题，比较潇洒，所以我们提前到繁荣时期来研究这个问题。我们不能居安思危，就必死无疑。"

"危机的到来是不知不觉的，我认为所有的员工都不能站在自己的角度立场想问题。如果说你们没有宽广的胸怀，就不可能正确对待变革。如果你不能正确对待变革，而是抵制变革，公司就会死亡。在这个过程中，大家一方面要努力地提升自己，一方面要与同志们团结好，提高组织效率，并把自己的好干部送到别的部门去，使自己部下有提升的机会。你减少了编制，避免了裁员、压缩。在改革过程中，很多变革总会触动某些员工的利益，引发矛盾，希望大家不要发牢骚、说怪话，特别是我们的干部要自律，不要传播小道消息。我认为，每一个人都要站在严格要求自己的角度说话，同时也要把自己的家属管好。一个传播小道消息、不能自律的人，是不能当干部的，因为部下的许多事你都知道，你有传播习惯，你不会触及部下？他们能相信你？因此，所有员工都要自律以及制止小道消息的传播，帮助公司防止这些人成为干部。"

**分析** 华为的领导层对于风险的认识不是停留在担惊受怕上，而是向员工灌输一种奋斗精神、创新精神，并以此激发员工的斗志。

# 阿里巴巴的独特企业文化

阿里巴巴作为全球互联网巨头，有着独特的企业文化。阿里巴巴从最初 18 人的小公司发展至今天的"全球最大的零售交易平台"，中途经历了无数波折。虽然在发展过程中，有许多员工离开了公司，但当初跟随马云创业的"十八罗汉"不仅留了下来，还相继成为公司的核心成员。可以说，如果没有稳定的核心团队，阿里巴巴熬不过各种难关。在创始人马云看来，这主要归功于阿里巴巴良好的企业文化。

在长期的发展过程中，阿里巴巴极其注重保持企业核心价值观的一致性，任何与企业文化中核心价值观相抵触的人和事，都会被阿里巴巴决策层淘汰掉。

马云曾经在一次内部讲话中感叹道："我到纽约参加世界经济论坛，世界 500 强的 CEO 谈得最多的就是使命和价值观。中国的企业家很少谈使命和价值观，如果你谈他们会认为你太虚了，不跟你谈。今天，中国的企业缺的正是使命和价值观，所以我们的企业只会变老，不会变大……企业要有统一的价值观。我们的员工来自 11 个国家和地区，有着不同的文化，是价值观让我们团结在一起，奋斗到明天。"

阿里巴巴企业文化中的"六脉神剑"广为人知，即客户第一、拥抱变化、团队合作、诚信、激情、敬业。

为了对这些企业文化进行量化，其每一项都有具体的解释和详细的内容，而且与绩效考核能够一一对应。比如"激情"，就被定义为"乐观向上，永不放弃"，包括 5 个方面：

★喜欢自己的工作，认同阿里巴巴企业文化；

★热爱阿里巴巴，顾全大局，不计较个人得失；

★以积极乐观的心态面对日常工作，碰到困难和挫折的时候永不放弃，不断自我激励，努力提升业绩；

★始终以乐观主义精神和必胜的信念，影响并带动同事和团队；

★不断设定更高的目标，今天的最好表现是明天的最低要求。

## 开放、分享

2013 年 9 月 10 日，阿里巴巴宣布成立网络通信事业部，仅用了 13 天的时间，阿里巴巴就对外推出了一款通信软件，成为其成立网络通信事业部后第一次产品的升级亮相。

网络通信事业部能够在短时间之内产生强大的战斗力，与阿里巴巴的独特企业文化分不开。阿里巴巴人力资源部副总裁卢洋表示："如果整个公司的文化是纯业绩导向的话，那么山头主义就会盛行，每个部门都只考虑个人利益得失，那么成熟业务对新业务的自发支持是很难实现的。"正是因为公司上下都认同这种企业文化，新兴业务才能够迅速组建成功，否则集团业务越庞杂，内部协同性就越难以实现。

阿里巴巴一直以来都非常重视企业文化的建设，并把此作为公司长期发展的重要部分。阿里巴巴企业文化最直接的体现主要有三方面：一方面，强调"简单、激情、开放"等价值观的"独孤九剑"在阿里内部被奉为圭臬；另一方面，把价值观纳入绩效考核体系中，而且占到 50% 甚至更大的权重；第三方面，为了激发员工工作的自主性，优化体系内的人力资源流转，阿里巴巴对转岗制度做了调整，以前都是部门主管点头之后员工才可以转岗，如今只要接收方同意，原部门主管就要无条件放行。

阿里巴巴企业文化中的"开放、分享"有着独特的价值，这种企业文化不仅能够应对大型企业的"大组织病"，而且能够在瞬息万变的互联网环境下保证那些有利于公司发展的先进制度真正得以实施。

### 讨论事情不分层级

阿里巴巴还有一项企业文化，就是"讨论事情不分层级"。在员工与部门领导发生冲突的时候，这种企业文化就被淋漓尽致地体现了出来。也就是说，员工可以直言部门领导的不公，可以质疑公司的某项政策规定，甚至集团高管走马上任也会被反"围攻"。用阿里巴巴一位员工的话来说，可以讨论任何事情而忽视层级，发表任何观点而不论对错；即便是高管的观点，员工也可以表示质疑，给出不同意见或观点。

阿里巴巴的人事管理原则是：一切管理上的问题，包括管理者的不成熟、员工的不理解，这些都没有什么不可以说的。正是在这种潜移默化的培养中，每位员工都能以平等、客观的姿态参与到工作的讨论和执行中。

也正是这些做法使得阿里巴巴开放、透明的企业文化被员工真正接纳和吸收，有效地激发了员工的创新能力。

### 收放自如的管理

管理既不能太紧又不能太松，最好的管理是收放自如。而在阿里巴巴，一切规章和制度的出发点是：调动每一个人的创造性和积极性，使员工的能量能够最大化地释放出来。

那么这种解放员工的做法是否与管理相违背呢？

阿里巴巴的人力资源管理者认为，管理不能想象成一种控制，那是工业文明时代的思维，因为在标准化流程里强调的是管理效率；但是互联网时代技术革新层出不穷，这个时候就要最大化地激发员工的自主性。这种发挥员工自主性的举措，才能集中全体员工的智慧，有效突破创新瓶颈。

在阿里巴巴，员工的智慧和创新都可以得到满足和充分的发挥空间。比如"赛马"，即员工只要有好的想法和创意就可以提交到阿里巴巴的项目委员会，经过审批之后，员工就可以放手去做，集团会为其配备人手、资金，甚至还有期权，阿里巴巴很多好的项目都是通过"赛马"成立的。在阿里巴巴的历史上，就有刚刚转正的员工提交的项目脱颖而出，之后扩容成五六十人的团队，闯入该领域内全国第一梯队。

在鼓励员工创新方面，公司给予极大的耐心和包容。阿里巴巴公司的创新政策一视同仁，并不会因职位高低而有所区别。

**分析**　阿里巴巴的企业文化内涵是极其丰富的，它使得阿里巴巴快速崛起，成为全球互联网巨头，并使其长期保持旺盛的战斗力，得以可持续发展。

# 3M 公司的创新管理

美国明尼苏达矿业制造公司，因英文名称头 3 个单词都以 M 开头，所以简称为 3M 公司。3M 公司以其为员工提供有创新性的环境而著称，视革新为其成长方式，视新产品为生命。公司的目标是每年销售量的30%从前4年研制的产品中取得。每年，3M 公司都要开发 200 多种新产品，它注重创新的精神已使 3M 公司连续多年成为美国最受人羡慕的企业之一。

## 创新的文化

新产品不是自然诞生的。3M 公司的知识创新秘诀之一就是努力创造一个有助于创新的内部环境，它不但包括硬性的研发投入，如公司通常要投资约7%的年销售额用于产品研究和开发，这相当于一般公司的2倍，更重要的是建立有利于创新的企业文化。

公司文化突出表现为鼓励创新。3M 公司的核心价值观：坚持不懈，从失败中学习，好奇心，耐心，事必躬亲的管理风格，个人主观能动性，合作小组，发挥好主意的威力。

英雄：公司的创新英雄向员工们证明，在 3M 宣传新思想、开创新产业是完全可能取得成功的，如果你成功了，你就会得到承认和奖励。

自由：员工不仅可以自由表达自己的观点，而且能得到公司的鼓励和支持。

坚韧：当管理人员对一个主意或计划说"不"时，员工就明白他们的真正意思，那就是，从现在看来，公司还不能接受这个主意，回去看看能不能找到一种可以让人接受的方法。

对于一个以知识创新为生存依托的公司而言，3M 公司知道，有强烈的创新意识和创新精神的知识型员工是实现公司价值的最大资源，是 3M 赖以达到目标的主要工具。因此，3M 的管理人员相信，建立有利于创新的文化氛围是非常重要的。主要是尊重个人的尊严和价值，鼓励员工各施所长，提供一个公平的、有挑战性的、没有偏见的、大家分工协作式的工作环境。上级要尊重员工的个人权利，经常与员工进行坦率的交流。主管和经理要对手下员工的表现与发展负责。鼓励员工发挥主观能动性，为其提供创新方面的指导与自由。冒险与创新是公司发展的必然要求，要在诚实与相互尊重的气氛中给予鼓励和支持。

知识的交流在知识共享中相当重要，它将知识传送出去并反馈回来，加强了知识在组织内部的流动。信息技术的采用为这个环节的实施提供了便利条件，尤其是电脑网络技术的应用。知识交流也需要来自公司高级管理层的重视，它要求公司管理层把集体知识共享和创新视为赢得公司竞争优势的支柱。如果员工为了保住自己的工作而隐瞒信息，如果公司所采取的安全措施和公司文化常常是为了鼓励保密而非知识公开共享，那么将对公司构成巨大的挑战。对于那些想从员工中得到最大效益的 3M 管理人员来说，一个可靠的方法就是交流。3M 公司的集体协作气氛、经常性联络制度和员工的主动精神，意味着交流可以在不经意之间发生。人们会出乎意料地把信息和主张汇集在一起，与国内外同行间的长期友谊和组织关系成为关键信息来源的顺畅路径。公司每天都会产生各种各样的新思想和新技术，让大家聚在一起通常会产生意想不到的效果。在公司规模还不大的时候，实验室主任便在每星期五的下午召集员工坐在一起，大家边喝咖啡边演示自己的研究计划。现在，3M 在全美和世界各地设有上百家分公司，因此要大家坐在一起进行交流已经不那么容易了。管理人员通过各种会议、跨学科小组、计算机网络和数据库等方式将大家聚集在一起。

技术论坛是 3M 创新活动的知识共享平台，是一个具有管理框架的大型志愿者组织，成员有数千人，每天都有各种活动。技术论坛的成立，目的是鼓励信息的自由交换，为研究人员相互交流心得和解决疑难问题创造条件，是公司员工相互联络的一种方式。技术论坛下设分会、委员会若干。分会主要讨论技术问题，包括物理分会、生活科学分会和产品设计分会等。技术论坛委员会负责组织各种活动、教育和交流事务。公司对外委员会负责开展 3M 员工与其他公司人员进行交流的活动。这个组织还通过公司内部的电视系统向全美各地的分部传送活动情况。交流委员会则向技术论坛成员定期分发公司的业务通讯。员工在相互信任的气氛中交流，受益无穷，这是一种文化、一种氛围。然而，更重要的是要形成一种环境，在这种环境中，员工可以与其他部门的人自由组合，同时每个人都愿意与他人共享所掌握的信息与知识。

### 创新的机制

3M 公司通过正确的人员安置、定位和发展，提高员工的个人能力。公司发展既是员工的责任，也是各级主管的责任。公司提供公平的个人发展机会，对表现优秀的员工给予公平合理的奖励。个人表现按照客观标准进行衡量，并给予适当的承认与补偿。3M 公司鼓励每个人开发新产品，公司有名的"15％规则"允许每个技术人员至多可用15％的时间来"干私活"，即做个人感兴趣的工作方案，不管这些方案是否直接有利于公司。当产生一个可行的构思时，3M 公司会组织一个由该构思的开发者以及来自生产、销售、营销和法律部门的志愿者组成的风险小组。该小组培育产品，并保护它免受公司苛刻的调查。小组成员始终和产品待在一起，直到它成功或失败，然后回到各自原先的岗位上。有些风险小组在使一个构思成功之前尝试了三四次。每年，3M 公司都会把"进步奖"授予那些新产品开发后 3 年内在美国销售额达 200 多万美元，或者在全世界销售额达 400 万美元的风险小组。

公司在组织结构上采取不断分化出新分部的分散经营形式，而不沿用一般的矩阵型组织结构。公司会组织新事业开拓组或项目工作组，人员来自各个专业，且全是自愿。公司提供经营保证和按酬创新，只要谁有新主意，就可以在公司任何一个分部求助资金。新产品搞出来了，创新者收获的不仅是薪金，还包括晋升。比如开始创新时，创新者还是一位基础工程师，当他创造的产品进入市场后，他就变成了一位产品工程师；当产品销售额达到 100 万美元，他的职称、薪金都提升了；当销售额达到 2000 万美元时，他已成了"产品系列工程经理"；在销售额达到 5000 万美元时，就成立一个独立产品部门，他就成了部门的开发经理。

3M 公司提倡员工勇于革新。只要是研发新产品，就不会受到上级任何干预。同时，公司允许失败，鼓励员工坚持到底。公司宗旨中明确提出：决不可扼杀任何有关新产品的设想。公司上下应努力养成以自主、革新、个人主动性和创造性为核心的价值观。这是因为，3M 公司知道为了获得最大的成功，必须尝试成千上万种新产品构思，把错误和失败当作创造和革新的正常组成部分。事实上，它的哲学似乎成了"如果你不犯错，你可能做不成任何事情"。但正如后来的事实表明的，许多"大错误"都成为 3M 公司最成功的产品。3M 公司的老职员很爱讲一个化学家的故事——她偶然间把一种新化学混合物溅到网球鞋上，几天之后，她注意到溅有化学混合物的鞋面不会变脏，该化学混合物后来成为斯可佳牌织物保护剂。

## 创新的管理

在 3M，人们时刻都可以听到有人在谈论创新问题。3M 的正式宣言就是要成为"世界上最具有创新力的公司"，3M 对创新的基本解释既醒目又简单。创新就是新思想＋能够带来改进或利润的行动。在他们看来，创新不仅仅是一种新的思想，而且是一种得到实行并产生实际效果的思想。创新不是刻意得来的。3M 公司证明了一件事，那就是当公司愈是刻意要创新时，反而愈是不如其他公司。便利贴是在一连串意外中诞生的，并不是依循精密的计划而被发明出来的，每次意外的发生都是因为某个人可以完全独立从事非公司指定的工作，但同时也履行了对公司的正式义务。发明者往往比管理者有更多空间，可以充分表达自我。

3M 极有威望的研究带头人科因称，公司的管理哲学是一种"逆向战略计划法"。3M 并没有先将重点放在一个特定的工业部门、市场或产品应用上，然后再开发已经成熟的相关技术，而是先从一个核心技术的分支开始，然后再为这种技术寻找可以应用的市场，从而开创出一种新的产业，这是一种"先有解决问题的办法后有问题"的创新模式。研究人员通常都是先解决技术问题，然后再考虑这种技术可以用在什么地方。3M 的首席执行官德西蒙说："创新给我们指示方向，而不是我们给创新指示方向。"3M 试图通过一种类似温室的、允许分支技术自己发展的公司文化来支持研究活动。3M 有时在自然创新方面非常有耐心，明白一种新技术要想结出果实，可能需要许多年时间，因为过去公司研制最成功的技术也曾经走进死胡同。

3M 把创新分为三个主要阶段：涂鸦式创新、设计式创新和指导下的创新。这些阶段从大到小呈漏斗状。首先是创新的大胆初步设想得到一致的认可和赞许，逐渐演变更加深入和集中的努力。在整个过程中，实现众人支持与专人负责之间的平衡，并按照不同阶段逐步增加人力和资金的投入。约束随着阶段的进展而逐渐增强，到了最终阶段，方法和落实要根据经营策略和市场状况来决定。

在具体实施中，公司坚持了以下管理策略。①弹性目标原则。弹性目标是一种培养创新的管理工具，方法就是制订雄心勃勃但切合实际的目标。3M 公司制订的目标数量并不多，其中有几个与财政收支状况有关。然而，还有一个目标就是专门用于加大创新步伐的，每年销售额中至少应该有 30％ 来自过去 4 年中所发明的产品。②视而不见原则。3M 公司的管理人员必须有一定的容忍能力，因为即使你屡次想要取消明显不切实际的研究计划，研究人员也可能会坚持己见。③授权原则。在员工已做好创新的思想准备之后让他们开始工作，但创新主要靠他们自身的动力。当他们在发明创造时，公司要及时给予帮助。这里的技巧在于如何才能不破坏这种内在的动力。

　　一个企业在确认了企业文化的方向之后，并不是就此万事大吉，而是应当想方设法把企业文化的精神贯彻执行下去，才能取得预期效果。

## 白沙集团的 3A·HOT

3A：3 个 A 级能力——学习、凝聚、创新。

学习（Ability on learning）。"海纳百川，厚积薄发"：白沙人以博大的胸怀接受一切先进的知识和经验，点滴积累，持续改善，不断超越。

凝聚（Ability of unity）。"天地人和，上下同欲"：白沙对外奉行共生双赢、和谐发展，对内倡导员工与企业心手相牵、荣辱与共，使企业成为坚不可摧的金刚石组织。

创新( Ability of innovation)。与时俱进,创新每天:把握时代脉搏,引领行业潮流;今天比昨天做得好，明天比今天做得更好。

HOT：有质量的热诚。

H——人性化设计（Humanity design）。

沟通：听；求真求善，换位思考；完工汇报，异常反馈；不仅提出问题，更要解决问题。

培训：推行教练文化，创建学习型组织。

简明快捷：20：80 原则，驭繁就简的思维方式，通达的预警系统，宽道窄距的扁平式结构。

职业化：以此为生，精于此道，做一个让组织和团队放心的员工。

O——有序（Order）。

法理情：从"情理法"走向"法理情"，从混沌走向有序。

简约集约：责任明确，程序简洁，处理问题干净利落。

自信从容：整合资源，有条不紊，不打无准备之仗。

T——目标（Target）。

长寿的企业；长寿的品牌；长寿的白沙人。

　　没有天生的好员工和好企业，我们可以根据环境的发展找出有利于企业行为和思想不断提升的东西，直至形成习惯以及思维方式。这就是企业文化。

## 奥美公司流传最广的 10 句话

（1）"奥美公司是一个不可分割的整体。尽管它拥有遍布世界的众多子公司。"

（2）"我们之所以能成功，是因为被广泛地接受——这是我们安身立命之本。不然的话，何以成功？"

（3）"你不能拉人来买你的产品；你只有引起人们的兴趣，才能成功地销售。"

（4）"高瞻远瞩！不断开拓！！仿效伟人！！！创造业绩！！！！"

（5）"我喜欢建立在博学多才基础上的严明风纪，不喜欢愚昧无知的迷乱混沌。我们追求知识如饥似渴，一往无前。"

（6）"我们聘用有真才实学的雅士，而不要一个浑浑噩噩的帮佣。"

（7）"不要把消费者当作傻瓜愚弄，她应是你心目中的妻子，不要蔑视她的才智。"

（8）"如果广告运动没有真正的内容，它将会像一艘在夜晚航行的船，一闪而过，无人注意。"

（9）"一流的方式才能做成一流的生意。"

（10）"决不做不愿让你的家人看到的广告！"

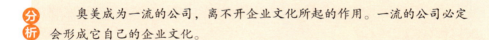

**分析** 奥美成为一流的公司，离不开企业文化所起的作用。一流的公司必定会形成它自己的企业文化。

## 伯涅特的加班工资

1990 年 2 月，通用公司的机械工程师伯涅特在领工资时，发现少了 30 美元，这是他一次加班应得的加班费。为此，他找到顶头上司，而上司却无能为力，于是他便给公司总裁斯通写信："我们总是碰到令人头痛的报酬问题，这已使一大批优秀人才感到失望了。"斯通立即责成最高管理部门妥善处理此事。

3 天之后，他们补发了伯涅特的工资，事情似乎可以结束了，但他们利用这为职工补发工资的小事大做文章。第一是向伯涅特道歉；第二是在这件事情的推动下，了解优秀人才待遇较低的问题，调整了工资政策，提高了机械工程师的加班费；第三，向著名的《华尔街日报》披露这一事件的全过程，在美国企业界引起了不小轰动。

公司的利益和员工的利益需要彼此重视，这才是建立企业文化的根本。只有懂得尊重员工的利益，才能让员工重视企业的利益。这也是企业文化的一个重要方面。

## 施乐公司文化的变迁

1961 年至 1968 年间担任施乐公司首席执行官的约瑟夫·威尔森是那种进取心很强、富有创新精神的企业家。他预见公司会因其 914 型复印机而停滞不前，而这种复印机是美国历史上最成功的产品之一。在威尔森的领导下，施乐公司构建了一种创业的环境，并在其中形成了无拘无束、充满友情、富有创新精神、无所畏惧和勇于冒险的组织文化。

威尔森的后继者是彼德·麦高乐，一位有着正统管理风格的哈佛工商管理硕士。到 1982 年麦高乐下台时，施乐公司已变得正统而缺乏生气，规章制度繁多、监督管理人员叠床架屋。在他之后的总裁是戴维·克思斯。克思斯上任后，认为他所继承的组织文化已损害了公司的竞争能力。为了增强公司的竞争力，他大力精简机构，裁减了 15000 个工作岗位，下放决策权，把组织文化的重心重新转移到一个简单的主题上：提高施乐公司产品和服务质量。通过他与高层管理人员的努力，重视质量和效率的公司理念深深地刻在了施乐公司每一个员工的头脑中。

当克思斯于 1990 年退休时，公司仍然存在不少问题。由于当时复印机行业的发展已进入成熟期，而施乐公司在开发计算机化办公系统方面又处于劣势，继任的首席执行官保罗·埃莱尔已经开始力图重塑公司文化。具体而言，他以全球性销售部门为中心，对公司进行重组，把产品开发部门和制造部门合并到了一起，用公司外部人员取代了一半的原公司高层管理人员。埃莱尔的目的是重新塑造施乐公司重视创新思维和积极参与竞争的组织文化。

领导层对于一个企业的文化建设有重大影响，所以一个企业在经营过程中，应该保持企业文化的延续性，而不是反过来。

## 虚伪的企业文化

来公司工作仅半年的渠道经理吴明被委任主持"第一次咨询诊断会"，各部门的主要管理人员均要参加。

差 3 分钟会议就要开始了，刘总才进入会场。谈兴正浓的经理们立刻一脸严肃，吴明老套地明确了会议议程，之后，顾问公司很专业地宣讲了访谈成果，并归纳了几项公司当前运行中的关键问题，最后特别强调了经销商管理问题。

沉默，所有人都低垂着目光。良久，吴明说："可以根据本部门的情况谈一谈。"依然是一片沉默。此时，刘总欠欠身干咳了两下，这声音像是催战鼓一样，所有人员都挺直了腰板。

"报告反映问题比较准确，建议加强与其他部门的配合，进一步加强对经销商的培训与监督，提供更多优惠条件，抑制经销商流失。"销售经理第一个发言。

"是的，需要加大对渠道管理力度的同时，出台更加符合实际的销售政策，以提高经销商的积极性……"市场部负责人立刻附和。

其他部门负责人相继发言表示："情况了解不多，但最近销量下降，本部门需要配合销售及渠道部门加强管理。"

此时，葛梅在座位上漫不经心地摆弄着手中的铅笔，好像根本没有听见一样。吴明抬眼看了看，示意希望听一听她的意见，葛梅放下笔说："希望再听一听管理顾问的意见，特别是经销商的管理问题。"

刚坐下的管理顾问听到葛梅的发问，略一沉吟说道："希望大家还是就经销商流失再找找原因。"

又是一片沉寂，吴明明白，实际上这是一个一碰就响的炸弹，从刘总逐渐拉长的脸来看，这个问题的讨论实际上正戳到他的痛处。前几年渠道畅通的时候，经销商趋之若鹜，企业很有地位。但是今年由于竞争加剧，利润空间越来越小，经销商纷纷与其他竞争对手眉来眼去，还借机索要更多优惠条件。

"渠道部说说，原因是什么？"刘总阴沉着脸问道。吴明心里咯噔一下，低声说："经销商流失的原因是由于公司内部管理体系不健全、公司的执行监控能力低，造成渠道难以控制，最终造成经销商没有利润。""经销商就是混蛋！"刘总打断了他的话。

依旧是沉默。吴明似乎感到时间倒流到 3 个月前。公司出现第一次亏损，为此特别召开销售会议，在会上，所有人均指出问题出在"经销商的违规操作上，应对经销商进行严格清理"，但没有一个人提出"问题出在公司内部管理上"。

但问题必须解决，既然是经销商的问题，那么理所当然地落在了渠道部门的头上。说实话这可是一个烫手的山芋。一方面，经销商的管理牵扯到公司的各个部门，特别是公认腐败透顶的销售部。小小的渠道部能够触犯众怒吗？何况每到政策实施的关键时刻，销售部门就将销售任务抬出来，到最后刘总也要让步。几次之后，成了只要能够完成任务就行了，但这无异于饮鸩止渴。本想借本次会议使大家深刻反省一下，没想到被刘总说的"混蛋"给枪毙了。

会是无法开了，管理顾问知趣地表示可以在下面进一步研究，以便下次讨论。刘总第一个走了。场内顿时沸反盈天，经理们脸上的霜早就不在了。渠道部经理吴明也已经恢复了常态，但不久他就被辞退了。

> **分析** 虚伪的企业文化就像传染病，只有破坏了领导的免疫系统后才能起作用，而领导却没有认识到自己是最主要的传染源。更麻烦的是，这种传染病的传播途径比较独特，被传染者都心照不宣。

## 皇帝的新装

某建筑工程公司 10 年前的产值就已达亿元以上。3 年前，居安思危的企业老总特意从北京高薪请进一个"高手"构建企业文化，重新编印了企业画册，统一了员工制服，健全了企划部、公关宣传部等部门，招聘进一大帮具有表演和公关才能的靓女俊男，"看上去很美"。但一边是花巨资搞所谓的企业文化构建，另一边员工不但没有改观，还养成了务虚不务实、做表面功夫的习性。两年不到，兴旺的企业终于支撑不下去了。这样的企业文化实际上已经变味为时髦的"皇帝的新装"。

> **分析** 企业精神是企业文化的精髓，它不仅能对内激励员工的工作热情，对外也能提升企业形象，有利于企业的长远发展。真正的企业文化不是靠说出来、写出来，也不是靠几个聪明人想出来的，而是一种经过漫长时间的考验，发自企业最基层的思维和智慧的积淀，是一种凝聚、一种升华。

## 企业文化不是美丽的外衣

苏珊是一家广告公司的市场专员，工作岗位是她喜欢的，薪水也很高。但她还是有很多抱怨：公司在表面上似乎很重视文化，定期为员工过生日，遇到节日也会有热闹的聚会，但所有这些都只是表面现象。

在员工福利方面，公司表现得非常吝啬，加班从来都不给加班费，最多只照顾一顿晚餐。可以说，公司所宣扬的文化是一回事，在具体行事上又是另一回事。此外，虽然每个部门内部员工之间的配合可以做得很好，但如果要在每个部门抽取一个人，组成一个新项目的战斗团队，战斗力就会变得非常弱。

这家公司出现这样的情况，根本原因就是大家没有真正融入企业文化当中。很多企业没有把文化深入每个人的理念、行为当中，而只是把它放在嘴上。这样一来，企业文化便会成为无源之水和无本之木。部门之间合作的障碍也是由于文化不够深入，大家没有真正形成相同的价值观念而造成的。而且这种伤害往往是致命的，是外界因素所不能控制的。文化的力量在此刻显得非常突出。面对这类问题，树立"管理就是服务"这一观念非常重要。为员工提供的服务到位了，员工就会自然而然地把自己融入企业的管理当中。

## 美国安然公司的毁灭

在安然，失败者总是中途出局，获胜者会留下来，希望成为做成最大交易的那个人，可以得到数百万美元的奖金。在巴克斯特之前，已有3位高级管理人员在几个月里相继离开该公司，在他之后还有7人要走，最近的一位是上周离开的董事长肯尼思·莱。

这是安然公司"赢者获得一切"文化的缩影。该公司过去的和现在的一些雇员说，必须保持安然股价持续上升的压力，诱使高级管理者在投资和会计程序方面冒更大风险。他们说，其结果就是虚报收入和隐瞒越来越多的债务，从而造成了——用前经理玛格丽特·切科尼的话来说——"一座用纸牌搭成的房子"。前安然公司石油和天然气勘探部门负责人福斯特·霍格伦说："驱动力是一种令人难以置信的愿望，就是要为安然塑造一种非凡的形象，并且使其业绩不断提升。"

安然的文化是一种"压力锅文化"，是一个"炼人场"，那里的经理为年岁的增长而忧虑，担心上司认为他们太弱。有些人还担心，对董事长最看好的候选人给予的不够多，可能使自己的事业前途坎坷。有些人甚至从要求他们对"联合之路"组织提供大量捐款的信中嗅出了威胁的味道。

前安然公司雇员萨利·文森说："今天你受到了青睐，明天就可能失宠。你应该知道谁得势，谁失势。要是你希望继续与这个组织联系在一起，那么你就要去做你所能做的一切。"

**分析** 安然的企业文化是一种急功近利的文化，它只要结果，而不注重应该遵守的诚信和良心。所以，安然的失败是必然的。

## 难道注定要选择离去

MFP 集团公司是东北地区著名的民营企业，起家于石油，后多元化发展，在短短几年内便积聚起以亿计数的雄厚资产。然而，由于缺乏人力资源资深专业人才与专业技能，导致其人力资源构成表现为"一老一少"配置失衡的鲜明特点。

所谓"一老"，主要是指招聘而来的 45～50 岁之间的管理层，其决策大多依赖经验与感觉，工作开展主要仰仗其广泛的人脉与社会关系；所谓"一少"，是指20 多岁尚未婚嫁的年轻人，他们大多接受过正规的高等教育，思维活跃，渴望干出一番事业，虽然经验欠缺却乐于尝试。很显然，"少者"接受"老者"直接管理，公司缺乏的是一个能够承上启下的阶层。

总裁从一家美国投资公司挖来一名刚过而立之年的职业经理人出任常务副总兼业务总监。这样，在总部就至少存在着三种不同的文化取向：以老者为代表的传统势力、以职业经理人为代表的海派文化以及年轻人所崇尚的求新精神。

就集团的阶段性发展战略而言，大家很容易达成一致，可是在具体的工作开展上，却产生了很大的分歧：海派经理更注重的是操作层面，强调的绝不是集团某个个人与网络中的某个人或者部门搞好关系，而是公司一种理性有序的长期经营行为；而老者习惯于个人之间的感情投资与交流，但这很容易导致本属公司的资源控制在企业内部某些权势人物的手中，而他们一旦离去，这些资源也往往一并流失。

由于工作方式方法不同所导致的海派经理与老者们的芥蒂，遍布于工作的方方面面。海派经理急于建立一系列的标准规范；而对于老者而言，他们更为习惯的是一种约定俗成的规则而非量化的成文标准。表面看来，大家都是为了企业的利益，但具体的工作方式方法差异背后所体现的却是经营管理理念的根本不同。

总裁经常到各地企业巡视，期间由常务副总主持工作，这样就产生了一个总部与老板的有效沟通问题。海派经理希望通过制度建设来解决这个问题：不是特殊紧急情况，主持工作人员避免与老板直接通话汇报，从制度上规定每天各部门将每日工作简报，经常务副总审核后，通过电子邮件传给老板，签字原件以公司日志形式入档。

出于对公司缺乏能够承上启下阶层的忧虑，海派经理希望尽快提升集团里年轻人的实际工作能力，使他们在尽可能短的时间内在部门中独当一面。

为避免越权，在管理上，对于这些年轻人，海派经理从不直接过问，在业务上却毫无保留地全力倾情指导：就具体业务言传身教，主要是分析思路、方法，而不仅仅是传授技巧；放手让他们自己去做，在事前共同分析准备、事中监控指导、事后总结得失；海派经理要求这些年轻人以本部门经理而非普通工作人员的标准要求自己，以迅速取得进步。或许正是这一系列做法让某些老者产生了危机。

总裁回来后，在总部全体员工会议上，宣布了一个令大家都异常吃惊的决定：暂时停止一切进行中的业务，集团的主要精力先放到制度建设和自身完善上来。

会议上，老者们对海派经理展开了攻击，虽然每个人的攻击方法不同，配合却相当默契。总裁的谈话似乎表明他对公司情况了如指掌，但是海派经理明显感到总裁所了解的并不是每日传去的简报内容，而是被人刻意歪曲后的信息！

这种突袭对海派经理威信的打击是毁灭性的。正在进行中的业务不得不暂时停下来，开始集团内部的思想调整。机会飘忽而去，海派经理眼睁睁地看着自己当时的业务设想在另一家公司变成了现实，别人取得了极大的经济效益。

海派经理不得不开始思考，自己在这个位子上是否还有继续坐下去的必要。一个月后，他提出了辞呈。

海派经理和总裁对企业文化的不同理解是造成两个人无法合作的主要原因，所以进行企业文化的建设要考虑各阶层的接受程度。从结果上来说，没有更多的沟通就选择离开，双方也许都要检讨一下其中的原因。

## 跨文化冲突

飞利浦照明公司某区域人力资源副总（美国人）与一位被认为具有发展潜力的中国员工交谈，想听听这位员工对自己今后5年的职业发展规划以及期望达到的职位。中国员工并没有正面回答问题，而是开始谈论公司未来的发展方向、公司的晋升体系以及目前他本人在组织中的位置等，讲了半天也没有正面回答副总的问题。副总大惑不解，没等他说完已经有些不耐烦了，因为同样的事情之前已经发生过好几次。

"我不过是想知道这位员工对自己未来五年发展的打算，想要在飞利浦做到什么样的职位罢了，可为何就不能得到明确的回答呢？"谈话结束后，副总忍不住向人力资源总监林先生抱怨道。"这位外国副总怎么这样咄咄逼人？"谈话中感受到压力的员工也向林先生诉苦。作为人力资源总监，林先生明白，双方之间不同的沟通方式引起了隔阂，虽然他极力向双方解释，但要完全消除这种隔阂产生的问题并不容易。

分析　不同国籍的人士在同一个企业中交流和沟通，可会产生一定的文化冲突，这时候作为企业管理人员和当事人，就要考虑双方的文化因素，以消除误解和隔阂。

## 哪片土壤适合你

张欣现在有些后悔一年以前的跳槽。当时，他已经在一家外国员工多于中国员工的小公司工作 3 年多了，是朋友一个长达两小时的电话说动了他，下决心跳到朋友所在的私企。转眼一年过去了，张欣依然没有适应私企的氛围，改变是必然的选择……

现在，像张欣这样从外企跳到私企的人如过江之鲫。可是，不少人也像张欣一样陷入了困惑之中。当然，也有人走过了这个艰难的适应过程，在私企中游刃有余。

**海伦（工作 5 年，两年前进入私企，即将重返外企）：**

其实，不管在什么企业工作，关键要看有没有自己的发展空间。我两年前从外企跳到了私企，刚开始，感觉什么都不适应，包括工作环境、企业文化、人际交往等，特别是休假机会几乎没有（现在的企业一周只休一天）。但是，随着时间的推移，也许正应了"是珍珠总有被发现的一天"这句话。环境造就一切，现在我在这里生存得游刃有余，感觉挺好。

更重要的是，在这里能学到更多东西，这是外企无法比拟的。我感觉，外企的职责分工太明确，你所学的只局限于你的工作范畴。但私企需要的是多面手，刚开始你可能会抱怨做的工作太多，有许多任务不在自己的本职工作范围内，但以后再跳槽时，你就会明白这其实也是你的一大财富。交际能力是在这个社会生存的重要条件，私企是很能锻炼一个人这方面的才能的。在这个世界上，只有你去适应社会，而不是社会来适应你。

**石峰（工作 4 年，1 年国企、两年半外企，现在私企）：**

我是做技术的，大学毕业到现在，国企、外企、私企都干过。我认为在国企如果不能走上中层岗位，个人进步的空间很小，学习只能靠私下里努力；外企的企业文化不错，刚进去，感觉可以学到不少东西，但由于工作分工太细，过一段时间，工作熟悉了，适应了那里的文化和运作模式后，你的压力就小了，而工作始终局限在那个小范围内，学不到多少新东西，这样你可能就开始"贬值"了；在私企会很忙，要做的事很杂很多，但反过来说，可以学到很多你在其他环境学不到的东西。

很多事情是多面的，全看自己如何衡量，自己的取向是什么。

### 张欣（工作 3 年，1 年前进入私企）：

在那间外国员工多于中国员工的小公司工作很舒服，每个人都尽职尽责地做好自己的分内事。我最喜欢公司的轻松氛围，常会就一个问题与老板争执，习惯了再大的老板也会向员工道歉，一句真挚的"sorry（对不起）"能抚平先前所有的委屈。可是，这一切在现在的私企就不同了。这半年来，我一直在努力适应这里的环境，可是我的工作需要其他人的配合，不知道为什么，他们却不认为这是自己该做的，非要等领导施压才行。还有一个很大的不同是，这里的发展空间很大，但人为的因素也很大。主管一手组建了现在的部门，他一方面需要巩固自己的地位，一方面需要用制度来约束员工。由此产生的结果是，他一边诉苦，说自己责任太重，什么都要管，一边又凡事不放手。在这里，没有人愿意听别人的意见，没有人愿意多做一点事情。

我总结出一点，外企的特点是：职业；私企的特点是：随意。如果去私企，一定要当个主管，不然像我这样工作范围无限大，但最后却没有人尊重你，付出得不到肯定，只会陷入无尽的失落中。我喜欢"幸福地工作着"，于是想离职。可就这样离职，觉得这一年的工作成就感还没得到满足，有点不甘心；不离职，这里的环境又实在不适合我这种性格的人。

外企曾是许多人梦寐以求的：不菲的薪金、舒适的办公环境、快捷的工作方式、频繁的交际活动……而现在许多在外企工作多年的"老外企"都离开了外企，其中不少人到了私企。媒体对高级人才在这种转换过程中面临的窘境给予了很多关注，其实这是越来越大的群体所遭遇的共同问题。他们在工作环境、企业文化、人际交往诸方面都感觉不适应。毫无疑问，外企与私企的诸多差异正是这种不适应的理由，可是，差异如此之大的原因在哪里？

### 企业发展阶段的差距

在一家合资企业（这家企业原是私企）的人力资源经理看来，这是因为双方存在企业发展阶段的差距。外企的管理体系要求的是各司其职，团队按计划作战。大多数进入中国的外企已有很好的管理平台和企业文化，而这个平台是中国大多数私企所没有或还没来得及建立的。私企老总最关心的是企业管理层的忠诚与安定，最担心的是企业内部形成帮派。如果他不能控制，那么这个帮派一出现问题，企业就垮了。现今社会上流传着一种说法：从外企进入私企的职业经理人有 80% 是失败的。外企与私企最大的差异，就在于是否拥有一个人尽其才的管理平台，而这个平台绝非一朝一夕就能建立起来的。

## 私企文化大多是老板文化

信诚顾问有限公司的一位咨询顾问认为,由于大多数私企缺乏严谨的战略思考,没有规划、没有远见,缺乏发展策略,从而使得大多数私企在人才使用方面趋于急功近利,缺乏对人才长期的尊重与关注。这一点还与私企的企业文化有关。中国的企业文化往往是由企业的创始人建立的,可以说中国的私企文化大多是老板文化。它对企业初期发展起到过至关重要的作用,但如果企业文化变成绝对的老板文化,再变成绝对的个人崇拜文化,老板变成企业的神,这个企业内部就没有人敢向其挑战。这种文化还不可避免地会排斥外来文化,特别是高级人才到来后,很难与企业做到水乳交融。

## 文化传统差异是关键

与人力资源管理人士不同,职业顾问叶青提供了另外一种看问题的角度:外企与私企确实有很多不同,这些不同不能简单地用企业发展阶段的差距来解释,更多的是文化传统的差异造成的。而对于在职场中打拼的那些人来说,重要的是认识这种差异并适应它。在他看来,这些差异包括以下方面。领导才能和技术才能。外资企业在选聘人才时比较注重领导才能,私企则比较注重技术才能。外资企业通常认为好的领导力是完成任务的必备条件,一个好的员工必须是一个好的领导,哪怕该岗位不是领导岗位。因为只有具备好的领导才能,才能为自己的工作设定方向,从而高质量、独立地完成工作。私企则更注重技术才能,注重应聘者是否具备该工作岗位所必需的工作经验与技能。"德"和"才"。外资企业重"德",民营企业重"才"。当然,这里说的"重"是相对而言的,因为无论是外企还是私企都希望找到德才兼备的人才,但在实际招聘和选拔过程中,外资企业更看重"德"的因素。潜力和资历。外企重潜力,私企重资历。外企招人是为了明天用人;私企招人则是为了满足今天工作的需要,因此是否具备今天工作要求的技能尤为重要。叶青说,私企的这些特点显然不是发展阶段的差距可以解释的,现在许多私企都具有健全的人事制度、完整的企业文化,他们在管理体制方面与很多外企相比并不逊色,但市场环境与文化传统决定了私企的用人观肯定会与外企有差异。作为一个职场人,适应不同环境是一项基本素质。

**分析**　目前,国内的私企文化和外企文化确实存在一些差距,所以国内企业需要更多地吸收外企那些优秀的企业理念和精神。

第 八 部 分

THE EIGHTH PART

知识
管理

# 华为的知识管理

纵观华为的发展历史，在开放式创新背景下进行有效的知识管理可谓是其成功的秘诀之一。华为知识管理体现在三个方面：知识引进、知识研发、知识产权。

## 1. 知识引进：获取知识

华为刚刚进入通讯领域的时候，竞争对手在这个领域里持续积累了数十年，技术实力强大，而华为技术实力薄弱。如果一切都从头开始研究并开发，投入成本太高，时间紧迫，容易错过最佳市场时机。因此，华为并没有"闭门造车"，刻意追求自主创新，而是在学习他人产品的基础上推出改良的产品。

华为刚进入市场时，选择从门槛较低、研发成本较低的产品入手，因为这些技术在当时已经相对成熟，有现成的产业链可以直接使用。后来，华为根据客户的一些改进需求加入一些小创新，在竞争市场上逐步赢得一批用户。在日后的对外合作过程中，华为一直善于借鉴别人的科研成果。在新品开发中，华为要求研发人员尽量引用公司已拥有的成熟技术，以及可向社会采购的技术，并要求利用率不能低于70%，因为一旦利用率低于70%，会造成开发成本过高，这是一种浪费。

## 2. 知识研发：创造知识

（1）企业内部与外部通力合作。高技术行业的竞争实际上是人才的竞争、智力的竞争。任正非说："认真负责和管理有效的员工是华为最大的财富；尊重知识、尊重个性、集体奋斗和不迁就有功的员工，是我们事业可持续成长的内在要求；我们强调人力资本不断增值的目标要优先于财务资本增值的目标。"

为吸引优秀的专业技术人员，提高企业自主研发能力，即使在初期资金很紧张的情况下，华为仍不惜花重金聘请高素质员工。在华为，有45.36%的技术研发人员，可见华为多么重视技术型员工。华为还在海外市场大量吸引外籍人才加入，使得华为能够更快地研发更多适合海外市场的产品。

（2）巨额的研发投入。在研发上，华为从来不吝惜投入，每年都会将销售收入的10%用在研发上。同时将10%的技术研发用在前沿技术、核心技术和基础技术的研究和跟踪上。正是因为华为对技术研发的重视和大量的资金投入，使得华为快速成长为全球高科技巨头。

（3）客户就是最好的创新资源。华为认为，企业的创新应当是满足客户需求的开放式创新，是质量好、服务好、成本低的基本条件。华为将消费者本身视为一个巨大的创新资源宝库，强调客户需求是发展的原动力。在产品或服务推出之前就完全了解客户的需求，使得最终产品足够完善。"客户是我们生产的唯一理由"被列为华为价值观的第一条。

为充分利用知识型员工队伍为客户服务，华为组织并建设起知识库。华为广泛采集与企业经营发展有关的各种经验和知识，经过分类编目，使用计算机及网络技术存储，形成知识库。知识库成为企业知识共享和使用的必备基础结构，构成了公司知识管理的重要组成部分，形成了企业知识资源的集散中心。通过建设知识库，华为实现了对知识的有序管理。除此之外，华为还专门设立了客户需求部门，在全球各地与客户交流，倾听客户声音，将客户集成到创新过程，将客户的需求反馈到研发部门，形成产品发展的路标，开发出满足客户需求的优质产品。

### 3. 知识产权：保护知识

华为从1995年起便设立了知识产权部，并颁布《华为公司科研成果奖励条例》。华为还为每个部门配备了高素质的知识产权专业人才，定期让企业员工，特别是知识产权工作人员参加专利局或其他机构组织的培训，与其他企业进行经验交流。针对工作中出现的问题，华为邀请知名律师、专科审查员、专利商标代理人到公司做专题讲座。

与此同时，华为每年仍要支付3亿美元左右的专利许可费，以获得业界其他公司专利技术的合法使用权，作为自主研发创新的重要补充。通过授权使用知识产权和购买知识产权，华为实现了在开放式创新环境下对知识的消化、吸收和再创新，为公司带来了巨额利润。

华为知识管理中还有两个对知识人才管理的重要特点：重视以人为本、提倡合作精神。

#### 1. 重视以人为本

在当今这个高科技时代，人才有着特殊重要性，因为人才是知识的载体，开发、应用、更新都需要人才来操作。而员工的创新能力是一种特殊的资源，企业应该针对其在知识开发和应用中的独特性实行有效的人才资源管理。为了有效管理和利用人才资源，华为采用多种方法促使员工将他们掌握的知识自觉应用到工作中。比如为公司的一流人才提供良好的工作、生活环境，并给予股权。

#### 2. 提倡合作精神

华为在知识管理过程中努力提倡团队协作和知识共享，在一定程度上依赖团队协作和知识共享，在一定程度上依赖团队的力量，同时又不轻视和忽略每一个人的作用，使各员工适应于团队工作而不是个人工作，同时又充分发挥个人聪明才智。

**分析** 华为成功的知识管理给我们带来的启示有：重视研发投入，加强人才引进和知识培训；基于客户需求，构建信息化平台；完善知识产权保护体系，提升国际竞争力；实施知识管理评估与激励措施，塑造良好企业环境。

## 英国石油公司用工程项目管理系统增强响应能力

当英国石油公司在广西北海建设石油生产平台时，集中了自己的专家和大批建设分包商集体的知识。英国石油公司了解这类工程的复杂性，需要通过大量的协调工作避免造成误工浪费。最近的一个建设项目把英国石油公司在英格兰提赛的一个办事处、在伦敦的一个办事处、伦敦的一家分包商和苏格兰阿伯丁的另一家分包商聚集到了一起。

英国石油公司使用一种以 Lotus Notes 为基础的工程项目管理系统，它允许各方提出进度报告，确定瓶颈所在并迅速解决焦点问题（如因天气造成的误工，紧急运送员工抵达或撤离建筑工地）。但是，项目管理并不等于知识管理。然而，英国

石油公司发现，以 Notes 为基础的项目管理数据库也起到了对专门知识进行详细分类编目的作用。在发生突发事件时，英国石油公司就使用员工和承包人花名册，以便迅速确定谁（如经理、地质专家、财务人员、领班或渡轮人员等）该去应付这一事件。另外，英国石油公司发现，通过电视会议可以利用参加人员间非语言交流的特点，把这些"角色"联络在一起，使他们相互熟悉起来。这一"作战室"手段使英国石油公司得以迅速在恰当的时候召集恰当的人员，并通过媒体提供尽可能详细的信息，处理好紧急问题，而不影响紧张的工作安排。

这一例子反映了知识管理的两个重要方面：第一，效益在于不仅要得到文档资料，而且要知道在作出决定时，哪些是可用的恰当人选。一张"专门技术人才图"是一笔无价的知识财富。第二，真正的合作将大大增加项目参与人员共享知识的价值。它可以创造信任，更加充分地交流某些信息，并可以加快实现协商一致的过程。

**分析**　　知识管理的作用最终将体现在利用企业应用知识进行决策上，由此可以体现知识管理在企业经营中的更多应用。

## 美国企业的两种知识管理模式

许多企业都是以知识作为核心资产，如咨询公司、医疗公司以及高科技公司。下面前三个实例中各企业实施的是不同的知识管理模式，但都很成功；实例四与前面三个实例形成对比，是一个失败的例子。

### 实例一

A1：安盛咨询公司、安永公司投入巨资开发了先进的电子文件系统，可以迅速将公司成员的知识以及他们从外部收集到的知识进行编码、储存，成为文件数据库。这些知识可以被公司所有人员通过计算机直接调用，不必管这些知识的来源人是谁。公司多雇用善于收集知识、使用知识、执行决策的人员，特别是刚毕业的大学生。相应地，对员工的报酬也是基于他们为文件数据库增加了多少知识，从中使用了多少知识。通过这些知识的重新利用，该公司为顾客提供了标准化、高质量、快捷的咨询服务。

B1：拜恩、波士顿、麦肯锡咨询公司。该公司为顾客提供高度个性化、富有创造性、针对重大决策的咨询服务。它们只投资少量资金用于信息技术，旨在建立诸如"寻人数据库"之类的系统，以求迅速发现谁在哪方面具有丰富的知识。这些人的知识通过头脑风暴会议或一对一交流得到传播。它们多在用拥有丰富知识、善于分享知识、能够解决问题的人员，特别是一流学校的 MBA。相应地，员工报酬的多少也取决于他们与其他人直接分享了多少自己的知识。

### 实例二

A2：爱克思医疗公司。该公司开发了涵盖500多种疾病症状以及治疗事项的门诊决策集成系统。一些病人可以在家里通过电话立即获知家庭疗法和急救措施，随时询问应看什么医生，购买哪些（非处方）药物以及得到心理治疗。公司员工倾注于收集并传播医疗知识。

B2：M.S.K 癌症中心。该中心拥有全国乃至全世界癌病领域一流的研究人员、临床专家、心理学家以及相关基础学科的权威。他们定期或不定期地举行会议，探讨基础学科新突破、临床新现象以及当前研究的新进展对癌病治疗的影响。这些会议交叉出现在对病人的会诊中，使病人总能受到一流的治疗。

## 实例三

A3：戴尔电脑公司。该公司向顾客提供的电脑不但价格低廉，而且是按照顾客在订单中指明的元件组装而成的。据统计，顾客订单中表现出来的元件组合方式有 40000 种之多。按不同的组合方式安装电脑需要不同的知识，每个生产人员不可能全部掌握，为此，戴尔公司投入巨资开发了知识管理系统，生产人员只需将顾客要求的组合方式输入该系统，组装这些元件的方法就会立即显示出来。

B3：HP 电脑公司。该公司进行了大量的 R & D 投资，不断开发出新技术、新产品。为了使这些技术知识在遍布全球的各分部迅速推广，经理鼓励技术人员乘坐公司专机直接去分部面对面地传授技术，以防技术失真。最近公司开发出带有视窗操作系统和界面的电子承波器，它的生产方法就这样在全公司得到推广。

## 实例四

CSC 索引咨询公司。该公司是知识重组工程（Knowledge Reengineering）的创造者之一。在这方面获得巨大成功后，该公司试图拓展业务，进入战略咨询领域，于是开始大量雇用一流商学院毕业的 MBA。这样，公司不但有倾向于收集和利用知识的员工，又多了另一类富有创见、乐于求新的人员，人员之间的目标发生了冲突，导致 CSC 既不能像安盛咨询、安永那样提供快速且廉价的知识重组方案，也不能像麦肯锡、拜恩公司那样提供极有深度的战略咨询。

上述实例中 A1、A2、A3 和 B1、B2、B3 企业采用的知识管理模式分别具有这样的共性：前者，知识被编码、储存在数据库，公司中的每个人都可以通过计算机网络直接调用；后者，知识与知识的所有人没有分离，他的知识通过人员的直接交流得到传播和分享。

这两种模式在投入产出方面表现出巨大的不同。编码模式强调投资信息技术，以便开发能迅速收集、传播知识的管理系统，然后通过这些知识的重复利用获得收益。这种模式中的知识可以极为迅速、无限次地重复利用，它节省了工作时间，减少了信息交流成本，使得产品和服务的成本十分低廉，规模经济效益显著。例如，戴尔公司虽然消耗巨资开发了容有 40000 种（竞争对手为 100 种）组装技术的知识管理系统，但公司的销量十分庞大，1997 年销量为 1100 万台，这意味着，平均每种组合方式 1 年内使用了 275 次，很显然，每使用一次分摊的成本几乎是微不足道的。1999 年，该公司销售收入为 411.9 亿美元。近年来，该公司利润每年都在以 83% 的速度增长。

爱克思公司开发的门诊决策集成系统也颇为类似。据统计，这一系统每项记录 1 年内使用了 8000 次之多，使得每一次电话咨询收费十分低廉，吸引了不少顾客。

该公司占到了电话求医市场 50% 的份额，利润每年都在以 40% 的速度增长。安盛咨询、安永的利润也因为知识的重复利用而以每年 20% 的速度增长。人物化模式强调投资人力资源，大量引进国内乃至世界一流的专家、学者，积极花费巨资鼓励他们直接与公司其他人员和顾客进行交流，以便传播他们的知识。他们的知识非常复杂、博大精深，在整个社会的存量都不多，相对社会需求而言显得极为稀缺，因此，为顾客提供享用这些知识的机会，有理由索取高昂的费用。这一点在麦肯锡公司可以看得很清楚。麦肯锡公司经常帮助顾客进行业务的区域拓展和国际拓展。为了论证拓展方案的可行性，麦肯锡请到的都是一流的专家、学者。这些人主要包括经验丰富的生产线拓展专家；对相关行业的历史、现状和发展趋势非常熟悉且富有远见的资深人士；对拓展地文化、风俗、价值观念有深刻把握的人文学家；熟悉当地法律法规的律师以及世界一流的区域经济学家等。在这些人的深思远虑、周密论证下，显然极大地减少了拓展方案的风险。当然，他们的要价不菲。例如，1997 年，麦肯锡咨询人员平均每天的收费是 200 美元，而安盛公司的相关数据为 600 美元。全美最先进的癌症研究和治疗中心 M.S.K 的投入产出模式也与此类似。

　　这两种模式为顾客创造了不同的价值。编码管理模式旨在节约顾客收集知识的时间，减少顾客享用知识的成本。当今社会的知识种类庞杂、存量巨大、更新速度又很快，让消费者和厂商自己收集学习所需要的知识是不现实的。知识编码因为规模庞大、技术先进，大大节约了收集时间，降低了收集成本，具有明显的比较优势。例如，安永公司的一个合作企业要想建立企业资源计划系统，一般它不是独立制作，而是寻求安永的帮助，因为安永经常帮助其他企业建立这样的系统，具备这方面的经验和教训，熟悉这种系统的成本状况、收益情况。在安永的帮助下，该企业 6 个月就建立起这样一个系统，比通常情况节约了近 1 年的时间，而且非常成功。爱克思公司为顾客减少了享用知识的成本也是很明显的。试想，如果没有这样的服务，顾客不得不去医院，他不但要支付交通费，更为重要的是，他还可能为此付出高昂的机会成本——他可以利用这些时间工作或者休闲。如果说编码管理模式是从成本角度为顾客创造了价值，那么，人物化管理模式则主要是从效用角度达到这一目的的。有些顾客，比如 M.S.K 癌症中心的病人、麦肯锡公司的合作企业，他们往往需要使用内容复杂、学科交叉、当前最新的知识。但是，一方面，这些知识的所有人一般非常少，如不依靠组织而是个人雇用，将会大大提高成本，而且不现实；另一方面，因为信息不对称，他们并不知道哪些人真正拥有这些知识，有可能出现逆向选择，他们也不知道这些"知识垄断者"会不会完全地、正确地使用相关知识，有可能出现道德风险。此外还有一种可能：顾客根本不知道自己具体需要哪些知识的服务。例如，一个癌症病人可能并不知道基础学科的新突破对他的治疗会有什么意义。而这些方面正是人物化知识管理模式的主攻方向、核心内容和优势所在，它为这些顾客享用社会稀缺知识提供了机会。另外，有些顾客希望自己购买的产品使用了不同于其他产品的知识，以满足他们的个性化要求，人物化管理模式在这方面也具有明显的优势。

选择正确的知识管理模式，经理应该非常清楚顾客为什么要购买本公司而不是其他公司的产品和服务。他还应该非常清楚本公司的知识为顾客创造了什么样的价值，顾客对本公司有何期望等。对这些基本问题含糊不清是无法做出正确选择的。即使经理对公司的基本竞争策略非常清楚，但还必须对以下几个问题做出回答。

第一，本公司主要依赖于显性知识还是隐性知识？如果一个公司主要依靠显性知识提供产品和服务，它就应该采用编码知识管理模式；如果一个公司主要依靠隐性知识提供产品和服务，它就应该采用人物化知识管理模式。

第二，本公司是提供标准化的产品和服务还是提供个性化的产品和服务？标准化产品变化不大，使用的知识内容相同，大量生产这种产品意味着知识的重复利用，应该将这些知识进行编码、储存；相反，个性化的产品要求人物化的知识管理模式。

第三，本公司提供的是成熟产品还是创新产品？产品进入成熟期，意味着其中包含的知识成分和这些知识的结构都趋于明晰和稳定，这使得编码成为可能；创新产品往往是一个人的不同知识相互交融，或是拥有不同知识的人相互交流的结果，人物化管理模式为这种交融和交流提供了机会。因此，上述两种产品应分别对应编码管理模式和人物化管理模式。

对这些问题做出了正确回答，就基本上可以在知识管理模式中做出明智选择。但在实践中还应注意以下几点。第一，公司不宜将两种管理模式并重，没有主次，而应当要么依靠编码模式，以人物化模式为辅；要么依靠人物化模式，以编码模式为辅。如果两者并重，则既不能像编码模式那样降低顾客享用知识的成本，也不能像人物化模式那样，提供艰深复杂的知识给顾客。实例四中的 CSC 索引咨询公司就是因为违背了这一原则，在 1994 — 1996 年咨询业利润平均每年增长 20% 的背景下，收入却从 2 亿美元下降到了 1.5 亿美元，最后因为业绩滑坡，不得不并入了其他公司。但在实践中，也不能完全依靠一种模式。拜恩公司就曾因为走了这一极端而犯难。他们曾对全部知识进行编码管理，但公司人员在业务过程中发现，他们迫切需要知道有些知识产生的原因、内在逻辑，却苦于无法与这些知识的来源人取得联系。另外一些完全依靠人物化模式的公司则发现，他们的高级专家、学者常常被要求回答一些十分基础的问题，其实与这些问题相关的知识完全可以编码出来。汉森和罗亚利的研究表明，主次模式以 80%：20% 的比例配合较为合理。第二，如果一个公司的不同部门使用不同性质的知识，提供不同的产品和服务，拥有不同的人力资源，应分别采用相应的知识管理模式。第三，如果公司的隐性知识逐渐变成了显性知识，则应将这些知识及时改为编码管理。

**分析**　如何进行知识管理平台的选型也许是企业 CEO 面临的最大难题，要解决这个难题，仅仅了解知识管理的基本概念还不够。

## 经验知识的质量控制

即使是知识管理的最佳实施者也经常会犯错误，斯考特·史密斯作为 IBM 的知识管理研究院的执行董事，专门负责将公司在知识管理领域积累的经验及成果提供给其他公司。虽然工作很出色，但他还是忽略了对智力资本的管理。

早期时，该院就注意到保存客户资料的重要性，因此它建立了积累最佳经验的内联网知识库，但随着业务的扩大，咨询师贡献给知识库经验的过程变得难以处理。

为矫正这个失误，经理们使用了"胡萝卜加大棒"的激励政策，迫使他们给公司的智力资本管理系统贡献更多的经验。咨询师们的贡献将反映到他们的绩效评估及奖金发放上。但糟糕的是，由于没有过程来监督这些贡献的质量，最后结果不大理想。

IBM 后来又创立了经验递交委员会，它由一组专家组成，他们轮流对这些递交上来的经验知识进行评估。有时，知识失败的事件也有令人欣喜的结局。一旦建立起制度，智力资本管理系统就在 IBM 的资讯中发挥了很大的作用，1998 年，它获得了最佳知识管理过程的荣誉。

**分析**　对知识的管理同时也是人力资本的管理，永远不要指望每个员工能自发地奔向企业设定的远景目标，除非能有效地管理所有员工。

## 足够的危机感

一家成功的软件公司创立了专业的服务小组来支持产品线的运作。该小组利用创新的技术为许多客户解决了复杂问题，帮助公司在顾客中树立了声誉。但公司在自己的项目营运上却总是赔钱。为此，该公司请来洛克哈特公司的咨询顾问来探究原因，咨询顾问发现了公司知识管理上的缺陷。

斯坦德（咨询公司总裁）认为该公司虽然能提供最好的技术，但他们并不能管理好自己的知识。问题的根源正在于这样一个事实：公司的主席是知识管理的拥护者，他有着过多的知识管理危机感，因此期望使用新技术，重组流程来产生一种合作共享的文化。

然而，洛克哈特的分析表明公司急需的不是新技术，而是文化上的改变，使公司适应知识管理。而且，软件开发员之间的知识交流是一个很难处理的问题，他们对知识管理总是抱怀疑态度。但公司并没有听从洛克哈特的意见，继续执行新技术和重组流程，结果，知识管理工作还是没有进展。六个月以后，公司宣布专业服务小组的工作失败，他们仍陷于同样的文化问题之中。因此，可以认为激励或限制知识在组织内的流动是门艺术，而不是科学。

 任何项目都是需要进行收益成本核算的，知识性的软件项目也是如此，而知识管理系统能极大地节约软件项目的成本。

## 害怕承诺

卡尔·弗拉帕洛是德尔菲集团的创始人，积累了很多知识管理失败的例子。其中一个涉及游说选举的组织，它想改进知识共享并促进创新来吸引和保留更多的会员，因为他们过去出现了大量的会员流失，该组织觉得他们应向内看，充分发挥员工的才能，并采用在线合作及午餐聚会等形式促进交流。但其实他们并未触及问题的本质。

整个组织并没有全心投入知识管理的工作，管理层口头上需要知识管理，但他们的行为似乎又在反对，比如说，不少人仍认为他们的职业地位取决于他们知道多少其他人所不知道的东西。这种态度来源于上层，公司里也就存在这样一种不与其他部门合作的心态。他们怕若与其他部门合作，其他部门就会得到更多资金支持，而本部门的预算明年就会减少。

德尔菲被请来执行知识审计，作为该过程的第一步，弗拉帕洛询问公司员工：其他部门负有同样职责的员工来问他们的工作时，他们的反应是什么？答案令人失望。员工们会掩盖住工作，并问这人为什么探视。这种文化氛围对于知识管理无益，要做出改变。公司领导须以身作则，承担起巨大变革的责任。该案例失败的教训在于管理层虽然有明确的知识管理目标，但他们并未真正承担起知识管理的责任。

 知识管理在企业中的推行需要管理层的大力推进。没有管理层的支持，知识管理要取得成功是不可想象的。

## 我们能发言吗

"一个有效的知识管理战略应去除组织、地域、技术的界限。"这个结论是一家美国跨国公司的培训部花很大代价才得到的，该公司的主要顾客是另一家全球性组织，为了更好地与他们沟通，培训师与顾客在德国使用基于 Lotus Notes 的网络相连，这样，他们就可以直接进入顾客的电子信箱网络并允许他们共享培训材料、任务计划安排等。

"我们的工作重点是将信息提供给顾客，但我们使系统运行起来时，却发现该系统与我们公司本部的系统不兼容。"该培训部的 CKO 抱怨道。公司本部的系统是基于 Netscape 的网络，在该系统中，文件只能在与电子邮件附加情况下才能共享。

使问题更复杂的是，在德国用来追踪项目运行状态和月报表的系统与总部的财务报表系统不兼容。所以，文件在发送前还需转化为电子数据表。"若顾客迫使你联入他们的网络，那么你会发现这样限制了你与本公司内部网络联系的能力，你就不能充分利用公司资源为顾客服务。"该公司的 CKO 警告说。

这个问题开始没给公司造成太大的麻烦，直到顾客的公司为减少开支而决定要求公司将它在全球的培训统一化时，公司才遇到了巨大麻烦。由于公司不能在欧洲和美国之间进行合作，所以他们只能让德国的培训师飞回总部，借用他们的专长为顾客提出方案，为减少支出，这些人只在总部停留 10 天，然后又飞回德国，以后，就不进一步请教他们了。

最后，该培训公司虽然达到了顾客要求，但它却未充分使用公司在德国的专长和经验；而且还得提出新的方案，这使得公司很难保持计划，减少了公司的赢利。现在，该公司正在重组基于 Notes 内联网的系统，以改变这种状态。

**分析**　　在知识管理的实施中，需要对员工的观念进行完全更新，同时也需要完善知识管理系统的合理配置，才能达到预期的效果。

## 避开麻烦制造者

郎莱公司准备在公司内推进知识管理项目，但是遭遇了很大的挫折。

博义德是朗莱公司的总裁，谈到知识管理失败的原因，他认为通常是公司不能将它进行到底，比如以前公司曾大力宣扬知识管理，给予知识管理人员更多的权力。现在却将知识管理人员置于一个无关紧要的位置，即使是那些积极向客户做知识管理理论推广的咨询公司，现在也不能说明他们的投资是否值得。

还有就是曾一度雄心勃勃发展知识管理的 CKO，现在发现员工丧失热情，项目也无钱资助了，而且职位也岌岌可危。这其中的原因，博义德认为可能是命名的问题，"知识管理"是一个错误的比喻。现在咨询公司和以知识为导向的公司实施的知识管理实际上是建立在变形的泰勒科学管理的理念上，他们仅是对各种项目及文件管理的技巧修修补补，而没有正视根本的文化变革。

所以，大多数知识管理的耗费成本多，实效少。他接着说："认为不能够表达的知识同金子、设备一样是资产的观点是极端错误的，知识是交往中自然发生的东西，要想管理好它，就必须创立一种环境，使公开合作成为人们的信条，而不是例外。"

现在，人们已经知道知识管理的有效执行并不是一件轻松的事，以上知识管理失败的案例对于每个 CKO 而言都是熟悉的。若能多多从中吸取经验教训，那么，知识管理的计划就能执行得更顺利。

## 巨鹰知识管理的启动

当食品零售商和发行商巨鹰连锁店在 3 年前开始实施知识管理时，公司中已经有几个因素不利于这一新生运动的开展。首先，它的 215 家连锁店中的大部分员工以前工作时从未使用过计算机。为了使用他们的知识管理系统（一个由 Open Text Live Link 支持的叫作 Know Asis 的网络门户站点），员工们必须安排时间上网注册和登录，阅读同事们根据自己的实践经验总结出来的要点，还要发布他们自己的想法观点。

另外，在巨鹰连锁店的管理者之间已经形成了一种竞争性文化。工人们为了赢得最高的销售额、出现最少量的入店行窃事件、成为最快乐的员工等，在日常工作中相互竞争。这种竞争精神似乎与员工们进行协同工作、信息共享这一思想是相互矛盾的，因为这样做有可能使他们丧失本来可以超越他人的优势。

由于缺少底层员工的支持和使用，巨鹰的努力似乎趋于失败，因为如果员工不使用系统的话，知识管理系统就没什么价值了。由于经济形势越来越不稳定，渐渐濒临衰退的边缘，而且在经营日趋复杂的企业间的竞争也比以往更激烈了，对知识管理系统进行投资的风险变得很高。

让巨鹰的知识管理项目运行起来，并不是靠执行组宣布项目开始或者利用系统会获得利润进行激励。它的启动非常简单，是从一个微小的环节着手的。

大约在 2000 年的假期，巨鹰熟食店的一位经理偶然发现一种巧妙的陈列海鲜食品的方式，这种方式使顾客购买欲大增，结果使每周销售额上涨了 200 美元。但是由于对自己的策略不太肯定，这位经理首先把他的想法在 Know Asis 门户系统中公布了出来。部分熟食店的经理们嘲笑他的想法，但是有一位经理在自己的店里把他的办法付诸实践后，发现的确对销售额有相应的促进作用。就是由于那两家店利用了这一微小的信息，该公司的总赢利额涨到了 2 万美元。公司估计，要是当时在所有的店中实行该方法的话，总赢利额可能会上升到 3.5 万美元。巨鹰的企业系统执行副总裁杰克曾说："以前还从没有过在连锁店之间进行想法共享的惯例。"

共享知识所产生的实际收益，促使雇员们消除了疑虑，并激励他们从繁忙的工作中抽出时间，抛开以往的工作标准，开始共享彼此最佳的建议。巨鹰的信息系统部门高级副总裁兼公司 CIO（首席信息官）鲁斯说："现在，员工们在开发想法的市场中展开了竞争。"

俄亥俄州欧几里得市南部超级市场的店长布莱恩·弗雷尔说："它成了一个陈列箱，用于向其他人展示自己所做的事。每个人都想往里边放点什么。"弗雷尔强调，他每天至少要登录一次企业门户系统，并且说他发现门户中的实践可以帮助他获利。巨鹰保守地预计，如果行业平均利润不减少的话，通过共享想法，每年至少会增加 10 万美元的收入。

 　　不仅知识型企业能够从知识管理中获益，生产型企业也能够从中得到好处。

## 安永的知识管理

安永认为，知识管理就是把恰当的信息在恰当的时候传递给恰当的人。由于安永的服务涉及税务、审计、保险和公司财务等各个领域的专业服务，恰当的信息可能包括客户所处的行业信息、该行业的市场状况、行业的发展状况和市场发展状况等。而恰当的人则是指所有参与项目并做出决定的人，这些人不仅包括合伙人、高级经理，还包括其他职位的项目负责人，他们都需要在项目的进行过程中获取相关行业资料，以便准确、快捷地满足客户需求。恰当的时间则是要确保那些项目负责人在作出决定的时候，拥有足够的信息让他们做出比较正确的决定，以保持自身的优势，满足客户的需求。

在这种情况之下，整个事务所需要储存的信息量非常大。在审计行业，安永需要储备各个国家的 GAAP（通用会计准则）的具体条例，因为它们服务的大部分公司都是跨国集团，在不同的国度它们会有不同的要求，为了让每一个项目都能够做得尽善尽美又有效率，这些信息显然是必不可少的。

安永的知识管理小组把上述信息划归内部信息资源，这部分资源为所有在安永内部的员工共享。有了所有这些行业、市场以及专业信息，各个项目组的成员就可以在接手某一项目后，按部就班地找出相关信息，然后通过他们自己的努力把各类信息整理、归结成客户所需要的东西。这时，所有融入那份报告的信息才有了具体的场景和内容，成为真正的知识。

安永的信息库不仅包括130多万份文件——安永把事务所处理过的所有案例以及相关背景都分门别类地存储在信息库中，它们还耗费巨资从道琼斯、路透社、彭博社、OneSource、Yankee Group等专业机构购买即时更新的文档、信息，建立外部信息资源，以便员工从信息库中获取最新的专业背景资料。所有这些内部文件、外部资源，再加上安永的商业知识中心都被归入安永的知识网站——KWEB。

安永并不是为了管理而去管理知识的，知识管理部门之所以必不可少，是因为它们提高了员工的工作效率，从而给安永带来更多的业务和更大的收益，赢得更大的市场。然而，这个系统却很难确定一个具体的投资回报率，因为知识的回报有很多种，有些可以量化，但更多的却是一种质的提高，很难量化。在安永引入知识管理之前，一份常规的跨国公司审计报告需要10位专家历时8周才能够完成；而现在，如果接到一份同样的任务，事务所会派遣一个5～6人的审计专家组，用4周时间来完成这份任务。同样，以前可能需要5～6位专业人士花费数周时间才能完成的草案，现在只要几个小时就能完成。因为，作为一个专业的会计师事务所，安永已经做过上千个类似的案例，草案中有80%的内容都是可以借鉴的：项目负责人的简历，它们所做过的一些案例，还有20%就是最新的行业信息资料和市场状况，以及最新的案例，所有这些它们都可以在信息库里找到。而信息库的存在也为那些从事项目的人提供了更多、更完备的信息，让他们有机会在更高的起点上完成新的项目。在一个看重时间的时代里，效率的提高和质的改善本身就是一份相当不错的收益，但它却很难量化。

知识网站的完备并不代表它的有效，过时的信息很可能铸成大错。管理者需要随时更新知识。所以，安永的16人商务知识中心还得负责确认、更新信息。这个过程并不需要专业的审计知识和税务知识，知识中心关注的依旧是人、过程和技术这三个层面的信息。例如，一个小组刚刚完成一个税务项目，在他们回到办公室开始新的工作之前，专家就开始协助这个小组来确认，这个项目中都涉及什么样的人物，他们都有什么样的背景和能力，他们又通过什么样的方法和途径来实现目标。

安永的全球商务知识中心的执行程序类似，它们的职责也是向其他人介绍，如果做一份类似的项目，他们可以使用哪些资源、通过什么途径来实现，同时向大家推荐在这方面最成功的人士。所有的知识管理技术操作都不难，而商务知识中心的工作也看似很简单，但是当你提出要求把你所获得的知识与人共享的时候，却有多数人不愿意。知识管理的命门就在于很多人害怕与人共享知识，害怕因为共享而失去了他个人存在的意义，从而失去工作。事实上，这些人都是商业知识领域的专家，他们与人共享成果不仅不会给他们带来丝毫的恶果，在安永，他们还能因此而受到上司的重视，获得快速提升，可以有机会承担更重要的职责。安永认为，知识是在共享与相互切磋中不断增长的，而商务知识小组的工作本身就是帮助你总结每次任务的得失、获得更多的知识和教训。也许，安永的激励机制还包含着这么一个逻辑：如果你愿意把你的所得与人共享，那么你就是一个愿意接受挑战，并且能够接受挑战的人，你的前途将会因为你的性格而越来越光明。

**分析**　安永在知识管理领域的成功应用极大地减少了它的运营成本，也为管理咨询企业提供了应用模式。

# 安达信的知识管理

安达信公司主要从事会计与审计、税务、商务顾问、咨询服务等业务，因为它为客户提供的服务 99.5% 基于知识，因此，知识是企业最重要的资源，贯穿于决策和管理过程的始终。公司面临的最大挑战是如何将所有信息组合成一个中心知识库。该公司对知识管理的定义是：促进个人和组织学习的过程。

在实施知识管理时，该公司的一些重要理念还包括：

知识与学习密切相关。

在将知识与管理结合时，遇到的最大问题是知识不容易管理，因为它存储在人们的头脑中。

知识管理策略应该与公司的商业策略密切结合。

## 目标

帮助员工表达他们的思想。

帮助知识经理们更好地组织知识。

不断充实知识管理系统，使其内容更加丰富，鼓励员工使用它。

力求使企业的所有知识都变成可以查询和获取的显性知识。

## 计划的实施

安达信成立了一个专门的知识管理委员会，负责制订具有竞争优势的策略。每一条服务线和每一个产业部门都有责任保证知识的共享。同时，每一条服务线和每个产业部门都配备了一名知识经理，共计 60 名，其中一些人全职负责知识管理工作。

### CIO 与 CKO 的职责

前者关注技术，后者的工作集中于知识处理、调查和评估用户对知识产品的使用情况。但无论工作重点如何，两者总是紧密地结合在一起进行合作。在企业内部，并不是所有信息都能被上传到网上去，需要对它们进行评估，有价值的信息才能被上传。

### 技术平台

安达信的知识管理系统基于普通的软硬件平台（Windows、Lotus Notes 和 PC 机）。所采用的三大技术是：群件技术、Internet/Intranet、数据库和指示系统（Database & Pointer System）。其中使用最频繁的技术是以下三种：

①Lotus Notes 确保信息能够安全地在全球范围内传播。

②语音邮件允许人们在任何情况下进行交流。

③知识基地提供最佳实践数据库。

### 实践

安达信的知识管理项目获得了以下成果：

①全球最佳实践项目（GBP）。

②网上安达信。所有员工都是内部网的用户，网上提供的信息主要包括三个方面：公告（例如金融市场产业）、相关资源（例如有关会议和有关公司其他投入产出的结果）以及网上对话与讨论。

③电子知识蓝图。

④全球最佳实践基地（Global Best Practice Base）汇集了各类项目报告，共 2 万多页（同时有光盘版）。总部有 25 个人监督它的使用情况，并对内容进行整理。该项目的定量和定性工具能够帮助人们构建事件的框架，并按优先次序排列。

⑤商务咨询顾问：提供安达信所有的商务咨询方法（存储在光盘中），并提供 50～100 种工具，咨询人员可以将其作为辅助工具。

⑥专家向新手传递知识：知识管理的难点之一是专家如何将自己的经验和知识传递给新手。在安达信，新手通过全球培训数据库获得知识。

### 经验教训

引入 Lotus Notes 时，并没有提供全球最佳实践数据库的能力，但事实证明这个数据库很有用，因此安达信应该与 Lotus 协作，提供能满足全球最佳实践需求的产品信息。

应该尽早采用委员会或小组的方式推进知识共享策略，在知识创新、评估以及监督等方面充分发挥知识经理的作用。

在部署知识管理计划的早期，应尽力将知识管理与用户所期望的短期利益结合起来，在知识管理项目与其受益者之间建立一种可见的联系，这种联系越明显，一线工作人员就越容易接受它。

从某种意义上说，把知识管理引入企业类似于器官移植，有的肌体能很好地容纳它，有些则会发生排斥反应。因此，应该预先考虑实施知识管理计划后可能出现的反应，并尽可能使它有更好的兼容性。

 本案例介绍了安达信进行知识管理的具体做法，并检讨了实施知识管理的经验教训。

# 施乐的知识管理

施乐公司内部的知识管理起步较早，公司一方面密切注意和研究知识管理的发展趋势，同时实施"知识创新"研究工作，并列出了它们认为最重要的 10 个知识管理领域：

对于知识和最佳业务经验的共享。

对知识共享责任的宣传。

积累和利用过去的经验。

将知识融入产品、服务和生产过程。

将知识作为产品进行生产。

驱动以创新为目的的知识生产。

建立专家网络。

建立和挖掘客户的知识库。

理解和计量知识的价值。

利用知识资产。

施乐公司设立知识主管的目的是将公司的知识变成公司效益，知识主管的主要职责是：

了解公司的环境和公司内部知识流向以及信息需求；

建立和造就促进学习、积累知识和信息共享的文化环境；

在企业内部宣传知识共享的价值观，负责公司知识库的建立；

监督知识库内容的更新，保证知识库的质量、深度和风格；

加强知识集成和新知识的创造。

施乐公司专门建立了名为"知识地平线"的企业内部网络，它包括6方面的内容：工作空间、知识管理新闻、历史事件、研究资料、产品技术以及相关网点。

施乐公司内部的知识库包括以下内容：

公司的人力资源管理、每个职位需要的技能和评价方法；

公司内各部门的内部资料；

公司历史上发生的重大事件；

公司客户的所有信息、主要竞争对手及合作伙伴的详细资料；

公司内部研究人员的研究文献和研究报告。

在人力资源管理方面，施乐公司采取了以下措施。

将公司的人力资源状况存入知识库，方便知识主管及人力资源主管对公司员工进行管理。公司在内部网上建立了一个技能评价系统，每位员工都可以匿名利用该系统对自己的能力做出评价，并得到该系统给出的改进建议。在存入知识库的建议中注明提出建议的员工姓名，保证提交建议的质量，并促进员工提交建议的积极性。

总的来说，施乐公司的知识管理方案实现了专家网络和人力资源方面的激励与开发，解决了知识管理中"应该做什么""如何做"和"为什么要做"等问题，是一种比较完善的知识管理解决模式。

 施乐公司的知识库并不仅仅作为一个数据库来管理，而是在企业的发展中不断扩展成为完善的知识管理系统。

## 美军建设学习型组织案例

在路易斯安那的蒲科堡垒美军训练基地，几个身着迷彩装、面涂土色颜料的士兵正在散兵坑的旁边热烈地讨论，四周硝烟弥漫。这是美军在执行自己的学习过程：AAR，一项关于如何评估自己成绩的被称作"行动后评论"的美军标准学习过程。美军上校沃瑞·纳戈这样解释行动后评论："它是在军队行动结束时参与者立即集合在一起，可能在山坡上、教室里、树荫下，来讨论'我们开始打算做什么？我们实际做了什么？为什么有差异？'""现在我们的要点是如何改进一些薄弱点，并且对仍需要调整的地方做进一步改善。"费茨基拉德上校在一次评估会中说。

常言道，第一次犯一个错误是错误，第二次是失误，第三次就是愚蠢！而军队的错误更是无法容忍的，因为人们都知道它意味着什么。AAR系统实际是帮助军队不重犯错误的，目标是确定我们做出了什么成绩并需要保持下去；找出失败之处，并予以避免。

AAR 的过程已标准化。根据分工，主持者把任务分解下来。他把问题落实给任务中执行每一步的人员，最初的意图是什么？实际完成了什么？我们怎样保持成就，改正失误？ AAR 形成三个明显特征：一是持续，在完成每项任务后，每一个分队，不论它位于何种层次，都要始终如一地执行 AAR（AAR 分为低级和高级两种，低级的 AAR 包括这个分队里的每一个步兵；高级的 AAR 只包括上尉、少校、中校和上校——军队的中级管理者）。二是记录，在 AAR 中形成的结论和决定总是由一个指定的人来记录。三是风气，AAR 要求一种特别的风气，即坦率，人们可以很自由地承认自己的错误，也能自由地批评他们上司的行为。为了鼓励"坦率"，AAR 的记录是和军队人员的评估系统分隔开的，在 AAR 上承认错误不会损害军人的职业生涯。相反，不太诚实或者隐瞒事实倒是美军士兵军旅生涯毁于一旦的原因。

1994 年，美军在海地执行维和任务时最终测试了 AAR 系统。置身于一个变化的环境里，并且受维和制度所约束，这一切迫使美军发展出一套全新的技能。就像一个公司突然进入一个新市场，美军当时面临着许许多多未知的情况。没有选择，只有行动——然后尽可能多地从中学习。为了加快学习速度，部队认真贯彻AAR。

迈克尔·崔瀚上校是空军中队指挥官，他清楚记得在海地做的每一项军事行动都执行了 AAR。其中一些只是手写的、潦草的，比如如何跟踪通过交通控制点的车辆，如何填写关于日常事件的行动日志。每一个指挥官执行了一个特定的任务后要写下以下几点：军事行动的概念、结果、趋势、建议、维持、改进。

在海地，每周都会产生许多记录，中层官员的工作是从中提取精华并形成学习材料。然后按照两个途径传播这些信息：一是平级分发，发给其他分队的对应中层军官；二是垂直传播，传给高层军官，最后形成在全军分发的学习材料。

5 个月后，当第二批部队到达时，他们拥有了第一批部队总结的所有知识。半年后他们回国时，师长说："我们到达之前训练了第一批军队总结的 24 个主要经验。在海地，我执行了训练的 24 个情节中的 23 个，唯一没有执行的一个是对付恐怖分子的攻击！"

除此之外，美军创造了军队课程学习中心——或称 CALL，总部设在堪萨斯州的伦温沃斯。CALL 是军队"从做中学"的神经中枢，它的 28 个成员以最低的代价服务着 50 万军人的学习需要。它派遣

有经验的观察员小组到全世界的动荡地区去收集信息。CALL总部会很快对这些信息进行归纳，把关键的材料分发给军队指挥官。

CALL的工作就是收集信息，并归纳和传播信息。CALL有9人负责收集信息，他们实际上是信息收集主管。他们有时需要从各大军事院校请几十位各方面专家协助工作，这些人可能分布在世界各地采集信息，并将信息及时传回总部。其他人则是将收集到的各种信息进行分类，归纳成易于理解的形式，形成被称作"战场蓝本"的文件。这里把观察结果进行分类是一个标准化的体系，可以进行标准化的索引，像数据库一样便于查询。

纳戈是CALL的主任，他带领部下开发了一个数据库通信系统。能够保证在战役中的特定时刻，如果坦克中的连队指挥官需要某一方面的知识时，可以查询数据库。

在标准化所学课程后，CALL立刻把它们提取出来，制作成许多产品，例如时事通讯和录像，军队以最快的速度将信息产品分发出去，保证信息不会因延迟而失去价值，从而能够运到战场上。

美军通过建立学习型组织，使得整体犯错误的可能性降低。由于做好了充分的能力准备，因而极大地提高了作战能力。这是知识管理在组织中优势的体现。

第 **九** 部 分

THE NINTH PART

# 组织
# 流程

# 不改革，导致业绩一落千丈

中村物产是一家销售公司，公司由能干的社长领导优秀的干部经营。在行业中，中村物产是有口皆碑的公司。中村先生白手起家，把中村物产发展为中坚企业，再发展成今天这么大的规模。

中村物产公司的组织编制比较特别，其中最小的事业单位为"联络处"，是由公司职员自由申请设立的。譬如某位职员判断以一定的经费每个月可以做成一百万日元的生意，而且确实可以获得预期的利益，那么他就可以向公司提出经营计划。经过公司认可之后，他就能获得"联络处主任"的头衔，联络处是由一个人"创业"的，他以联络处为据点从事促销活动。

不久，当销售实绩提高到每月一千万日元时，该"联络处"便升格为"办事处"或"分社"，当然，联络处主任也升职为"办事处主任"或"分社社长"。

中村物产公司快速成长的原因，是由于社长和干部们互相砥砺，以及有良好的阶层制度使然，而且只要业绩好，就可以领到自己满意的薪水。这种自己当老板的经营方式，可以鼓舞员工努力进取，以取得更好的业绩。

可是今天的中村物产已经陷入长期经济低迷的状态。原因是在经济快速成长时期派得上用场的组织体系，到了经济低迷时已不再适用。尽管如此，该公司却未适时加以调整，最后导致以下的结果。

首先是无法提高销售额。根据计量，按理说"联络处"的基本销售额一个月不难做到一百万日元，但是单枪匹马的推销活动毕竟效果有限，很难对抗竞争对手多人地毯式的推销方式。"联络处"虽多，但对业绩并没有很大的贡献，甚至还会彼此扯后腿。

再加上"办事处"级以上的事务所需要事务处理的专才。因公司采取的是"一条铁汉打天下"的方式，而且是自立经营的老板制，所以各办事处、营业处、分社都有各自的事务部门，这些间接费用也相当庞大。虽说是老板制，却不是由各处主任、分社社长本身提供担保向金融机关贷款来扩充资金，而是将各处、各分社的商品采购与库存托给他们自行管理，所需要的资金则由总公司负担。但是公司的商品并不比其他公司更好，也没有独占市场，自然竞争力不强，赢不了其他公司。这种状况之下，就需要信息、服务等其他力量来补救。可是中村物产"一条铁汉打天下"的作风，造成其内部各个部门之间从来就没有交换过信息或事务，也使部门与员工缺乏其他附加专门技能。

当"联络处"的滞销货愈来愈多的时候，处长却不敢向总公司坦白，不但如此，所需的经费愈来愈多，赤字也累积了不少。中村社长依然深信再也找不到能符合自已和干部个性的其他组织了，因此仍然以这种制度来鼓舞大家。这种情况持续下去，最终使公司营运长期处于低迷状态。

 这个案例中的企业忽视组织必须根据环境而改变的基本原则，一成不变地执迷于过去某个成功时期的组织原则，结果必然是失败。

## 通用电气的新型核心管理模式

通用电器公司的董事长杰克·韦尔奇统率着这个电器制造业巨人，创造了销售和赢利的新纪录。这家总部设在康涅狄格州菲尔费尔德的电器公司年销售额高达600多亿美元。它一直是世界范围内工业领域中的佼佼者。其经营范围包罗万象，小到生产价格不足1美元的灯泡，大到设计建造10亿美元的发电厂。

韦尔奇和公司全体员工一再创造新的辉煌，并非靠遵循"老板号令一切，底下埋头苦干"的旧式管理模式，而是依靠一种全新的经营核心管理模式。如今，这一模式已被无数企业争相仿效。韦尔奇创立的这一经营管理模式最大的秘诀在于通过调动员工的积极性，参与公司决策过程，激发他们用之不竭的工作干劲。按韦尔奇所说："我们以全新的管理理念赢得人心，而非依靠强制性手段。"他接着指出，这一做法的关键是将公司最高领导者的因素排除在外。这意味着，在当今时代，优秀的企业管理者必须摒弃老一套的管理模式，即放弃以计划、组织、实施、评价为核心的旧管理体系，担当起新的管理角色，成为员工的工作顾问，为他们的好建议提供向上传递的快捷途径，送上员工急需的工作资料。尽管要完成旧模式向新模式的转换，即从权责界定明确的管理者向"弹性"管理者转变，但是无论如何，员工的绩效仍旧是第一位的因素。韦尔奇说："只有那些经过实践检验，能够真正发挥作用的想法才是一流的创意。除此之外，别无他法。这就是说，我们要尽力做到全体员工都参与其中。如果你真正这样做了，一流的创意就会传达到最高层领导者那里。"

韦尔奇的新型核心管理模式由三个关键部分组成：群策群力、充分实践、工作过程定位。

群策群力指的是公司定期召开为期三天的研讨会，地点设在会议中心或饭店。管理人员负责从公司上上下下各阶层中挑选出40～100名员工，组成研讨团。会议开始第一天，由一位经理拟定大体的活动日程，然后便自行退出。下一步是将参加研讨的员工分成5～7个小组，每组由一名会议协调员带领。每组选定一个日程，然后开始为期一天半的研讨。在第三天，原先那位经理重新回到研讨会，听取每组代表的发言。在听完建议后，这位经理只能做出三种选择，即当场同意、当场否决或进一步询问情况。参加过研讨会的公司经理阿曼德·洛宗回忆说："虽然只进行了半个小时，我却紧张极了，出了一身汗。面对 108 条不同的提议，我要极迅速地给出答复，是或不是，不能有半点含糊。"结果，除了 8 条提议外，其余全部通过。这 100 条提议迅速得到了实施。一年之内，为公司节约了 20 多万美元。"群策群力"活动提供的各项建议为公司节省了大量时间和金钱。例如，公司实施某项提议的结果是，本公司打败了另一家公司，赢得了为打磨机制造防护板的项目，通过这个项目，通用电气公司发现了管理上的漏洞和评估上的缺陷。项目开发经理乔治·齐佩尔介绍说："我们应把注意力集中到如何完成一项工作，而不是寻找该做什么。"

充分实践的主要目的在于针对成就突出的公司进行专门研究，以发现其成功之道。最初，通用电气公司追踪研究了 8 家公司。这 8 家公司的生产增长速度曾一度超过了通用电气公司，并且保持增长势头达 10 年甚至更长的时间。它们是福特公司、惠普公司、施乐公司、查帕罗尔钢铁公司、AMP 公司以及 3 家日本公司。为了与这些公司交流管理经验，通用电气公司同意和这些公司共享研究成果，并为对方提供研究上的便利。

在实施工作过程定位项目时，参与者处于一个专门的工作过程中，自始至终对每一步骤进行界定。这样做的目的是搞清楚管理人员的指令在工作过程中所起的真正作用。参与这一项目的专门小组成员包括经理和员工，还包括客户和供应商。

公司采用这一方法对制造飞机发动机涡轮叶片的过程进行跟踪，特地绘制了流程图，贴在研究室的墙上。攻关组终于找到了制约生产过程的瓶颈，并一举攻克了难关。结果，涡轮叶片的制造时间缩短了一半，节省了 400 万美元的资金。NBC 是通用电气公司下属的电视网，每年它要花费大笔经费印制各种名目的收视调查表。根据"群策群力"活动提出的一项建议，NBC 削减了调查表的种类，去掉了那些无关紧要的名目，结果一年就节省了 200 万美元。

 **分析**　有效的管理组织模式对一个企业创新发展和节约成本有着直接作用。

## 富士通的 SPIRIT 管理制度

所谓 SPIRIT 管理制度，是一种由员工自行决定作息时间，按照工作业绩而不按照劳动时数来支付报酬的制度。实施 SPIRIT 管理制度，是希望把专业技术员工从劳动时间的约束中解放出来，以激励他们在以工作成果为标准的报酬制度下为企业做出更大贡献。

SPIRIT 管理制度包括自主劳动制度和定额加班津贴制度两个部分。自主劳动制度的适用对象是系统工程师和研究开发人员。制度规定，公司和员工事先签订日工作时间为 7.9 小时的劳动协议，不论员工实际劳动时间多长，一律按照日 7.9 小时计算劳动时间，并据此支付固定数额的业务津贴。同时，对系统工程师和研究开发人员不进行出勤管理。他们可以自主决定作息时间，如可以自主决定几点上下班等。定额加班津贴制度的适用对象是系统工程师、研究开发人员以外的员工，如营销人员、经营计划人员等。对这部分员工，业务津贴以加班津贴的名义，按照固定数额发放，其本质与自主劳动制度的业务津贴一样。并且，对他们也不进行作息时间管理，劳动时间以员工本人申报为准。

SPIRIT 管理制度还规定，报酬由月工资、奖金和业绩奖金组成。月工资又由基本工资、岗位工资和业务津贴组成。业务津贴不按照实际劳动时间计算，而以固定数额发放。因此，业务津贴与实际劳动时间之间没有必然关系。工作效率高的员工不需要加班，甚至花比劳动协议时间更少的时间就可以拿到业务津贴。除了月工资以外，员工还可以根据业绩考核的结果得到不同数额的奖金。并且，由于紧急任务造成业务量增大时，还可以得到另一份数额固定的业绩奖金。

如果把根据劳动时间计算的报酬看成固定报酬，而把根据业绩考核计算的报酬看成可变报酬，可以看到 SPIRIT 管理制度下的固定报酬减少了，而可变报酬增加了，报酬风险有所增大。为了补偿报酬风险，富士通公司提高了对高业绩者的报酬支付力度。业绩考核分 5 个等级，如果拿到最高等级考核结果，员工可获得比以前的报酬制度多 1.7 倍的奖金，如果加上业绩奖金，可获得比以前的报酬制度多 2 倍的奖金。

富士通公司进行的民意调查显示，大多数员工认为，SPIRIT 管理制度能够促使员工更加关注成果，有利于员工自由支配时间，有利于提高时间利用效率及工作效率，有利于在公司外开展工作，能促使员工挑战高难工作。但另一方面，该制度导致员工收入不稳定，造成时间管理混乱，不利于身心健康和业务量增加。尽管员工对 SPIRIT 管理制度感到一些压力和不安，但总体来讲，他们对该制度还是比较认可的。

**分析**　　有些员工的工作业绩与劳动时间之间具有直接关联，而有些员工则没有这种关联。例如，操作工、办事员等普通员工的工作业绩可以用劳动时间来衡量，而研究开发、系统设计、咨询、营销等专业技术员工的工作业绩与劳动时间之间就没有必然的联系。因此，对普通员工，企业只要管理好规定时间的劳动，就会使他们完成相应的工作业绩，而企业按照劳动时间来支付报酬即可。但对专业技术人员，企业则很难通过管理劳动时间和按照劳动时间支付报酬的方法来保证工作业绩。而且随着信息及产业咨询等行业的急速扩大、技术创新在企业竞争中作用的提高，各企业专业技术员工的数量日益增多，因此，如何管理专业技术员工的脑力劳动，以何种标准确定专业技术员工的报酬，就成为急需解决的课题。富士通公司的做法，可以让我得到一些有价值的启示。

## 松下的事业部制

1933 年，松下电器在日本开始实行事业部制，成为当时少数几个敢于尝新的企业。1935 年 12 月，40 岁的松下幸之助曾这样解释自己的这种"神来之举"："事业部制的优点是大家都有责任意识，尽情发表个人创意，个人才智得到充分发挥。至于缺点，多少会出现独断独行的一面。"虽然表意简单，但显然早在制度设立之初，管理层就已经意识到这种制度的两面性。事业部制带来了松下早期的高速发展，1993 年，松下电器销售额为 613.85 亿美元，居世界最大工业公司第八位，居日本第三位。

然而，光辉的发展业绩下，一个潜在的威胁却被忽略了。当事业部不断扩张，数量达到 200 多个时，问题终于爆发出来。有专家指出，按照管理学说法，一位管理人员最多一次可以管理 5～9 个事业部，超出此范围就是能力所不及的，可以想象，在松下 200 多个事业部体制中，管理层已经分化出了多少级别，这样大大放缓了决策的速度。事实是，当 1997 年索尼平面电视已经在市场上火爆销售的时候，松下彩电事业部的同款产品仍"待字闺中"，直到 1998 年 5 月松下的同款电视才开始生产销售。机构臃肿庞大已经造成大笔资源不能共享、市场反应迟缓，实际上，利润被自己吃掉了一大块，以前的事业部制在此时反而成了障碍。

不仅如此，由于上情下达不畅，内耗已是不可避免。各事业部实行独立核算，为了扩大各自的市场份额，相互渗透，形成严重的事业重复等诸多弊端，而总部的作用也显得"力不从心"。当时，松下传真机有两个事业部，家庭传真机事业部见专业传真机销路不错，便研制出专业传真机进行生产和销售，而专业传真机事业部则反向推出了家庭传真机。松下电器（中国）有限公司总经理浅田隆司曾尖锐地指出："这不是个例。其实松下所有类别的产品，几乎都有两个或多个事业部在运作。"

2000 年 6 月新上任的社长中村邦夫做了一个对松下具有革命意义的决定，宣布废除事业部制，从根本上否定了原松下集团的经营方式。松下电器下属的 36 个部门重新划分为 4 个业务分公司，即 4 个分社：AVC 网络领域、家电产品领域、产业设备领域以及元器件领域。"彻底的事业重组是要把 200 多个事业部的资源支配权收归回来，交给 4 个分社统一控制，4 个分社下辖共 14 个事业领域"，据松下一位管理人员介绍："这种制度排除了集团内部的事业重复和竞争，14 个事业领域构筑出自我完结型的开发、生产、销售、服务一体化的运营体制。"这种庞大的系统改造工程对松下来说将是艰巨的。

 企业组织结构的简化和重组对于一个机构庞杂、官僚主义盛行的企业是非常有必要的。

## 爱普生的轮岗制度

对于一个具有销售性质的公司而言，轮岗制不仅使管理者和普通员工成为多面手，更重要的是员工的成熟使公司也快速成熟起来。一旦公司成熟了，它也就步入了快速发展的轨道。

爱普生中国公司在管理上的一个成功秘诀就是进行轮岗制。因为在整个公司发展过程中，任何一个人的经验都是有限的，需要通过不同岗位的锻炼才能成为符合要求的人才，尤其是公司的中层管理人员，是公司发展的骨干力量，更需要轮岗制。一个人在一个岗位上工作几年后一定要调到其他岗位上，换一个角度看问题就会有新的认识，工作效率也就有了新的提高，而且对于提高工作的分析能力和内部沟通协调能力都十分有帮助。例如，爱普生中国公司要求在北京本部的工作人员一定要有第一线的经验，本部市场人员一定要到外地办事处去工作一段时间，然后再回来工作，这样才能更好地为当地办事处服务。爱普生中国公司的飞速发展，正是得益于中层干部的成长和成熟。

爱普生制订的岗位轮换制一般是每两年左右轮一次岗，这样下来，可以让公司员工从不同角度加强对公司的理解，从而提高整个公司的效率。

通用市场开拓科经理张锋刚来公司时负责公关工作，后来被派到武汉，用了一年半的时间，把武汉办事处从无到有办成一个优秀的办事处，回来以后做喷墨打印机的产品经理，一段时间后又做公关经理。经过这么多次的轮岗，可以说张锋对公司的所有工作都比较清楚了，不仅自己的工作效率提高了，也会跟其他部门进行很好的合作。

当然，员工在某个岗位工作了较长时间，业务、关系等各方面都比较熟悉了，一旦轮岗，会造成一些损失。爱普生也充分考虑了这个问题，提出了解决方案。

首先是建立严格的项目管理制度——公司的解决办法是靠流程化、规范化的管理把员工个人特有的作用降低。公司把任何一个项目、任何一种工作最大可能地流程化。比如一个产品经理负责 5 个产品，任何一个产品上市前需要做什么准备工作，3 个月后应做什么，半年后应做什么，都要写清楚，公司把它叫作工作手册。所以每个项目组、每个职位都有一个很严格的工作流程。新同事根据这个手册，会很快进入角色。

其次，相对一个团队来说，轮岗的只有10%～20%的员工，不会对整个团队造成过大的影响。公司经理这一层对公司的基本情况应该是比较了解的，他一旦进入一个新角色，会很快熟悉起来，无须太多的适应时间。

经过轮岗，现在公司许多经理都是多面手，都是成熟的管理者，对提高整个公司的竞争力和业绩起着决定性的作用。

**分析** 轮岗制度是许多外企经常使用的企业组织管理方式，它让一个团队的员工能全方位地认识企业组织流程，从而使他对企业多部门合作有深刻理解。

# 台积电的员工援助计划

## 物质与心灵并重

员工援助计划（简称EAP）的目的在于透过系统的需求发掘渠道，协助员工解决其生活及工作问题，如工作适应、感情问题、法律诉讼等，帮助员工排除障碍，提高适应能力，最终提升企业生产力。台积电制订的EAP目标是追求物质和心灵并重，努力营造工作与生活融合的舒适环境。比如，公司设置了一个24小时的开放空间，员工可以在这里缓解工作压力。

时间是员工最宝贵的资源之一。为了节省同仁去医院排队看病的时间，台积电引进了健康门诊，员工可以在这里经由网络预约挂号后，按约定时间看病而无须排队。公司女性员工的比例占了52%，为了照顾女性的需要，台积电特意设置了哺乳室，这里成了妈妈们交流照顾孩子心得的生活新空间。

公司在新竹、台北和台南地区找了专业律师事务所，向员工提供法律咨询服务。首先由公司法律部门确认他们的专业水平，然后再介绍给员工，员工就省去了验证这些律师事务所是否具备专业资质的麻烦。公司员工可以通过电话进行免费咨询，但如果需要进一步的法律服务，则需按员工优惠价格付费。

## 台积电员工援助计划工具和主要方案

员工服务、健康中心、福委会、全天候供应美食街、门诊服务、各类员工社团活动、驻厂洗衣服务、健康促进网站、员工季刊、员工宿舍与保全服务、健康检查、急难救助、员工交通车与厂区专车、健康促进活动、电影院与文艺节目、员工休闲活动中心、健康讲座、家庭日、阳光艺廊、办公室健康操、运动园游会、网上商城、体能活力营、员工子女夏令营、员工休息室、妇女保健教室、托儿所、咖啡吧、哺乳室、特约厂商驻厂服务、书店、心理咨询、百货公司特惠礼券、便利商店、咨询服务（法律、婚姻、家庭）等都是由公司经营并向员工提供便利的。

## 用心去做

台积电做员工帮助计划不是因为公司大，而且做员工帮助也不一定要花很多钱。公司不花很多钱却依然能达到很好的效果，关键在于用心去做。

比如心理咨询，公司早期的做法是引进专业心理咨询师，但后来发现员工更需要的是当他们需要帮助时，可以以更隐秘的方式走进咨询室，不至于有太多压力。于是，公司和"新竹生命线员工协助中心"合作在公司外部设置咨询中心，让员工直接打电话去预约咨询。整个过程公司都不会介入，只要知道有多少人次做过咨询，知道男性和女性的比例，知道咨询的主要问题就可以了。这个改变过程并没有增加额外的成本，但是效果却很好。

再如办公室美化，都由员工自己动手布置；公司规划了阳光艺廊，邀请一些艺术家来展出作品，员工可在公司就近欣赏或购买艺术品，公司规划出艺廊空间并不需要额外出钱。还有洗衣服务，很多工程师不常自己洗衣服，公司就引进这个项目，洗衣店可以到公司指定的地点收取衣服，过几天再送过来。洗衣店有了生意，也帮员工解决了一些生活琐事，使其在工作上更专注。很多大企业都办有托儿所，但台积电和其他企业的做法不同的是，台积电用网络将托儿所和员工的计算机联机。员工只要登录托儿所网站，就可以看到他的孩子在托儿所上课的情形，如此贴心的设计，让员工更加放心。

## 血浓于水

现在要提到的是 1999 年的台湾地区"9·21 大地震"。"9·21 大地震"发生于凌晨 1 点 41 分，台积电的机器和园区很多企业一样是 24 小时运作，所以首先要维护的是人身安全，疏散所有现场人员。需要说明的是，这次紧急疏散不是临阵磨枪。工厂每个月都会进行紧急疏散演习，所以整个过程没有人慌张，也没有人受伤。紧接着，公司马上协助员工打电话给他们的家人，向家人报平安。

地震发生后，开进公司的车子比开走的还多，许多工程师担心他们负责的机器会受地震影响。因为一个芯片的生产需要一到两个月，做了一半停下来就会报废，会影响向客户交货。可能他们自己家也受了损失，但他们却立刻回到公司。正是有了这种以厂为家的精神，才有了后来机器在 72 小时内恢复运行的奇迹。当很多国外客户听说这种超高的复原效率后都难以置信，感动之余，对台湾积电的信赖与订单也持续增加。事后，公司发现一些员工家里确实遭受了损失，于是总部立即发放了紧急急难救助金，并成立了捐款项目，以实际行动来帮助他们。

2000年10月31日的新航空难，乘客中有一位与新婚妻子进行蜜月之旅的台积电的员工。当时，他曾一度被判定医治无效，后来经抢救脱离危险，但整个人的面部和脊椎受到严重损伤。于是，公司发动所有员工向他们送去关怀。为了使这件事情不至于一窝蜂，公司还进行了特别策划，每个星期都安排人员去探望他，让他不断地感受到关怀，支撑他坚强地生活下去。当年圣诞节时，因为他和妻子住在不同医院，已经一个多月没有见面了，所以公司特别为他和他妻子安排了圣诞晚会。他过生日时，公司代表也送去了蛋糕，与他的父母一起庆贺。当这位员工康复后返回工作岗位，公司针对他的特别需要调整了他的工作环境与内容，还特别向他提供了一个比较方便的停车位。如今，这位员工已经顺利适应工作了。

 员工援助计划能使员工的利益得到最大的保障。只要企业将员工的问题当作自己的问题，真正用心去做，自然会赢得员工的归属感和高效率。

## "走火入魔"的"扁平化"管理

张总是读工科出身的，毕业后第二年创业，从事IT产品的贸易。由于赶上IT经济热潮，加上经营有道，张总30岁刚过，就坐拥一个年销售额达3000多万元的企业。

IT人对时尚和潮流有着难解的情结，而"扁平化"手术后的生机勃勃也的确让人心动。在这两者的推动下，信奉"凡事先人一步"的张总决定防患于未然——在他的企业出现官僚化问题之前，先吃个"扁平化"的"药丸"。花了两个月的时间，张总把原来4层的企业管理结构简化成了3层（如下图所示）。

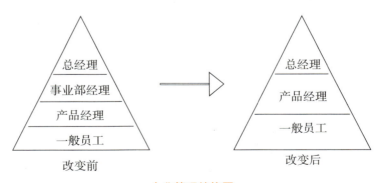

企业管理结构图

　　由于组织变革的时点选在销售淡季，所以一切都进行得非常顺利。看着大量的一线信息不断地传递到自己面前，张总油然生出一种掌控大局的快感。虽然工作比以前更繁忙了，但心底也有种说不出的快乐。他相信，自己这一步是走对了。

　　然而，他的这份快乐很快就让迎面而来的焦虑与压力冲得无影无踪。淡季过后，公司的业务量急升，他桌面的待办公文越堆越厚，工作时间也越来越长。但天道却没有酬勤，反而出现了好几次因为合同迟迟不能敲定而造成客户流失的情况。张总及时反省了一下，发现这几次失利都是因为流程在自己这里"卡壳"了——由于工作太多，没能及时审阅经理们拟好的合同。于是他开始大幅向下授权，企业从而具备了更快的应变能力。一切都有了好转，张总终于能从无穷无尽的工作里抽身出来了，公司没有进一步因反应不及时而出现客户流失的情况。然而，当年报统计数据出来的时候，张总傻眼了：销售额与同期相比下降16.4%，而销售成本与同期相比则大幅上升了22.7%。

　　张总无奈之下向一家管理咨询公司求援，而分析的结果大出张总意料：

　　（1）销售额下降的主要原因是产品缺乏年度营销策略规划，营销策略之间没有足够的组合，每年能带来高业绩的旺季促销活动在该年度完全销声匿迹了。

　　（2）销售成本上升的主要原因是销售成本缺乏控制，销售经理为了打单经常给出过度的优惠条件。

　　最后，咨询公司给出的建议是，重新设立事业部和事业部经理，分管下面的产品经理，负责事业部年度甚至更长期的策略制订并对事业部进行有效的控制。简单来说，就是恢复该企业扁平化以前的企业结构。张总对此哭笑不得，甚至开始对这个建议产生怀疑。但最后面对翔实的数据分析，他无可奈何地按咨询公司的建议行事了。

　　半年后，张总又恢复了当初的意气风发。因为公司的销售额上来了，销售成本也下去了，他的高尔夫球技也提升了。

　　**分析**　很多人感觉"扁平化"与传统的组织管理跨度理论是相矛盾的，更有人提出"管理阶层越少越好"。但事实却并非如此！现代化的通信技术，使企业组织阶层间的信息传递"扁平化"成为可能，但它所能提升的仅仅只是信息的传递能力，并不能带来信息处理和决策能力的提升。从整个信息决策过程来看，效率并没有明显提高。所以，即使有现代化的通信手段相助，"扁平化"所能做到的也只是适当拉大组织的管理跨度，而并非完全置管理跨度于不顾。如果忽视这一点，就只能遭遇张总在"扁平化"后遇到的困境——工作怎么做也做不完，组织效率在"扁平化"之后变得更低下。

每一个管理阶层，除了决策功能之外，还担负着其他功能，比如规划功能、控制功能。在"扁平化"之后，被砍的管理阶层的原有功能由谁来实现？能否像原来一样实现？这两个问题是所有企业在实行"扁平化"之前都必须考虑清楚的。在张总的案例里，他完全忽视了"事业部经理"这一管理阶层的策略规划功能和成本控制功能，从而造成了企业的功能缺失，最终导致了企业销售额下降和销售成本上升。"扁平化"的意义在于给企业"减肥"，去掉赘肉，而不是把企业有现实功能和意义的部门不问情由地砍掉。

## 前锋的"因人设岗"

前锋公司的前身是一家国有制药企业（前锋制药厂），在成功收购另一家生物制剂厂后，通过近两年的改制改组已逐步形成了以生物医药、保健品为主导产品的大型企业集团（简称前锋集团）。前锋集团的发展基本上可以从两位关键人物王某和何某身上找到踪迹。王某和何某都是原前锋制药厂的核心技术人员，两人合作开发生产的降压药品曾经是前锋制药厂以及前锋公司的核心产品。在此前一段时间，王某的又一项新研究成果在保健品领域取得突破，此时，前锋公司原有的降压药品也正好因为同行后继者的快速进入而受到强烈冲击，处于低迷阶段。在这种情况下，前锋公司要发展，面临的路有两条：一是集中科研力量，继续对降压药品进行深度开发，保持业内领先；再就是要慢慢放手降压药品这块蛋糕，快速转向开发王某的新成果，研制并生产销售保健品。两条路的特点很明显，前者将很费力，后者需要冒险。此时，股东、经营者，特别是技术研发层也围绕上述两种方案明显分成了两派。

王某和何某的对立开始日渐突出。何某因担心公司转向保健品而失去重视，工作激情萎缩，甚至出现"退出"的念头；王某因急于争取公司投资保健品，而逐渐淡化了在降压药品方面的研发，并且表示如果公司不尽快扶持开发保健品，自己将"另起炉灶"。前锋公司很快意识到了问题的严重性，如果不赶快协调好王某和何某的关系并做出决策，后果将不言而喻。

后来，前锋公司通过充分考虑和论证，在兼顾市场机会和风险的前提下，将公司正式拆分成两个事业部，分别以何某和王某为核心成立药品事业部（主导降压药品）和保健品事业部（主导保健品）。这样，降压药品继续稳住了市场，保健品也很快上市。

通过前锋集团近两年药品和保健品的均衡发展、优势人力资源的稳定，以及公司经营业绩的持续攀升和良好的发展态势，再次说明当时"因人设岗"拆分组织架构的及时性与正确性。

前锋集团根据两位关键人才的发展，积极主动地进行组织架构的拆分，不仅保持和发展了优势人力资源，也使得企业核心能力再现新的增长点，并持续增强。这也从某一侧面说明，在"人岗相适"的过程中，如果忽视人对于组织的反作用，组织的僵化和内耗是不可避免的。

> **分析**　企业变革的目的就是要集中优势资源。依人力资源视角来看，就是要集中对公司发展有利的一切优势人力资源，包括现有的核心技术人员和潜在人力资源，所以HR战略必须要前瞻性地去保持、发展这部分资源。为了保持和发展并购中的核心人力资源，"因人设岗"并非缓兵之计，也不单纯是为了挽留核心人才的一种无奈的让步，而是一项极具现实意义的人力资源整合战略。

## 文件的颜色

现代经济已进入高速发展的时期，而经济发展主要依靠管理和技术这两个轮子。在国外，经济学家认为西方工业现代化是"三分靠技术，七分靠管理"。众多企业通过改进管理、创新求实成为世界知名企业。

美国汽车公司总裁莫端要求秘书将呈递给他的文件放在颜色不同的公文夹中。红色的代表特急；绿色的要立即批阅；橘色的代表这是今天必须注意的文件；黄色的则表示必须在一周内批阅的文件；白色的表示周末前需批阅；黑色的则表示是必须他签名的文件。

> **分析**　把你的工作分出轻重缓急，使其条理分明，你才能在有效的时间内创造出更大的效益，也使你工作游刃有余、事半功倍。

## 两个公司的组织变革

### A公司：失败的组织变革

现状：A公司是国外资本收购国有企业后组建的合资公司，外资处于控股地位，多年以来，董事会没有按照规范的法人治理结构去管理监督公司的经营管理，到 2001 年，大股东开始全面介入公司经营管理，经审计，发现一系列重大问题，包括大量侵吞公司资产等诸多违法犯罪行为，企业经营管理更是漏洞百出。董事会开始下决心实施一系列强有力的组织变革，希望改善公司现状。

处理办法：首先，加强采购环节的监督控制；其次，狠抓经济犯罪案件的调查，相继将大批相关高层绳之以法；第三，全面清理收购前的历史遗留问题，特别是离退休的老同志、老干部和下岗分流问题；第四，全面割断与公司经营有关的多种公司业务来往；第五，实施竞聘上岗，进行大规模的组织和人事变革；第六，准备立即启动薪酬与考核大改革。主要工作时间集中在半年内完成，整个时间跨度约一年半。

效果：公司内外人心惶惶，历史的和现实的问题、显性的和隐性的矛盾、企业的社会的冲突，错综复杂的多层次矛盾一下子交织在一起，终于导致了大规模的恶性事件，激化了矛盾，董事会威信大打折扣，公司处于瘫痪状态。

结论：组织变革的处理办法，从法律上看基本上是对的；从管理上看，错了大半；从国情上看，大错特错。基本上违背了组织变革和管理变革的基本规律，思路上过于理想和幼稚，操作上急于求成，缺乏系统思考和周密计划，事先的危险预警和事后的危机处理都缺乏应有的变革管理经验。

### B 公司：成功的组织变革

现状：B 公司（与 A 公司是同行业）是某国某大集团控股的下属公司，外部行业竞争加剧，员工满意度低、人才流失、成本控制不利等内部管理问题凸显。集团考虑要加强子公司管理的监督控制，同时准备实施组织变革，随后对 B 公司进行组织设计、人力资源和企业文化系统设计。一场系统的全面变革开始酝酿。

处理办法：先进行管理诊断，完成公司战略梳理，而后进行组织结构设计，形成了现代化的人力资源管理规范，详细设计了公司薪酬、考核、招聘、培训、人力资源规划和职业生涯管理办法，提炼了公司的文化纲领，编制了员工手册。在实施阶段，首先，在制度设计创新方面全面考虑了良好的利益分配机制；其次，系统制订了组织变革实施的详细规划、具体进程的时间表、实施细则和相关的配套制度；再次，系统设计了过渡阶段的风险管理和意外应急措施；然后，通过各种方式进行宣传讲解，进行现代化管理思想和理论的系列培训，在贯彻前让员工深入参与，强化互动的沟通讨论，为心理适应和变革氛围做好铺垫；接下来，实施组织结构调整，竞聘上岗；最后才开始实施人力资源全套新方案。整个时间跨度约两年半。

效果：在岗的和下岗的员工都能心态平和地理解各项改革，接受程度比较高，安全、稳定、成功地完成了系统的组织变革工作，工作效率大大提高，员工满意度提高，人心稳定顺畅，公司业绩开始有良好的转变。

结论：优先在制度设计上充分考虑各方利益分配的合理性是关键，整体变革工作有规划有细则，核心内容、附属配套工作和风险防范都有良好的安排和周密的应对计划，良好的宣贯和培训工作在思想观念解放方面功不可没，实施步骤上采取"夯实了前进一步，夯实了再前进一步"的思路，比较符合渐进式组织变革的规律（见下表）。

### 组织变革中利益分配和思想观念整体解决比较表

| 变革步骤 | | A公司 | | B公司 | |
|---|---|---|---|---|---|
| | | 利益调整 | 思想观念 | 利益调整 | 思想观念 |
| 1 | 管理诊断分析 | 考虑不周 | 完全空白 | 多方兼顾 | 及早动员 |
| 2 | 主体方案设计 | 只讲法律，单方考虑董事会利益 | 少量生硬宣传，缺乏人性化 | 均衡性设计，充分考虑历史与"老人"，董事会让利 | 管理培训先行，常规宣传紧紧配套跟进 |
| 3 | 实施方案设计 | 无 | 没有过渡期方案 | 征求意见 | 参与修改讨论 |
| 4 | 实施准备 | 无 | 没有冷静期 | 公开变革相关文件 | 配套制度宣讲 |
| 5 | 具体实施 | 无 | 强制推行，程序不公开 | 步骤科学合理，公平公正公开 | 平稳离岗 |
| 6 | 评价与循环调整 | 无 | 解释不足 | 均衡中寻求定点突破 | 循环学习主动参与 |

**分析**

　　组织变革规律有很多，组织变革需要解决很多问题，但是归根结底必须解决的也是最关键的两个基本问题就是利益调整和思想观念，这是检验变革能否成功的关键要素。利益调整机制是必备的根本前提，思想观念是有效的保障系统，两者缺一不可，都要均衡考虑，实现和谐与统一才能保证组织变革的顺利实施。

　　按照变革的基本步骤来比较两家公司，对于利益调整和思想观念两个关键问题，在两者解决的思路和具体手段方法上可以明显看出其差距，也就不难理解A公司组织变革会失败，而B公司会取得成功的原因。

# 修路原则

一家公司的办公室在一幢豪华写字楼里，落地玻璃，非常气派。经常可以看到来访客人因为不注意头撞在高大明亮的玻璃大门上。前台接待小姐觉得有点儿滑稽："这些人也真是的。走起路来，这么大的玻璃居然看不见。眼睛到哪里去了？"

其实我们知道，解决问题的方法很简单，那就是在这扇门上贴上一根横标志线，或贴一个公司标志图即可。然而，问题真正的关键是，为什么这里多次出现问题，就是没人来解决呢？这一现象背后真正隐含着的是一个重要的解决问题的思维方式，即"修路原则"。

当一个人在同一个地方出现两次以上同样的差错，或者，两个以上的人在同一个地方出现同一差错，那一定不是人有问题，而是这条让他们出差错的"路"有问题。此时，人作为问题的管理者，最重要的工作不是管人——要求他不要重犯错误，而是修"路"。

如果我们照以前的思维方式，你会发现，只要这条路有问题，你不在这时出错，还会有其他人因它而出错。今天没人在这里出差错，明天也会有。比如，一盆花放在路边某处，若有两个人路过时，都不小心碰了它一下，现在，正确的想法是：不是这两个人走路不小心，而是这盆花不该放在这里或不该这样摆放。

一般认为，如果一个人在同一个地方摔上两跤，他会被人们耻笑为笨蛋；如果两个人在同一个地方各摔一跤，他们会被人耻笑为两个笨蛋。按照修路原则，正确的想法是：是谁修了一条让人这么容易摔跤的路？如何修这条路，才不至于再让人在这里摔跤？

如果有很多不同的人在某一问题上重复出错，那一定是"路"有问题，比如，对他训练不够、相关流程不合理、操作太过复杂、预防措施不严密等。如果有人干活偷懒，那一定是因为现行的规则，即"路"能给他人偷懒的机会；如果有人不求上进，那一定是因为激励措施还不够有力，抑或至少是你还没找到激励他的方法；如果有人需要别人监督才能做好工作，那一定是因为你还没有设计出一套足以让人自律的游戏规则；如果某一环节经常出现扯皮现象，那一定是因为这段"路"上职责划分得不够细致明确；如果经常出现贪污腐败现象，那一定是"路"给了他们许多犯罪的机会。

**分析** 如何做到对事不对人？一方面，尽量提升人的素养，不要那么容易被"路障"绊倒；更重要的是，立即把"路"修好，让它不容易绊倒别人。只要一发现有问题，立即"修路"。这样，"路"越来越好，相关问题越来越少，进步也就越来越多。管理进步最快的方法之一就是：每次完善一点点，每天进步一点点，每个人每一次都能因不断修"路"而进步一点点。修路原则告诉我们，管理者的核心职责是"修路"，而不是"管人"。

## 杜邦的改组

美国杜邦公司是世界上最大的化学公司，已有200余年历史。历史上，杜邦家族曾服务于法国波旁王朝，在1789年的法国大革命中受到冲击，老杜邦带着两个儿子伊雷内和维克托逃到美国。1802年，儿子们在特拉华州布兰迪瓦因河畔建起了火药厂。由于伊雷内在法国是个火药配料师，他的同事又是法国化学家拉瓦锡，加上美国历次战争的需要，工厂很快站住了脚并发展起来。

整个19世纪中，杜邦公司基本上是单人决策式经营，这一点在亨利这一代尤为明显。

亨利是伊雷内的儿子，军人出身，由于接任公司以后完全是一套军人派头，所以人称"亨利将军"。在公司任职的40年中，亨利用军人严厉粗暴的铁腕手段统治着公司。他实行的一套管理方式，被称为"凯撒型经营管理"。这套管理方式无法传喻，也难以模仿，实际上是经验式管理。公司的所有主要决策和许多细微决策都要由他亲自制订，所有支票都得由他亲自开，所有契约也都得由他签订。他一人决定利润的分配，亲自周游全国，监督公司的好几百家经销商。每次会议上总是他发问，别人回答。他全力加速账款收回，严格设定支付条件，促进交货流畅，努力降低价格。亨利接任时，公司负债高达50多万，但亨利后来却使公司成为行业内的佼佼者。

在亨利的时代，这种单人决策式的经营基本上是成功的。这主要是因为：①公司规模不大，直到1902年合资时资本才2400万美元；②经营产品比较单一，基本上是火药；③公司产品质量占了绝对优势，竞争者难以超越；④市场变化不甚复杂。单人决策之所以取得了较好效果，这与"将军"的非凡精力也是分不开的。直到72岁时，亨利仍不要秘书的帮助。任职期间，他亲自写的信不下25万封。

但是，正因为这样，亨利死后，继承者的经营终于崩溃了。亨利的侄子尤金，是公司的第三代继承人。亨利是与公司一起成长的，而尤金一下子登上舵位，缺乏经验，晕头转向。他试图承袭其伯父的作风经营公司，也采取绝对控制的方法，亲自处理细枝末节，亲自拆信复函，但他终于陷入公司错综复杂的矛盾之中。1902年，尤金去世，合伙者也都心力交瘁，两位副董事长和秘书兼财务长终于相继累死。这不仅是由于他们的体力不胜负荷，还由于当时的经营方式已与时代不相适应。

正当公司濒临危机，无人敢接重任，家族将要把公司卖给别人的时候，3位堂兄弟出来挽救危局，廉价买下了公司。3位堂兄弟不仅具有管理大企业的丰富知识，而且具有在铁路、钢铁、电气和机械行业中采用先进管理方式的实践经验，有的还请泰罗当过顾问。他们果断抛弃了"亨利将军"那种单枪匹马的管理方式，精心设计了一个集团式经营的管理体制。在美国，杜邦公司是第一家把单人决策改为集团式经营的公司。

集团式经营最主要的特点是建立了"执行委员会"。该委员会隶属于最高决策机构董事会之下，是公司的最高管理机构。在董事会闭会期间，大部分权力由执行委员会行使，董事长兼任执行委员会主席。1918年时，执行委员会有10个委员、6个部门主管、94个助理，高级经营者年龄大多在40岁上下。

公司抛弃了当时美国流行的体制，建立了预测、长期规划、预算编制和资源分配等管理方式。在管理职能分工的基础上，建立了制造、销售、采购、基本建设投资和运输等职能部门。在这些职能部门之上，是一个权力高度集中的总办事处，控制销售、采购、制造、人事等工作。

执行委员会每周召开一次会议，听取情况汇报，审阅业务报告，审查投资和利润，讨论公司的政策，并就各部门提出的建议进行商讨。对于各种问题的决议，一般采用投票、多数赞成通过的方法，权力高度集中于执委会。各单位申请的投资，要经过有关部门专家的审核，对于超过一定数额的投资，各部门主管没有批准权。执委会作出的预测和决策，一方面要依据发展部提供的广泛数据，另一方面要依据来自各部门的详尽报告，各生产部门和职能部门必须按月、按年向执委会报告工作。在月度报告中提出产品的销售情况、收益、投资以及发展趋势；年度报告还要论及5年及10年计划，以及所需资金、研究和发展方案。

由于在集团经营的管理体制下权力高度集中，实行统一指挥、垂直领导和专业分工的原则，所以秩序井然、职责清楚，效率显著提高，大大促进了杜邦公司的发展。20世纪初，杜邦公司生产的5种炸药占当时美国总产量的64%～74%，生产的无烟军用火药则占100%。第一次世界大战中，协约国军队40%的火药来自杜邦公司，公司的资产在1918年增加到3亿美元。

分析　杜邦公司遇到的管理难题也是现在国内很多企业遇到的难题。当企业发展壮大到一定规模的时候，企业的组织管理形式就要进行改革，以促进企业的管理效益。

第 **十** 部 分

THE TENTH PART

# 危机
# 管理

## 陶陶居的"蟑螂汤"

陶陶居是广州的一个老字号企业。一次，顾客在喝汤的时候，赫然发现汤中竟然有一只蟑螂。酒楼碰见这种情况一般的补救措施是撤下这碗汤，换上别的东西，或者是把这一桌酒席打个折扣。但是这几位顾客不同意这种常见的处理方式，他们要求赔偿交通费、精神损失费、医疗费……在争执中，楼面经理口不择言，称蟑螂可入药，蟑螂汤也没有什么危害，同时，汤都是高温煲出来的，也不会有细菌。

勃然大怒的顾客迅速端起这碗蟑螂汤来到《羊城晚报》……由于陶陶居的领导一直没有对此事件予以高度重视，甚至其办公室主任对采访的记者也态度粗暴，终于使陶陶居在"蟑螂汤事件"中一发不可收拾。这本来并不是一个多么难以处理的问题，甚至在这个过程中，顾客与报社都给了陶陶居两次台阶，但遗憾的是陶陶居选择了无视，而终于使这只"蟑螂"越长越大，仅在《羊城晚报》的头版就"趴"了一个礼拜，并最终使陶陶居停业整顿。

 　　这是一个典型的国内中小企业公共关系失败的案例。在这个事件中，不存在企业难以克服的问题，考验的只是企业是否具有危机管理的意识。

## 福胶集团马皮事件

福胶已有2500多年生产历史，曾因为进贡朝廷而获封为"贡胶"。生产福胶的山东福胶集团，在2002年几乎遭受灭顶之灾。自1735年开始即以熬驴皮制成阿胶的福胶集团，因为有媒体报道其产品是由马皮熬制而成，一时间，"挂羊头卖狗肉"的指责铺天盖地而来。在企业生死攸关之时，慌了手脚的福胶集团领导层却纷纷放"假"：福胶集团对记者电话询问的回答统是无可奉告，而老总的去向则是"去国外考察了"。这种一问三不知的回答更引起了媒体的兴趣，而采取"鸵鸟政策"的福胶领导却同时采取了三防政策：防火、防盗、防记者。这种事态一直延续到当地政府、卫生局等部门来调查并出具证明之后，福胶集团才如梦初醒——原来，躲记者并不是最好的办法，同时，要躲的也不应该是记者。信息世界不可能有信息真空，越躲危机越大。

　　面对不利的舆论局面，企业不能采取拖延、回避的态度，应该尽快向公众解释真相，使公众更多地了解企业的情况才是上策。

## 赢了官司，丢了市场

1996 年 6 月，湖南省一位 77 岁的老人（当时已经有冠心病、肺部感染、心衰等多种疾病），遵医嘱服用三株口服液后，出现皮肤病状，3 个月后经医治无效死亡。协调未果，三株坚持认为，三株口服液不是导致老人死亡的原因。1996 年 12 月，老人的儿子向常德市中级人民法院起诉了三株公司。1998 年 3 月，常德市中级人民法院做出一审判决，判三株公司败诉，并没收了三株 1000 万元的销售利润。三株不服，向湖南省高级人民法院提出上诉。

在此期间，多家媒体报道了这一事件，消息从湖南迅速扩散到全国，三株的产品形象、企业形象、品牌形象均受到惨重损失。湖南市场上首次出现零销售，全国其他地方也陷入瘫痪状态。与此同时，两个现代化生产工厂全面停产。

1999 年 3 月 25 日，湖南省高级人民法院做出终审判决，判定三株公司胜诉，胜诉后的三株董事长吴炳新仍痛心疾首：这起官司导致三株损失了数十亿元，10 万人下岗。

三株公司曾经在短短几年的时间从无到有，高峰时期年销售额高达 80 亿元，是保健品行业中的奇迹。经过这次打击之后的三株公司再也没有翻身，最终以破产收场。

　　三株公司在处理这次危机的过程中毫无经验，使之在公众中的形象一落千丈，直接导致了公司声誉的崩溃式下滑，即使赢得了官司，但最后企业依然一蹶不振。由此可见，处理好危机公关对于一个企业来说多么重要。

## 康泰克 PPA 危机

2000 年 11 月 16 日，国家药监局宣布全国暂停含 PPA 的药品在市场上销售的时候，生产康泰克的中美史克公司感到了巨大的压力。

实际上，在国家药监局公布的"黑名单"上共有 15 家公司，但由于中美史克的康泰克感冒药在市场上的龙头地位，众媒体同声讨伐的对象似乎全部集中在康泰克身上；同时，一些相关的药厂，因为康泰克的退出可能要空出 20 亿元人民币的市场，也开始落井下石。这是足以令中美史克措手不及的"断肠草"。有些业界人士认为，中美史克的"康泰克"品牌完了。

那么，中美史克又是如何应对的呢？

2000 年 11 月 16 日，中美史克公司接到相关通知后，立即组织危机管理小组，由 10 位公司经理等主要部门主管组成危机管理小组，10 余名工作人员负责协调、跟进。危机管理领导小组制订应对危机的立场基调，统一口径，并协调各小组工作；沟通小组负责信息发布和内外信息沟通，是所有信息的发布者；市场小组负责加快新产品开发；生产小组负责组织调整生产并处理正在生产线上的中间产品。当日上午，危机管理小组发布了危机公关纲领：执行政府暂停令，向政府部门表态，坚决执行政府法令，暂停生产和销售；通知经销商和客户立即停止康泰克和康得的销售，取消相关合同；停止广告宣传和市场推广活动。

17 日中午，全体员工大会召开，总经理向员工通报了事情的来龙去脉，表示公司不会裁员的决心，员工空前一致的团结。同日，全国各地的 50 多位销售经理被迅速召回天津总部，危机管理小组深入其中做思想工作，以保障企业危机应对措施的有效执行。18 日，他们带着中美史克《给医院的信》《给客户的信》回到本部，应急行动纲领在全国各地按部就班地展开。公司专门培训了数十名专职接线员，负责接听来自客户和消费者的咨询电话，做出准确而专业的回答以打消其疑虑。21 日，15 条消费者热线全面开通。

20 日，中美史克公司在北京召开了新闻媒介恳谈会，给出不停投资和"无论怎样，维护广大群众的健康是中美史克公司自始至终坚持的原则，将在国家药品监督部门得出关于 PPA 的研究论证结果后为广大消费者提供一个满意的解决办法"的立场态度和决心。面对新闻媒体的不公正宣传，中美史克并没有过多追究，只是尽力争取媒体的正面宣传以维系企业形象，其总经理频频接受国内知名媒体的专访，争取为中美史克公司说话的机会。对待暂停令后同行的大肆炒作和攻击行为，中美史克公司保持了应有的冷静，既未反驳，也没有说一句竞争对手的坏话，表现出了一个成熟企业对待竞争对手最起码的态度与风度。一番努力终于取得了不凡的效果，用《天津日报》记者的话说，"面对危机，管理正常、生产正常、销售正常，一切都正常"。

一个月后，在同一个地点，中美史克宣布不含 PPA 的康泰克重新上市，在没有更改品牌名称的情况下，"康泰克"感冒药又收回了它原来的市场。

**分析** 中美史克公司在这场 PPA 风波中的表现应该说是上乘的。踏踏实实地修炼内功，以理服人，让事实说话，易于赢得各方支持。首先，反应迅速、果断，及时组织危机管理小组，是决定中美史克危机公关成效的一个重要砝码。中美史克明确了危机管理小组的工作职责，并配备了有总经理参与的强大工作班子，保证了企业权威性和全局性。其次，在内部公关赢得员工的信任与支持方面很有成效，更容易让员工凝聚为一个整体，员工表示甘愿与企业共患难，这是内部公关的胜利。第三，开通消费者热线，配备训练有素的专职接线员，架起了中美史克公司与客户、消费者的一道桥梁，这是一个极为有效的沟通渠道。训练有素的消费者热线工作人员往往是危机公关的第一道门户，经过他们的努力，会使消费者的顾虑、抱怨和投诉等负面因素消减到最少。第四，召回销售经理专门进行个别沟通，保障了整体危机公关措施不折不扣地执行。

## 塞勒菲尔德的失败公关

1986年2月5日，英国核燃料公司塞勒菲尔德核反应厂液态钚储藏罐的压缩空气受到重压，一些雾状钚从罐中泄漏出来。工厂亮起了琥珀色的警报，大约300多名非必要人员撤离了危险区，只留下40人来处理泄漏事故。

泄漏事故发生在上午10：45—11：45之间。媒体很快就报道了所发生的事故，因为从工厂蜂拥而出的工人和琥珀色的警报，人们一眼就能看出工厂出了问题，事故的消息随后就传开了。英国广播公司的电视记者在中午给工厂打电话时，工厂的新闻办公室还没有做好发布事故消息的准备，所得到的回答只是些站不住脚的许愿，即工厂将发表一个声明。媒体直到下午4：00才看到这个声明，而这期间，记者们一直提心吊胆地等待着。

英国核燃料公司在宣布泄漏事故时，暴露了公司危机状态下的困境。一方面，他们表示要最大可能地让公众了解事实真相，另一方面每天又像挤牙膏一样一点一点地报出消息，这更加剧了人们的恐惧。

公司没有足够的新闻发布人员来应对外界打来的询问电话。各位记者发现他们要排队等候消息。于是不确定的因素大大滋生了人们的不安情绪，政府为此也十分焦虑。英国核燃料公司的新闻办公室在正常工作时间后停止办公。当探听消息的人在晚间给公司打去电话时，电话总机请他们留下电话号码，等新闻发布人员上班后再回电。最后，英国核燃料公司因此而付出了巨大的代价。

后来，公司花费200万英镑进行广告宣传活动，邀请公众参观塞勒菲尔德展览中心，才使整体形象有所改观。

**分析**　发生事故时，对外封闭不但会失去公众支持，而且容易引起公众争论。公司要让新闻发布机构或公关经理始终能得到最新的信息以及公司为了控制危机正在采取的措施。新闻发布机构要与组织的高级主管不断沟通，并运用专业知识来判断和决定哪些信息可以传播给媒介，以及应该怎样进行信息传播。这样才能有效防止危机的扩散。

# 泰诺药片中毒事件

美国强生公司因成功处理泰诺药片中毒事件赢得了公众和舆论的广泛同情。强生公司的应对方式是经典的危机管理，被传为佳话。

1982年9月，美国芝加哥地区发生有人服用含氰化物的泰诺药片中毒死亡的严重事故。一开始，死亡人数只有3人，后来有媒体说全美各地死亡人数高达250人。其影响迅速扩散到全国各地，调查显示有94%的消费者知道泰诺中毒事件。

事件发生后，在首席执行官吉姆·博克的领导下，强生公司迅速采取了一系列有效措施。首先，强生公司立即抽调大批人马对所有药片进行检验。经过公司各部门的联合调查，发现在全部800万片药片中，所有受污染的药片只属于一批药，总计不超过75片，并且全部位于芝加哥地区，不会对全美其他地区有丝毫影响，而最终的死亡人数也确定为7人，但强生公司仍然按照公司最高危机方案原则，即"在遇到危机时，公司应首先考虑公众和消费者利益"，不惜花巨资在最短时间内向各大药店收回了所有的数百万瓶该药物，并花费50万美元向有关医生、医院和经销商发出警报。

对此，《华尔街日报》报道说："强生公司选择了一种自己承担巨大损失而使他人免受伤害的做法。如果昧着良心干，强生将会遇到很大的麻烦。"泰诺案例成功的关键是因为强生公司有一个"做最坏打算的危机管理方案"。该方案的重点是首先考虑公众和消费者利益，这一信条最终拯救了强生公司的信誉。

事故发生前，泰诺在美国成人止痛药市场中占有35%的份额，年销售额高达4.5亿美元，占强生公司总利润的15%。事故发生后，泰诺的市场份额曾一度下降。当强生公司得知事态已稳定，并且向药片投毒的疯子已被拘留时，并没有将产品马上投入市场。当时，美国政府和芝加哥等地的地方政府正在制订新的药品安全法，要求药品生产企业采用"无污染包装"。强生公司看准了这一机会，立即率先响应新规定，结果在价值12亿美元的止痛片市场上挤走了竞争对手，仅用5个月的时间就夺回了原市场份额的70%。

强生处理这一危机的做法成功地向公众传达了企业的社会责任感，受到了消费者的欢迎和认可。强生还因此获得了美国公关协会颁发的银钻奖。

**分析** 原本一场"灭顶之灾"竟然奇迹般地使强生获得了更高的声誉，这归功于强生在危机管理中的高超技巧。

# 可口可乐中毒事件

1999 年 6 月 9 日，比利时 120 人（其中有 40 人是学生）在饮用可口可乐之后中毒，出现呕吐、头昏眼花及头痛症状，法国也有 80 人出现同样症状。已经拥有 113 年历史的可口可乐公司遭遇了历史上罕见的重大危机。在现代传媒十分发达的今天，企业发生的危机可以在很短的时间内迅速而广泛地传播，其负面影响可想而知。

可口可乐公司立即着手调查中毒原因、中毒人数，同时部分收回某些品牌的可口可乐产品，包括可口可乐、芬达和雪碧。一周后，中毒原因基本查清。比利时的中毒事件是因为安特卫普工厂的包装瓶内有二氧化碳，法国的中毒事件是因为敦刻尔克工厂的杀真菌剂洒在了储藏室的木托盘上而造成污染。

但问题是，从一开始，这一事件就由美国亚特兰大的公司总部负责对外沟通。近一个星期，亚特兰大公司总部得到的消息都是因为气味不好而引起的呕吐及其他不良反应，公司认为这对公众健康没有任何危险，因而并没有启动危机管理方案，只是在公司网站上贴出了一份相关报道，报道中充斥着没人看得懂的专业词汇，也没有任何一个公司高层管理人员出面表示对此事及中毒者的关切。此举触怒了公众，消费者认为可口可乐公司没有人情味。

很快，消费者不再购买可口可乐的饮料，而且比利时和法国政府坚持要求可口可乐公司收回所有产品。公司这才意识到问题的严重性。事发之后 10 天，可口可乐公司董事会主席和首席执行官道格拉斯·伊维斯特从美国赶到比利时首都布鲁塞尔举行记者招待会，随后展开了强大的宣传攻势。

遗憾的是，可口可乐公司只同意收回部分产品，拒绝收回全部产品。在这一事件中，可口可乐公司的最大失误是没有使比利时和法国的分公司管理层充分参与该事件的沟通并且及时做出反应。公司总部的负责人员根本不知道就在事发前几天，比利时发生了一系列肉类、蛋类及其他日常生活产品中发现了致癌物质的事件，比利时政府因此受到公众批评，正在诚惶诚恐地急于向全体选民表明政府对食品安全问题非常重视，可口可乐公司正好撞在枪口上，迫使其收回全部产品正是政府表现的好机会。而在法国，政府同样急于表明对食品安全问题的关心，并

紧跟比利时政府采取了相应措施。在这起事件中，政府扮演了白脸，而可口可乐公司无疑是红脸。

因为这一错误措施，可口可乐公司的企业形象和品牌信誉受到打击，其无形资产遭遇贬值，企业的生存和发展一度受到冲击：

1999年底，公司宣布利润减少31%；

危机发生时没能借助媒体取得大众的信任，公司不得不花巨资进行危机后的广告宣传和行销活动；

竞争对手抓住这一机会填补了货架的空白，并向可口可乐公司49%的市场份额挑战；

可口可乐公司总损失达到1.3万亿美元，几乎是最初预计的两倍；

全球共裁员5200人；

董事会主席兼首席执行官道格拉斯·伊维斯特被迫辞职（新CEO对公司进行重组时不再延用总公司负责制，而将"全球思维，本地执行"的座右铭纳入企业管理理念）；

危机后，可口可乐公司主要的宣传活动目的都是要"重振公司声誉"。

随着可口可乐公司公关宣传的深入和扩展，可口可乐的形象开始逐步恢复。比利时的一家报纸评价说，可口可乐虽为此付出了代价，却最终赢得了消费者的信任。

> **分析**　很难相信，世界上最有价值的品牌在危机发生后没能成功地保护其最有价值的资产——品牌，正是所谓的大公司综合征使可口可乐公司采取了完全不恰当的反应。因为一个庞大的国际公司就像章鱼一样，所有的运作都分布在各地的"触角"顶端。要使这样一个庞大而错综复杂的机制发挥效力，"章鱼"的中心必须训练并使触角顶端的管理层有效发挥作用，采取适当措施，做出正确的反应，因为他们最了解当地的情况。

## 瓦尔迪兹号漏油事件

事件发生在1989年3月24日，埃克森公司瓦尔迪兹号油轮搁浅并泄出267000桶共1100万加仑的油，油污进入阿拉斯加威廉王子海峡。此次意外是美国有史以来最严重的漏油事件。

当时，人们的第一反应是震惊，因为这种灾难性事故在技术如此发达、人们如此关注环保的情况下发生，对所有人来讲都是难以接受的。但是，人们也知道没有哪个行业不存在风险。如果公司能够采取合适的行动并及时向公众通报事故处理情况，就会获得人们的理解。当时公众急于知道：

公司是否尝试并阻止事故蔓延？

公司早该预料到可能会发生这种事故，现在是否尽可能快地采取了补救措施？

公司对发生的事故是否很在意？

埃克森既没有向公众通报上述三点，也没有采取合适的措施来表示对事态的关注，例如派高层人员亲临现场、指定负责善后的人员，并向公众沟通事件的原委、公司的解决办法以及表示遗憾、进行情感沟通等。

人们的期待随即转化为愤怒，进而引发了对其产品的联合抵制、出售其股份以及很多苛刻的限制和惩罚。

很多批评家挑剔埃克森公司主席劳伦斯·洛尔听到大批原油泄漏事故后没有乘坐首次航班前往阿拉斯加，而面对公众他也没有说明危机的严重性。埃克森的危机管理还有其他问题。在知晓危机的本质之后，洛尔先生应在 24 小时内在纽约建立危机管理指挥中心作为收集信息并进行甄选的中央智囊团。他还应该建立政府联络办公室，以简要传达公司所做的努力，并寻求政府的支持。

洛尔先生应尽快在纽约建立新闻中心作为公司权威报告、简报及动态报告的交换中心，这样做将保证公司对外口径一致，避免自相矛盾。纽约的新闻中心每天至少应有两次简报对目前动态进行说明，至少一份每日简报由洛尔先生亲自负责。另一份应是通过通信卫星转播的、由美国埃克森、埃克森运输队领导参加的记者招待会。

瓦尔迪兹号油轮搁浅事故的发生更加强调生意中难免出现危机，而公司必须在发生事故前具有适当的危机管理计划。有远见的主管知道危机管理必须作为公司的纪律严格执行。

埃克森有危机管理计划，吹嘘说原油泄漏在 5 个小时内就将得到控制，但其最大的问题是这项计划从未被试验过。当油轮船体裂开时，两天过去了还未见公司采取计划中的根本措施。如果埃克森公司以前曾做过危机模拟试验，并使全体船员熟知危机情况的严酷性和重要性的话，计划本身的缺点在真正的危机发生之前就应该被发现了。

如果事故发生后及时得到掌控和修正，埃克森的计划或许能够实现其允诺的 5 个小时内解决问题，原油就不会那样汩汩地流进海洋，就不会污染阿拉斯加纯净的海水。

由于计划没经过验证，行动反应的速度太慢，因此在危机发生的第一时间，公司并没有掌握第一手材料。公司被事件发生的迅速程度和严重程度吓呆了。事情已过去一个多月了，埃克森似乎还处在危机中。

**分析**

阿拉斯加灾难的教训在于：接受危机是不可避免的事实，并有针对性地早做准备；试验并修正公司的危机管理计划；当发生突发事件时，迅速负起责任。

CEO必须决定该说什么，决定怎样做才有效，在做表面文章和采取实际行动之间、在感知和现实之间保持平衡。他必须以最快的速度让公众知道他正在负责，知道公司危机管理过程和公司本身已控制了局面。上述内容，埃克森公司都没有做到。

## 亚默尔的决断

1975年初春，报纸上刊登了一条不起眼的消息，说墨西哥最近发现了可疑瘟疫的病例。美国亚默尔肉类加工公司的老板菲力普·亚默尔注意到了这则消息。亚默尔先生具有较强的灾害经济学意识，他考虑到如果墨西哥真的发生了瘟疫，一定会越过边境传到美国与其毗邻的得州或加州。而得州和加州的畜牧业是美国肉类供应的主要来源基地。亚默尔先生推测，如果这则消息准确的话，那么在可以预见的未来，美国的肉类市场将会出现供应短缺的问题，肉价将会猛涨。

为了核实这则消息的可靠性和灾情，亚默尔决定派自己的医生去墨西哥实地调查核实情况，以便下定采取商业投机行动的决心。几天后，亚默尔的医生从墨西哥发回电报证实那里确有瘟疫发生，而且传播的速度很快，已经控制不住了。

收到医生的电报后，亚默尔立即集中全部资金购买加州和得州的肉牛和生猪，并及时运到美国东部，将肉牛和生猪存储在租用的农场里饲养。

事情的发展果然不出亚默尔所料，瘟疫很快从墨西哥蔓延到美国的几个州，其中当然包括得州和加州。为了防止瘟疫蔓延，美国政府下令严禁一切吃的东西从这几个州外运，畜牧产品当然也包括在禁止外运之列。市场的供应量急剧下降，美国国内肉类价格暴涨。亚默尔看准时机，逐渐把储存的牲畜加工成肉类抛出，仅短短的几个月，他便获得了数千万美元的利润。更重要的是，亚默尔的名声在美国家喻户晓，他所经营的公司也因此占据了较大的市场份额，闯进了全美十大肉食品加工公司行列。

**分析**

如何将危机转化为商机，亚默尔给我们树立了一个很好的榜样。只有那些善于将危机转化为商机的人，才能立于不败之地。

# 罗氏的"达菲"风波

2003年2月8日，一条令人惊惧的消息在广东以各种形式迅速传播——广州出现流行疾病，几家医院有数位患者死亡，而且受感染者多是医生。死亡让不明真相的人们大为恐慌，谣言四起。9日，罗氏制药公司召开媒体见面会，声称广东发生的流行疾病可能是禽流感，并称其产品"达菲"治疗该病疗效明显。罗氏公司的医药代表也以"达菲"能治疗该病而敦促各大医院和分销商进货。媒体见面会的直接后果是为谣言推波助澜，广东、福建、海南等省份的食醋、板蓝根及其他抗病毒药品脱销，价格上涨几倍及至十几倍，投机商大发国难财，"达菲"在广东省内的销量伴随谣言的传播也扶摇直上：8日前广东省内仅卖出1000盒，9日后很短时间内便飙升到10万盒。曾有顾客以5900元买下100盒"达菲"！

15日，《南方都市报》发表《质疑"达菲"："禽流感"恐慌与销量剧增有何关系？》的署名文章，指责罗氏制药蓄意制造谣言以促进其药品的销售，并向广东省公安厅举报。罗氏公司的商业诚信和社会良知受到公众质疑，形象一落千丈。直接的后果是"达菲"销量的直线下跌。《南方都市报》的文章刊发后第二天，广州某医院"达菲"的销量就下降到不足10粒（以前每天要售出100多粒）。更有消费者提出退货和索赔要求。

**分析**

当"非典"危机来临的时候，企业扮演两种角色：一种是借机公关型，承担公司的社会责任，扮演富有诚信、爱心、有责任感的企业；另一种则是利欲熏心型。罗氏的表现很容易被归类为第二种，结果是偷鸡不成反蚀把米，最终陷入了社会的诚信危机中。"达菲"事件给罗氏（中国）公司带来的是一次沉重的打击。

试想，如果罗氏不是开媒体见面会，而是向广大市民赠药呢？此举称得上危难之中见真情。如果罗氏宣称的是："现在病因尚未查明的情况下，请广大市民不要惊慌，'达菲'对抗病毒有很好的效果，罗氏将免费向广大市民赠药。"而10万盒药的成本充其量不过几十万元而已。

# 雀巢的危机

当婴儿奶制品问题在1970年第一次被提出来时，雀巢公司试图把它作为营养健康问题进行处理。公司提供了不少有关的数据分析，但问题并没得到解决，人们因感到雀巢公司忽视了他们合法且严肃的要求而对公司敌意倍增。

当瑞士一个不大的社会活动组织指责雀巢产品"杀婴"时，雀巢公司以"诽谤罪"起诉该组织且打赢了官司。但那份长长的公开判决书使得这场法律上的胜利变成了公司的一起公关危机事件，它直接导致了公众对其产品的抵制运动。当一些政治活动家号召大家抵制雀巢产品时，教会领袖和一些社会团体加入了进来。他们中的一些人把雀巢公司的问题看成是严重的社会政治问题，并认为以盈利为目的的企业只关心赚钱，而不管人们的死活。

雀巢公司作为第三世界婴儿奶制品的最大供应商，当时成了社会活动家批判商业社会的靶子，成了"以剥削来赚利润"的反面典型。

那些参与抵制运动的团体希望雀巢公司能在饱尝抵制运动给其带来的直接和间接后果后，最终了解企业应承担的社会责任。他们希望雀巢公司能改变其漠视社会的态度。随着对话的不断进行，情形确实发生了变化，相互的理解沟通对各跨国公司的行为都产生了积极影响。

如同现代许多社会政治运动一样，抵制雀巢产品的运动在美国开展得尤为轰轰烈烈。雀巢公司在美国既不生产也不销售婴儿奶制品，但其美国分公司却因抵制运动蒙受了巨大损失。

直到 1980 年末，雀巢公司才意识到正统的法律手段并不能解决所有的问题，它需要一种能更好地协调各方关系的新颖的国际公共事务手段。于是，1981 年初，公司在华盛顿成立了雀巢营养协调中心，这是一个公司而非一个事务性办事处，目的在于协调北美一系列营养研究活动，并从全球收集由公司指导或支持的所有改善第三世界母亲和儿童营养的研究项目信息，以在西半球进行传播。除此之外，它还负责处理抵制运动问题。

1981 年 5 月，世界卫生组织通过了对其成员国有指导性意义的"经销母乳替代品建议准则"。雀巢公司当即在瑞士发表声明，支持该准则的宗旨与原则，并且

在一个月后的美国国会听证会上再次重申了这一立场。1982 年 3 月，尽管只有少数国家采取了具体行动来实施世界卫生组织"经销母乳替代品建议准则"，但雀巢公司对该公司在第三世界国家的所有经理人员进行了细致的指导，要求他们在所在国单方面履行"经销母乳替代品建议准则"，而不管这些国家是否已采纳这一准则。同时，雀巢公司给所有销售雀巢婴儿奶制品国家的卫生部部长写信，保证尊重其国家主权，遵守这些国家的法规。公司还推行

了一项适合第三世界国家的政策，即如果这些准则比所在国的法规更严厉的话，也会严格履行世界卫生组织的准则。同年5月，雀巢公司宣布成立一个独立的雀巢婴儿奶制品审查委员会，这个委员会由无争议的、独立的教会领袖、科学家和教育专家组成，委员会主席为美国前国务卿、参议员爱德蒙德·马斯基。委员会的主要任务是监督"经销母乳替代品建议准则"的实施情况；如果需要的话，还可以提出建议改变市场营销行为，以确保该准则被正确执行。

同时，雀巢公司和卫理公会教会联合会双方最高层同意采取和解策略，并且双方建立起良好的个人关系。1983年1月，抵制运动中的最大组织——美国教师联合会终于决定撤销对雀巢产品的抵制决定。这个组织以及强力支持抵制运动的《华盛顿邮报》认为雀巢已克服了它以前的问题，现在应该是谈论其他问题的时候了。

> 挽救一个企业的声誉，让消费者重新信任一个企业往往需要多年的努力；但是对一个企业产生不信任感，往往几分钟就足够了。作茧自缚的企业经营对其中的关系往往没有深刻认识。

## "冠生园"月饼危机

2001年中秋节，最大的新闻恐怕就是南京冠生园使用陈馅做新月饼的事件，即经中央电视台的曝光所引发的"冠生园"乃至整个月饼行业的危机。事实上，在整个事件过程中，遭受损失最大的当属全国使用"冠生园"字号的商企中的老大、年销售额60亿元的上海冠生园（集团）。

有近百年历史的冠生园品牌使用问题属于历史遗留问题，南京冠生园与上海冠生园（集团）没有任何产权关系。"别人出问题，板子却落在我们屁股上。"上海的冠生园（集团）对此怨恨不已。面对既成的危机事实，上海冠生园（集团）的危机意识淡薄，反应迟缓，危机公关处理不当，导致直接损失高达数千万元，至于上海冠生园（集团）作为"冠生园"这一中国驰名商标的唯一拥有者，其品牌损失更是无法估量。

冠生园的创始人是1918年到上海经商的广东人冼冠生。20世纪30年代，冼冠生聘影后胡蝶为其生产的月饼做形象代言人，广告词"唯中国有此明星，唯冠生园有此月饼"，一时闻名全国。1925年前后，上海冠生园在天津、汉口、杭州、南京、重庆、昆明、贵阳、成都开设分店，其南京分店即现"南京冠生园"的前身。1956年，冠生园进行公私合营，各地的分店企业隶属地方，与上海冠生园再无关系。目前使用"冠生园"字号的企业数以百计，而其中与冼氏有关的仅10家左右，各自为政，互不隶属。

　　全国其他使用"冠生园"名号的企业，产值相加，未必有上海冠生园（集团）一家大。"冠生园月饼事件"受累最大的自然属该集团。上海冠生园（集团）是民族品牌中最正统、最有资历、最有资格的代表。像其他知名品牌一样，冠生园也存在假冒伪劣产品的冲击。与冼氏毫无关系、利用"冠生园"名气搭车经营的至少近百家，海宁这样一个县级市就冒出了几个冠生园。从法律上讲，企业坐视不管，最终吃亏的还是企业自己。几年前，上海冠生园（集团）曾在浙江海宁打"李鬼"，气力也花了不少。由于这方面的投入产出不成比例，以及企业领导人的观念差异，上海冠生园（集团）在打假问题上半途而废。这在某种程度上为企业品牌受玷污、践踏埋下伏笔。

**分析**　　上海冠生园（集团）的遭遇是让人同情的，但市场从来不相信眼泪。在危机发生以后很长一段时间，上海冠生园（集团）选择了沉默，几乎没有采取什么措施，而是任由事态发展。当然，受到政府处罚的是南京冠生园，与上海冠生园（集团）没有任何关系。

# 销售管理

# 有史以来最厉害的售货员

一个小伙子去应聘城里最大的应有尽有百货公司的销售员。老板问他："你以前做过销售员吗？"他回答说："我以前是村里挨家挨户推销的小贩。"老板喜欢他的机灵："你明天可以来上班了。等下班的时候，我会来看一下。"

一天的光阴对这个小伙子来说太长了，而且还有些难熬。但是年轻人还是熬到了5点，差不多该下班了。老板真的来了，问他说："你今天做了几单买卖？""一单。"年轻人回答说。"只有一单？"老板很吃惊地说："我们这儿的售货员一天基本可以完成20～30单生意呢。你卖了多少钱？""300000美元。"年轻人回答道。

"你怎么卖到那么多钱的？"目瞪口呆、半晌才回过神来的老板问道。

"是这样的，"乡下来的年轻人说，"一个男士进来买东西，我先卖给他一个小号的鱼钩，然后是中号的鱼钩，最后是大号的鱼钩。接着，我卖给他小号的渔线，中号的渔线，最后是大号的渔线。我问他上哪儿钓鱼，他说海边。我建议他买条船，所以我带他到卖船的专柜，卖给他长20英尺（1英尺＝0.3048米）有两个发动机的纵帆船。然后他说他的大众牌汽车可能拖不动这么大的船。我于是带他去汽车销售区，卖给他一辆丰田新款豪华型'巡洋舰'汽车。"

老板后退两步，几乎难以置信地问道："一个顾客仅仅来买个鱼钩，你就能卖给他这么多东西？"

"不是的，"乡下来的年轻售货员回答道，"他是来给他妻子买生活用品的。我就告诉他：'你的周末算是毁了，为什么不去钓鱼呢？'"

 **分析** 引导客户的需求，是一个优秀的推销员必备的基本功。

# 带着构想拜访顾客

张先生已干了20多年推销工作。在这20多年里，他推销过多种产品，从一个门外汉变成一位推销高手。在别人请教他成功的经验时，张先生说："推销员一定要带着一个有益于顾客的构想去拜访顾客。这样，你所遭遇拒绝的机会就会少，你就会受到顾客的欢迎。推销员要做有建设性的拜访。"

张先生在推销地板用木砖时，虽然他拥有的客户数目不少，但每个客户的订货量不大，其原因是客户因受到资金的限制而无法大量购买他的产品。如何才能让顾客大量购买产品呢？经过认真调查分析和思考，张先生为客户想出了一个加速资金周转的办法。他建议客户从时间上来改善，平常不必大量储存材料，而应计划好，在材料使用前几天内将货补齐，这样可以加速资金周转。客户采纳了他的建议后，果然不必在事前大量储存材料，节约了资金占用问题，加速了资金周转，终于能大量采购张先生的产品了。

张先生认为，推销员应多多拜访顾客，但是，如果能做建设性的拜访，拜访才会有效。张先生的一位客户———一家零售店老板曾这样说："今天早晨在张先生来找我之前，已经有15个推销员来过了。这15个推销员都只是一味地为他们的商品做广告，或谈价钱，或让我看样品。然而，当张先生把产品高明的陈列方法告诉我时，我宛如呼吸到新鲜空气一样，真让人高兴。"

张先生把如何才能对顾客有新帮助的想法铭刻在心，他从不放过任何一个能对顾客有所帮助的机会，哪怕是一个偶然的机会。

一次，张先生与一位技术人员交谈。当时这位技术人员正计划成立一个水质净化器制作与安装公司。张先生为了赢得顾客，便认真地去思考一个富有建设性的方法。

当张先生在另外一位客户的办公室等候的时候，看到了一本与自来水有关的技术杂志，便一页一页地翻开看。结果发现了一篇具有经济价值的工程论文，是一篇论述在蓄水池上面安装保护膜的论文。

于是，张先生复印了这篇论文，然后带着复印材料去拜访那位技术人员。他对张先生提供的这份材料感到非常满意。此后，他们的商业交往一直都进行得很顺利。

事后，张先生在总结自己的经验时说："看到这本杂志后，才得到这个好运。但是能获得此佳运，也并非出于偶然。因为，如果我不是经常在想着建设性的拜访目标，那么，我绝不会去翻阅那本杂志。倘若我没有看到那篇论文，我还会去寻找其他东西。对每位顾客都做建设性拜访的我，随时都能对所有机会产生机敏的反应。"

张先生的一个客户是一位五金厂厂长。这位厂长多年以来一直在为成本的增加而烦恼不已。其成本增加的原因，多半是该公司购买了许多规格略有不同的特殊材料且原封不动地储存着造成的。张先生在考虑如何才能帮助客户把成本降下来。一次，张先生去拜访一家与该五金厂毫无竞争关系的客户时，产生了一个想法。然后，张先生再次来拜访五金厂厂长，把自己的构想详尽地说了出来。厂长根据张先生的构想，把360种存货减少到254种，结果使库存周转率加快，同时也大幅度地减轻了采购、验收入库及储存、保管等方面的压力，从而降低了费用。

而后，五金厂厂长从张先生那里购买产品的数量大幅度增加。

要想提出一个有益于顾客的构想，推销员就必须事先搜集有关信息。张先生说："在拜访顾客之前，如果没有搜集到有关信息，那就无法取得成功，大多数推销人员忙着宴请客户单位的有关负责人，我则邀请客户单位的员工们吃顿便饭，以便从他们那里得到有用的信息。"

一次，张先生和客户单位的员工边吃边谈，得知该公司业务部在那一周里一直在加班，并了解到每个月他们都会如此加班，原因是所用的电脑出了问题。

"我所获得的这些资料已足够我去接近客户，"张先生说，"当我拜访该公司时，便针对他们问题的症结向他们提出办公设备的事情。同时，我也提供他们实际的数据，让他们有所比较。从比较中，他们得知六家同业公司都因减少加班时间每个月至少节省几千元的加班费。"

张先生仅如此稍搜集一些信息后采取针对性措施，便打动了客户的心弦。张先生正因为认真地寻求可以助顾客一臂之力的方法，带着一个有益于顾客的构想去拜访客户，才争取到了不计其数的客户。

**分析**

为什么有的推销员一直成功，而有的推销员则始终无法避免失败？

失败的推销员常常是在盲目地拜访顾客。他们匆匆忙忙地敲开顾客办公室的门，急急忙忙地介绍产品，遭到顾客拒绝后，又赶快去拜访下一位顾客。他们整日忙忙碌碌，所获却不多。推销员与其匆匆忙忙地拜访 10 位顾客而一无所获，不如认认真真做好准备去打动一位顾客，也就是推销员要做建设性的拜访。

推销员向顾客做建设性的拜访，必然会受到顾客的欢迎，因为你帮助顾客解决了问题，满足了顾客的需要，这比你对顾客说"我来是推销什么产品的"更能打动顾客。尤其是要连续拜访顾客时，推销员带给顾客一个有益的构想，乃是给对方良好第一印象的一个不可缺少的条件。

## 唯有严于律己才有生机

法兰克·贝吉尔有一个成功的工作信念：推销就是要主动去争取顾客。一个能力再平凡的人，只要能遵守每天认真而确实地拜访五个客户的原则，热忱地把保险的好处与他人分享，这样就能成功了。

贝吉尔从事保险行业，第一年即拜访了 1849 人，有 82 个潜在保险户，但只成交 66 件，成交率不到 3.5%，可见初入此行，一切尚在摸索中，不论是话术、知识、意志、技巧都未成熟，自然备感辛苦。

后来，当贝吉尔的推销技巧逐渐成熟，经验日益丰富了，他每天拜访 3 个人，但有了成交的工作效率。20 年来，他每天拜访 5 人次，一生累计有 4 万人次的拜访纪录。

**分析** 　推销员的两个大敌：一为偷懒（坐而不行），一为未能充分利用时间。唯有严以律己，自我管理，才有充分的生机。

## 截然相反的观点

英国和美国的两家皮鞋工厂，各自派了一名推销员到太平洋上某个岛屿去开辟市场。两个推销员到达后的第二天，各给自己的工厂拍回一封电报。一封电报是："这座岛上没有人穿鞋子，我明天搭第一班飞机回去。"另一封电报是："好极了，这座岛上没有一个人穿鞋子，我将驻在此地大力推销。"

**分析** 　聪明人创造的机会比他找到的多。美国新闻记者罗伯特·怀尔特说："任何人都能在商店里看时装，在博物馆里看历史。但具有创造性的开拓者在五金店里看历史，在飞机场里看时装。"

## 做销售得学会跟踪

有个人看到我们的招聘广告，在应聘截止最后一天，向我们投来他的简历（最后一天投简历的目的是使他的简历能放在一堆应聘材料的最上面）。一周后，他打电话来询问我们是否收到他的简历（当然是安全送达），这就是跟踪。4天后，他来第二次电话，询问我们是否愿意接受他新的推荐信（西方人对推荐信格外重视），我们的回答当然是肯定的，这是他第二次跟踪。再过两天后，他将新的推荐信传真至我的办公室，紧接着他又打来电话，询问传真内容是否清晰，这是第三次跟踪。我们对他专业的跟踪工作印象极深。他现在在我们的美国公司工作。

美国专业营销人员协会和国家销售执行协会的统计报告有一组数据：

2%的销售是在第一次接洽后完成；

3%的销售是在第一次跟踪后完成；

5%的销售是在第二次跟踪后完成；

10%的销售是在第三次跟踪后完成；

80%的销售是在第四次至第十一次跟踪后完成！

**分析** 　在商品极度丰富的今天，销售往往意味着不断地对客户进行跟踪。

## 茱蒂的经验总结

茱蒂·麦柯依于 1976 年开始她在玫琳凯化妆品公司的推销生涯，之后，她便一路升到该公司的顶尖位置。以威斯康星州渥克夏为据点的茱蒂，是玫琳凯公司达到最高销售业绩者之一，而该公司在全球达到这一业绩的人数总计仅 85 人。在该公司遍布全球的 37.5 万余名美容顾问中，能取得如此成就实属不易。茱蒂在玫琳凯的事业生涯中，获得了许多奖项，其中包括 2 次被选为销售主管的第一把交椅，8 次荣获"销售研讨会皇后"头衔。她还曾 6 度列入"百万富翁圈"。下面是她的经验总结。

在投身玫琳凯化妆品推销行列以开展个人的事业生涯之前，茱蒂只是一名毫无销售经验的家庭主妇。在进入这一行业后，有人告诉她，不用担心，只要是有皮肤的女人都会成为你的潜在客户或是招募对象。在走过了漫长的 18 年之后，茱蒂终于体会出这句忠告是多么真实。

茱蒂是于 1976 年成为玫琳凯的美容顾问的，自那以后，她便一直努力地攀登以到达该行业的巅峰。现在她已当上了玫琳凯的全国销售主管，在茱蒂自己的销售组织中拥有数千名美容顾问。成为美容顾问后不久，茱蒂不但专注于销售线路，还招募人才从事推销工作。为此，人们给她取了一个绰号叫"如假包换的麦柯依"。在她看来，广泛招募新手也是获得丰厚红利的一种销售方式。

在玫琳凯公司的事业生涯中，茱蒂领悟到一件事：如果每一名妇女都是皮肤保养产品的潜在主顾，那么她或许也有能力成为一名美容顾问——尤其是那些热爱玫琳凯公司产品的妇女们。茱蒂的成功就在于，她能慧眼识别哪些主顾能成为玫琳凯化妆品的最佳代言人，其中最有意思的是，许多妇女从外表上看上去并不像是合适的人选。

1977 年，也就是在茱蒂事业的初创期，她在密尔沃基市的一个婚纱展览会上设了一个摊位。与她相邻的摊位负责人是位颇具吸引力的女士，名叫金妮，她销售的产品是"克比"牌吸尘器。为了把产品介绍给金妮，茱蒂免费为她做了一次脸部服务。

而金妮却很礼貌地对她说："我太忙了。"但是她又补充道："这是我的名片，你不介意的话，可以打电话给我。"

后来茱蒂给她打过好几次电话，但她总是回答："茱蒂，这个时间不好，你过几个月再来电话，好吗？"

过了 6 个月，金妮终于排出了让茱蒂提供脸部服务的时间。茱蒂同时还邀请了几个朋友到她家中，参加一堂名为"玫琳凯皮肤护理"的课程。金妮对此次课程和产品都非常喜欢，所以茱蒂试着拉她进入此行业。"不，要我完成两件事之后才可以。"她告诉茱蒂。

"是什么？"茱蒂问。

"第一，我现在正在准备房地产经纪人考试，我想拿到经纪人的资格。第二，当你单月的佣金能够拿到4000美元时，请你让我知道。这样才能说服我'玫琳凯'化妆品真的有钱可赚，真的是一个值得一试的好机会。"

"好的，你的经纪人考试什么时候举行？"茱蒂问。

"几个月之后。"金妮回答。

金妮这番话为茱蒂设定了一个全力以赴的目标。两个月之后，茱蒂的单月佣金便超过了4000美元。于是，茱蒂兴奋地打电话给金妮："上个月我赚了4000多美元，金妮，你通过了你的考试？"

"你真的做到了！太棒了！"金妮忘情地大叫，但接着她便默不作声，过了一会儿她才以失望的语调说："我没有通过考试。"

金妮总共考了5次才取得经纪人资格。当她通过这一考试时，她将头一个电话打给了茱蒂，向她宣布她成功了！

"你真令我印象深刻，金妮。"茱蒂说："你设定了要拿到资格证的目标后，就朝着这个目标努力，即使一再地失败，也没有放弃，你一定会成为我们这一行中一颗耀眼的明星。我想你已经准备好要当一名玫琳凯的美容顾问了吧！"

金妮接受了茱蒂的邀请。一年之后，她便当上了主管，并且获赠了一部粉红色的凯迪拉克轿车，这是玫琳凯化妆品公司对旗下最杰出人员的一项犒赏。

只要一个人下定了决心，不论出身背景如何，都可以取得成功。

## 把握商品的卖点

伍德夫妇住在亚利桑那州凤凰城郊区。他们都受过高等教育，有两个孩子，一个9岁，一个5岁。伍德夫妇非常关心孩子的教育，并决心让他们接受当地最好的教育。随着孩子们长大，伍德夫人意识到该是让他们看一些百科读物的时候了。一天，她在翻阅一本杂志时，一则百科全书的广告吸引了她，于是她电话通知当地代理商要求见面谈一谈。以下为二人有关此事的谈话摘录。

伍德夫人："请告诉我，你们这套百科全书有哪些优点？"

推销员："伍德夫人，请您看看我带的这套样书。正如您所见到的，本书的装帧是一流的，整套50卷都是这种真皮套封烫金字的装帧，摆在您的书架上，那感觉一定好极了。"

伍德夫人："我能想象得出，你能给我讲讲其中的内容吗？"

推销员："当然可以。本书内容编排按字母顺序，这样便于您很容易地查找资料。每幅图片都很漂亮，比如这幅南美洲各国国旗图，颜色多鲜艳。"

伍德夫人："我看得出，不过我更感兴趣的是……"

推销员："我知道您想说什么！本书内容包罗万象，有了这套书您就如同有了一套地图集，而且还是附有详尽的地形图的。这对您的孩子来说一定很有用处。"

伍德夫人："我要为我的孩子着想。"

推销员："当然！我完全理解，由于我公司为此书特制有带锁的玻璃门书箱，这样您的小天使们也许就无法玩弄它们，在上面涂花生酱了。而且，您知道，这的确是一笔很有价值的投资。即使以后想卖掉也绝不会赔钱的。何况时间越长，收藏价值还会增大。此外，它还是一件很漂亮的室内装饰品。那个精美的小书箱就算我们白送的。现在我们可以填写订单了吗？"

伍德夫人："哦，我得考虑考虑。你是否能留下其中的某部分，比如文学部分，以便让我进一步了解其中的内容呢？"

推销员："我真的没把文学部分带来。不过我想告诉您我公司本周内有一次特别的优惠售书活动，我希望您有好运。"

伍德夫人："我恐怕不需要了。"

推销员："我们明天再谈好吗？这套书可是给您孩子的一件很好的礼物。"

伍德夫人："哦，不必了，我已经没兴趣了，多谢。"

推销员："谢谢，再见。如果您改变主意，请给我打电话。"

伍德夫人："再见。"

**分析** 客户选购产品都会有其不变的大方向，例如购买办公设备是为提高公务处理的效率及合理化；购买生产设备是为提高生产率；购买运输服务是为了安全、准确等。顺着大方向去满足客户的要求，能使你的展示更能打动客户的心。

## 拒绝之后

有位很大度的保险推销员，上门推销保险时遭到客户的拒绝，正要拎着公文包向门口走去，突然，他转过身来，向客户深深地鞠了一躬，说："谢谢您，您让我向成功又迈进了一步。"

客户深感意外，心想：我把他拒绝得那么干脆，他怎么还要感谢我呢？好奇心驱使他追出门去，叫住他问："我拒绝了你，你为什么还要对我说谢谢？"

这位推销员微笑着说："我的主管告诉我，当我遭到20个人的拒绝时，下一个就会签单了。您是拒绝我的第19个人，再多一个，我就成功了。所以，我当然要谢谢您，是您给了我一次机会，帮我加快了迈向成功的步伐。"结果，客户思考了片刻，买了一份保险。

**分析**　销售中遭到拒绝是很正常的事，一个有经验的推销员绝不会因为遭到拒绝而丧失信心，相反，客户的拒绝能激发他的斗志。

## 新来的小伙子

鲁宾在开展事业的初期，专门负责为俄亥俄州克里夫兰市的一家电视台销售广告时段。就像这个行业的任何销售代表一样，鲁宾刚进来时拿到的是一批最糟的潜在主顾名单——这是电视台的一个传统。这份名单上的人全是其他销售人员一拉再拉却从未买过任何时段的潜在客户。还有更糟的，他们里面有些人以前曾经买过广告时段，但是却由于某种问题停止了与电视台的商业往来。

鲁宾的销售经理交给他数十张卡片，并告诉鲁宾："小伙子，把他们（卡片上的客户）给我一一拉进来。"听到他的话，鲁宾知道经理是在找自己的麻烦。即使现在回想起这件事情，鲁宾还是觉得叫一名销售新手去拉这些客户，真是愚蠢至极的行为，因为这实在不是一种让新手建立信心的好法子。但是既然事已至此，他也只好硬着头皮去做了。鲁宾一次一次地去拜访手头的这些潜在客户，也一次一次地被拒绝。对此鲁宾真是沮丧极了，几乎要举白旗告诉上司说："这太可笑了，我为什么不能拜访一些好的新主顾呢？"好在鲁宾内心有某种力量阻止了他，鲁宾猜是虚荣心的缘故吧。然而境况还是照旧，拒绝一直不断地落在鲁宾身上，他真觉得自己已陷入了谷底。

时间一天天地过去，鲁宾仍旧没有开张。记得在一个早晨的销售会议上，销售经理对大家宣布，晚间11点的气象空档将开放作为广告时段。听到这一消息，一个点子突然从鲁宾脑子里冒了出来。这可是黄金时段呀，许多客户都希望买下这个时段，以播放地区性广告。"这就是我要集中火力的地方，"鲁宾想："我要销出这个晚间11点的空档。"

会议结束之后，鲁宾便仔细研究了一遍

那些卡片，最后找出了一名旧主顾。这是城西的一位意大利面制造商。卡片上记载得很清楚，他不在电视台时段上做广告已有 5 年之久，数名向他拉生意的销售代表也在卡片上写下他们的评语。第一个写道："他恨死我们电视台了。"另一个则是："他拒绝在电话里与电视台的销售代表讲话。"第三个更妙："这个人是神经病，远离他！他有暴力倾向！"

这些由其他销售代表写下的评语让鲁宾忍俊不禁。"这个人怎么可能这么坏？"鲁宾想："如果我让他变成我的客户，这会引起多大的震撼啊，我一定要拉到他。"

商人的工厂坐落于本城边缘，鲁宾得耗费半个小时才能到达那里。一路上，他不断为自己打气："他以前买过我们的时段，鲁宾一定可以让他再买一次。"鲁宾自己不断大声喊叫着："我知道我会做成这笔生意。我知道，我知道，我知道！"然而，当鲁宾终于抵达工厂将车子停在工厂正前方时，却有一个念头倏地闪过："但是假如我拉不到他怎么办？"于是鲁宾把卡片再拿出来，足足注视了 10 分钟之久。很快他又想："他可能比我想象得还要糟，我究竟到这里来做什么？我才不要进去呢！"

过了一会儿，另一个想法又在鲁宾心中冒了出来："我开车大老远赶来，难道就这样在车子里瑟缩着不敢下去吗？不要做一个懦夫，鲁宾，下车去，他能对你做什么呢？顶多是把你打发出来而已。他做出如此举动的可能性又有多少？我有什么好失去的呢？"

最后，鲁宾终于让自己起身，踏出了车门，踱步到建筑物大门外的走道上。他往里面一瞧，整个房子黑漆漆的。鲁宾按了门铃，没有人出现。"太好了，"鲁宾此时又想："我就不要进去了。"但是，紧接着他看到一个高大的人影朝着自己走来。鲁宾知道这就是要拜访的人，因为卡片上有一名销售代表描述过他像一名发育过度的尼安德特人，他外形魁梧高大，面貌则丑陋难看。

鲁宾的第一个反应是转过身，朝他的车子跑去。但是太迟了，此人正弯腰开启旋转门。

他身上穿着整套的牛仔裤与 T 恤，而站在他面前的鲁宾则身着"布鲁克兄弟"专卖店的西装。"嗨，"鲁宾设法使喉咙发出声来："我是 WJW 电视台的爱德华·鲁宾。"

"滚蛋！"他咆哮着。他看起来非常生气，脖子上的青筋也暴突了出来。

鲁宾已全力准备好要安抚他，于是听到自己用颤抖的声音说："不，等一下，我是新来的小伙子，请给我 5 分钟时间听我说完。"

他把门推开，开始往大厅走去，示意鲁宾跟随他进去。鲁宾于是尾随他到了他的办公室。

他在桌子后方坐定，盯着鲁宾瞧，然后讲述了一连串有关电视台如何胡乱处理他的广告的长篇往事。他对鲁宾说，其他的销售人员实在让他失望透顶，因为他们从不兑现承诺。

"看看这张卡片，"鲁宾对他说："这是他们对你的评语。"

他注视着卡片，一言不发。

过了好一阵子，他们俩没有一个人开口说话。还是由鲁宾打破了僵局："你看，以前发生的事，就让它过去吧。不管你怎么想，或他们怎么看你，都已无关紧要。重要的是晚间 11 点气象空档已经开放，对你的公司来说，这无疑是一个相当好的广告时段。让我们拿下这个时段吧，我向你保证，我绝不会像以前的销售人员一样对待你的，我会打理好一切，绝不让你失望。"

"够了，"他说："要多少钱？"

鲁宾对他说了价钱，他回答说："好吧，鲁宾，就这么决定了。"

当鲁宾回到电视台对其他销售代表展示这张订单时，他觉得自己就像一位身高 10 英尺（1 英尺 = 0.3048 米）的巨人一样，傲视群雄。从此鲁宾再也不会犹豫是否去拜访那些所谓的十分顽固的潜在客户了。

**分析**　千万不要在你的心中砌起一道墙，先验地告诉自己某位潜在主顾是难以亲近的。事实上，有时候，那些被认为是最难争取的主顾，反而并不那么困难。此外，要记住，你的拜访并不会使你损失什么，一旦你能将他们招揽成为你的客户，你拜访其他潜在主顾的信心便会大大增强。因为与他们相比较，拜访其他客户时的困难就显得小事一桩，不足挂齿了。

## 当场丢丑的推销员

有一次，当阿斯朗机器工厂制造工程经理马尔夫和一位工具推销员走过机器处理部门的时候，这位推销员展开了他的攻势。

"马尔夫先生，我的这些碳化切割器是市场上最好的了，它比你手头上的任何一种都要快 6 倍，而且能永久使用。"

一位叫瑞奇的机器作业员刚好听到这句话，就问了一个问题。

"先生，你手边有那种切割器吗？"

"当然有。"推销员回答。

"这样吧，你拿一两支过来，我们现在就找一块模板试试。"

于是推销员到车上拿了两支切割器来，交给瑞奇。瑞奇把它们装上，开始动工。结果不到 10 分钟，瑞奇就弄断了两支推销员说能永久使用的切割器。

瑞奇将切割器还给推销员。

"谢了，先生。我们的好像比较好。"瑞奇说。然后那位推销员喃喃地对马尔夫道了谢后表示："我以后会拿更好的产品来。"

**分析** 停止动口，开始动手。马尔夫原本可能和推销员扯上好一阵子，但是他知道多说无益，只有一个办法知道东西到底好不好，那就是实地试试。瑞奇请推销员试用切割器的办法，让手头产品有严重质量问题的推销员丢了丑。

## 把产品的缺点转变成优势

汤姆·霍普金斯是全美顶尖的推销训练大师，他在 20 世纪 60 年代中期曾经成功地将 JBR 地产开发公司的 18 间剩余房屋完全销售出去。

JBR 房地产开发公司开发的住宅区位于洛杉矶，距离住宅区 20 英里（1 英里 = 1.61 千米）之外有一条铁路，一天之内要有 3 趟火车通过。有些客户考虑到噪声，不愿到此购房居住。

这的确是不利因素，汤姆决定想方设法改变客户这种想法。他找到该房地产公司的老板，向他表达了推销这批房屋的请求。老板以为汤姆要削价销售这批房屋，于是就拒绝了他。汤姆告诉他，恰恰相反，应该抬高价格出售，并保证一个月内将无人问津的 18 套住房全部行销出去。

接下来，汤姆介绍自己的推销计划。他不打算让客户在任何时间都可参观这批房屋，而是专在火车驶过的时候向人们展示。

老板有些难以置信，更是难以理解。在火车驶来的时候展示房屋，这不是明显告诉人们自己产品的缺点吗？然而汤姆却不这样认为。他觉得每天上午 10 点和下午 4 点开放房屋让人参观，可以引起人们的好奇心。同时在展示的房屋前面摆放一个广告牌，打上"卓越非凡，敬请参观"的字样。

在房屋价格上，不降反升，每套房屋提高 300 美元，用这笔钱购买一台彩色电视机，放在房屋内。这对于当时大多数还在看黑白电视的人必定会产生强烈的刺激和吸引。老板听后同意试试看，毕竟这 18 套房屋已经滞销两年多了，也许会产生意想不到的效果呢！

行动马上开始。每次参观开始之后的 10 分钟之内，火车就会隆隆开过来。利用宝贵的几分钟时间，汤姆开始向参观者进行介绍，自然少不了对每套房屋的独特风格进行一番宣传。中间，还有意向参观者提问，让他们听听会有什么声音。仔细听了一会儿，参观者就会说："好像是冷气机的声音吧。"他们不明白汤姆的用意，颇觉得好奇。

汤姆大声地对他们说："也许你们早已习惯了冷气机的声音，今天我不提这个问题，你们可能不会注意到这个噪声。我原来担心你们第一次听到时会不舒服，现在看来，一旦习惯了这种噪声之后，它就不会困扰我们了。"

走进客厅时，参观者发现里面摆放了一台新的彩色电视机，有几个人马上围上前去观看，还不时地触摸。汤姆笑着对他们说："看看吧，这是开发商赠送给房主的，它将让你们愉快地度过火车来临时的噪声时段。"

汤姆说着打开了电视机，调到正常的音量后接着说："火车每次停留 90 秒钟，一天 3 次才只有 4 分半钟的时间。除此之外，就是我们在家里观看电视的快乐时光。你们愿意忍受这点我们会习惯的小噪声来换取配有一台全新彩色电视机的美好家园吗？"每到这里，汤姆看到总会有一些参观者点头。20 天的展示过后，18 套房已全部推销出去了。

**分析**　一名成功的推销人员一定要思考如何把产品的不利因素转化成有吸引力的优势之处。永远不要把产品缺陷当作秘密，而不对潜在客户说明。首先，这是一种欺骗行为。第二，潜在客户可能已经知道这项缺陷，所以将此省略不说的行径只会毁掉客户对你的信任。在你的潜在客户提出任何问题之前，你要对每一个主要的不利因素做好心理准备，然后在你的推销解说中将其转化成优点。

## 一折销售法

1973 年 7 月，日本东京银座的绅士西服店推出了前所未有的"一折销售法"。

这种销售方法让东京人大吃一惊。不少商店为了处理存货，打七折或六折进行大甩卖是常见的事，但一折销售却是有史以来的第一次。

绅士西服店贴出广告，宣布打折销售的时间为 15 天。

第 1 天打九折，第 2 天打八折，第 3 天、第 4 天打七折，第 5 天、第 6 天打六折，第 7 天、第 8 天打五折，第 9 天、第 10 天打四折，第 11 天、第 12 天打三折，第 13 天打两折，最后两天打一折。

顾客只要在打折期间选定自己喜欢的日子去商店，就可以买到以相应折扣销售的商品。如果想以最便宜的价格去买，那么就在最后两天去。但那时，想买的东西就不一定还在了。

打折销售开始后的第 1 天和第 2 天，光顾的人并不多。即使来了，也只不过是到处看一看。第 3 天，顾客开始多起来。到了第 5 天打六折时，顾客潮水般地涌进商店，开始抢购，以后就日日爆满，很快就把商品抢购一空。

这种销售法的奇妙之处就在于有效地抓住了顾客的购买心理。很明显，任何人都希望在打两折或打一折时购买所需要的东西，然而他想买的东西未必能保留到最后，因此，一般顾客可能在前两天提前去看好需要买的东西，但不会急于买下，要等着继续降价。然而，到了打七折时，因为害怕自己已经看好的东西会被别人提前买去，他就不会再安心地等下去了。等打到六折时，顾客就大量涌来，开始抢购。等到打二至三折的时候，剩下的商品都是不合用或有些问题的。

一折销售其实不过是个谎言。因为到了打一折那天，商品不是卖光了就是实在不合用的。这个办法使得清仓处理的商品很快就能销售一空。

**分析** 采用这种方法销售，最后平均起来，相当于以商品原来售价的五折出售。这种销售方式并没有实现盈利，甚至可能亏损，但从清理存货和进行宣传的角度来看，可以说是大获成功。这种做法比"清理库存大甩卖"的做法要有效、完美得多，并能加深顾客对该商店的印象。

## 阿托搬家中心

日本阿托搬家中心总公司经理夺田千代乃，曾和丈夫一同经营运输业，1973年发生的石油危机使其破产。正当夺田千代乃为今后的生计发愁时，一天，报纸上一条简短的消息引起了她的兴趣。消息说，日本关西地区每年搬家开支达400多亿日元，其中大阪市就达150亿日元。夺田千代乃想，搬家这一不引人注目的行业也许可以助自己起死回生。于是，她和丈夫一商量，办起了一家专业搬家公司。

在公司起名的问题上，夺田千代乃煞费苦心。她想，谁要搬家，肯定会在电话号码簿上找搬家公司的电话。因此，她决定利用电话号码簿为自己的公司做不花钱的广告。日本的电话号码簿是按行业分类的，在同一行业中，企业的排列顺序又是以日语字母为序。夺田千代乃巧妙地利用这种惯例，把自己的公司取名为"阿托搬家中心"，使它名列同行业的首位，用户查找时很容易发现它。同时她还选了一个好记的电话号码：0123。该公司1977年6月创办，营业额逐年翻番，到20世纪80年代中期，年营业额已达140多亿日元，并从一个地区性的小企业，发展成在全国近40个城市拥有分公司或联营公司的中型企业。美国和东南亚一些国家的企业都曾购买它的搬家技术专利。总经理夺田千代乃被评为日本最活跃的女企业家。

**分析** 销售要重视细节问题，抓住每一个细小环节，实际上就是抓住了顾客。

## 学会投其所好

纽约有一位杜维诺先生经营着一家最高级的面包公司——杜维诺父子公司。他想把自己的面包销售到纽约一家大饭店。于是，他一连 4 年都给该饭店的老板打电话，还去参加了该老板出席的社交聚会。他甚至在该饭店住了下来，以便成交这笔生意。但是，杜维诺的这些努力都是白费心机。那位老板很难接触，他根本就没有把心思放在杜维诺父子面包公司的产品上。

杜维诺苦苦思索，最后终于找到了症结所在。于是，他立即改变策略，去寻找那位老板感兴趣的东西，以便投其所好，攻克难关。

经过一番细致的调查，杜维诺发现这个老板是一个"美国旅馆招待者"组织的骨干会员，最近还当选为主席，对这个组织极为热心。不论会员们在什么地方举行活动，他都一定到场，即使路途再远也不影响他出席。

第二天，杜维诺再次见到这位老板时，开始大谈特谈"美国旅馆招待者"组织，这位老板马上做出令他吃惊的反应，当即滔滔不绝地跟杜维诺热情交谈起来。当然，话题都是有关这个组织的。结束谈话时，杜维诺得到了一张该组织的会员证。在这次会面中，杜维诺丝毫没提面包之事，但几天以后，那家饭店的厨师长就打来了电话，让杜维诺赶快把面包样品和价格表送过去。

"我真不知道你对我们那位老板先生做了什么手脚。"厨师长在电话里说，"他是个很固执的人。"

"想想看吧，我整整缠了他 4 年，还为此住了你们的饭店。为了做成这笔生意，我可能还要缠他很久。"杜维诺感慨地说："不过感谢上帝，我找到了他的兴趣所在，知道他喜欢听什么内容的话。"

**分析**　在推销过程中，推销员必须跟着客户的兴趣走。没有共同语言的谈话是无法进行下去的。

## 推心置腹赢得大客户

日本某清酒公司推出一种新品牌的清酒，在扩大市场的过程中，遇到一个开了 10 家连锁饭店的潜在大客户西原。清酒公司营销部副总经理木村想把新的清酒销售给这个客户，他去拜访西原许多次，每一次都吃闭门羹。对方不是态度冷淡，就是敷衍了事。

有一次，他再度尝试去拜访西原。当他走进对方的办公室，还没来得及问候，西原就很生气地一拍桌子说："你怎么又来了？我不是告诉过你，我最近很忙，没有空吗？你怎么那么烦人，你赶快走吧，我没时间理你。"

如果一般人遇到这种情况，也许会心里不舒服，以致扭头就走，但木村不仅没有心里不舒服，而且马上就想到了"情绪共鸣"这4个字。他立刻用和客户几乎一样的语气说："西原君，你怎么搞的，我每次来，都发现你的情绪不好，你到底为了什么事情烦心？我们坐下来谈谈。"讲完之后，西原马上变得非常和气。木村见了之后，马上改变说话口气，很和气地说："西原君，怎么回事呢？我来拜访你四五次了，每一次都看到你的情绪不是很好，你是不是有什么烦心事？我们一起聊聊。"

这时，西原也用类似的语气说："木村君，我最近实在是烦死了。为什么呢？你知道我是从事连锁餐饮行业的，我好不容易花了很长时间培养了三个分店经理，因为我今年下半年计划开三家分店，什么东西都准备好了，结果上个月我新培养的三个分店经理却都让我的竞争对手以高薪给挖走了。"木村听了拍拍他的肩膀，说："哎，西原君啊，你以为只有你才有这么烦心的人事问题吗？我也跟你一样啊！你看看，我们最近不是有新的产品要上市吗？前几个月我好不容易用各种方法招来十几个新的推销人员，每天我晚上加班培养他们，想把我们的市场打开。结果才三个多月的时间，十几个新的推销人员走得只剩下五六个了。"

接下来的几分钟，他们互相报怨，现在的员工是多么难培养，人才是多么难寻……讲了十几分钟。最后，木村站起来拍拍西原的肩膀，说："西原君，好了，既然我们俩对于人事的问题都比较头痛，咱们也先别谈这些烦心的事了。正好我车上带了一箱新的清酒，搬下来你先免费尝一尝，不管好喝不好喝，过两个星期，等我们两人都解决了人事问题后，我再来拜访你。"

西原听后就顺口说："好吧！那你就先搬下来再说吧。"搬下来后，两个人挥手互道再见，木村离开了。

结果可想而知，西原成了木村的大客户。

**分析** 在谈话的整个过程中，木村从头到尾都没有讲他的产品，而是花了大部分时间同西原建立共鸣，这样就水到渠成地达成了交易。在现实生活中，我们的推销人员在和客户进入沟通主题前，最好先找到一个方法以使两者在交谈中产生情感共鸣，因为一旦产生共鸣，彼此的防备心就会降低，事情也就比较谈得开。而引起情感共鸣的事情，可以从很多方面着手，比如个人的爱好、经历等。

# 尊重客户的每一个决定

克洛里是纽约泰勒木材公司的推销人员。他承认，多年来，他总尖刻地指责那些大发脾气的木材检验人员的错误，他也赢了辩论，可这一点儿好处也没有。因为那些检验人员和棒球裁判一样，一旦作出判决，他们绝不肯更改。

在克洛里看来，他在口舌上获胜，却使公司损失了成千上万的金钱。因此，他决定改变这种习惯。

"有一天早上，我办公室的电话响了。一位愤怒的主顾在电话那头抱怨我们运去的一车木材完全不符合他们的要求。在木材卸下四分之一后，他们的木材检验员报告说，55%的木材不合规格。在这种情况下，他们拒绝接受。他的公司已经下令停止卸货，请我们立刻把木材运回去。

"听完电话，我立刻赶去对方的工厂。在途中，我一直寻找着解决问题的最佳办法。通常在那种情形下，我会以我的工作经验和知识来说服检验员。然而，我又想，还是把在课堂上学到的为人处世原则运用一番看看。

"到了工厂，我见购料主任和检验员正闷闷不乐，一副等着辩论的姿态。我走到卸货的卡车前面，要他们继续卸货，让我看看木材的情况。我请检验员继续把不合格的木料挑出来，把合格的放到另一堆。

"看了一会儿，我才知道他们的检查太严格了，而且把检验标准也搞错了。那批木材是白松。虽然我知道那位检验员硬木知识很丰富，但检验白松却不够格，经验也不够，而白松碰巧是我最内行的。我能以此来指责对方检验员评定白松等级的方式吗？不能，绝对不能！我继续观看着，慢慢地开始问他某些木料不合格的理由，我一点也没有暗示他检查错了。我强调，我请教他只是希望以后送货时能确实满足他们公司的要求。

"以一种非常友好而合作的语气请教，并且坚持把他们不满意的部分挑出来，使他们感到高兴。于是，我们之间剑拔弩张的气氛消散了。偶尔，我小心地提问几句，让他自己觉得有些不能接受的木料可能是合格的，但是，我非常小心，不让他觉得我是有意为难他。

"渐渐地，他的态度完全改变了。他最后向我承认，他对白松木的经验不多，而且问我有关白松木板的问题，我就对他解释为什么那些白松木板都是合格的，但是我仍然坚持，如果他们认为不合格，我们不要他收下这批木材。他终于到了每挑出一块不合格的木材就有一种负罪感的地步。最后他终于明白，错误在于，他们没有指明自己所需要的是什么等级的木材。

"结果，在我走之后，他把卸下的木料又重新检验了一遍，全部接受了，于是我们收到了一张全额支票。

"就这件事来说，讲究一点儿技巧，尽量不要指责客户，尊重客户意见，就可以使我们的公司少损失150万美元，而我们所获得的良好的人际关系，则非金钱所能衡量的。"

**分析** 推销员要时刻尊重你的客户，客户一旦有了被尊重的感觉，就可以拉近彼此之间的距离。推销的目的是成交，而不是辩论。所以不能与客户针锋相对。在一些推销场合中，即使你不赞成客户的某些观点或做法，也要以婉转的语气和态度来表示疑问。即使你想纠正对方的错误，也需要在不伤害对方自尊的条件下以商讨的方式进行。因为人们都有一种好胜之心，尤其是自己真的是有理由并且有能力占上风的时候，一般是不会放过表现机会的，但这种做法对推销员却不太明智，容易引起客户的不满，在妒忌心的驱使下故意与你辩论，所以最好的办法是不要指责。

## 乔·吉拉德的故事

乔·吉拉德被誉为当今世界上最伟大的推销员，回忆辉煌的过去，他常给别人讲述一件他终生难忘的事。

在一次推销中，乔·吉拉德与客户的洽谈非常顺利，就在将要与客户签约的时候，客户却变卦了，不与他签约了。

眼看着到手的鸭子飞走了，乔·吉拉德很着急，他想不通客户变卦的原因。于是，就在一天晚上，他按照客户留下的地址去登门拜访，想弄清楚客户不签约的原因。客户见他非常真诚，就实话告诉他："你的失败是由于你没有把客户放到第一位。就在我准备签约前，我骄傲地向你提到我的独生子，向你讲述了他的成绩和抱负。我是如此以他为荣，但是当时你听到之后没有任何反应，却只顾着用手机和别人通话。我觉得自己不被重视，所以我改变了主意，决定不买你的产品。"客户的话让乔·吉拉德有醍醐灌顶之感，使他领悟到"认真聆听"的重要性，让他认识到如果不能自始至终地聆听客户的讲话内容，不能认同客户的心理感受，就很容易失去客户。

**分析** 对于从事销售的人员来说，善于聆听，不但是对客户的一种尊重，也是探求客户心理、了解客户的一个过程。耐心听完客户的叙述，才能了解客户的需求、针对客户的需求、满足客户的需求，从而使销售达到事半功倍的效果。

## 赞美的力量

　　小李是青鸟油漆股份有限公司的推销人员。这个公司刚刚开发出一种新型油漆，虽然广告费用花了不少，但收效甚微。这种油漆优点很多，如色泽柔和，不易剥落，防水性能好，不褪色等。小李决定以市内最大的中华家具公司为突破口，来打开销路。小李是怎样打开这一突破口的呢？

　　小李直接来到中华家具公司，找到他们的总经理："我听说，贵公司的家具质量相当好，特地来拜访一下。久仰您的大名，您又是本市十大杰出企业家之一，您经过这么短的时间就取得了这么辉煌的成就，真是才华出众啊！"这么一说，总经理非常高兴，就向他介绍本公司的产品特点，并在交谈中谈到他怎么从一个贩卖家具的小贩走向生产家具的大公司的历程，还领小李参观了他的工厂。在上漆车间里，总经理拉出几件家具，向小李炫耀那是他亲自上的漆。小李顺手将喝的饮料在家具上倒了一点儿，又用一把螺丝刀轻轻敲打，总经理很快制止了他的行为。还没等总经理开口，小李发话了："这些家具造型、样式是一流的，但这漆的防水性不好，色泽不柔和，并且易剥落，影响了家具的质量，不知对不对？"总经理连连点头称是，并提出，听说青鸟油漆公司推出一种新型油漆，因为不了解而没有订购。小李从包里掏出了一块六面都刷了漆的木板，只见它泡在一个方形的瓶子里，还有另外几块上着各种颜色油漆的木板。小李声称，木板已在水中泡了一个小时，没有膨胀，说明漆的防水性好，用工具敲打，漆不脱落，放到火上烤，漆不褪色。于是这家公司很快就成了青鸟公司的大客户，双方都有利可图。

　　**分析**　俗话说"美言一句三冬暖"，赞美和肯定会使一个人心情愉悦。小李正是充分利用了"赞美的艺术"，从赞美家具公司的产品、经理入手，博得对方好感，从而有机会实地参观公司的产品。接着他创造机会，对自己公司生产的油漆进行展示推荐，巧妙地达到了推销的目的。

## 销售冠军的推销术

　　理查德·露西于 2009 年开始他在"伊莱克斯"的行销生涯，11 年之后，他成为该公司的推销能手，在一个拥有 1.5 万名销售代表的组织中脱颖而出。理查德于 2016 — 2020 年 4 次获得该公司的全国销售冠军。在 12 年的推销生涯中，他为"伊莱克斯"累积了逾 3.5 万名客户。理查德的成功，归功于他对客户无微不至的服务。

　　理查德在一次拜访时，遇到了一位妇女。这位妇女已经拥有了吸尘器、打光机、节能灯共三部"伊莱克斯"电器。她对理查德抱怨说："你们公司的销售代表自从把电器卖给我后，就再也没有来过。"尽管商品不是理查德销售给她的，但出于职业习惯，他还是说："让我看看你的机器。"妇女拿出吸尘器，告诉他已经不好用了。理查德把吸尘器的管嘴打开，进行了一番仔细的清理。最后在机器上贴上了标签，上面留有他的姓名和联系电话。他对妇女说："如果有什么问题或需要购买商品，请给我打电话。"妇女非常高兴地表达了谢意。

接着，理查德又说："既然到了您这里，就让我来给您展示一下我们公司最新的地毯清洁剂和吸尘器吧。"妇女欣然同意，并认真地听他解说每一个新产品的特性。

最后，妇女说："太棒了，我很喜欢，我可以以旧换新吗？"理查德以折价贴换的方式卖给她两部机器。出于真诚的感谢，妇女给他介绍了邻居和亲友，结果这些人都买了他的机器。6个月内，理查德就因为妇女的介绍卖出了300件商品。

理查德在总结自己的成功经验时说："当客户受到好的服务时，他们会十分惊喜，也会非常乐意介绍亲友来向那名服务到家的行销人员购买产品。"

**分析** 任何销售员都要注重服务，为顾客着想，真正为顾客解决问题，才能打动顾客的心。

## "礼物是不计价钱的"

情人节的前几天，一位推销员去一位客户家推销化妆品。这位推销员当时并没有意识到再过几天就是情人节了。

男主人出来接待他，推销员劝男主人为夫人买一套化妆品，男主人似乎对此挺感兴趣，但一直没有表达买或不买的意思。推销员动员了好几次，男主人才说："我太太不在家。"

这对推销来说是一个不太妙的信号，再说下去可能就要失败了。忽然，推销员无意中看见不远处街道拐角的鲜花店，门口的招牌上写着："送给'情人'的礼物——红玫瑰"。这位推销员灵机一动，马上说道："先生，'情人节'就要到了，不知您是否已经给您太太买了礼物。我觉得，如果您送一套化妆品给太太，她一定会非常高兴。"

这位先生的神情有了变化。推销员抓住时机又说："每位先生都希望自己的太太是最漂亮的，我想您也不例外。"果然，那位先生点点头，笑了，问化妆品卖多少钱。

"礼物是不计价钱的。"

就这样，一套很贵的化妆品推销出去了。后来，这位推销员如法炮制，成功推销出数套化妆品。

**分析**　推销要善于抓住客户的心理，只有这样才能无往而不利。

## 麦克的电话推销

总机："这里是国家制造公司。"

麦克："请问比尔·西佛董事长在吗？"

知道并说出客户的姓名是很重要的，尤其是在初次接触的时候。如果麦克问："请问董事长在吗？"这种只有头衔没有姓名的话显得太不适当了。

总机听了麦克的问话以后，毫不犹豫地把麦克的电话转到董事长办公室，由董事长的秘书小姐接听。

秘书："这里是董事长办公室。"

麦克："你好。我是麦克·贝柯。请问比尔·西佛董事长在吗？"

麦克先自我介绍，然后说出西佛董事长的名字，让人觉得麦克跟比尔早就认识，他们是朋友。如果秘书真是这么想，那她一定会把电话转接给比尔。这样，麦克希望和比尔通话的目的就达到了。不过，秘书没有这么想，她小心翼翼地继续追问。

秘书："西佛先生认识你吗？"

麦克："请告诉他，我是温彻斯特公司的麦克·贝柯。请问他在吗？"

麦克并不认识比尔，他不能回答秘书的问题。麦克只好再自我介绍一次，这次他说出了公司的名字。麦克在谈话中，一直不忘记说："请问他在吗？"这是不断地对秘书询问，使秘书不得不对这个询问给出适当的答复。麦克也希望秘书小姐不再问问题。

秘书："他在。请问你找他有什么事？"

秘书很直爽地回答，但附带了一个问题："请问你找他有什么事？"

麦克："我是温彻斯特公司的麦克·贝柯。请教你的大名。"

麦克没有正面回答秘书的问题。麦克只是重复说着自己和公司的名称。他也附带问了一个问题，他想知道秘书小姐的名字，待日后再通话时，能拉近彼此的距离。

秘书："我是玛莉·威尔逊。"

麦克："威尔逊小姐，我能和董事长通话吗？"

秘书："贝柯先生，请问你找董事长有什么事？"

麦克："威尔逊小姐，我很了解你做秘书的处境，也知道西佛先生很忙，不能随便接电话。不过你放心，我绝不占用董事长太长时间，我相信董事长会觉得这是一次有价值的谈话。请你代转好吗？"

麦克确实遇到了困难。但他不气馁，仍再接再厉，试图突破困境。他坚持一个原则——不向秘书小姐说出自己的真正目的，因为他顾虑到，一旦向秘书小姐说出自己的目的，再经由秘书小姐转达，难免会令董事长产生误解。

秘书："请等一下。"

麦克的坚定语气，使秘书小姐不再难为麦克。她把麦克的电话转给董事长。

比尔："喂！"

麦克："比尔，我是温彻斯特公司的麦克·贝柯。温彻斯特公司是专门为企业经理定制西装的公司。请问你知道温彻斯特公司吗？"

麦克先介绍自己和公司，然后说明公司的业务，简洁扼要。麦克以一句问话结束，这能使对方有接着回答的机会，使彼此的谈话一来一往，交谈气氛也很融洽。

比尔："不知道。贵公司卖的是什么产品？"

麦克："我们是专门为经理定做西服的公司。有许多企业对我们颇为赞赏，包括城市国民银行、西方动态公司、国际食品公司、环球实业机器公司等。我希望下个星期能拜访你，当面向你做详尽的介绍。我想在下星期二上午8点15分或星期三下午2点45分拜访你，你觉得方便吗？"

麦克提到了几家就在附近的大公司，希望借此能引起比尔的兴趣。麦克不问比尔"是否愿意见面？"而问比尔"什么时候见面？"这样会使比尔在无意之中忽略"愿不愿见麦克"的问题。麦克还自己先挑选了两个时间让比尔选择，两个时间都在下星期，这使比尔不会感到窘迫而断然回绝麦克的请求。

比尔："嗯，我想……就安排在下星期二上午7点钟好了。"

> 　　麦克的电话交谈非常简明扼要。如果对方问问题，麦克总以简洁的话语答复，然后继续向目标迈进。"获得对方的邀约"是麦克此时唯一的目标。麦克是一位有专业素养的推销员，他认为在没有获得对方的邀约之前，任何推销上的说服行动都是没有必要的。先和对方敲定见面的时间，再在见面时展开缜密的说服行动也不迟。

## 两家小店

有两家卖粥的小店，左边这家和右边那家的顾客每天相差不多，都是川流不息的。然而晚上结算的时候，左边这家总是比右边那家多出百十元来。天天如此。

有一天，小王走进了右边那家粥店。服务小姐微笑着把他迎进去，给他盛好一碗粥，问他："加不加鸡蛋？"小王说加。于是她给小王加了一个鸡蛋。

每进来一个顾客，服务小姐都要问一句："加不加鸡蛋？"有说加的，也有说不加的，大概各占一半。

另一天，小王走进左边那家小店。服务小姐同样微笑着把他迎进去，给他盛好一碗粥。问他："加一个鸡蛋还是加两个鸡蛋？"他笑了，说："加一个。"

再进来一个顾客，服务小姐又问一句："加一个鸡蛋还是加两个鸡蛋？"爱吃鸡蛋的就要求加两个，不爱吃的就要求加一个。也有要求不加的，但是很少。

一天下来，左边这家小店就要比右边那家多卖出很多鸡蛋。

给别人留有余地，更要为自己争取尽可能大的领地。只有这样，才会于不声不响中获胜。

> **分析** 心理学上有个名词叫作沉锚效应。在人们做决策时，思维往往会被得到的第一信息所左右，第一信息会像沉入海底的锚一样，把你的思维固定在某处。在右边的小店中，你选择"加还是不加鸡蛋"，在左边小店中，是选择"加一个还是加两个"，这第一信息不同，你做出的决策就会不同。聪明者常用此法达到自己的目的。

## 一次成功的推销

一位电子产品推销员在推销产品时，与顾客进行了这样一番对话。

推销员："您孩子快上中学了吧？"

顾客愣了一下："是的。"

推销员："中学生最需要开发智力，我这儿有一些游戏卡，对您孩子的智力提高一定有益。"

顾客："我们不需要什么游戏卡，都快上中学了，谁还让他玩那些破玩意儿！"

推销员："我的这个游戏卡是专门为中学生设计的，它是数学、英语结合在一块儿的智力游戏，绝不是一般的游戏卡。"推销员说明了学与玩的区别，打消了顾客的疑虑，顾客开始犹豫。犹豫是购买的第一个信号。

推销员接着说："现在是一个知识爆炸的时代，不再像我们过去那样一味从书本上学知识了。现代的知识是要通过现代的方式学的。您不要固执地以为游戏卡是害孩子的，它现在已经成了孩子重要的学习工具了。"

接着，推销员从包里取出一张磁卡递给顾客，说："这就是新式的游戏卡，来，咱们试一下。"百说不如一做。

果然，顾客被吸引住了。推销员趁热打铁："现在的孩子真幸福，一生下来就处在一个良好的环境中，家长们为了孩子的全面发展常常不惜花重金。我去过的好几家都买了这种游戏卡，家长们都很高兴能有这样有助于孩子学习的产品，还希望以后有更多的系列产品呢！"顾客已明显地动了购买心。

推销员："这种游戏卡是给孩子的最佳礼物！孩子一定会高兴的！"

结果，顾客心甘情愿地购买了几张游戏卡。在这里，推销员巧妙地运用了口才艺术，循循善诱，激发了顾客的购买欲望，使其产生拥有这种商品的感情冲动，促使并引导顾客进行购买。

**分析** 对于推销员来说，优秀的口才是说服顾客的利器，是赚钱的基础，是把握主动权的保证。

## 酒杯

有位推销员当着一大群顾客推销一种钢化玻璃酒杯。他在进行商品说明之后，便向顾客做商品示范。这一示范就是，把一只钢化玻璃杯扔在地上，酒杯不会被摔碎。可是他碰巧拿的是一只质量不过关的杯子。只见他猛地一扔，酒杯碎了。这样的事在他整个推销酒杯的过程中是前所未有的。他心里很吃惊，但没流露出来。顾客则是目瞪口呆，因为他们本已相信了推销员的话，只不过想亲眼看看，得到一个证明而已，结果却出现了这样尴尬的场面。然而，仅过 3 秒钟，就听推销员不紧不慢地说："你们看，像这样的杯子，我就不会卖给你们。"顾客笑了，沉默的气氛变得活跃了。接着，这位推销员又扔了 5 只杯子，个个掉在地上完好无损。

推销员高超的随机应变能力博得了顾客的好感，5 只完好无损的酒杯赢得了顾客的信任。推销员很快推销出几十打酒杯。

**分析** 推销员的随机应变不是投机取巧，也不是强词夺理，而是摆事实、讲道理，让潜在客户信服。

## 突破价格借口

齐格勒曾推销过厨房的成套设备，主要是成套炊具，其中最主要的就是锅。这种锅是不锈钢的，为了导热均匀，锅的中央部分设计得较厚，它的结实程度是令人难以置信的。齐格勒曾说服一名警官用杀伤力很强的四五口径手枪对准它射击，子弹竟然没在锅上留下任何痕迹。

当齐格勒推销时，顾客经常表示异议："价格太贵了。"

"先生，您认为贵多少呢？"

对方也许会回答说："贵 200 美元吧。"

这时，齐格勒就在随身带的记录纸上写下"200 美元"。然后又问：

"先生，您认为这锅能使用多少年呢？"

"大概是永久性的吧。"

"那您确实想用 10 年、15 年、20 年、30 年吗？"

"这锅经久耐用是没有问题的嘛。"

"那么，我们现在以最短的 10 年为例。作为顾客来说，这种锅每年贵 20 美元，对吗？"

"嗯，是这样的。"

"如果每年是 20 美元，那每个月是多少钱呢？"

齐格勒边说边在纸上算了起来，"如果那样的话，每月就是 1.75 美元。"

"是的。可您的夫人一天要做几回饭呢？"

"一天要做两三回吧。"

"好，一天只按两回算，那您家中一个月就要做 60 回饭！如果这样，即使这口极好的锅每月平均贵上 1.75 美元，和市场上的同类产品相比，做一次饭也贵不了 3 美分，这样一看就不算太贵了。"

齐格勒一边说一边把数字写在纸上，并让客户参与计算。在计算的过程中，总能让顾客不知不觉地摒弃"太贵了"这个理由，从而促成购买。

**分析**　怎样反驳客户的拒绝理由，并让他认为购买你的产品物超所值，这是作为推销员必须考虑的问题。

## 墨菲卖车

约翰·墨菲是一个汽车销售人员，他正在向可能的买主奈特介绍一辆汽车。

墨菲：奈特先生，这辆汽车是非常舒适的。

奈特没有做出回答。

墨菲：（意识到自己的口误）请坐到驾驶座上试一试吧（奈特坐上驾驶座）。您坐在里面感到舒适吗？

奈特：舒服极啦！

墨菲：您觉得座位调得如何？您坐在方向盘后面舒服吗？

奈特：行，挺舒服的。不过，驾驶位空间太小了。

墨菲：还小？您是在开玩笑吧！

奈特：我说的完全是实话。我感觉在里边坐着有点憋气。

墨菲：但汽车前座的空间有 2 英尺（1 英尺＝0.3048 米）啊！

奈特：不管怎么样，我还是觉得有点儿憋气。

墨菲：（意识到他的错误，就停止了反驳）当然了，这辆车比不上大型车辆宽敞。但正如您刚才说的那样，坐在里面还是很舒服的。您可能已注意到这辆车的内饰还是相当不错的，使用的材料是皮革。还有比皮革这种材料更好的吗？（他并没有提出具体理由来进一步证实为什么使用皮革材料。）

奈特：我不懂得什么皮革不皮革的。但我觉得用皮革夏天太热了，冬天又太冷（奈特向来不喜欢皮革）。

墨菲：（墨菲本来可以，也应该在事前了解清楚顾客对各种材料的座位外套有什么看法。不过，这仅仅是一个无关大局的细节问题。因此，他决定避开它）对，那仅仅是个人爱好的问题。其实，我明白您的意思，在炎热的夏天，皮革确实有点热。但在这个国家，夏天从来都不是太热的。应当这样看待这个问题，您说呢？不管怎么说，皮革肯定要比塑料凉爽得多。您同意这个看法吗？

奈特：那或许有可能。但有些时候，我要在夏天开车到其他国家去。

墨菲：（墨菲本可以进一步指出，他不可能把车开到赤道去。另外，开车到国外的时间相对来说是短暂的。但他觉得这样谈下去会把话题扯得太远，并且会引起争执）好吧，我们来谈一下其他问题吧。您准备用这辆车来干什么？（墨菲又准备将话题拉回到汽车的主要用途上，并打算证明这种汽车的前舱空间还是足够的。）

奈特：我准备开着车去上班，或到我们的乡村别墅去。

墨菲：路程远吗？

奈特：不是特别远。

墨菲：家里人口多吗？

奈特：我们有两个小孩，都在念书。

墨菲：那么说，你是想要一辆节省汽油的汽车了，是不是？（墨菲为了绕开汽车的大小问题，又换了一个新话题。不过，他还远远没有脱离危险区。因为他又转到汽油价格这样一个人人关心的中心话题上）您知道汽油的现价吗？

奈特：价格还可以吧。但关于节油的种种说法都是靠不住的，事实上，每一辆汽车所耗费的汽油量总要比说明书上的规定多得多。

墨菲：当然了，耗油量的大小取决于您怎么使用您的汽车。

奈特：（很生气）你这话什么意思？

墨菲：车开快了就需要经常更换档位，这样耗油量就大一些。

奈特：在很多情况下，说明书上所说的都是不可靠的。说明书上说，行驶 20～30 英里（1 英里 = 1.61 千米）才耗费 1 加仑（约为 3.79 升）汽油。我们就按照说明书购买了一辆汽车。结果呢？还没有行驶 15 英里就耗费了 1 加仑的汽油。"宣传归宣传，事实归事实。"我的一个好朋友对我说……（接着，他讲了一个很长的故事）

墨菲：（控制住自己）好吧，我们可以在试车的时候检查一下这辆车的耗油情况。奈特先生，您可以亲自开车，好吗？

奈特：好的（他们开动了汽车）。

墨菲：您的夫人也会开车吗？（他准备把这辆车便于操作这一点作为推销要点）

奈特：她准备去学习驾驶。

墨菲：（接过新话题）我们有自己的驾驶学校。如果您需要的话，我可以帮助您夫人联系上课的事。

奈特：不用了。

墨菲：（刚准备有所表示，但及时控制住了自己）不管怎么说吧，对您夫人来说，开小车要比开大车容易。您说呢？

奈特：我想是的。（奈特又想出了一条反对的理由）像这样一辆小车，怎么那么贵呢？

墨菲：（从奈特这一问题，墨菲意识到车的大小问题并不很重要。所以，他不准备更多地讨论车的大小问题。如果反驳奈特的这一看法，并且指出汽车价格不高的话，那么他们就有可能发生争论。所以，他决定不直接地讨论价格问题）奈特先生，您开车是很有经验的，是吧？

奈特：我想还可以吧！

墨菲：那么，依您看，车的哪一方面最重要？（通过承认对方有经验，营造了一种融洽的气氛，并且以提问方式把话题转向一些更重要的问题上）？

奈特：唔……当然是车开起来稳不稳、车速和车的质量最重要了。还有保值率问题。

墨菲：（谨慎地纠正对方的看法）当然也要节省，是吗？

奈特：当然了。

墨菲：所以，应该是稳、速度和节省。奈特先生，就速度而言，您认为哪一方面是最重要的？是最高速度指数还是变速器？

奈特：当然是变速器重要了。不管怎么说，人们一般不使用最高速度。

墨菲：（现在他终于了解到顾客对什么东西感兴趣）你说对了，这些才是最重要的。在判断一辆车的价值时，它们的作用是很重要的。在这一点上，我们的看法是一致的。

奈特：是的。

经过三次业务洽谈，墨菲顺利地把这辆车卖了出去。

**分析** 墨菲知道他应该怎样进行洽谈，应该避免哪些问题。他从三个方面解释了这辆车的价值，并且间接地反驳了汽车售价太高的看法。

## 及时行动，勇于促成

有一次，贝吉尔去见一位准客户，这个人正考虑买个 25 万美元的保险。与此同时，有 10 家保险公司提出计划，角逐竞争，还不知鹿死谁手。贝吉尔见到他时，对方应道："我已委托一位好朋友处理了，你把资料留下，好让我比较哪家公司更便宜。""我有句话要真诚地告诉您，现在您可以把那些计划书都丢到垃圾桶里。因为保费设计基础都是以相同的起点计价的，以银行贷款 25 万美元而言，受益人当然是银行，您的健康才是最重要的。不用担心，我已帮您约好了医生做体检，这位医生是公认最权威的，每一家保险公司都会接受他的报告，何况 25 万美元的高额体检，只有他有资格做。""难道其他保险公司不能帮我安排吗？"

"当然可以，但是您可能要耽误 3 天。如果明早您患了感冒，时间一拖，保险公司甚至会考虑再等三四个月的时间才予以承保……"

"原来这件事这么重要！贝吉尔先生，我还不知你代表哪家保险公司？"

"我代表客户！"贝吉尔先生在迅雷不及掩耳的积极行动下，顺利地签下了一张 25 万美元的高额保单。

  贝吉尔先生的保险推销勇于促成，快速成交，一气呵成。

## 奇怪的推销

有位挨家挨户推销清洁用品的业务员，好不容易才说服公寓的主妇帮他开了铁门，让他上楼推销产品。当这位辛苦的推销员在主妇面前展示完商品的特色后，见她没有购买欲望，便黯然下楼离开。

丈夫下班回家后，主妇不厌其烦地将业务员向她展示的产品的优良性能一一复述给丈夫。丈夫说："既然你认为那项产品如此实用，为何没有购买？"

"是相当不错，性能也很令我满意，可是那个推销员并没有开口叫我买。"

没有让客户购买产品是这位推销员的失误之处，但他的失败基本上还是意志不坚、精神不集中所致。

第十二部分
THE TWELFTH PART

# 商务谈判

# 准备充分的谈判

日本某株式会社拥有的一种农业加工机械是中国几家工厂急需的关键性设备。为了进口这些设备，中方某公司代表与日本方面在上海举行谈判。按照惯例，日本方面首先提出 1000 万日元的报价。

中方对这类产品的性能、成本及在国际市场上的销售行情早已有了很深的了解，推算出对方的报价大大超出产品的实际价格。中方代表对日方代表说："根据我们对同类产品的了解，贵公司的报价只能是一种参考，很难作为洽谈的基础。"

日方代表没有料到中方会马上判断出其报价不合理，有点儿不知所措，便答非所问地介绍产品的性能与质量如何优良，远超过 A 国的同类产品。

中方代表知道他们在自夸，但不明确点破，只是故意问道："不知贵国生产此种产品的公司有几家？贵公司的产品好于 A 国的依据是什么？"此种问话，柔中带刚，也可以说是刚中带柔，使对方欲进无力，欲罢不能。表面上他虽像请教，实际上却暗示生产厂家并不是独此一家。

中方代表的问话使对方很吃惊，日方代表不便答复，也无法答复。其主谈借故离开谈判桌，另一位谈判代表也装着找什么东西低下头不说话。为了摆脱困境，日方主谈回到谈判桌上，询问他的助手："这报价是什么时候定的？"其助手当即省悟过来，灵机一动回答道："是以前定的。"日方主谈笑了笑，忙做解释……

当双方休会之后又重新回到谈判桌前时，日方称已与其总经理做了成本核实，同意削价 100 万日元。中方根据手里掌握的翔实信息，并且以对方不经请求就可独自降价 10% 的信息作为还价依据，提出削价到 750 万日元的要求。但马上遭到日方代表的拒绝，谈判又陷入僵局。

为了打开谈判的局面，使日方接受中方条件，中方代表郑重指出："这次引进，我们从几个厂家中选中了贵公司，这已经说明我们有成交的诚意。你们说价格太低，其实并不是这样。此价格虽比贵公司销往 B 国的价格略低一点，但因为运费很低，所以利润并没有减少。更为重要的是 C 国和 D 国出售同类产品的外商，还正等待我方的邀请，希望同我方签订销售合同。"说完，中方主谈随手将其他外商的资料递给了日方。日方代表被中方掌握的翔实的谈判信息及坦诚的态度折服，感到中方的还价有理有据，没有什么可挑剔的，只好握手成交。

**分析** 这次谈判之所以能够取得成功，正是由于中方代表花了大量精力为洽谈做准备，在谈判前做到了了解自己的立场和对方的观点，制订了完备的方案和对策，同时态度不卑不亢、刚柔并济地表明合作的诚意，又坚持原则，指出对方报价不妥当的地方，并且摆出日方还有多个竞争对手的事实。

## 郑周永智获订单

1970 年，韩国巨富郑周永的公司还处于发展阶段，规模不大。为了扩张，他决定投资创建蔚山造船厂，要造 100 万吨级的超大型油轮。郑周永在造船业方面完全是个门外汉，但他却信心十足。在很短的时间里，他就筹措了足够的贷款，只等客户来订货了。然而订货单却不那么容易到手。因为，当时外商不相信韩国的企业具备造大船的能力。

为了说服外商，获得订单，郑周永冥思苦想，终于想出一条妙计。他从一大堆发黄的旧钞票中挑出一张 5000 元的纸币。那张纸币上印着 15 世纪朝鲜民族英雄李舜臣发明的龟甲船，其状极易让人想到现代的油轮。而事实上，龟甲船只是古代的一种运兵船，李舜臣就是用这种船打败日本人，粉碎了丰臣秀吉的侵略。于是郑周永怀揣着这张废钞四处游说，宣称朝鲜在 400 多年前就具备了造船的能力。经他这么一游说，外商信以为真，很快就签订了两张各为 26 万吨级的油轮订单。订单到手之后，郑周永立即率领员工日夜苦干，两年过后，两艘油轮竣工了，蔚山船厂也建成了。

**分析**　谈判双方在不了解对方的情况下，如何展示自己的优势和能力是谈判的关键所在。

## 约翰逊醉翁之意在广告

有一次，美国《黑檀》月刊的主编约翰逊想争取到森尼斯公司的广告，而该公司的首脑麦唐纳是个非常精明能干的人。开始，约翰逊致信麦唐纳，要求和他当面谈谈森尼斯公司的广告在黑人社会的重要性。麦唐纳当即回信说："来信已收到，不过我不能见您，因为我并不主管广告。"约翰逊并不气馁，又致信给他，问："我可不可以拜访您，谈谈关于在黑人社会进行广告宣传的政策？"麦唐纳回信道："我决定见您。不过，要是您谈到在您的刊物上登广告的事，我立刻就结束会见。"

在见面之前，约翰逊翻阅了美国名人录，发现麦唐纳是一个探险家，曾到过北极，时间是在汉森和比尔准将于 1909 年到达北极后的几年间。汉森是个黑人，他曾就自身经历写过一本书。这是约翰逊可以利用的条件。于是他找到汉森，请他在书上签名，以便送给麦唐纳。此外，他又想起汉森是他们写篇文章的好题材，于是他从未出版的《黑檀》月刊中抽去一篇文章，用一篇介绍汉森的文章取而代之。

麦唐纳在约翰逊走进他的办公室时，第一句话就是："看到那边那双雪鞋没有？那是汉森给我的。我把他当朋友，您看过他写的那本书吗？""看过，"约翰逊说，"凑巧我这里有一本。他还特地在这本书上签了名。"麦唐纳翻着那本书，显然感到很高兴，接着他又说："您出版一份黑人杂志。在我看来，黑人杂志上该有一篇介绍像汉森这样的人的文章才对。"约翰逊对他的意见表示认同，并将一本7月份的新杂志递给他，然后告诉他，创办这份杂志的目的就是宣传像汉森这样克服一切障碍而到达最高理想的人。麦唐纳合上杂志说："我看不出我们有什么理由不在您的杂志上登广告。"

在谈判中只有获得了对手的心理认同，才能使谈判氛围变得和谐融洽。这是能达到谈判目的的一种有效手段。

## 胜利者的苦恼

我的一位朋友到当地的汽车特约经销商处，想买一辆新型的豪华汽车，该车的标价为45000美元，他打算出价不高于41000美元。他最初的报价为38000美元，出乎意料的是，经销商很爽快地接受了他的报价。2个小时后，我的朋友驾着他的新车回家了。但那个晚上他却失眠了。尽管比预期少花了3000美元，但他觉得自己出价还是太高了。我的朋友经历了"胜利者的苦恼"，或者说是谈判结束后的遗憾。由于谈判对方接受了你的报价，你会觉得你的报价太高了，以后如果碰到类似的场面，就需要再降低价格了。

这种谈判后的反应并非异常。在很多谈判中，一方（通常是卖方）比另一方拥有更多信息。但在谈判中，人们总是倾向于认为自己的对手很迟钝，却忽视了思考对方决策而获得的有价值的信息。你可以尽可能多地获得信息，并将自己置身于对方的立场来减少这种"苦恼"。

## 美国人和日本人的贸易谈判

有一次，日本一家公司与美国一家公司进行一场许可证贸易谈判。谈判伊始，美方代表便滔滔不绝地向日方介绍情况，而日方代表则一言不发，认真倾听，埋头记录。当美方代表讲完后，征求日方代表的意见，日方代表却迷惘地表示"听不明白"，只要求"回去研究一下"。

几星期后，日方出现在第二轮谈判桌前的已是全新的阵容，由于他们声称"不了解情况"，美方代表只好重复说明了一次，日方代表仍是埋头记录，同样以"还不明白"为由使谈判不得不暂告休会。

到了第三轮谈判，日方代表团再次"易将换兵"故伎重演，只告诉对方回去后一旦有结果便会立即通知美方。

半年多过去了，正当美方代表团因得不到日方任何回音而烦躁不安、破口大骂日方没有诚意时，日方突然派了一个由董事长亲率的代表团飞抵美国，在美方毫无准备的情况下要求立即谈判，并抛出最后方案，以迅雷不及掩耳之势，催逼美方讨论全部细节。措手不及的美方代表终于不得不同日本人达成了一个明显有利于日方的协议。

分析　日方谈判策略的成功之处在于没有了解全部细节之前不轻易透露谈判的条件，但是当了解所有的细节后，他们就会重拳出击。

## 铁娘子的"铁"滋味

在欧共体的一次首脑会议上，英国前首相撒切尔夫人又一次让人们领教了她坚毅刚强的意志力的"铁"味。她在会上表示，英国在欧共体中负担的费用支出过多，投入了大笔资金，却并未获得应有的利益。她强烈要求将英国负担的费用每年减少10亿英镑。这个高得惊人的要求使各国首脑脸色发青。他们认为，撒切尔夫人的真正目标是减少3亿英镑（其实这也差不多真的是撒切尔夫人的真正意图）。于是他们提议只能削减2.5亿英镑。他们认为这个数字是可以接受的。

可是撒切尔夫人是一个有着坚强意志力的坚毅女性，她不为2.5亿英镑这个似乎是各国首脑公认的数字所动，仍坚持自己的立场。这一下，会谈陷入了僵局。一方的提案是每年削减10亿英镑，另一方却只同意每年削减2.5亿英镑，差距太大，双方难以协调。

这种僵持状态的出现是撒切尔夫人意料中的事。她的真实目标并不是10亿英镑，但她的策略就是提出相当高的要求，并顽强地坚持自己的立场，以改变各国首脑的预期目标。然而对方并没有轻易改变自己的立场，他们仍然只能同意2.5亿这个数字。这时，英国和法国这两个在欧共体中处于领导地位的国家相互使用了威胁手段。撒切尔夫人告诉下议院，原则上按照她提出的方案执行，暗示并无选择的余地，同时也是在含蓄地警告各国。而这种作风，又可对法国产生压力，而法国则用另一种手段施压。法国开始在报纸上刊登批评英国的文章，说英国在欧共体各国中采取低姿态，企图以此来解决问题。

撒切尔夫人知道，要让对方同意她设定的目标是很困难的，因此必须让对方知道，无论他们采取什么手段，她都不会改变自己的立场，绝不与对方妥协。她坚强的意志力、顽强的作风，终于迫使对方做了很大让步。一旦对方的立场发生了动摇，撒切尔夫人就逐渐把欧共体各国首脑的期待转向自己的目标。最后，欧共体各国终于同意每两年削减8亿英镑，撒切尔夫人的真实目标得以实现。她高起点的策略取得了期望的效果。

**分析** 任何谈判都要有坚韧不拔的意志和不达目的不罢休的精神，这方面撒切尔夫人是我们很好的榜样。

## 欲擒故纵

史璜先生已经70出头，仍旧活跃于商业界。他知道，他那自认是房地产开发专家的儿子，正一头栽进非他能力所及的公寓计划。老史璜可不愿意用自己的钱投资，他决定用借的。他找来会计师——无懈可击的霍夫曼太太——替他安排与银行代表魏得曼先生见面。史璜和霍夫曼准时赴约，时间是史璜挑的——星期五下午4点半。史璜当然是有备而来：他挑的银行、时间和银行代表，一切都配合得天衣无缝。他正巧知道魏得曼先生有两大嗜好：网球和歌剧。

会面就从一些无关痛痒的话题带入。史璜平常不太说话，现在居然滔滔不绝。先说网球——他自己曾参加过1931年温布尔登网球大赛第一回合的比赛，当然，久已遗忘的比赛情景又浮现眼前。接着再谈歌剧。他对毕洛特（德国巴伐利亚地区纽伦堡东北的一个城市）举办的瓦格纳歌剧纪念大会的精彩节目更是如数家珍。下班钟响了，行员清理桌子，回家的时间到了。一向很准时下班的魏得曼先生，手指头很紧张地轻轻敲打桌上那份史璜先生的档案，他真的打算就在这个下午和史璜先生达成协议——也让自己能在星期一的例行汇报上把案子呈给上级看。史璜却在一旁若无其事地等着。

下午5点10分，史璜起身看了看表，说这次会谈让他很愉快，不过他还有事得先走一步了。当魏得曼帮他穿上大衣，两人转身走向电梯时，这趟会面的真正目的才真正起了个头——是魏得曼提的。

魏得曼说："史璜先生，您不是来谈抵押贷款的事吗？"

史璜说："抵押贷款？霍夫曼，你要我来，是来谈贷款的事吗？"当然啦！看得出来，这整件事都是霍夫曼的杰作！

史璜从头到尾都没提"贷款"，是魏得曼自己提出来的，当然，贷款的条件也就留给他伤脑筋啦！就在他们两位都还站在电梯门口时，魏得曼提出了条件。

利率为 6.18%——而通常银行贷款的利率是 7%——条件可以说好得不得了！

史璜的另外一个儿子，并未从事起伏不定的房地产业，他说道："那回的交易我记得很清楚。之所以会成功，实在是因为我父亲把这个心不在焉的老头子角色演得太精彩的缘故吧！"

纵使与银行打交道这档事给你那么多的心理障碍，但是别忘了银行是卖方，你是买方，虽然他们不会上门推销，但并不表示你就得去拜托他们和你做生意——应该是他们来拜托你，你多少会占点便宜的。

 在谈判中迷惑对方来掩饰自己的真实目的，往往可以收到奇效。

## 虚实之间

汽车行业里有招欺敌之术叫"呼叫奥蒂斯先生"。顾客上门以旧车换新车时，先给他那辆历尽沧桑的旧车一个好得令人惊讶的折旧价，然后再给新车开个令他更满意的价钱。他会再去绕个两三家，才知道这笔生意是再好不过的了，一定会回到原来的公司。

业务员详细写下这笔交易的注意事项，并请这位顾客签名，然后故意不经意地问这位顾客其他业务员给他什么价码。顾客在这时，红着脸很得意地说出谈判中最宝贵的法宝：情报——也就是另外一家开的价码。

业务员说："还有一道手续，每笔生意都得我们经理通过才行。我马上打电话给他。"销售人员按下电话上的按键，说道："呼叫奥蒂斯先生……呼叫奥蒂斯先生。"当然，根本没奥蒂斯先生这号人物。奥蒂斯是一家电梯制造公司的名字。业务员呼叫的是另一位销售经理没错，不过其真名可能是史密斯或琼斯之类。

销售经理出面了，他把业务员拉出房间，让顾客独自心焦如焚一阵；不久，业务员回来，说明经理不允许这笔生意，然后再以其他家出的价码和这位顾客谈。

虽然这个结果不是顾客希望看到的，但顾客还是没有离开，而是继续谈。因为他已经投下太多情感，原先就打算在这家公司把交易谈定：车都选好了！蓝色车身加上内部红色装潢，而它就在展示台上，等着他把它开走。当他和业务员交谈时，老婆正坐在驾驶座上，孩子则在座椅上快乐地蹦蹦跳跳，而且他早就跟每个同事吹牛他是个多么精明的谈判高手！

如果他不签字，需要有很大的勇气，而且一切得从头来过……孩子又会大哭大闹，而且同事也会在背后嘲笑他……

"好吧！15000元的车，再多个875.5元算什么？只不过多几个月款而已。老兄，真谢谢你，祝你愉快——这是你分期付款的缴款单据本子。"他签字了，一场交易就此达成。

**分析** 谈判时关键因素的改动往往要借助一些更高级别的人员，这是谈判留有余地的一种策略。合理利用这种策略，将有助于谈判目标的达成。

## 特别精明的人

美国有位谈判专家想在家中建个游泳池，建筑设计的要求非常简单：长30英尺（1英尺=0.3048米），宽15英尺，有温水过滤设备，并且在6月1日前做好。谈判专家对游泳池的造价及建筑质量方面是个外行，但这难不倒他。在极短的时间内，他不仅使自己从外行变成了内行，而且还找到了工程质量好、要价低的建造者。

谈判专家先在报纸上登了个想要建造游泳池的广告，具体写明了建造要求，结果有A、B、C三位承包商来投标，他们都拿给他承包标书，里面有各项工程的费用及总费用。谈判专家仔细看了这三张标书，发现所提供的温水设备、过滤网、抽水设备、设计和付钱条件都不一样，总费用也有差距。

接下来的事情是约这三位承包商来他家里商谈。第一个约好早上9点钟，第二个约定9点15分，第三个则约在9点30分。第二天，三位承包商如约而来，他们都没有立刻得到主人的接见，只得坐在客厅里彼此交谈着等候。

10点钟的时候，主人出来请第一个承包商A先生进到书房去商谈。A先生一进门就宣称他的游泳池一向是造得最好的，好的游泳池的设计标准和建造要求他都符合，顺便还告诉主人B先生通常使用陈旧的过滤网，而C先生曾经丢下许多未完的工程，并且他现在正处于破产边缘。接着又换了B先生进行，从他那里又了解到其他人所提供的水管都是塑胶管，他所提供的才是真正的铜管。C先生告诉主人的是，其他人所使用的过滤网都是品质低劣的，并且往往不能彻底做完，拿到钱之后就不管了，而他则是绝对做到保质保量。

谈判专家通过静静地倾听和旁敲侧击地提问，基本上弄清楚了游泳池的建筑设计要求及三位承包商的基本情况，发现C先生的价格最低，而B先生的建筑设计质量最好。最后他选中了B先生来建造游泳池，而只给他C先生所报的价钱。经过一番讨价还价之后，谈判双方终于达成了一致。

**分析** 竞争者都想尽自己最大的努力来争取这项工程，然而鹬蚌相争，真正得利的还是渔翁！

## 总裁致歉

美国著名的冲突管理学家、贝勒大学教授佛瑞得·杰特曾经有一次代表一家公司与工会进行谈判。这家公司的总裁在与工会领导人进行谈判时发表了不当言论，记者把这些言论广为传播。工会领导人极其愤怒，强烈要求公司总裁必须公开道歉，而且声称这是没有谈判余地的要求。事实上，公司总裁也察觉到了自己的失言，已经准备公开道歉。但是佛瑞特·杰特教授却是这样对工会领导人说的："我了解道歉的重要性，我一定尽力帮你们的忙，但我不能保证。不过，如果你们希望我去争取这件事，你们是不是应该在其他事情上与我合作？"

杰特教授故意拖延了几天，用以表示争取让总裁公开道歉有一定的难度。接着他又把他提出的条件明确化了。杰特教授说："如果我能为你们争取到总裁的公开道歉，有关其他两个问题，你们是否同意我的看法？"工会领导人觉得杰特教授的要求是合乎情理的，就表态说只要让那个至今"不肯公开道歉"的总裁做他应该做的事，他们就愿意做出让步。结果，公司总裁以公开道歉的方式换取了工会在工资和福利上的重大让步。

> **分析**　声东击西是兵家奇策，也是谈判的奇策。具体来说，就是有意识地以自己不大关心、不太重要的内容吸引对方，并和对方不断地讨价还价，然后通过在这一问题上做出较大的让步，来换取对方在自己真正关心的问题上的让步。
>
> 谈判过程中，讨价还价再加上实际行动，才能取得良好的效果。所以有经验的谈判者常常采用边打边谈的策略。

## 福克兰与老妇的交锋

福克兰是美国鲍尔温交通公司的总裁。在他年轻的时候，因成功地处理了公司的一项搬迁业务而青云直上。当时，他是该公司机车工厂的一名普通职员，在他的建议下，公司收购了一块地皮，准备用来建造一座办公大楼，而这块地皮上原来居住的100多户居民都得因此而举家搬迁。居民中的一位爱尔兰裔老妇人首先跳出来与机车工厂作对。在她的带领下，许多人都拒绝搬走，而且这些人抱成一团，决心与机车工厂周旋到底。

福克兰对公司说："如果我们通过法律手段来解决这个问题，会费时费钱。但我们更不能用强硬的手段去驱逐他们，这样我们将会增加许多仇人，即使大楼建成，我们也将不得安宁。这件事还是交给我去处理吧！"福克兰找到这位老妇人时，她正坐在房前的石阶上。福克兰故意在老妇人面前忧郁地走来走去，以引起老妇人的注意。果然，老妇人开口说话了："年轻人，你有什么烦恼？"

福克兰走上前去，他没有直接回答老妇人的问题，而是说："您坐在这里无所事事，真是太可惜了。我知道您具有非凡的领导才干，实在可以成就一番大事。听说这里将建造一座新大楼，您何不劝劝您的老邻居们，让他们找一个安乐的地方永久居住下去，这样，大家都会记住您的好处。"福克兰这几句看似轻描淡写的话，却深深地打动了老妇人的心。不久，她就变成了全费城最忙碌的人。她到处寻觅住房，指挥他的邻居搬迁，把一切办得非常稳妥的。而公司在搬迁过程中，仅付出了原来预算的一半费用。

**分析**

在谈判进入交锋阶段、妥协阶段等实质性磋商阶段的时候，常常由于某些人为或突发原因使得谈判双方相持不下，从而产生了一种进退维谷的僵持局面。在这种情况下，如果谈判人员不善于找寻产生僵持局面的原因和解决方案，一味地听任其发展下去，就很可能导致谈判破裂。

事实上，许多谈判之所以陷入僵局，并不完全是因为谈判双方存在着不可化解的矛盾，常常是基于谈判双方在立场、感情、原则上存在着一些分歧，而这些分歧通过谈判者的努力，打通心理渠道，逾越人为障碍，是能够化解的。

常言道：东方不亮西方亮，黑了南方有北方。谈判并不是自始至终都会一帆风顺的，出现僵局也挺正常，关键在于谈判者本身要有健康成熟的心态，才能从容面对问题和矛盾，用自己的诚恳去征服对手的心，而这种诚恳的态度不仅是克服僵局的有效手段，也是今后谈判的基础和继续合作的条件。

## 山本村估的障眼法

山本村估是日本 DG 公司的总经理，他前往美国的一家公司洽谈生意。美方在谈判之前已经知道了 DG 公司面临破产危机，就想用最低的价钱买下 DG 公司的全部产品。而此时，DG 公司面临两难抉择：如果不卖，公司将缺少运转的资金；如果答应了美方的苛刻条件，DG 公司将会元气大伤，从此一蹶不振。

此时的山本村估内心十分矛盾。但他是个善于隐藏内心真实想法的人。所以，当美方在谈判中提出了这些要求时，山本村估若无其事地对随行人员说："你看一看飞往韩国的机票是否已经准备好了。如果机票已经拿到，明天我们就飞往韩国，那里有一笔大生意在等着我们。"山本村估说这番话的言下之意，即是表明他对这桩生意的兴趣不大，成不成无所谓。

山本这种淡泊超然的态度，使美方的谈判代表丈二和尚摸不着头脑，急忙将情况汇报给总部。由于总部非常急需这些产品，经反复权衡后，只得下决心以原价买下 DG 公司的产品。DG 公司得救了，人们不得不佩服山本村估惊人的谈判艺术及掩饰内心真实想法的本领。

**分析**　　在上述的谈判实例中，山本村估在谈判桌上用的是障眼法，即转移对手的视线，将对手的注意力吸引到一个对己方不太重要的问题上，但这个问题本身对于对手来说又是具有威胁性的，这样就有利于对方改变态度，使对方在毫无准备的情况下在主要的交易条件上不知所措，从而获得以奇制胜的谈判效果。

## 荷伯购矿

一次，美国谈判家荷伯受人之托，代表一家大公司到俄亥俄州去购买一座煤矿。矿主是一个强硬的谈判对手，在谈判桌上，他开出了煤矿的价格——2600 万美元。荷伯的还价是 1500 万美元。

"先生，你不会是在开玩笑吧？"矿主粗声粗气地说。

"绝对不是，但是请你把你的实际售价告诉我们，我们好进行考虑。"

"没有什么好说的，实际售价就是 2600 万美元。"矿主的立场毫不动摇。

谈判继续下去。荷伯的出价逐渐升高，从 1800 万美元到 2000 万美元到 2100 万美元到 2150 万美元，但矿主依然是一副泰山压顶不变色的神态，拒绝做出让步。报价在 2150 万美元和 2600 万美元之间对峙，谈判陷入了僵局，双方都无法取得进展。显然，在此情形之下，只注意结果就无法取得创造性的进展，由于荷伯没有掌握有关对手需要的信息，重拟谈判的内容显得困难重重。

为什么矿主不接受这个显然公平的价格呢？荷伯冥思苦想，终不得其解。于是荷伯只得一顿接一顿地邀请矿主吃饭，每次进餐的时候，荷伯都要向矿主解释公司所给出的最后还价是合理的，矿主的态度却总是不冷不热。一天晚上，矿主终于向荷伯解释道："我兄弟的煤矿卖了 2550 万美元，还有一些附加利益。""原来如此，"荷伯心中顿时豁然开朗，"这就是他固守那个价钱的理由。他有别的需要，原来是我们的疏忽。"

掌握了这个重要的信息，荷伯立即与公司有关人员碰头，他说："我们首先得搞清楚他兄弟的公司究竟确切得到了多少，然后才能商量我们的报价。显然我们首先必须处理对手的个人需要这个重要的问题，这跟市场价格毫无关系。"

公司同意了荷伯的意见，荷伯按照这个思路进行谈判，不久，谈判顺利达成了协议，最后的价格并没有超过公司预算，但是付款方式和附加条件使矿主感到自己干得远比他的兄弟强。

**分析** 在谈判的攻心阶段，一个理智而冷静的谈判家，应该针对谈判桌上出现的难题采取对症下药的谈判策略，才能够一矢中的，顺利实现自己的谈判目标。

## 奶粉里的苍蝇

一位怒气冲冲的顾客来到乳制品公司，声称他在食用该公司生产的奶粉时发现了一只苍蝇，向该公司索赔。但事情的真相是，该公司的奶粉经过了严格的卫生处理，为了防止氧化作用特地将罐内的空气抽出，再充入氮气密封，苍蝇百分之百不能存活。过失明显在于消费者。

然而，面对顾客的索赔，该公司的老板并没有恼怒，而是耐心地倾听。等顾客说完之后，他才说："是吗？那还了得！如果是我们的过失，这问题就非常严重了，我一定要求工厂机械全面停工，然后对生产过程进行总检查。"接着，老板进一步向顾客解释："我公司的奶粉是将罐内空气抽出，再装氮气密封起来，绝不可能有活苍蝇，我有信心要仔细检查。请您告诉我，您使用时开罐的情况和保管的情况好吗？"经过老板的一番解释，顾客自知保管上存在疏失，脸上露出尴尬的神情，说："是吗？我希望以后别再发生类似的事情。"

分析

谈判本身包含着双方因利益的得失造成的对抗性。而谈判双方的态度则受其谈判目标、动机、立场、实力等因素的制约，往往在实际的谈判活动中表现出一定的倾向性。如何使谈判双方的排他性态度向有利于己方转化，是改变彼此态度的关键所在。

## 服务公司反客为主

A 市的一家服务公司苦于没有业务，通过熟人找到了 B 市的一家企业，愿意对该服务公司进行投资，联合建立一个加工分厂。双方约定在 B 市就有关具体事项进行商谈，内容包括投资、分成、技术、管理、销售等问题。应当说，在这个谈判中，投资方是占绝对优势的，因为拥有资金，而服务公司则不同，他们能够找到这样一家既能投入部分资金，又能保证其长年有活可干的联营企业很不容易。也就是说，厂方对该谈判的需求层次和依赖程度肯定低于服务公司。所以，服务公司对谈判的态度十分积极，生怕抱不住这棵"摇钱树"。但是到了谈判的日期，服务公司却通知对方，请他们派出代表前往 A 市洽谈。本来，投资方是可以拒绝的，但他们已经在全厂开过会，对资金、技术、管理方面做了人员安排，所以他们不愿轻易放弃这场谈判，于是投资方如期派出代表到达 A 市。一连几天，服务公司代表或不见踪影，或以各种理由推托，使得谈判不能顺利进行。投资方代表住在宾馆，开支增大，正焦虑不安时，谈判对手出现在谈判桌前，但此时的服务公司不再是先前的那副求助于人的面孔了。他们找出种种理由，说明该项联营己方劳民伤财，获益不高，因而没有多大的谈判兴趣，于是服务公司此时已经扭转了有求于人的被动地位，变成了投资方有求于己。投资方因为远道而来，投入较多，不想空手而归，因此变主动为被动，失去了优越的谈判形势，不得不向对方做出让步。双方原先协商的意见是双方各投资 50%，因投资方还有技术和管理方面的投入，故利润分成比例为 3∶7；投资方占 7 成，服务公司占 3 成。但谈判的最后结果是双方各占一半。这是个出人意料的谈判结果。

分析

"反客为主"的谈判谋略运用到谈判的心理战中，主要是在双方论辩谈判议题的过程中，趁对方不留心造成可乘之机，迅速出击，抓住主题，控制谈判的议程，在心理上抢占优势，然后迫使对方按照自己的意图行事。"反客为主"的关键在于掌握主动权。在上述谈判实例中，我们已经充分地阐述了这个道理。服务公司之所以能扭转己方的劣势，是因为他们成功地运用了反客为主的谈判谋略，改变了对方对谈判的需求和依赖程度，进而为己方争取了最大的利益。

# 皮箱与怀表

20世纪30年代，英国商人威尔斯向香港茂隆皮箱行订购了3000只皮箱，价值港币20万元。合同写明一个月交货，逾期不能按质量交货，卖方必须赔偿50％的损失。

当茂隆皮箱行的经理洪灿如期交货时，威尔斯却说，皮箱内层使用了木材，就不能算作是皮箱，因此上诉法院，要求按照合同的规定赔偿损失。洪灿委托香港著名律师罗文锦出庭为他辩护。由于港英法院对威尔斯的偏袒，形势对洪灿非常不利。

在法庭上，威尔斯气焰嚣张，信口雌黄，强词夺理。面对这一切，罗文锦从容不迫地从口袋中取出一只特大号怀表，高声问法官："法官先生，请问这是什么表？"法官答道："这是英国伦敦出口的名牌金表。可是这与本案毫无关系！""有关系。"罗文锦高举金表，面对法庭上所有的人继续问道："这是金表，没人怀疑了吧？但是，请问这块金表除了表壳镀金以外，内部的机件都是金制的吗？"此时，法官发觉自己已不知不觉中了罗文锦的"埋伏"，但为时已晚，罗文锦接着说："既然没有人否定金表的内部机件可以不是金做的。那么，茂隆行的皮箱案，显然是原告无理取闹，存心敲诈而已！"法官在众目睽睽之下，理屈词穷，只得判威尔斯诬告罪成立，罚款5000元港币结案。

**分析** 谈判者不可能对任何谈判对手所要玩弄的花招都防患于未然，因此，面对谈判对手所提出的极不合理要求，也可以用极苛刻或不切实际的提法来要求对方，这样一来，对方就不得不承认失败了。

# 董事长的奇招

一家公司在资金运作上出现了困难，急需向银行贷款。该银行行长的一位朋友对该公司产生了收购的兴趣，委托行长在和该公司接触的时候，了解该公司财政的实际现状。

这家公司的董事长在获知了这一信息之后，在与行长会面之前做了一番精心的安排。他来到本城最好的饭店，找到该饭店的领班，告诉他自己将要在这里招待一位最重要的客人。"届时，你不会感到遗憾的。"董事长对领班说，然后把自己的信用卡号码告诉领班，表示可以在账单上加上20％作为小费给服务员，但他希望不要当场结账。同时他要求预定该饭店最好的座位和最好的服务人员，在接待他们时对他直呼其名。在菜品的要求上，他又申明，服务员不用向他们提供菜单，直接上三四道该饭店的特色菜肴。为了防止服务员认错人，他又预先和他们见了面。

谈判的时间到了。行长因为掌握了主动权，因此态度十分倨傲。董事长详细地讲述了他们的要求之后，就再也没有说什么，而是请行长进餐。饭菜非常可口，而进餐的气氛也很和谐。进餐完毕，董事长潇洒地对行长说："我们走吧。"行长脸上露出了惊讶的表情，因为他看见董事长没有付账，于是错误地认为，这家本城最为气派的饭店居然成了董事长的私人俱乐部。

接下来的交谈中，行长傲慢的态度改变了，董事长又不失时机地告诉他，自己的公司实力雄厚，只是由于面临新产品的推出问题，资金遇到了暂时的周转困难，所以希望银行能够给予援助。

这对于行长来说可不是个好消息，原来该公司并不像他想象的那样困难。于是行长开始考虑一个比原来的预算多得多的价格来吸引该公司。合作成功了，该公司按照预期的计划得到了银行的贷款，并且成了该银行最大的客户。

分析　在谈判中，如果你不可避免地处于劣势，那么你应该尽量弥补你和对手之间的差距，最起码不能让对手把你看得过低。在上述谈判实例中，那位急需银行资助的董事长虽然处于困难时期，时机对他非常不利，但他没有表现出这种迹象，而是将自己的劣势隐藏起来，精心导演了一场戏，让行长钻进了他所设的圈套，从而达到了自己的谈判目的。

## 以退为进

众所周知，法国的矿泉水产量居世界第一，其中以"碧绿液"矿泉水独占鳌头。它有"水中香槟"的美誉，在美国、日本和西欧，碧绿液成了法国矿泉水的象征。为了遏制这种法国产品在美国市场的发展势头，美有关部门宣布，经抽样调查，发现该产品中含有超过规定 2～3 倍的化学成分——苯，长期饮用可能致癌。

该产品生产厂家的负责人马上向美国当局做出保证：回收和销毁全部产品。如果说，发现苯含量过高还算不上是什么大新闻的话，这个决定倒成了当天的头号新闻。这无疑是一种疯狂的行动，更是一场信心战。该公司的这一举动得到了法国政府的支持。奇迹发生了，在公司股票跌价 16.5% 之后，在回收的当天，股票牌价回升了 2.5%。

紧接着，公司公布了事故的原因是人为的技术造成的，差错在于：在净水处理中由于滤水装置没有按期更换，而不是水源本身的问题。这个消息一下子稳定了人心。

由于长久的饮用习惯，在法国出现了碧绿液的抢购风。在美国，仍然有84%的消费者购买该产品。公司首战告捷，接下来便着手进行恢复信誉、巩固市场的宣传攻势。

在碧绿液上市的当天，巴黎几乎所有的报刊都整版刊登了它的广告，画面是人们所熟悉的碧绿液，唯一不同的是有几个鲜明的字样——"新产品"。同一天，法国驻纽约总领事馆举行碧绿液新产品重新投放市场的记者招待会。第二天，碧绿液美国公司的总经理仰首痛饮碧绿液的照片见报。不久，碧绿液广告在电视屏幕上出现。画面是一只小绿瓶，一滴水从瓶口沿着瓶身流淌，犹如眼泪一般。画外音是，碧绿液像是一个受了委屈的小姑娘在呜咽低泣，一个如同父亲般慈祥的声音轻柔地劝慰她不要哭："我们仍旧喜欢你。"

**分析**

谈判的时候，如果面对压力而不将它化为动力，那么你将永远是输家。所以，必须掌握"退一步海阔天空"的谈判技巧。在这个谈判实例中，如果法国公司不当机立断销毁产品的话，公司就只有面临破产的悲剧。先输后赢的例子，在谈判中屡见不鲜。

有时候，在谈判中双方的任何一方都可能被逼得无路可走，而只好做出一些他本想避免的某种形式的让步。其结果常常就是一种进退维谷的情形：要么让步，要么就放弃。这种情况常常导致谈判人员形成对立，从而使自己的情绪失去控制，这种局面只能使已经十分紧张的事态更加恶化。显然，谁也不愿意投降，但是，这种情况之所以发生，多半是因为人们的自尊心在作怪，而不是让步本身有多大的损失。因此，老练的谈判者会努力想办法做出一点让步，而又不损失任何有价值的东西，从而使谈判得以顺利进行下去。

## 幽默的力量

当一位身材矮小、身形肥胖的推销员吃力地提着收银机走进一家商店时，该商店的老板粗声粗气地说："快走吧，我们正忙着呢，我对收银机没有兴趣！"这时，推销员靠在柜台上咯咯地笑了起来，仿佛他刚刚听到了一个世界上最好笑的笑话。老板莫名其妙地望着他，半天回不过神来。推销员笑了一会儿，直起身子，微笑着致歉说："实在是对不起，我忍不住要笑。您使我想起了另一家商店的老板，他说了跟你一样的话，后来却成了我最熟悉的主顾。"

紧接着，这位推销员开始一本正经地展示他的样品，历数其优点。每当老板以比较缓和的语气表示不感兴趣时，他就哈哈地笑，进而引出一段幽默的回想，又说某某老板在表示不感兴趣之后，结果还是买了一台的老话。果然，老板的态度逐渐转变了，居然提出要试一试收银机，于是在试用的过程中，推销员又用行家里手的口吻向老板说明了产品的具体操作方法。

最后，推销员获得了成功。

**分析**　不轻松的问题可以用轻松的方式去解决，严肃之门可以用幽默的钥匙去开启。幽默是一种轻松的深刻，它以一种机智、诙谐、风趣、含蓄的技巧，给人以智慧的启迪和美的享受。有时候，幽默是谈判桌上一种制胜的武器。幽默之所以受到谈判者的欢迎，在谈判桌上被频频使用，是因为幽默能够使紧张的谈判氛围变得轻松，缓和对立冲突一触即发的形势。它能够使对方不失体面地理解、接纳、叹服你的观点和看法，给处于困境的谈判环境打开一扇窗。

# 艾柯卡的说服技巧

美国汽车业"三驾马车"之一的克莱斯勒汽车公司拥有近70亿美元的资金，是美国第十大制造企业，但自进入20世纪70年代以来，该公司却屡遭厄运，1970—1978年的9年间，竟有4年亏损，其中1978年亏损额达2.04亿美元。在此危难之际，艾柯卡出任总经理。为了维持公司最低限度的生产活动，艾柯卡请求政府给予紧急经济援助，提供贷款担保。

但这一请求在美国社会引起了轩然大波，社会舆论几乎众口一词：克莱斯勒赶快倒闭吧。按照企业自由竞争原则，政府决不应该给予经济援助。最使艾柯卡感到头痛的是国会为此而举行了听证会。对艾柯卡而言，出席那场听证会简直就是在接受审判。参议员们坐在半圆形高出地面八尺的会议桌上俯视着证人，而证人必须仰着头去看询问者。参议员、银行业务委员会主席威廉·普洛斯迈质问他："如果保证贷款案获得通过的话，那么政府对克莱斯勒将介入得更深，这对你长久以来鼓吹的、十分动听的主张（指自由企业的竞争）来说，不是自相矛盾吗？"

"你说得一点儿也不错，"艾柯卡回答说，"我这一辈子一直都是自由企业的拥护者，我是极不情愿来到这里的，但我们目前进退维谷，除非我们能取得联邦政府的某种保证贷款，否则我根本没办法去拯救克莱斯勒。"

他接着说："我这不是在说谎，其实在座的参议员们比我还清楚，克莱斯勒的请求贷款案并非首例。事实上，你们的账册上目前已有了4090亿元的保证贷款，因此务请你们通融一下，不要到此为止，请你们也全力为克莱斯勒争取4100万美元的贷款吧，因为克莱斯勒乃是美国的第十大公司，它关系到60万人的工作机会。"

　　艾柯卡随后指出日本汽车正乘虚而入，如果克莱斯勒倒闭了，它的几十万职员就得成为日本的佣工。根据财政部的调查材料，如果克莱斯勒倒闭的话，国家在第一年里就得为所有失业人口花费27亿美元的保险金和福利金。所以他向国会议员们说："各位眼前有个选择，你们愿意现在就付出27亿美元呢？还是向克莱斯勒提供保证贷款，日后可全数收回？"持反对意见的国会议员无言以对，贷款终获通过。

　　艾柯卡所引述的材料，参议员们不一定不知道，只是他们没有去认真分析这些材料。艾柯卡所做的一切只是将参议员们知道的一切再告诉他们，并让他们真正明白。成功的奥妙就在这里。

## 大酒店价值1美元

　　说到美国芝加哥的大都会酒店，也许读者不会陌生。这是一座共12层，拥有多达300个房间的大建筑，地处市南，位置极佳，在20世纪20年代因被意大利籍黑手党头目卡邦租用其中的两层50个房间作为总部，大酒店更是声名远播。但是，1947年，卡邦死于梅毒，之后，黑手党开始没落，大都会酒店也空置至今。1991年曾有传说称酒店内藏有珠宝，可经过挖掘搜寻后，只找到一堆尸骨，这更使大都会酒店罩上了一层神秘色彩。

　　此后，芝加哥市政府先后采取了一系列措施：查封该楼，不准入内；列为古迹，不准拆除。最令人吃惊的措施则是于1992年宣布出售大都会酒店，售价1美元。1美元可买下一家大酒店，这绝非天方夜谭。因为，像这样廉价的房屋在全美各州均有售卖，房屋的外表大都破败不堪，房主因无法出售或抵押而由政府收回统一处理。但是根据美国有关法律，买家购买这类旧房后不准拆除，必须由买主购入后一年将其翻新，且至少使用5年后方可转手。前不久，一位失业男子花1美元在弗吉尼亚州的一个小镇买了一所两室的住房，但是，他的整个翻修工程却花了3000美元。大都会酒店同样如此，它虽年久失修但不准拆除，只许翻新，以求重现该楼及附近当年的繁荣旧貌。据预算，它的修理翻新需要耗资近1亿美元！问题就在这里。1美元买下大酒店固然令人神往，要再用1亿美元在购入一年内对酒店进行翻修就让人望而却步，咂舌不已。这就应了一句谚语：老鼠拖扫帚——大头在后头。

在商务谈判中，这种情况非常普遍。买方常常以较低的价格与卖方签订一份合同，为图一时之利，买方也愿意选择最低的出价，然而他们常常忽略了额外的开支。买方在签约之后，就发现还必须在修理、改装、零配件供应、技术咨询等方面付出更多费用，否则，买进的产品根本无法使用。而精明的卖方却在这些增加的费用上赚足了钱。当然，在商业交易中，买方也可摆出一副低姿态的面孔，以吸引卖方。例如，他们在口头上承诺一大笔订货，实际上却大打折扣，提出一些看似容易其实却十分苛刻的条件；他们答应按期付款却一拖再拖；他们许诺长期向卖方购买零配件，实际上却另寻卖主等。这是一个买卖双方都可应用的策略。

**分析** 理想的让步应是互惠双向的让步。这就像售价1美元的大酒店，表面上，政府在这次交易中没有什么收获，但它是一种"吃亏吃在明处"的举措，是向对方进行再一次索取的砝码。所以我们说，一个称职的谈判者善于适时适量地做出让步，也善于向对方施加压力，迫使对方让步。

## 以毒攻毒

如果谈判对手在谈判过程中对你百般刁难，肆意制造各种难题来向你施加压力，你最好的应对办法就是"以其人之道还治其人之身"。

有个叫勒絮费的美国商人想在斯塔腾岛上购置一块地皮。与他打交道的卖主是个地产大王，此人精于讨价还价，只有在他认为再也榨不出更多的油水时才会成交。

在谈判中，地产大王善于施展一种叫"平台"的手法。开始，这个刁钻的卖主会派一个代理人来同你见面，磋商价钱。在握手告别时，你会以为买卖的价格和条件已经谈妥了。然而，当你同卖主本人会面后，却发现那不过是你愿出的买价，而不是他肯接受的卖价。接着，他自己又开出一些根本没磋商过的新要求，把价钱抬得更高，使成交条件对他更有利。他用这种办法把要价抬高到一个新的"平台"上，迫使你要么接受，要么拉倒。由于当时斯塔腾岛上兴起地产狂潮，他的办法大多能奏效。他还有一种策略，那就是要你在成交后15天就过户，而根据习惯做法，过户期限一般都是在合同签订后45～60天之内。他用这一手段逼迫买主做出更多让步。

他要这套手法十分得心应手，而且还善于掌握火候，不会把对方逼过了头而使生意告吹。他要这套"平台"手法，往往还会在拿起笔来准备在合同的最后文本上签字的当口，又把笔搁下，提出"最后一个条件"，再谈判下去。这种非凡的本事，奥妙就在于掌握对方的忍耐能保持在怎样的程度。可是，这位卖主则想对勒絮费也来这一手时，就被识破了用心。勒絮费自有对策，他的对策可以称之为"拆台"。

当卖主想把勒絮费往第一个"平台"上推时，他却微微一笑，开始讲起故事来。他编造了一个叫多尔夫的人物。他说，他从来没能从这位多尔夫先生手中买成一块地皮，因为每当他认为双方已谈妥成交时，多尔夫总是又提出更多要求，对他步步紧逼。多尔夫从来不知道满足，非要把条件抬到对方无法容忍、买卖就此告吹的地步不可。

"拆台"确实是一项有力的对策。那位卖主刚想把勒絮费往"平台"上推，勒絮费就盯住对方的眼睛，笑着说："您瞧，您瞧，您怎么做起事来也像多尔夫先生一样呀？"就这样，他把那位卖主弄得动弹不得，半点也施展不开"平台"惯伎。

 这种"以毒攻毒"的应变对策贵在谈判者预先发现谈判对手的攻击倾向，这就要求谈判者机警睿智，能够及时判断出谈判对手下一步所要使用的手段，抢先给对手设置障碍，使他所要施展的手段失去用武之地。

## "绵里藏针"智买鲜鱼

在商务谈判中，当谈判的一方处于被动或劣势的时候，可考虑运用一种"绵里藏针"的谈判技巧，先软后硬，硬了再软，或是一波三折，软硬兼施。1923年，苏联国内食品短缺，于是，苏联驻挪威的全权贸易代表柯伦泰奉命与挪威商人洽谈购买鲱鱼的生意。

当时，挪威商人非常清楚苏联的情况，想借此机会大捞一笔，因此，他们提出了一个高得惊人的价格。柯伦泰竭力与挪威商人讨价还价，但是双方的差距太大，谈判一时陷入僵局。面对这种情形，柯伦泰心急如焚：怎样才能打破僵局，以较低的价格成交呢？她知道，低三下四地向对方哀求是没有用的，如果以强硬的态度面对对手，又会使谈判面临破裂的危险。她冥思苦想，终于想出了一条可行之计。当她再一次与挪威商人会晤的时候，柯伦泰出乎意料地以和解的姿态，主动做出让步。她十分慷慨地说："好吧，我同意你们提出的价格，如果我们政府不批准这个价格的话，我愿意用自己的薪金来支付差额。"挪威商人被她的态度惊呆了。

柯伦泰继续说："不过，我的工资有限，这笔差额要分期支付，可能要支付一辈子。如果你们同意的话，就这样决定吧！"面对这样一个全心全意为祖国效力的女性，挪威商人感动了，他们经过一番商议之后，终于同意降低鲱鱼的价格，按照柯伦泰原先的出价签署了协议。

　　"将欲取之，必先予之。"军事上，这是一种暂时让步，等待进攻的技巧。进是目的，退是手段。退是为了更好地进，予是为了更好地取。战争尚且如此，谈判是一项互惠合作的事业，就更应该强调退与进、予与取的结合。要想在报盘的时候让谈判对手向你做出让步，满足你的要求，你也必须向对方做出一定的让步，满足其要求。正如柯伦泰买鲱鱼一样，如果她不具有纵观全局的战略眼光，而是计较个人得失，是不可能达到谈判目的的。所以说，退一步的策略是为了达到进十步的目的。在商务谈判中，在商场上，是不可能有无谓的让步的，谈判者的每一次让步都应该取得实际效果，在谈判者向对手做出承诺的同时，他应该力争使对方在另一个问题上也向自己做出让步。

## 谈判专家与理赔案件

　　一位著名的谈判专家代理他的邻居与保险公司交涉一项赔偿事宜。谈判在专家的客厅进行。保险公司的理赔员首先发表意见："先生，我知道你是谈判专家，一向都是针对巨额款项谈判，恐怕我无法承受你的要价，我们公司若是只付100美元的赔偿金，你觉得如何？"

　　谈判专家表情严肃地沉默着，根据以往的经验，不论对方提出的条件如何，都应表示不满意，此时，他的安静派上了用场。因为以他的经验，当对方提出第一个条件之后，总暗示着可以提出第二个、第三个条件，理赔员果然沉不住气了，他说："抱歉，请勿介意我刚才的提议，再加一些，200美元如何？"又是一阵长久的沉默，终于，谈判专家开口了："抱歉，这个价钱令人无法接受。"

　　理赔员继续说："好吧，那么300美元如何？"

　　谈判专家沉思良久，才说道："300美元？我不知道。"

　　理赔员显得有点慌乱了，他说："好吧，400美元。"

　　又是踌躇了好一阵，谈判专家才缓缓地说："400美元？喔，我不知道。""就赔500美元吧！"理赔员痛苦地说。就这样，谈判专家只是重复着他良久的沉默，重复着他痛苦的表情，重复着说不厌的那句老话。最后，谈判的结果是这件理赔案终于在950美元的条件下达成协议，而谈判专家的邻居原来只希望获得300美元的赔偿金。

　　在谈判活动中"以静制动"，就像那位代理理赔案件的谈判专家一样隐而不发，以一种特殊的心理状态，攻破对手的心理防线。一个人只有把激烈的情绪平息下去，以一种清静无为的心理状态，敏锐地观察事物的运动变化，才能抓住突破口，迅速攻击，克敌制胜。

## 那佛的"辩论会"

在美国费城住着一个名叫那佛的人，几年以来，他一直想向当地的一家颇具规模的连锁商店推销煤炭，但是对方却宁愿向距离他们很远的郊区业者购买煤炭，也不愿和那佛打交道。当那佛看见那些满载着煤炭的卡车从他的公司门前向连锁店飞驰而去的时候，他肺都快气炸了。他感到从没有过的沮丧，更恨自己的无能。但是即便是这样，那佛也没有灰心，他打定主意，一定要争取到这笔业务。

经过周密的准备，他又来到那家连锁商店，找到了商店的老板。

"今天我到这里来不是向您推销煤炭的，而是想拜托您一件事情。我们的讲席会出了个题目，叫'连锁商店的普遍化对国家是否有害'。我想向您请教有关连锁商店的问题，希望能够在辩论中驳倒对方。除了您之外，我想我再也找不出更合适的人了，所以，专门向您请教，我相信，您一定会帮我这个忙的！"那位连锁商店的老板原来只准备花一分钟的时间接待那佛，了解了他的来意之后，他对那佛的问题产生了浓厚的兴趣，他滔滔不绝地讲了一个多小时，还叫来了一个曾写过《连锁商店》一书的下属给那佛进行讲解。这位老板越谈越高兴，他从他的起家说起，一直谈到该店目前的经营状况，在谈话中，他一再强调连锁商店对人类的巨大贡献。最后，他又专门打电话给全美连锁商店工会，请他们寄一份有关此问题讨论的副本。

谈话在愉快而友好的气氛中结束了，那佛起身告辞，老板亲自送那佛出门。他一边走，一边亲热地拍着那佛的肩膀，说："我会为你祈祷的，我相信你会在辩论会上获得成功！当然，不要忘了，辩论会结束之后再来找我，我想向你买煤炭。"

**分析**

谈判是一个说服的过程，谈判的主体是人。人和人之间存在着一个感情链，如果在谈判中抓住了感情链中的任何一环，都有可能产生连锁反应，达到你所接触的感情点。这就是谈判活动中说服对手，达到谈判目的的基础。人的社会性决定了在人的感情场周围确实布满了各种各样的感情链，所以在谈判活动中打动对手、征服对手的心并不是一件可望而不可即的事情。

由此看来，真应了著名的心理学家 A. 阿德勒的一句话："不关心他人的人，一定过着痛苦的日子，也给旁人以极大的困扰。人类所有的失败都发生在这种人身上。"是的，如果仅仅使对方佩服你，希望唤起他对你的关怀，这样永远也得不到自己想要的真正友谊。在谈判桌上，即使与对手针锋相对，据理力争的时候，关心别人、体谅别人也是必不可少的。有一句古语说得好："投之以桃，报之以李。"

## 出其不意，攻其不备

空中客车公司是法国、德国和英国等国联合经营的飞机制造企业，总部设在法国的图卢兹。该公司生产的客机性能优良。20 世纪 70 年代空客公司初创时，外销业务一时难以打开。当时，为了改变这种被动局面，公司决定招聘优秀人才，把产品打入国际市场。

贝尔那·拉第埃正是在这种情况下于 1975 年被空客公司聘用的。当时，世界经济因石油危机而出现大衰退，各大航空公司都很不景气。

拉第埃走马上任后，遇到的第一个让人头疼的问题是和印度航空公司的一笔交易。当时这笔生意未被印度政府批准，有落空的可能。他得到消息后，便匆匆赶赴新德里。他的谈判对手是印度航空公司的主管拉尔少将。与拉尔会面后，拉第埃对他说："谢谢您让我在生日这一天又回到了我出生的国家。"随后，拉第埃介绍了自己的身世，说他于 1929 年 3 月 4 日出生于加尔各答，当时他父亲任法国米歇林公司驻印代表。拉尔听后很受感动，当即请他共进午餐。拉第埃见首招奏效，于是就趁热打铁，从公文包里取出一张相片递给拉尔，并问："少将先生，您看这照片上的人是谁？"拉尔惊讶地说："这不是圣雄甘地吗？旁边的这个小孩是谁？"拉第埃说："那就是小时候的我。在我三岁那年，随父母离开印度去欧洲，非常荣幸地在轮船上与甘地相识。"拉尔听后，对拉第埃更产生了好感。不久后，这笔生意就谈成了。事后，拉尔说："带圣雄甘地的照片前来向我销售飞机，这是破天荒的事情，我不能再拒绝了。"

拉第埃认为，推销员要信任客户和了解客户，在适当的情况下同他们建立亲密的关系，做生意要机动灵活。1977 年初，空客公司与美国西部航空公司的交易，由于银行的压力而搁浅。美国东部航空公司老板包曼正想买 23 架飞机，但由于银行反对，也使谈判陷入僵局。拉第埃提出，可以借给包曼一架飞机，用于为期 6 个月的营业试飞，条件是包曼必须出 600 万美元为该公司的飞机在美国销售做广告。协议终于达成了。后来，只经过 2 个月的试飞营业，公司就赚了钱，也使原先反对这笔生意的银行们改变了立场。销售不成变为先借后销，西部不成转为进攻东部，正是依靠这种灵活的手法，让空客公司走入美国市场。

1979 年，拉第埃创纪录地为空客公司销售了 230 架飞机，价值 420 亿法郎，使该公司继美国波音公司之后，成为西方第二大民用飞机制造公司，他本人也被誉为空客公司的"销售突击队员"。

拉第埃在短短 5 个月之内，就为空客公司夺取了世界 1/4 的客机销售市场。他成功的奥秘就在于一个"奇"字。

一般推销员看待飞机销售的眼光也非常狭隘，他们会认为飞机这种昂贵的商品似乎只能通过比较正式的谈判在严肃的气氛中达成协议。而拉第埃却"打破常规"，利用自己与印度人十分敬重的圣雄甘地的一张合影，来表达自己对印度的深厚感情，以此感动谈判对手拉尔少将，使一桩几乎夭折的生意起死回生，并借机打进了印度的客机市场。

在与美国西部航空公司的谈判中，拉第埃也以先借后销的奇招获得了成功。拉第埃善于见机行事，灵活地采用各种有效的销售手段。有时，为了达到一般情况下不能取得的效果，他敢于打破常规，用前人从未使用过的手段来实现自己的目的。正因为拉第埃把"出其不意，攻其不备"的方法用得非常巧妙。所以他才创造了一年成交 230 架飞机的奇迹。

商场如战场，竞争无处不在，机会往往稍纵即逝。作为推销者，既要打有准备之仗，又要学会灵活应变，出奇制胜。只有做足准备，才能打破常规，给客户意外的惊喜，才能做到无往不胜，百战百胜！

## 巧计压价

美国一家经营百货的 A 公司，有多家分店。近年来因为市区中心的地价、房租连续上扬，公司本部在市中心租的房屋费用开支过大，因此，公司有意搬出市区，准备在市郊买一块地方安营扎寨。

经过寻找，A 公司看中了市郊的某一楼宇，并与楼主进行了商议，该楼主开价1550 万美元，而 A 公司的底牌是最高以 1100 万美元成交，争取以 1000 万美元成交，最好以 950 万美元成交。A 公司提出的初始价格是 800 万美元，只是准备还有余地以讨价还价。同时，A 公司还串通了几家客户共同压价对付楼主。

楼主在谈判中列出了许多理由来论证 1550 万美元的价格是合理的，而 A 公司同样列出了许多资料来说明这栋楼就值 800 万美元，所提供的资料比楼主的更为复杂，更为烦琐，包括各种表格、数据、联立方程、先例、权威意见，而且还当着楼主的面用计算机演算了一番，其实这只是想吓唬一下楼主。既然 A 公司与楼主的分歧如此之大，双方自然是谈不成的。

A 公司笃定说道，这肯定是所有想买楼的人当中的最高价格，绝对不可能有谁再出更高的价格了。而楼主自然是不认这个账的。他心想，我就不信这是最高价格，我倒想看一看是不是真的。

过了两天，另外有一家公司找到楼主，说是对这楼房感兴趣。楼主欣喜若狂：又有买主来了，看 A 公司还怎么神气。这位新买主把这楼房仔细看了个遍，又问了许多情况，查了许多资料。过了两天，这位新买主找到楼主，郑重其事地说："我们算过了，最高出价是 500 万美元。"听了这个数字，楼主吃了一惊，立刻一口回绝了这笔买卖。不过，这时楼主对这幢房子的价格基本上没有动摇，认为它就值 1550 万美元。他心想："这是我祖辈留下的遗产，难道就值这么点钱？"

过了两天，又来了位新买主，也和前面那位一样，把房子仔细考察了一番。最后十分认真地开了个价：457 万美元，还列出了许多资料，说这个价钱是通过精确计算得来的，所以还有 7 万这个零头。楼主听后目瞪口呆，不过这回他可对自己房子的开价有些动摇了，他心想："A 公司的开价还真算是高的。"

又过了很多天，第三位新买主来了，他考察后的开价是 550 万美元。这一次，楼主也不觉得奇怪了，因为他已适应了这个低价格，他觉得：大概我的楼房值不了 1550 万美元。但楼主仍不甘心，十分谨慎地问道："别的楼房都值 1000 多万美元，为什么我这房子就这么不值钱？"这位新买主用一句话就把楼主顶了回去："情况不同嘛！"接着他把楼房评价了一番，说了地段不好，朝向不佳，开门方向不对，结构老化等一大堆问题，这正应了一句古话："欲加之罪，何患无辞。"总之，把这房子说得糟透了。末了还抛下一句话："这房说不定会有安全问题。"几乎把楼主气得半死，这桩生意自然也就泡汤了。

楼主的信心终于动摇了，他差不多已经相信，即使 A 公司开的价钱不如自己的意，但还算是比较高的。无可奈何之下，他只好给 A 公司打了电话，表示他愿意在 A 公司方案的基础上继续谈判。在电话交谈中，楼主语调恳切，已没了先前那种神气了。

A 公司接到这个意料之中的电话，喜出望外，立刻着手谈判，以免夜长梦多。不过这次谈判，不能弄得冲突性太高，因为这次谈判的目的就是要成功。为了降低谈判的冲突性，顺利达成协议，A 公司采取了以下措施。

首先是改变谈判主题，变单一的谈判主题为多项谈判主题。以前只是就价格进行谈判，冲突性甚高，现在对价格、付款条件、成交后交货时间、交接程序、善后处理等问题同时进行谈判。这样，双方的冲突性就大大降低，因为买卖双方对其中某些问题所产生的分歧异可借其他问题予以缓和。比如说，当买方坚持削价时，卖方可要求立刻付款以维护谈判的和谐性。

其次是再次调整价格，价格从 800 万美元调整到 850 万美元，但要求对方在付款条件上给予让步，款项分三次付清。

三是要对楼主和善尊重，以达成目标，A公司特派了一位性格温和的人与之谈判。这位新派的人员以和事佬的姿态出现，对楼主的困境深表同情，因为楼主现在境况不是很好，急需现金，所以才卖楼的。双方还研究了解除困境的办法，令楼主宽慰不少。

双方谈了几天后，A公司觉得火候已到，见好就收，再拖下去，万一又冒出一位开价1200万美元的买主，那就前功尽弃了。现在成交时机已经成熟，以937万美元的价格成交了。

**分析** 一场谈判是对双方实力、谈判技巧、应变能力的综合考验，只要你努力去做，就能达到谈判目的。

## 黑脸白脸

美国富翁霍华·休斯性情古怪，脾气暴躁。有一次，为了采购飞机，休斯与飞机制造商的代表进行谈判。休斯要求在条约上写明他所提出的34项要求，并对其

他竞争对手保密，但对方不同意，于是双方针锋相对，谈判中冲突激烈，硝烟四起，对方甚至把休斯赶出了谈判会场。

后来，休斯想到自己没有可能再和对方坐在同一个谈判桌上，也意识到是自己的坏脾气把这场谈判弄僵了，便派了他的私人代表出来继续同对方谈判。他告诉代理人说，只要争取到34项中的那11项没有退让余地的条款就可以了。这位代理人态度谦和，通情达理，使飞机制造商的代表感到格外轻松。经过一番谈判之后，他争取到了包括休斯所说的那非得不可的11项在内的30项。

休斯惊奇地问这位代理人他是怎样取得如此辉煌的胜利的。代理人回答说："其实很简单，每当我同对方谈话出现分歧时，我就问对方：'你到底是希望同我解决这个问题，还是要留着这个问题等待霍华·休斯同你解决？'结果，对方每次都接受了我的条件。"

**分析** 休斯的面孔及其私人代表的面孔并无奇异之处，合二为一则产生了奇特的妙用，这便是唱红白脸的奥妙所在。

## 缓兵之计

深圳一家公司欲从某港商处引进一种比较先进的机械设备。港商得知买方急需更新设备以扩大生产规模，在谈判中提出了很高的报价。深圳公司在谈判桌上与对方展开了激烈的较量，但由于港商不肯退让，没有取得任何进展。

深圳公司如果没有这种设备，扩大再生产的计划就无法实现，但如果答应港商的条件则要被狠狠地宰一刀，损失也会不小，这是公司所不情愿的。对此，公司研究决定采取迂回战术，用缓兵之计取胜。

于是，公司谈判代表宣布谈判暂时中止，港商提出的条件需要请示董事会，请求港商耐心等待答复。谁知一拖就过去了半个月，港商急了，再三请求恢复谈判，深圳公司均以董事会成员一时难以召集，无法达到法定人数，无法召开董事会讨论这一问题等作为敷衍。又过了一个星期，港商又来催问，深圳公司仍是如此答复，这下港商慌了手脚，急忙派人打听消息，结果令其大吃一惊。原来深圳公司正在着手与日本一家公司商洽同类商品的进口问题，双方对达成这笔交易很感兴趣。

在商场上时间就是金钱，市场就是生命。港商眼看着要失去一个十分重要的客户，对自己十分不利，于是立即改变了态度，表示愿意用新的价格条件继续商谈，深圳公司看到目的已经达到，就同意了港商的要求。在谈判桌上，港商如同斗败了的公鸡，连连退让，谈判达成协议时，港商大呼自己的利润太低，而深圳公司则大大节省了一笔外汇支出。深圳公司就是靠施迂回战术取得了重大胜利。

**分析**　使用缓兵之计的谈判策略并不是简单地拖延时间，而是创造条件，促使形势朝着自己有利的方向发展，在条件成熟的时候就要果断出击。

## 第 23 届夏季奥运会的商机

举办第 23 届夏季奥运会的巨额资金，可以说基本上是尤伯罗斯谈出来的。而此前的历届奥运会，举办方无一例外亏损，让很多争办奥运会的国家烦恼不已。

奥运会最大的收入项就是企业的赞助。为获得更多的赞助费，尤伯罗斯吸取了 1980 年普莱西德湖冬季奥运会的教训。在那次冬奥会上，赞助单位虽然多达 381 家，但每个赞助单位平均出资仅为 2 万美元，结果，组委会实际获得的赞助费只有 900 万美元。中国有句古话："物以稀为贵。"尤伯罗斯针对人们的这种心理，实施一个惊人的举措——限制奥运会赞助单位数量，而且同行业只选一家。

当时，12000 多家厂商为在奥运会上销售产品而申请参加赞助，而尤伯罗斯宣布第 23 届奥运会的赞助单位仅限 30 家，多一个也不行；每个赞助单位至少出资 400 万美元，而且同行业只选一家。这就意味着哪家企业能成为赞助单位，在奥运会期间，其产品销量就会在同行业中遥遥领先。

此招一出，各大厂商顿时慌了手脚，唯恐自己落后，都抢先登记，赞助费越抬越高。其中，日产汽车公司与美国通用汽车公司之间的竞争尤为激烈。

经过几番较量，最后在美国舆论的压力下，尤伯罗斯以 900 万美元的赞助费与通用汽车公司签了合约。

而著名的柯达胶卷公司开始自以为"老大当先"，只愿出赞助费 100 万美元和一大批胶卷。尤伯罗斯毫不让步，并断然把赞助权让给了日本的富士公司。后来柯达公司虽经多方努力，但其影响力远远不及富士公司。

其实很高的要价并不过分，由于奥运会的特殊地位和作用，其他各方面的赞助商都会因为自己的利益而纷至沓来，并且展开激烈的竞争。最后，尤伯罗斯在众多赞助商中挑选了 30 家，终于巧妙且轻松地解决了所需的全部资金，并使第 23 届洛杉矶奥运会成为奥运历史上第一次赢利的奥运会，提高了奥运会的身价，也增强了奥运会承办者的信心，使奥运会办得越来越成功。

尤伯罗斯的成功之处在于，他能分析出自己拥有资源的价值，并且善于利用这种价值。

## 智取经纪人

系山英太郎是日本有名的富翁，他想建一座高尔夫球场。经过仔细斟酌，他终于选中了一块场地，这块场地的市价为 2 亿日元，可是竞争者很多，相互加价，于是价格抬高了不少。

系山英太郎想出了欲擒故纵的计策，目的是用合理的价格买到这块土地。

于是，他找到了地主的经纪人，表明自己想购买这块土地的意愿。

经纪人知道系山是个有钱人，便想趁机敲他一笔。经纪人说："这块场地的优越性是没什么好说的，建造高尔夫球场保证赚钱，要买的人很多，如果系山先生肯出 5 亿日元的话，我将优先考虑。"

"5 亿日元吗？"系山表现出对地价行情一无所知的样子，"不贵，不贵，我愿意购买。"

经纪人喜出望外地将这个情况向地主做了汇报，地主也大喜过望，他们都觉得 5 亿日元的价格已高得过头了，所以回绝了其他的竞争者，所有想购买这块土地的人听说自己的竞争对手是大富翁系山，也都不敢来竞争了。

　　可是系山再也没有来找经纪人。经纪人多次找上门去，系山不是避而不见，就是推三托四，说买地之事需要好好考虑。这可难坏了经纪人，他再三地说服系山，希望系山将买地之事赶快定下来。

　　系山还是不予理睬，最后才说："土地我当然要买的，不过价钱怎么样呢？"

　　"你不是答应过出价5亿日元的吗？"经纪人赶紧提醒道。

　　"这是你开的价钱，事实上，地价最多只值2亿日元，你难道没听出我说'不贵，不贵'的讥讽意味吗？你怎么把一句笑话当真了呢？"

　　经纪人这才发现自己中了系山的圈套，就将地主的底牌和盘托出："地价确实只值2亿日元，系山先生就按这个价格付款如何？"

　　系山回答说："笑话，如果按这个价格付款，我就不需要想那么多了。"

　　经纪人真是进退两难，由于其他人已退出竞争，如果系山不买就无人购买了，最后只好以1.5亿日元成交。

　　系山确实相当聪明，利用经纪人好胜和贪婪的心理大做文章。

　　对于一块只值2亿日元的土地，对方出了5亿日元，这当然可以说是天价了，经纪人和地主也因这意外的收入而狂喜。但俗话说得好，"乐极生悲"啊！

　　他们忘了重要的一点，这5亿日元的报价仅仅是系山口头上答应的，没有形成文字，因而这笔5亿日元的口头承诺对于系山来说丝毫不起作用。而经纪人却因为有人能出5亿日元而拒绝了其他竞争者。这样，形势对系山是极为有利的，购买者只有系山一人，他尽可按自己意愿来出价了。

　　经纪人此时才明白一句话后面隐藏着的一个巨大的阴谋，等他醒悟时，已经太迟了，这块地应值2亿日元，但只卖了1.5亿日元，反而跌了5000万日元。正所谓"偷鸡不成反蚀把米"。

**分析**　　在谈判中使诈是经常遇到的事情，在没有订立合约之前，千万不能想当然地高枕无忧。

# 服务营销

## 销售始于售后

"我坚信，销售真正始于售后。"这是德国汽车经销商吉拉德的著名信条。吉拉德从事销售行业十几年来，每年卖出的新车比任何其他经销商都多。谈到他成功的秘诀时，吉拉德说："我每月要寄出 13000 张以上的卡片。"

为什么要从吉拉德谈起呢？因为他的秘诀同样也是 IBM 以及其他许多杰出公司成功的秘诀。这秘密说穿了就是服务，压倒性的、无懈可击的服务，尤其是售后服务。吉拉德观察到："有一件事许多公司没能做到，而我们却做到了，我坚信销售真正始于售后，而并非在货品尚未出售之前……顾客还没踏出店门之前，我儿子就已经写好'感谢惠顾'的卡片了。"一年之后，吉拉德不但会代表顾客亲自跟服务部门经理保持联系，而且还继续维持两者之间的沟通。

吉拉德是不会让他的顾客买了车之后，就感觉被曾经热情的销售员遗忘了的。吉拉德的顾客每个月都会收到一封不同大小、格式、颜色的信封装的信。"这样才不会像是一封垃圾邮件，还没拆开之前，就被扔进垃圾筒了！"吉拉德透露，顾客们会打开来看，信一开头就写着："我喜欢你！"如果是一月寄的信，接下来会写："祝你新年快乐，吉拉德贺。"二月，他会寄一张"美国国父诞辰纪念日快乐"的贺卡给顾客；三月，是"圣帕特里克节快乐！"……顾客都很喜欢这样的卡片。吉拉德自豪地说："你该听听他们对这些卡片的赞美。"

吉拉德对顾客的关怀是贯彻到售后的。他说："顾客再回来要求服务时，我会尽全力为他们提供最佳服务……你必须具有医生的仁心，顾客的汽车出了毛病，你也应替他感到难过。"乍看之下，吉拉德的 13000 张卡片策略俨然像是一种促销的噱头，但就和杰出的公司一样，吉拉德对顾客的关怀似乎是发自内心的。如同吉拉德自己说的："国内真正出色的餐馆，在厨房里就开始表现他们对顾客的爱心了；同样地，顾客从我这买走一辆汽车，将会像刚走出一家很棒的餐馆一样，带着满意的心情离去。"

重视售后服务，是服务营销的基本原则。

## 为客户着想

某出版公司的推销员向一家大型书店推销一种教学参考书。书店的业务经理听了推销员的介绍，马上就订了 2000 套。但这个推销员成交后并未一走了之，他认为这本书今后销售的好坏会影响到这家出版公司以及他本人的声誉。为此，他向书店经理分析道：据了解，贵市有需要此书的学校 15 所，每个学校需要此书的学生大约七八十人，每期 3 个月的培训。因此，3 个月内订 1200 套就可以了。这个数量既能保证贵店供书，又可避免积压，影响资金周转。经理听后，将信将疑，但 3 个月后，该种图书果然销售一空。相对其他推销员只求书店多订书，而不管书店积压与否，这个推销员靠诚信赢得了客户。

此后，这个推销员可以享受一项特殊的待遇，只要他认为好的书，尽管发货给这家书店，书店照单全收，及时结算，从不拖欠。而其他推销员常常面对的不是退货，就是结算不及时。

**分析** 诚信的态度，说穿了就是将心比心，只有取得客户的信任，客户才能心甘情愿地接受你的推销，并且还会将你介绍给他的亲戚、朋友、同事等。而此时，你的推销成本，甚至所投入的精力就会大大降低。

## 态度

一对年轻的夫妻花了 2000 美元买了一套高级音响。货送到家后插上插头就出了大问题：扩音器冒出一股烟便烧掉了。他们立即拿着烧毁的部件来到商店，抱怨个不停。

售货员是个愣小伙子，态度颇为冷漠，眼都不抬地说："放在这里吧。三四个星期后，等我们修好了，就给你们打电话。"

这对夫妻万万没有料到会这样，很是窝火，抱怨道："嘿，我们花 2000 美元买了一套音响，你现在却让我们等三个星期后再用。我们出那么多钱，现在就要听音乐！"

售货员只是用冷冰冰的语气回答："对不起，我只能这样做。"说完便头也不回地走开了。

夫妻俩愤愤不平，立刻给银行打了个电话，通知他们停止支付该店的账单。现在，球被踢了回去。那个售货员接到银行拒付通知后给这对夫妇打电话，说他无论如何也不能理解他们的态度。因为他们并没有明确表示过要进行这种无情的报复。可是，他为什么不想想自己的态度呢？

**分析** 不理会顾客的实际要求，漠视顾客的商家，是不会成功的。每一个顾客都是一个广告，这是所有服务行业从业者必须认识到的。

## 细微之处的服务精神

7月的一个大热天，查理和业务员约翰在结束一场销售会议后，要赶往下一个地点时，决定先喝杯饮料休息一下。他们把车子开到一家卡车站餐厅停下来，查理点了一杯冰茶。

"你能不能给我加一点低甜糖？"查理说。

"糖就在桌上。"女服务生说。

"我知道，但是那种糖在冰茶里不会像低甜糖一样溶解。"查理说。

"抱歉了，我们只有这种。不过，稍等一会儿。"

当女服务生送饮料过来的时候，她在查理的冰茶旁放了一个小金属杯。

"抱歉，我们没有低甜糖。"她说，"但是我在糖上浇了一些水帮助它溶化，希望这样您能满意。"

后来离开这家店之前，查理找到这名女服务生，为了那一杯0.6美元的冰茶给了她2美元小费，还谢谢她提供给他长久以来感觉最好的一次服务。

**分析** 天底下有许多东西可以成为无价之物。因为有些东西，即使只是一杯冰茶，都可以因服务特别好而变得与众不同。

## 用"心"让顾客满意

全球连锁旅馆马利欧是一家成功企业的典型。以下是一段真实的故事。

某天，马利欧旅馆接到一位女士的订房电话，表示要在加勒比海某个小岛的马利欧旅馆订房间度蜜月。但接电话的员工查询计算机资料得知，该旅馆因正处旺季，房间都已经订光了。这位女士很难过地表示，她的未婚夫得了癌症，医生判定他只剩下三个月的寿命，即使是这样，她还是要嫁给他。

马利欧旅馆员工听完后非常感动，当下请这位女士留下联络电话，并立即向上反映。总经理得知后，旋即决定抽出一个房间，并请员工转告这个消息。不过，好事多磨，女士感谢之余，却发现那时候的班机都已经客满，订不到机票了。

这时，马利欧旅馆员工没有感到不耐烦，而是热心地向航空公司四处打听，最后问到一家航空公司只剩下两个头等舱的座位，于是将事情的原委告诉这家航空公司请求通融，想不到真的说动了对方，愿意将这两个头等舱座位以经济舱的价格卖给这对新婚夫妻。他俩最后终于如愿，在加勒比海度过了最美好的蜜月之旅。三个月之后，马利欧旅馆收到那位新婚妻子寄来的一封信。信里写道，她的先生在临终前特别交代要向马利欧旅馆表示感谢，因为这样贴心的服务，为他留下了一生中不可磨灭的美好记忆。

马利欧旅馆经营者对员工教育训练的信条就是要令顾客满意。凭借企业所有成员的践行，创造了有价值的企业文化，也发生了很多感人的故事。当然，马利欧旅馆也借助顾客的好口碑，在无形中创造了有形收入。

**分析**　成功的企业一定有其秘诀。马利欧旅馆的秘诀就是真正关心所有和它有关系的人。使顾客满意是企业的核心工作，每个员工都应该很细心地专注于他所能满足的那群顾客。因为，世界上没有一家公司大到可以满足人的所有需求，但是如果以关心顾客的心情（同理心）来对待顾客的话，你会发现，结果将超越你所设定的目标。如果能做到关心顾客，即使是一家小公司，也可以成为一家出色的公司。

## 真心诚意为顾客

在美国迪斯尼乐园，一位女士带着5岁的儿子排队玩心仪已久的太空穿梭机。好不容易排了40分钟的队，上机时却被告知：由于小孩年龄太小，不能玩这种游戏，母子俩一下愣住了。其实在队伍的开始和中间都有醒目标志：10岁以下儿童不能参加太空穿梭游戏。遗憾的是母子俩因过于兴奋，没有看到。

怨谁？当失望的母子俩正准备离去时，迪斯尼服务人员亲切地上前询问了孩子的姓名，不一会儿，她拿着一张刚刚印制的精美卡片（上有孩子姓名）走了过来，郑重地交给孩子，并对孩子说，欢迎他到年龄时再来玩这个游戏，到时拿着卡片不用排队——因为已经排了。拿着卡片，母子俩愉快地离去。

40分钟的排队等待，面临的是被劝离，顾客心中肯定会失望、不满，而迪斯尼的做法着实令人称赞。一张卡片不仅平息了顾客不满，还为迪斯尼拉到了一个忠诚的顾客。

**分析**　只有真心诚意为顾客服务，想顾客所想，急顾客所急，才能把顾客的不满转化为"美满"，实现企业与顾客的双赢。

## 全身心、全方位、全天候优质服务

某年圣诞节，正当时钟的指针一步步指向公司圣诞聚会开始的时间时，业务部的电话忽然铃声大作。

"喂，我是华特。"

"华特，我是业务员比尔，我在电力专业部。我们有一个紧急状况，IBM 的副总裁要我们在今天之内送 9 台增湿机给他，他愿意付任何费用，包括空运费、加班费以及所有可能的开销。但是货一定要今天送出去。你觉得可能吗？"

"让我问问肯恩，马上给你回电。"

生产部的电话响起。

"肯恩，我是华特。今天有没有可能送 9 台增湿机出去？"

肯恩看了一下存货单上增湿机机身的数目，只有 5 台。

"客户愿不愿意接受部分订单？"他问。"不过，等会儿你再回答这个问题好了。让我先问问工厂。"

几分钟以后，肯恩回电话给华特。

"我找到足够的机身了，"肯恩说："如果你能找人装配，我们就可以送 9 台增湿机出去。"

华特打电话给工厂的工头杰瑞。

"杰瑞吗？我是华特。我们今天能不能装好 9 台增湿机运走？"

"我不确定。"杰瑞说，"让我问问增湿机部的工头马克南。"

马克南后来回电说，他和"胖子"伍奇尼可以做这份工作。

"华特，我是杰瑞。跟你的客户说，我们今天可以送货。"

华特随后回电话给比尔。"比尔，你真是扫兴！公司的圣诞聚会再过几分钟就要开始了。不过算你好运，我们可以交货。"然后华特向他说明为了今天能顺利交货，会给多少人添麻烦。"比尔，我想你应该买一些啤酒，我再付钱给你？"

"不行，你们这些业务员总是忘记完成一个急件要花多少工夫。我要你去买只有在波士顿才能买到的啤酒，然后请人送给杰瑞，由他发给其他人。"我知道他后来照办了，因为当我写这篇故事的时候，手上就有一个来自波士顿某啤酒厂的瓶盖。

没有辛劳就没有收获。唯有员工的血汗和牺牲奉献才能抓住客户的心。

你也许没有向客户收加班费，但客户的心里都有一杆秤，他会知道你的用心和态度。虽然你会牺牲你的休息时间，但是他会用将来的订单给你带来补偿。

## 顾客的感觉永远是对的

"听着，你们错了！"客户大声嚷着，"我不管你们是怎么记的，你们就是错了。"我们的确没错，但是如果客户觉得你错了，你就是错了，即使事实不是这样。

当我们最近送交一笔盘管订单时，我再次领悟到这一点。

我们依客户要求，制造并交送了一批特殊规格的盘管，却招来一顿抱怨。

"我们订的是38°角的盘管，"客户说，"你们送来的却是41°角的。我要你们立刻修正！"

工厂经理大卫打电话给业务经理："我们送的零件到底对不对？"

一位办事员将订单取出后说："没错，老板，上面写的是41°角。"

尽管如此，大卫还是叫了几个人到客户的工厂重新焊接，暂时让客户满意了。不过当客户安装那些盘管的时候，又打了一通电话来："这些盘管太重了！"

大卫又核对了一下订单，发现盘管的确是当初要求的规格，只是这名客户从来没有用过这类盘管，所以不习惯它的重量。尽管我们没有任何错误，大卫还是吩咐他的两个手下——工厂领班和焊接工多留在客户工厂一天，帮他们设计安装。

结果，原来一桩令客户抱怨的棘手事件却有个颇为圆满的结局。客户不仅写了一张感谢卡给大卫，还企图挖角两位手下。我们感觉这位客户不久就会下另外一笔大订单。

顾客的感觉永远是对的。即使零件符合当初要求的规格，只要客户觉得有问题，作为厂家还是要义不容辞地将问题迅速解决。客户觉得盘管太重又不好安装，那是因为他以前没有使用这种盘管的经验。尽管如此，厂家还是要毫无怨言地帮客户设计一种方便安装的工具。

 **分析** 顾客的感觉永远是对的，你只有去迎合他们的感觉，即使他们真的做错了。

## 服务意识

在日本，招聘服务代表时，应聘者常常在经过很多关的考试以后，还要经过最后一关。最后一关是由公司部门主管和这名应聘者在一个房间里做一次单独的谈话。这次谈话很短，交谈一两句话后，主管就会对应聘者说："对不起，我那边还有一件事情没有交代完，你在这边稍微等我一会儿，我先去处理一下。"说完后，他就离开了。然后，主管会找公司另外几个人进来，而这些人之前从未与应聘者见过面。他们敲门进来以后，会向应聘者提出几个问题，而这些问题是他必定不知道如何回答的，例如说会问财务室在几楼，或者问洗手间在哪里。这时，重点考察的就是应聘者的回答。一般有三种回答："不知道"，这样应聘者就被直接淘汰；"呦，对不起，我不知道，我是来面试的"，这样回答的人就会被留下，就算合格了；"对不起，我不知道，我是来面试的，要不我去帮你问问吧"，他可能会站起来到其他办公室去问，然后告诉提问者，这样回答的人被认为是有很强的服务导向的人，这种人会被安排在那种最困难的岗位去应对一些投诉。

给出第三种回答的往往是服务导向很强的人，通常是服务代表的最佳人选。

> **分析** 服务导向对服务代表来讲是非常重要的，只有心里真正存在这种想法的人，才会主动去为别人提供服务，才有可能更好地为客户提供最优质的服务。有的人服务导向很强，而服务意识却比较差，那么服务导向是不是天生的呢？答案是否定的，它是后天环境培养出来的。

## 那是不可能的吗？

一天，一个客户写信给美国通用汽车公司的庞帝雅克部门，抱怨说他家习惯每天在饭后吃冰激凌。最近买了一部新的庞帝雅克后，每次只要他买的冰激凌是香草口味，从店里出来后车子就无法发动。但如果买的是其他口味的冰激凌，车子发动就很顺利。

庞帝雅克派一位工程师去查看究竟，发现的确是这样。这位工程师当然不相信这辆车子对香草过敏。他经过深入了解后得出结论，这位车主买香草冰激凌所花的时间比其他口味的要少。原来，香草冰激凌最畅销，为方便顾客选购，店家就将香草口味的冰激凌特别分开陈列在单独的冰柜，并将冰柜放置在店的前端，而将其他口味的冰激凌放置在离收银台较远的地方。

仔细研究后，工程师发现问题出在蒸气锁上。当这位车主买其他口味的冰激凌时，由于时间较长，引擎有足够的时间散热，重新发动时就没有太大问题。由于买香草冰激凌花的时间短，引擎还无法让蒸气锁有足够的散热时间，所以便无法发动。

> **分析** 对待用户所反映的问题，最关键的是我们的态度和理解力。当碰到问题时，不要直接说"那是不可能的"，而是真诚地投入努力，冷静地思考问题的症结，积极地寻求解决问题的方法。只要我们真诚和用心，问题就会迎刃而解。

## 奔驰以服务赢得声誉

德国奔驰汽车在国内外的买主中一直享有良好的声誉。

奔驰600型高级轿车虽然在生产了2677辆之后停止了生产，但这种车已是世界上许多国家元首和知名人士的重要交通工具及接待用的专车。即使在经济危机的

年代，奔驰车仍能"吉星高照"，在激烈的国际竞争中顺利生存和发展，成为世界汽车工业中的佼佼者。在大量日本车冲击西欧市场的情况下，奔驰车不仅顶住了压力，而且还增加了对日本的出口。

尽管一辆奔驰车的价钱可以买两辆日本车，但奔驰车却始终能在日本市场保住一块地盘。公司还千方百计地使产品质量在汽车行业中取得领先地位，以此作为战胜对手的首要手段。为此，奔驰建立了一支技术熟练的员工队伍并对产品和部件执行严格的质量检查制度。产品的构想、设计、研制、试验、生产直至维修都突出质量标准。

奔驰汽车公司有一个完整而方便的服务网。这个服务网包括两个系统，一是推销服务网，分布在德国各大中城市。在推销处，人们可以看到各种车辆的图样，了解汽车的性能特点。在订购时，顾客还可以提出自己的要求，如车辆颜色、空调设备、音响设备，乃至保险式车门钥匙等。服务网中第二个系统是维修站。奔驰公司非常重视这方面的服务工作，在德国有 1244 个维修站，工作人员 5.6 万人。在公路上平均不到 25 公里就可以找到一家奔驰车维修站。奔驰公司在德国之外的 171 个国家和地区设有 3800 个服务站。维修人员技术熟练、态度热情，车辆检修速度快。奔驰车一般每行驶 7500 公里需换机油一次，每行驶 15000 公里需检修一次。这些服务项目都能在当天办妥。在换机油时，如发现某个零件有损耗，维修站还会主动打电话通知车主，询问是否更换。如果车子在途中发生故障，司机只要向就近的维修站打个电话，维修站就会派人来修理或把车拉回去修理。

**分析**　奔驰公司之所以能取得这样的成就，重要的是在于它充分认识到公司提供给顾客的产品，不只是一个交通工具即汽车本身，还应包括汽车的质量、造型、维修服务等，即要以自己的产品整体来满足顾客的全面要求。

## 汉斯的感谢卡

汉斯是一名汽车推销员。推销成功之后，他会把那些客户及其与车子有关的一切情报全部记录到卡片里面，同时，他会给买过车子的人寄出一张感谢卡。他认为这是理所当然的事，虽然很多推销员并没有这样做。所以，汉斯寄出的感谢卡，令客户印象特别深刻。

不仅如此，汉斯在成交后仍然和客户保持经常性的联系。他对客户说："如果新车出了问题，请立刻通知我，我会马上赶到，让人把修理工作做好，直到您对车子的每一个小地方都觉得特别满意。这是我的工作。如果您仍觉得有问题，我的责任就是和您站在一起，确保您的车子能够正常使用。我会帮助您要求进一步的维护和修理，我会同您共同战斗，一起去对付那些汽车修理技工，一起去对付汽车经销商，一起去对付汽车制造商。无论何时何地，我总是和您站在一起，同呼吸、共命运。"

汉斯将客户当作长期的投资，绝不是卖一部车子后即置客户于不顾。他本着来日方长、后会有期的信念，希望客户为他介绍亲朋好友来车行买车。卖车之后，他总希望让客户感到买到了一部好车子，而且能永生不忘。这样的话，客户的亲戚朋友想买车时，第一个便会考虑找他，这就是他推销的目标。

车子卖给客户后，如果客户没有任何联系，他就试着不断地与那位客户接触。打电话给老客户时，汉斯开门见山便问："您以前买的车子情况怎么样？"有时白天电话打到客户家里，接电话的是客户的太太，她们大多会回答："车子情况很好。"他再问："有任何问题没有？"顺便提醒对方，在保修期内有必要将车子仔细检查一遍，并重申在这期间检修是免费的。

他也常常对客户的太太说："如果车子震动太大或有其他什么问题的话，请送到这儿来修理，麻烦也提醒您先生一下。"

汉斯说："我不希望只推销给他这一辆车子，我特别珍惜我的客户，希望他以后所买的每一辆车子都是由我推销出去的。"

 **分析** 今天的良好服务不仅可以带来客户的信任，而且能带来明天的大量客户。

## 不以貌取人

艾比·哈利德是艾比·哈利德房地产经纪公司的创办人。这家公司位于得州的达拉斯，它一共拥有 19 间办公室，900 名经纪人。1993 年，其销售总额逾 12.5 亿美元，是全美最大的私人住宅房地产经纪公司。

在哈利德从事房地产销售生涯的初期，学到的一个教训是：销售人员永远都不要歧视任何一名潜在的主顾。20 世纪 50 年代的一天，当时汤姆正为达拉斯的一名建筑商赫尔·安德森销售房屋。赫尔开发的房地产项目"五月花"可谓大冒风险，他建造了一批标价 10 万美元的房屋，而且赫尔是在没有特定客户的情况下盖了这批造价昂贵的房子，这真是史无前例的事情。

这批宅邸在当时属于豪宅。那时，没有人会冒险将大笔资金投注于开发豪宅上，除非事先有人预购。由于这一房地产项目所下的赌注是如此不寻常，就连《华尔街日报》也有专文介绍它。

一天，当哈利德正开着办公室的门等待顾客上门时，赫尔正好从旁经过，并进来跟哈利德打招呼。没过多久，一辆破旧的车子驶入屋前的车道上，一对邋遢的老夫妇走向前门。哈利德热忱地对他们打招呼以示欢迎，她的眼角余光也瞥见了赫尔。赫尔对哈利德摇着头，从他的表情可以看出他的意思："别在他们身上浪费时间。"

但是，对人不礼貌实在有违哈利德的本性，因此，哈利德依旧热情地招待了那对夫妇，而且是以哈利德对待任何潜在买主的殷勤态度来对待他们的。已经认定她是在浪费时间的赫尔，在恼怒之中离去。这下，房子中别无他人，建筑商也离开了。尽管如此，哈利德认为她并没有冒犯其他人，所以就领着那对夫妇去参观房子。

当哈利德领着老夫妇参观时，他们则以一种敬畏的神态打量着这栋房屋内部气派典雅的格局。12尺高的天花板令他们感到头晕目眩，喘不过气来。从老夫妇的神态可以看出，他们从未走进如此豪华的宅邸，而哈利德也很高兴能有这个机会，向这对满心赞赏的夫妇展示这幢房屋。

在参观完第4间浴室之后，老先生叹着气对妻子说："啊，还真是一幢有现代化浴室的房子！"他接着转过身对哈利德说："多年以来，我们一直梦想着拥有一栋有现代化浴室的房子。"

那位妻子注视着丈夫，眼眶中噙满泪水，哈利德注意到她温柔地紧握着丈夫的手。

在他们参观完这栋房子的每一个角落之后，哈利德回到了会客室。"我们夫妇俩是否可以私下商量一下？"老先生礼貌地向哈利德询问道。

"当然，请便。"

5分钟之后，老先生开口对哈利德说："哈利德小姐，你说这栋房子标价10万美元？"

"是的。"哈利德回答。

一抹苍白的笑容浮现在他的脸上。他把手伸进了外套口袋中，从里面取出了一个破损的纸袋。然后他在楼梯上坐了下来，开始从纸袋里拿出一沓沓钞票，仔细地数到10万美元，在楼梯上堆出了一沓整齐的现钞。后来我才知道，这位老先生在达拉斯一家一流的旅馆餐厅担任服务生领班，多年以来，他省吃俭用，硬是将小费积攒了下来。

在他们离开后不久，赫尔先生回来了。哈利德让他看了那份签好的合同，并将那个纸袋交给了他。当赫尔瞧见里面的钱款时，大为震惊。

## 投诉和表扬

飞机起飞前，一位乘客请求空姐给他倒一杯水吃药。空姐很有礼貌地说："先生，为了您的安全，请稍等片刻，等飞机进入平稳飞行状态后，我会立刻把水给您送过来，好吗？"

15分钟后，飞机早已进入平稳飞行状态。突然，乘客服务铃急促地响了起来，空姐猛然意识到：糟了，由于太忙，她忘记给那位乘客倒水了！当空姐来到客舱，看见按响服务铃的果然是刚才那位乘客。她小心翼翼地把水送到那位乘客跟前，面带微笑地说："先生，实在对不起，由于我的疏忽，延误了您吃药的时间，我感到非常抱歉。"这位乘客抬起左手，指着手表说道："怎么回事，有你这样服务的吗？"空姐手里端着水，心里感到很委屈，但是，无论她怎么解释，这位挑剔的乘客都不肯原谅她的疏忽。

在接下来的飞行途中，为了补偿自己的过失，每次去客舱给乘客服务时，空姐都会特意走到那位乘客面前，面带微笑地询问他是否需要水，或者别的什么帮助。然而，那位乘客余怒未消，摆出一副不合作的样子，并不理会空姐。

临到目的地前，那位乘客要求空姐把留言本给他送过去，很显然，他要投诉这名空姐。此时空姐心里虽然很委屈，但是仍然不失职业道德，显得非常有礼貌，而且面带微笑地说道："先生，请允许我再次向您表示真诚的歉意，无论你提出什么意见，我都将欣然接受！"那位乘客脸色一变，嘴巴准备说什么，可是却没有开口，

他接过留言本，开始在本子上写了起来。

飞机安全降落，所有的乘客陆续离开。空姐本以为这下完了，没想到，等她打开留言本，却惊奇地发现，那位乘客在本子上写下的并不是投诉信，相反，是一封热情洋溢的表扬信。

是什么使得这位挑剔的乘客最终放弃了投诉呢？在信中，空姐读到这样一句话："在整个过程中，您表现出的真诚歉意，特别是你的12次微笑，深深打动了我，使我最终决定将投诉信写成表扬信！你的服务质量很高，下次如果有机会，我还将乘坐你们这趟航班！"

> **分析**　客户的感觉是敏锐的，只要你提供了良好的服务，他是能注意到的，并且最终可以给你带来回报。

## 帮竞争对手

有一次，为了改签航班，余先生在香港机场美国航空的柜台前站着等候服务，排在余先生前面的是一位外国人，柜台里两个服务人员，一个埋头做自己的事，另一个忙着处理外国人的事。苦候多时，余先生转而请那位闷不吭声的人处理。没想到那人发话了："我不做这些事！"余先生啼笑皆非：不做这事干吗在这个位置上工作？

就在这时，隔壁国泰航空的柜台人员主动过来帮。余先生迟疑了一下，说："你不是美国航空的人啊！"他说："没关系，我们的计算机可以互相联机。"没几分钟，他轻松地把余先生的班次改好了。

余先生十分诧异。应该为自己服务的公司不理会自己，反而是它的竞争对手解决了我的问题，想想看，今后我会选择哪家航空公司？

后来，余先生和当时大润发一家量贩店董事长分享这个故事。不知道是否给了董事长灵感，这家量贩店提出新口号："在其他大润发量贩店买的货不满意，都可以在这家量贩店退货！"

这一招很厉害。大润发只是代客户把瑕疵品退回厂商，本身并不承担损失，退自己卖场里的货和其他卖场的货，其实没什么差别。何况这种事发生的概率非常低，很少人穷极无聊在这家买东西，却到那家去退货。小小服务，换来的广告效益却是巨大的！

> **分析**　我们的客户打电话来，无论他是否接受本公司的服务，都要像自己公司的客户一般对待。因为很可能他今天是别家的客户，明天就成为我们的客户了。

## 易捷的风格

维珍航空与易捷都是知名的英国航空公司。维珍走高价路线，讲求最高级的享受，一流餐饮、按摩服务等应有尽有，让每个客户都仿佛坐在头等舱。当然，维珍航空的票价也是一流水准。

易捷则完全相反，服务较为简单，但价钱便宜得不得了。

它的策略是：

（1）不用大机场。它使用的机场，在英国来说属于二等机场，仅供起降而已。

（2）国际航班较少。所以一般航空公司一天来回飞两班，它可以飞10班，非常便利。

（3）一般航空公司的飞机是买进来的，易捷却是租赁的，而且只租最新的飞机，期限3年。租金虽然贵一些，却没有维修的问题。

易捷航空公司的揽客之道就是便宜。通常一张日内瓦与巴黎的往返机票需要600多瑞士法郎，但乘坐易捷最便宜的只需要100瑞士法郎。乘客可以通过互联网或电话订票，订得越早，机票就越便宜。易捷航空公司也没有自己的机票，乘客自己订票后，通过信用卡付费，并可以从电脑上将预订单打印下来，或凭订票号去机场直接换取登机牌。飞机上也不提供免费饮料，乘客如有需要，可以自己掏钱购买。省去了相关成本，为降低机票价格起了很大作用。

**分析** 其实对商务顾客来说，搭飞机的目的不在享受，而是日常交通，只要便捷、价钱公道，有没有空姐服务并不重要。"9·11"事件发生之后，全世界的航空公司只有易捷仍然获利，就是因为它的做法与众不同。如果它走"中庸之道"，和其他航空公司的经营没两样，是不可能赚到钱的。

## 商场经理的随机应变

顾客在商场买了一台冰箱，回去之后发现不能使用，于是就气愤地给商场经理打电话。电话中，他刚说完买了一台不能使用的冰箱，商场经理就高兴得大叫起来："恭喜您，您中了我们商场的万元大奖，我们专门在2000台冰箱中放了一台坏冰箱，如哪位顾客购买了这台冰箱就会拿到我们的万元大奖，这么幸运让您碰上了！"顾客一听大喜过望，商场也借机大肆宣扬：本店讲信誉，万元大奖立即兑现，且商品质量有保证，2000台冰箱除去故意放的，其余全是好的。结果此事经媒体一报道，商场的生意马上火爆起来。

**分析** 坏冰箱是商场故意放的吗？显然不是，一切全是经理当时灵机一动的发挥。把"中奖"放在顾客的不满之前说了出来，使得顾客在惊喜之余再也无暇去考虑不满了，而商场也趁机做了一番宣传。先发制人可使企业将主动权牢牢抓在手中，变"坏"为"好"。

## 精细营销带来效益

有一家规模数十亿美元的妇女专用服装连锁店拥有 5400 万顾客。他们经过调查研究，掌握了每一位顾客在服装支出方面的预算情况以及服装支出占顾客总收入的比例。在他们的顾客档案里，还有一些顾客的个人资料，包括每位顾客在什么时候从他们的连锁店里购买过什么东西。他们甚至还清楚地知道谁全价购买商品，谁享受了价格折扣。多数情况下，他们也知道每个顾客在什么时间从他的竞争对手那里购买这什么东西。

凭着这些资料，这家连锁店通过专门的纵向营销计划与每一位顾客进行关系管理。为适应每位顾客，这一纵向营销计划无论在交流方式、个别信息，还是在特定时间安排个别接触方面都有所区别。通过这些措施，他们实现了顾客关系的增值。

他们把 60％的营销费用花费在占他们销售额 55％的 14％的顾客身上，这些顾客每一季度能从公司得到 5 次交流机会，其中包括根据顾客身份给予的忠诚返利、私人甩卖的预先通知、购物时赠送的个性化礼物、一个季度的商品展销预览、宣传邮件、存货通知和特价服务等。

公司 35％的营销费用被分配在占其销售额 35％的 34％的顾客身上，这些顾客在每一季度能从公司得到至少三次接触机会，其中包括基于购买量的频次活动、展销活动的通知、有奖促销以及礼券促销等。

仅有 5％的营销费用被花在给公司带来 10％销售额的 52％的顾客身上，这些顾客每一季度最多会有两次接触机会，其中包括存货清仓处理通知和礼券促销等。

> **分析**　商家的服务对象很多，但是真正可以作为营销对象，并占用大量营销费用的顾客就不多了，商家要善于发现这一类顾客。

## 无须服务所有的客户

加拿大吉耐尔公司是一家餐厅供应商，其销售代表加纳德曾帮助了一个遇到麻烦的酒店厨师。这本来与加纳德无关，而他却放下自己的事去帮助这位客户。但之后，这家酒店却向加纳德的竞争对手那里下了订单，原因只是竞争对手价格便宜两个百分点。于是，加纳德问厨师："是不是我额外的服务不值那两个百分点？"厨师一边承认值得，一边却继续在竞争对手那里订货。加纳德需要回答一些重要的问题：我该如何避免犯这样的错误？我将来能做些什么让我的服务更有针对性？

正确的回答是我们经常在销量不够的时候，给客户太多的服务，而这些服务被证明是没有效用的。如果一个客户不是定期地向我们购买产品，或没有兴趣发展长期合作关系，那我们就是在浪费我们的时间。

加纳德被不领情的厨师弄得怒火中烧，然而对新客户，他总是做得有点过头：他给新客户自己家里的电话号码，并鼓励他们一旦有问题，可以在晚上或周末打电话给他。加纳德努力成为客户的商业伙伴，他会发现客户的最大担忧和顾虑，然后帮助提供解决方案。

加纳德曾经考虑过："如果我们的产品比竞争对手略贵一些，同时竞争对手不提供同样程度的服务，这些客户愿意为我们的服务付钱吗？是不是更好的服务就一定能收获客户的忠诚？"如果答案是否定的，他想知道他是不是对客户提供了太多服务。

加纳德判断他是否提供过多服务的方法之一就是通过检查所有账目和季度总结。如果他提供了很多的支持，但客户只订很少的货，他就会试图找出原因。

然后，加纳德将自己所有的客户分为 A、B、C、D 四个类别。他试图花 40% 的时间在 A 类客户上，花 30% 的时间在 B 类客户上，花 20% 的时间在 C 类客户上，花 10% 的时间在 D 类客户上。

A 类客户大概占他所有客户的 20%，是非常有利可图并值得花大量时间来服务的。他们主要从吉耐尔订货、订单数量大并且能很快付款。

B 类客户大概占他所有客户的 30%，大多数在本地做生意，并有潜力变为 A 类客户。他们可能从别的餐馆供应商那里订货。无论如何，因为他们从吉耐尔订货超过 50%，所以是值得花时间和金钱来建立忠诚度的。加纳德解释道："如果 B 类客户在订的频率和数量没有上升或者如果他们向竞争对手订更多东西，那我们给他们提供了太多的服务。在放弃一个 B 类客户前，我要找出他们从竞争对手那里订更多货的原因。"

C 类客户大概占总客户的 30%。他们的订单大多给别的公司，但如果销量上升的话，他们是有可能成为 B 类客户的。C 类客户是加纳德想表示友善的新客户，加纳德说："我通常会将 C 类客户的服务时间削减一半，但和这些客户保持联系，并让他们知道当他们需要帮助的时候，我总是会伸出援手。

D 类客户大概占所有客户的 20% 左右。他们锱铢必较，忠诚度很低，不及时付款，订单不多却要求多多。加纳德承认："对这些客户我会提供很少的服务，并仅限于通过电话完成服务。"

当一个客户利用加纳德所有的服务经验，却从他的竞争对手处购买产品，加纳德会如何行动？他解释道："有时候是会这样的，我感到我的客户在利用我来找出一个产品进而解决问题。通常我花了数小时做调研，但这时间是有价值的，并且是值得获得客户忠诚的。"从加纳德处得到信息后，该客户会打电话给加纳德的竞争对手并向他们订货，通常竞争对手会提供一个更低的价格，因为这个客户已经做了所有调研。如果这种事情发生了，加纳德会通知这个客户说，以后让别人来做这种调查工作，并在有了最低价格后给他打电话。然后，他转而向那些有忠诚度的客户提供高质量的服务。

**分析** 　要确信客户理解你服务的价值，并意识到这是向你购买所得到的好处之一。如果良好的服务带来了客户的忠诚度和重复购买，这是一项值得的投资。但如果客户忽视了，或对你仅仅是口头承诺，并继续从你的竞争对手处购买，那你就不要浪费宝贵时间了。

第 十 四 部 分

# 绩效管理

# 腾讯的绩效管理

腾讯作为一家大型互联网公司，拥有庞大的员工队伍，在对员工的管理上，显然离不开一套高效的绩效管理体系。腾讯绩效管理体系包括关键绩效指标体系（KPI）、公司绩效管理、员工绩效管理、年度综合评估等。

腾讯绩效考核以 KPI 为基础，以业绩衡量标准和工作结果对员工行为结果进行考核；绩效考核以目标为导向，依靠绩效目标的牵引和拉动促使员工实现绩效目标；绩效考核强调管理者和员工的共同参与，强调沟通和绩效辅导。

## 末位淘汰

"末位淘汰"有着一定的积极作用，也有着一定的消极作用。因此，腾讯"视员工为企业的第一财富"，在实施末位淘汰制方面非常小心。另外，腾讯公司很早就建立了"内部人才市场体系"，员工只需要在原部门工作满三个月就可以申请调部门。在 2011 年时，通过"内部人才市场体系"完成调动的员工就有数百人，均属自愿提出申请。

## KPI 管理

KPI 是把企业的战略目标分解为可量化、可操作的工作目标的工具，是企业绩效管理的基础。KPI 可以使部门主管明确本部门的主要责任，并以此为基础，明确部门人员的业绩衡量指标，使业绩考评建立在可量化的基础之上。可以说，建立明确的切实可行的 KPI 指标体系是做好绩效管理的关键。

KPI 的实施与改进并非易事，腾讯也是如此。当初，腾讯对 KPI 的高度重视导致员工急于完成领导交代的任务，获得领导的认可，从而在很大程度上造成了各部

门纷纷想要获得公司高层领导的"器重"，赢得"认可"的怪象。这样就让员工们陷入 KPI 之中而无法自拔。后来为了用好 KPI，腾讯公司进行了大量的调整和改进。2016 年 11 月，马化腾在接受记者采访时表示："要把为用户服务的意识灌输到每一个产品、设计，包括每一个运营的员工心里，而不是为了完成领导交代的任务，完成一个 KPI……不要掉入 KPI 的陷阱。"

经过一系列的调整和改进，腾讯在绩

效管理方面变得越来越成熟，能够更加科学地运用与掌控 KPI。KPI 在本质上是一个用于绩效管理的工具，只有真正把握住企业存在的理由——为了更好地服务客户和用户，才能真正用好这个绩效管理工具。

## 员工激励体系

在员工激励方面，腾讯内部有一个完整而丰富的员工激励体系，比如股权激励、老员工激励以及员工晋升激励。

股权激励，也称为期权激励，是企业为了激励和留住核心人才而推行的一种长期激励机制，是目前常用的激励员工的方法之一。股权激励旨在解决经理层与股东之间存在的利益冲突，通过股权激励使两者的利益一致，共同分析公司的利益，从而约束经理层的短期行为，促进经理层与股东"风雨同舟，荣辱与共"。

股权激励是一种非常好的激励机制，但是用得不好同样无法产生应有的效果，甚至有时会带来大麻烦。马化腾认为，在一个企业里，如果大股东不作为，干事的股东股份又少，就会产生矛盾。同时，在创业之初，马化腾还自愿把自己所占的股份降到 47.5%，马化腾对此解释说："要他们的总和比我多一点，不要形成一种垄断、独裁的局面。"

与此同时，马化腾又要求自己出主要的资金，在主要资金中占大股。对此，马化腾认为："如果没有一个主心骨，股份大家平分，到时候肯定出问题，同样完蛋。"可见，以马化腾为首的腾讯高层，从一开始就对股权激励持谨慎态度，这也在很大程度上保障了公司的稳健运行。

腾讯在发展历程中，实行过多次股权激励。比如在 2008 年 8 月，腾讯董事会决议向 184 位员工进行股份奖励，从而更好地利用公司资源，吸引和挽留公司发展所需的人才；2009 年 7 月，腾讯董事会又对 1250 名员工进行股份奖励；2016 年 11 月 11 日，恰逢腾讯成立 18 周年纪念日，腾讯向全体员工每人送上 300 股腾讯股票，作为公司成立 18 周年的特别纪念，按一年后的收盘价计算，这 300 股价值约 8.3 万元。

老员工激励。随着企业发展壮大，企业中自然会出现大量功勋卓著的老员工。这些老员工在公司上市后，因手中持有大量股票而获利丰厚，这在一定程度上导致他们工作动力不足。对此，腾讯把老员工分为两类：一类真正没有动力，一般的激励已经不起作用了；另一类仍然保持很强的动力，还能成长，就是说不需要你激励，他就能成长。

因此，在激励老员工时，一定要弄清楚老员工想要的是什么。

对于第一类老员工，腾讯会开明地接受他们的辞呈，鼓励他们做好接下来的事业，腾讯在有机会、有能力的情况下，还会予以协调和帮助。比如，腾讯早期创业的几位元老级员工离开腾讯时，被腾讯授予"终身荣誉顾问"的职衔。对于第二类老员工，公司会给他们提供成长的机会和舞台，帮助他们成长。

员工晋升激励。另外，腾讯考虑到员工有内在的晋升需求，同时公司也要将合适的人放到合适的岗位上，为员工晋升设置了多重晋升通道，主要是向管理职能和业务技能两个方向晋升，这也是腾讯激励体系中的重要组成部分。

绩效管理对于任何公司来说，都是非常重要的管理措施。腾讯能有今天这样辉煌的成就，与他们对人才的重视分不开，而有效的绩效管理制度又对腾讯留住人才、激励人才有着独特的作用。

# 阿里巴巴的绩效评估

在阿里巴巴，绩效考核不仅关乎每一个员工的薪酬待遇、职位升迁等方面，还关乎公司价值观的传承。因为在阿里巴巴，绩效考核不单单是考察员工的业务水平，同时也对其工作态度、学习能力等方面做出评估，能反映出员工对公司的价值。

### 价值观和业绩各占 50% 的考核标准

阿里巴巴在进行绩效考核时，全面结合自身企业的情况，比如业务类型、公司架构组织、企业文化等综合考虑。阿里巴巴经过一段时间的探索，几次调整绩效管理的方向，才形成了最终的绩效考核制度。

最初，阿里巴巴和很多企业一样，都是采用关键绩效指标考核型考核制度，以业绩结果为导向，但是随着公司的发展，马云察觉到这个制度存在着潜在风险。

马云在一次内部讲话中指出："我现在看到我们这家小公司有了一些大公司的弊病，比如出现了浪费，出现了官僚作风和形式主义。我们的 KPI 文化越来越强盛，一切以 KPI 为主，缺乏协调性。我们希望以结果为导向，但是过多地以结果为导向，文化就会被稀释。我们的价值观考核也大多流于形式。这些都是公司在高速成长过程中出现的问题，而解决这些问题的唯一办法就是继续发展、完善自己。"

随着公司的发展，阿里巴巴也开始调整组织结构与管理理论。阿里巴巴引进过许多 MBA，并借鉴了国际流行的 KPI 绩效管理。这让公司的发展变得越来越正规化，也导致阿里巴巴的价值观逐渐被稀释。

KPI 的核心是以结果为导向，也就是说，你只要完成任务就行，公司不管你采用何种手段，也不管你对公司是否认同。从短期结果来看，这会激励员工提升业务能力。但是从长期来看，这种管理制度会出现风险，会导致很多员工不问过程只追求结果，在公司发展顺利时这种潜在问题会被掩盖，但遇到逆境时，员工就会做出违背公司文化价值观的事情。

　　鉴于此，阿里巴巴在招聘员工时会注重员工是否认同公司的价值观，还会为了使新员工快速了解和适应企业文化而进行封闭式培训。但是，光认同价值观，没有绩效考核制度做保障，大家会越来越不重视价值观。

　　因此，针对绩效考核，马云说："我们公司的考核制度是价值观占50%，业绩占50%，这种方式在中国是独特的。我们要坚持走下去，如果有一天我们成功了，这套东西就会被很多企业学去，这样，我们的DNA就会传到别的机体里，我们的灵魂就会延续下去。"

　　阿里巴巴的价值观行为准则评分标准包括客户第一、团队合作、教学相长、质量、简单、专注、创新、激情、开放九个方面，每项内容由低到高分为5个等级，最高分是5分。这种绩效管理方式堪称互联网行业中的一面旗帜。

## "271"考核原则

　　为了让绩效考核真正起到作用，而不是马马虎虎地应付了事；为了打击"你好我好大家好"的绩效考核风气，马云经常在员工大会上反复强调："如果有些人每天早上开着跑车上班，心里想着：既然马总说不能离开，那我就不离开，反正我还有淘宝和支付宝的股票，就耗个五年，公司在替我赚钱，我就永远不干活儿了，这儿逛逛，那儿逛逛，也不需要努力工作。这才是最大的灾难。我们最讨厌、最担心这些身在公司心却不在公司的人。如果发现公司里有这样的人，我们一定会采取措施，一定不会让这样的人继续留在公司里。出工不出力的必须严惩，不然我们就对不起新加入的人，对不起勤奋的人，对不起信任我们的股东，对不起未来。这是我最想强调的。"

　　在绩效考核这件事上，马云毫不含糊。有功者赏，有过者罚，这样才能调动大家的积极性，推动公司发展，不让员工被好逸恶劳的风气所侵蚀。为此，阿里巴巴实施了"271"绩效考核原则来对所有的员工进行评估。这个原则以公司的期望值进行划分，具体分为三个档次：

　　第一档员工是超出公司期望的员工，这部分员工占全体员工的20%。这类员工不光是公司企业文化的践行者，同样有着耀眼的工作业绩。

　　第二档员工是符合公司期望的员工，占全体员工的70%。这类员工在公司的表现中规中矩，没有太突出的表现。

　　第三个档次是低于公司期望的员工，占整体员工的10%。这类员工业绩能力也许很高，但是不认同公司的价值观。

　　阿里巴巴的"271"绩效考核原则采取部门主管打分和员工自我评价的模式。如果考核成绩在3分以上或0.5分以下时，必须写清楚这么打分的原因，以便人力资源部门进行核实。

### 末位淘汰制

阿里巴巴在公司管理上采取了末位淘汰制。马云曾经表示："我们公司是每半年一次评估，虽然你工作很努力，也很出色，但你就是最后一个，非常对不起，你就得离开。在两个人和两百人之间，我只能选择对两个人残酷。"

各部门按照约定的"271"原则考核员工的表现，10% 低于期望的人都处于被淘汰的范围。这使得阿里巴巴的员工都非常努力地达成绩效考核目标。

**分析** 阿里巴巴的绩效考核不仅考核一个员工的业务能力，也全面考核员工的价值观。"271"绩效考核原则和末位淘汰制，虽然对员工的考核要求提高了，但这样的考核使得公司留住了最有价值的员工，也在公司内部体现了市场的动态竞争，从而使公司始终保持组织活力。

## 安利（中国）绩效考评的秘密

安利有着先进的绩效考评制度，由此产生的高人才忠诚度使安利的全球化市场战略的宏伟目标得以实现，成为财富 500 强排行榜里长盛不衰的公司之一。安利员工除了要有适应其岗位工作的知识技能要求外，人力资源部门提出了员工需要具备和企业文化相匹配的 7 项才能要素：负责的行动、创新的精神、坦诚的沟通、周详的决策、团队精神、持续学习的态度和有效的程序管理。这是安利公司对全球员工的总体要求，但不同地区又根据当地文化对这些才能要素进行具体定义。

安利的绩效考评就是围绕创新精神、程序管理等 7 项能力和行为要求进行考核评分。当然，这 7 项才能要素对不同职位、不同级别的员工又有不同的具体衡量标准，如坦诚的沟通，普通员工只要求"做一个好听众，敞开心扉，提供反馈意见时客观"等就可以了，对主任级员工的要求是"主动征求他人的意见和评价，并能积极倾听""能用积极态度解决工作上的冲突"等 7 点，对经理级员工的要求则更高、更具体，分成鼓励开放的沟通、影响他人等 3 大方面 8 个项目。越是高层，要求越高。

公司对这 7 项要求做成标准化的明晰表格，考量每一项能力的时候还设定了细致的问题，每一个问题又分 5 个等级进行评估。在经理级员工的绩效考评表里，共设计了 16 大类 48 个问题。这样做的目的是让内在素质最符合该公司企业文化的人才脱颖而出，得到最好的激励。

绩效评估表特别强调突出考核团队精神和持续学习的态度的重要性。在经理级员工的绩效考评表里，这两类问题就共有 5 大方面 16 个问题。安利的绩效考评不会鼓励"个人英雄"，因为即使一个员工的能力强、效率高，但如果他不善于与人合作，他在公司令周围 10 个人甚至更多人的效率下降了，那他对公司的价值也是有限的。而员工学习的能力就更重要了，如果员工的适应能力不强，不追求个人进步，又不能帮助他人发展，公司又谈何发展呢？

更为独特的是，绩效考核表的第三部分要求所有主任级以上的员工在上一年度都要对下一年度工作订立 3 ~ 5 个目标，对一年中达成目标的情况考核评分，而这些评估表现的量化得分将决定加薪幅度、升职机会、浮动花红（奖金）的多少等，所有这些评估都客观、公平、公开，而不是像某些企业通过老板、上司的主观取向来决定奖金和机会的分配，从而达到用奖励有效推动业绩的目标。

安利依靠这一套客观标准对每个员工进行考核，在内部保持较公平的机制，让学历、经验、职位和贡献相同的员工收入水平相当。业内人士分析，安利的薪酬在行业内并不是最高的，大约在中等略偏上的水平，但公司这一有效的机制保证了薪酬水平对外的竞争性及对内的公平性。优秀的企业文化、良好的工作氛围，以公平、合理的绩效考评制度为代表的人力资源策略，这就是安利能吸引并留住人才的秘密。

同时，绩效考评结果还是安排培训的最好依据。在考评表里，任何一级员工的强项和弱项都一清二楚。公司依据上年的考评情况，将新年中每月的培训计划全部制订安排妥当，以公司所要求的 7 项才能要素为核心，针对不同职级员工弱项的每一项才能要素安排相关培训课程，培训内容包括管理技巧、团队建设、业务技巧、服务技巧等，培训范围覆盖每一位员工，而越高级别的员工，公司对他们投入的培训时间及资源就越多。

安利（中国）曾委托市场监测机构对其营销人员进行了一次全国范围的抽样调查，结果显示，在加入安利公司前，有 35% 的人对生活缺乏信心、被别人瞧不起或自尊心受到伤害，从事安利事业后，有 26% 的人增强了对生活的信心，改变了生活态度，33% 的人认为丰富了自己的知识，提高了个人能力和自身素质。而这一切都应该归功于安利完善的绩效考评系统和培训体系。

**分析**　　一个企业的绩效考核体系需要和企业本身的目标、模式相适应，这一点安利做得不错。

## 让绩效考核落在实处

博能的绩效考核体系包括每月的 MBO（目标管理）评估（被评估人：全体员工）、季度优秀员工评选、年终考核（被评估人：中、高层管理人员）和年度优秀经理人评选（对象：部门经理）等。其中每月一次的 MBO 评估是基础。

　　一般而言，绩效考核有两个目的：一是提高整体绩效水平，评估应是建设性的，有利于个人的职业发展；二是对员工进行甄别与区分，使优秀人才脱颖而出，对大多数人要求循序渐进，同时淘汰不合适的人员。

　　博能现在从形式上有一个很正规的"三联单"式的 MBO 计划书，每个员工每月都要与其直接经理沟通，共同确定自己下个月的工作目标（逐项量化），并对上个月的完成情况进行打分。最后形成的这套一式 3 份的计划书由员工本人及其直接经理和人力资源部各执一份。MBO 的评估结果与当月奖金直接挂钩。如果 MBO 所列的各项目标全部完成，该员工即可得到相当于其基本工资 40% 的奖金。

　　博能实施 MBO 考核制度已经 4 年了，一直在不断完善。1999 年的 MBO 计划书只反映对每一项任务完成情况的打分，在打分过程中，员工肯定要和直接经理沟通，直接经理了解员工的具体情况，但是，人力资源部就不清楚了。

　　从 2000 年开始，博能要求员工对他当月 MBO 计划书中所列每个项目的完成情况都做一个小结，附在 MBO 计划书之后。这样，就能更具体地了解他做了什么、完成情况怎样，而不只是得到一个抽象的得分数字；也有利于高层经理和人力资源部横向比较各部门人员的业绩。原先在人力资源部，全体员工的 MBO 计划书是按月存放在一起的；从 2000 年起，人力资源部给每个员工都建了一个 MBO 档案，存放其每月的 MBO 计划书，这样更便于了解一个人的成长和对公司的贡献。

　　每个公司每年肯定都会有一个业务目标，对很多公司来讲，这个业务目标可能被大家经常反复念叨，但是并没有一套方法论，不能把它分解到细节上、分解到每个人每个时段的工作中。通过 MBO 体系，就可以把公司的整体目标分解到底下的部门，分解到组，然后由组到人；每个人的目标达成了，也就意味着组的目标达成了，组的目标达成了，部门的目标也就达成了，所有部门的目标累积起来，就意味着整个公司的业务目标达成了。

　　MBO 是一些西方公司，特别是欧美公司喜欢采用的一种评估方式。博能对它进行了本地化，从内容到形式都有些改变，但是最基本的东西没有变，就是"结果导向"。这也是博能的一个核心价值观，就是说博能公司重视功劳，而不看重苦劳，着眼的是结果，而不是过程。

　　博能的 MBO 考核之所以落到了实处，是因为从方法上主要有两个因素。首先，虽然是结果导向，还是有充分的沟通；再者，绩效考核指标有三个特点：可持续、可达到、可量化。而最根本的，是这套考核制度与其价值观相适应。

　　博能刚开始实行 MBO 考核的时候，确实还是有一些阻力的，那么为什么能够一直贯彻下来呢？

　　第一，有充分的沟通。博能把全年的总目标、季度目标都向全体员工宣讲。每个部门也会把部门目标告诉员工。每个员工对于公司都会有自己的理解，对自己应该做些什么会有一些大致的考虑。MBO 确定了一个时间，让员工和直接经理坐下来，谈一谈上月完成得怎么样，为什么？本月又要做什么？这就给了员工们参与整个部门决策或者说有关自身的工作安排的机会。只有员工的认可度强了，整个目标才会得到很好的执行。如果仅仅是自上而下地压任务，而不跟员工商量，员工的积极性、认可度就会比较差。所以博能的这种结果导向并不是单纯只看结果。这是博能 MBO 本地化的最大特点。4 年来，博能的 MBO 之所以能够顺利地推行下去，是因为有时候员工觉得"经理是为我着想"，不是说员工定了 10 条目标，经理就顺水推舟。如果经理觉得员工完成不了这么多工作，恐怕会影响到绩效，反而会给员工减一些。所以经理不仅仅是与下属沟通，还有一个责任，就是给下属一个合理的工作量，共同完成团体目标，使员工保持长期动力。

第二，博能的 MBO 考核指标有三个特点：一是可以持续的；二是通过努力可以达到的，不是一伸手就能够到；三是可以量化。MBO 有两种性质的指标：质量与超越。比如说你每个月都做财务报表，那么 MBO 就卡你的质量。你这个月完成了整个年度目标的 10%，那么下个月你要争取做到 15%，这就是超越。虽然每个人的工作不雷同，但是每做一件事都要有助于整个目标的达成。

如果某个员工尽了最大努力，只因为这样那样的原因，最后的 MBO 值不理想，他肯定不怎么开心。但是因为有充分的沟通，有前面的展望，有中间的跟踪，有每月一次的评估，给了员工很多参与的机会。另外，博能还组织一些培训，帮助员工达成 MBO。在这样的前提下，如果员工没有做好，他往往会恳切地承认是自己的问题。

能够不间断地推行 MBO 系统，除了上面所说的具体方法之外，主要是有一个价值体系去支撑它。这个价值体系包括三点：第一是客户满意度，对此我们不仅仅谈外部客户满意度，也谈内部客户满意度，比如说支持部门对业务部门的服务，也是一种客户关系。第二是团队精神，部门经理对部门目标负责，他在确定下属的MBO 时，就会根据部门目标加以协调，因此 MBO 与团队精神并不矛盾。第三是结果导向。博能所有人必须首先认可这个价值的基石，才会认可 MBO 系统。所以MBO 系统不是一个单独的东西，它是构建在一个价值基石上的。

**分析**　服务型企业的绩效评估有它独特的地方，博能能够在短时期内迅速发展和扩张，和它的目标管理评估不无关系。

## 查兰妮的绩效评估

当查兰妮·威尔德的工作年度考核快到的时候，她的主管杰·查尔斯马上就要为查兰妮的评估做准备了。他明白这项评估必须在星期五之前交到人事部门，否则查兰妮的绩效工资的增加时间又要往后推了。

开始评估时，查尔斯摆出了多种数据。他检查了查兰妮的年度业绩目标及她去年的业绩考核，然后从人事部拿到了一份新的业绩管理考核表和一份员工自我评价表。他将后者给了查兰妮，让她在两人会面之前填好。接着，查尔斯安排查兰妮星期四上午在他办公室进行大约两小时的会晤。此外，他将本部门有关查兰妮的特别业绩记录的所有信息进行了梳理。

自从查尔斯调到营销部以来，查兰妮跟着他一起干了差不多两年。查兰妮是公司一个主要经营部门的产品主管，她已在这个部门工作将近 3 年，并表现出了巨大的潜力。她和查尔斯相处融洽，彼此相互尊重。她钦佩他的销售才能，他欣赏她的产品技术知识以及她对工作的承诺。先前的评估提出了几个需要改进的地方，而这些将在评估讨论中加以考虑。

星期二晚上，查尔斯花了两小时准备这次业绩考核。他喜欢这份表格中叙述的内容，这一内容能够准确描述他对查兰妮业绩的详细评价，也知道她还有哪些地方需要改进，并能总结出她的长处和潜力。星期三，查兰妮提交了自我评价表，其中着重强调了自己的诸多工作成就，但只字未提她给工程部造成的混乱、由她引起的制造部的冲突以及她与其他产品经理和其他区域销售经理之间的问题。查兰妮非常注重工作结果，总是指明她特定的产品赢利和市场份额目标，但无论是这份表格还是财务制度都无法使查尔斯减轻他对查兰妮与其他部门关系恶化的担忧。

业绩评估的讨论从工作、特定项目以及公司等普通的谈话内容开始，当他们开始专门讨论查兰妮的业绩时，查尔斯评论了所完成的一项目标和成果。财务目标的数据很明确，查兰妮已经全部达到了。查尔斯在这一年度收集的信件、评论以及重大事件的报告证明了基于生产过程的目标业绩状况。查兰妮对大量的定性分析数据充满惊讶，并对所得到的结论提出质疑。她强烈要求获得与众不同的业绩等级和最高的工资增幅。查尔斯给她的评级是"优秀员工"（在公司的 5 分制等级中获得 4 分）。他认为，她完成了所有的基本目标，但也造成了许多问题，查尔斯不得不在公司的其他部门加以解决。她单纯看重工作成就，妨碍了她赢得其他部门的支持与合作；她认为所做的一切都是查尔斯想要的，但查尔斯却认为，她在与公司中的其他人产生冲突时，他不得不为她做大量的善后工作。

业绩评估完后，查尔斯填好评估表，交查兰妮签名后，将评估表交给人事部。当人事部收到评估表并对此认可后，就允许他为查兰妮办理绩效工资的增长幅度。

**分析** 业绩评估不仅要看自己给企业带来的效益，而且也要看自己的成本，包括企业其他部门为你做出的支持和贡献。

# 黑熊和棕熊的绩效管理

黑熊和棕熊喜食蜂蜜，都以养蜂为生。它们各有一个蜂箱，养着同样多的蜜蜂。有一天，它们决定比赛，看谁的蜜蜂产的蜜多。

黑熊想，蜜的产量取决于蜜蜂每天对花的"访问量"。于是它买来了一套昂贵的测量蜜蜂访问量的绩效管理系统。在它看来，蜜蜂所接触的花的数量就是其工作量。每过完一个季度，黑熊就公布每只蜜蜂的工作量；同时，黑熊还设立了奖项，奖励访问量最高的蜜蜂。但它从不告诉蜜蜂们它在与棕熊比赛，它只是让它的蜜蜂们比赛访问量。

棕熊与黑熊想的不一样。它认为蜜蜂能产多少蜜，关键在于它们每天采回多少花蜜——花蜜越多，酿的蜂蜜也越多。于是它直截了当地告诉众蜜蜂，它在和黑熊比赛，看谁产的蜜多。它花了不多的钱买了一套绩效管理系统，测量每只蜜蜂每天采回花蜜的数量和整个蜂箱每天酿出蜂蜜的数量，并把测量结果张榜公布。它也设立了一套奖励制度，重奖当月采花蜜最多的蜜蜂。如果某个月的蜂蜜总产量高于上个月，那么所有蜜蜂都会得到不同程度的奖励。

一年过去了，两只熊查看比赛结果，黑熊的蜂蜜不及棕熊的一半。

黑熊的评估体系很精确，但它评估的绩效与最终的绩效并不直接相关。黑熊的蜜蜂为尽可能提高访问量，都不采太多花蜜，因为采的花蜜越多，飞起来就越慢，每天的访问量就越少。另外，黑熊本来是为了让蜜蜂搜集更多的信息才让它们竞争，由于奖励范围太小，蜜蜂之间相互封锁信息。蜜蜂之间竞争的压力太大，一只蜜蜂即使获得了很有价值的信息，比如某个地方有一片巨大的槐树林，它也不愿将此信息与其他蜜蜂分享。

而棕熊的蜜蜂则不一样，因为它不限于奖励一只蜜蜂。为了采集到更多的花蜜，蜜蜂相互合作，嗅觉灵敏、飞得快的蜜蜂负责打探哪儿的花最多最好，然后回来告诉力气大的蜜蜂一齐到那儿去采集花蜜，剩下的蜜蜂负责贮存采回来的花蜜，将其酿成蜂蜜。虽然采集花蜜多的能得到最多奖励，但其他蜜蜂也能捞到部分好处，因此蜜蜂之间远没有到个个自危、相互拆台的地步。

> **分析** 激励是手段。激励员工之间竞争固然必要，但相比之下，激发所有员工的团队精神更为重要。绩效评估是专注于活动还是专注于最终成果，管理者需细细思量。

## 经理的最大考验——员工的工作时效

美国肯德基国际公司的子公司遍布全球60多个国家，达9900多个。然而，肯德基国际公司在万里之外，又怎么能相信它的下属能循规蹈矩呢？

一次，上海肯德基有限公司收到了3份总公司寄来的鉴定书，对它们外滩快餐厅的工作质量分3次鉴定评分，分别为83分、85分、88分。公司中外方经理都为之瞠目结舌，这3个分数是怎么评定的？原来，肯德基国际公司雇佣、培训了一批人，让他们佯装顾客进入店内检查、评分。

这些"特殊顾客"来无影去无踪，这就使快餐厅经理、雇员时时感到某种压力，丝毫不敢疏忽。

在很多企业中，员工与老板经常打游击战。当老板在的时候，就装模作样，表现卖力，似乎是位再称职不过的员工了；而等老板前脚刚走，底下的人就在办公室里"大闹天宫"了。很多老板会在这个时候杀个回马枪，往往能逮个正着。不过，这样也不是个长期办法，老板也没有那么多精力去跟员工玩"游击战"，主要还是要靠制度。如果建立了一套完善的制度，让员工意识到，无论任何时候都需一如既往地认真工作，那么，底下的员工就不会钻空子偷懒了。

人做一次自我检查容易，难就难在时时进行自我反省，时时给自己一点压力、一点提醒。公司管理者需要充当提醒者，时时给员工一点压力和动力，以保证员工拥有不竭的进取心。

经理的最大考验不在于经理的工作成效，而在于经理不在时员工的工作时效。

## 没有"及格"和"不及格"的绩效考评

G是某企业生产部门的主管，今天他终于费尽心思地完成了对下属人员的绩效考评并准备把考评表格交给人力资源部。绩效考评表格标明了工作的数量和质量，以及合作态度等情况，表中的每一个特征都分为五等：优秀、良好、一般、及格和不及格。

所有职工都完成了本职工作。除了S和L，大部分还顺利完成了G交给的额外工作。考虑到S和L是新员工，他们两人的额外工作量又偏大，G给所有员工的工作量都打了"优秀"。X曾经对G做出的一个决定表示过不同意见，在"合作态度"一栏，X被记为"一般"，因为意见分歧只是工作方式方面的问题，所以G没有在表格的评价栏上记录。另外，D的家庭比较困难，G就有意提高了对他的评价，他想通过这种方式让 D 多拿绩效工资,把帮助落到实处。此外,C 的工作质量不好,也就是刚到及格,但为了避免难堪,G 把他的评价提到"一般"。这样,员工的评价分布于"优秀""良好""一般"这三个等级,就没有"及格"和"不及格"了。G 觉得这样做,可以使员工不至于因发现绩效考评低而产生不满,同时,上级考评时,看到自己的下级工作做得好,自己的绩效考评成绩也差不了。

显然,这样做是不行的,但是问题出在什么地方呢?经过分析,主要有下面的问题。

(1)指标的设立过于简单。本例中主要对工作质量、数量和合作态度进行考核,这样过于简单。影响员工绩效的因素是多方面的,既包括员工个人的技能和态度,也包括如劳动场所的布局、设备与原料的供应以及任务的性质等客观因素。所以除了对工作质量和产量进行评估外,还应对原材料消耗率、能耗、出勤及团队合作等方面综合考虑、逐一评估,尽管各维度的权重可能不同。

(2)评估指标没有量化。在本例中,评估指标主要分为优秀、良好、一般、及格和不及格。但"优秀"的标准是什么?"良好"的标准是什么?"优秀"和"良好"的差距应控制在怎样的范围之内?应该用具体的百分比进行量化,比如将超额完成 10%~20% 定为"优秀"。

(3)考评主体单一。实行单一由直接领导人考评的前提是考评人对下属从事的工作有全面的了解,而且能从下属的高绩效中获益,同时,直接领导人会因下属的低绩效而受损,所以能对下属做出精确的评价。但如果不满足这些条件,同时考评者又对某些下属有偏见,则很容易造成评价不客观,并且感情用事,失去了评价的公平性。

(4)缺乏对评估结果进行适当的比例控制,如规定原则上评估结果为"优秀"的比例不超过 15%,"不及格"和"及格"的比例在 10% 以内,"良好"的比例为 75%。对评估结果进行适当的比例控制的最大好处就是尽量避免考评者心理因素掺入所造成的偏差,因为许多考评者为了与员工搞好关系,经常会对所有员工都评为"优秀"或"良好",这便失去了绩效评估的意义。

(5)考评中缺乏沟通。绩效评估不是单线的信息通报或者形式化的结果传递,它是主管与下属成员之间进行相互沟通、协调的企业组织行为,是建立企业职员之间合作关系的桥梁之一。企业开展绩效评估的战略目标之一就是借此使企业内部的管理沟通制度化和程序化。可以说,全体成员在绩效评估中都扮演着重要角色,难怪许多人力资源管理专家说,至少 50% 的绩效问题是由于没有开展绩效沟通造成的,而许多企业却往往忽视了这一点。绩效评估中的沟通主要是评估者与审核者直接沟通,分析被评估者的绩效及结论,由评估者向被评估者宣布评估结果,与被评估者讨论绩效评估,建立职工绩效评估档案系统。

（6）对考评者缺乏监督机制。对绩效评估者来说，一方面是下属职员的评估者，另一方面是更高级别领导的被评估者。如果没有评估制度的约束，其最佳策略是对下属进行评估时不应有特权。而公司领导的高度重视也能为有效的绩效管理和绩效评估提供一个良好的组织环境。

 合理的绩效评估不仅需要完善的制度，也要重视评估过程的组织以及相应的沟通环节。

## 平衡计分卡的应用

1992 年初，FMC 组织了一个工作组研究新的评估体系，引导经理们超越内部目标，在全球市场上寻求突破。新的体系关注对客户服务、市场地位，并对能够为企业创造长期价值的新产品进行评估。小组把平衡计分卡作为讨论的核心。

公司选定了四个评价维度：财务、客户、内部、创新，选择了 6 位分部经理，让他们在明确公司战略的基础上提出平衡计分卡中的 15～20 个评估指标，要求具有该组织的特色，能够清楚表明短期评估指标与达成长期战略目标一致，并且要求评估指标是客观的和可量化的。

循环周期是一个常见的内部过程评估指标。下面是几个分部对循环周期进行评估的例子。

对于防御设备业务而言，提前交货不会产生什么额外收益。因此，通过这种方式减少存货或缩短循环周期不会带来任何收益。只有通过降低生产复杂性导致实际生产成本减少时才会使收益增加。因此，这个部门的绩效战略目标就应该是实际现金节余额，而不应是存货减少或者循环周期缩短。

而对于农业机械业务，缩短生产周期成为关键战略指标。因为农业机械业务的订单是集中在很短的一段时间内的。目前的制造周期长于订货期，因此，公司要根据销售预测生产各种机械设备。这种根据预测进行生产的程序造成了大量存货，其数量是其他业务存货水平的两倍以上。如果一部分或全部生产计划的制造周期都能缩短到少于订货集中的那段时间，就会有突破性的进展。该分部可以按订单拟定生产计划，从而消除按预测进行生产造成的供应过剩。

在工厂，设计平衡计分卡时从客户角度出发，将及时交货率作为一个关键的战略目标。工厂的及时交货率在过去两年里达到了 60%～70% 的水平，但是当使用了平衡计分卡并将这个指标纳入其中时，立刻发现有很多可改进的地方。比如说，早一天挑选订单，就能将及时交货率从 70% 提高到 80%，甚至 90%。

在实施平衡计分卡以前，公司就已经将"及时交货率"和"客户投诉率"作为关键的评估指标。但是最初只在市场部门使用，并没有与整个部门联系。而生产的环节恰恰是最能够影响及时交货的地方。现在，公司从生产过程着手进行整个公司的及时交货管理。某部门不能及时交货的消息将被张贴在整个部门的公告板上，部门的业绩不再仅仅以销售额进行考核。

FMC 公司完成平衡计分卡的过程花费了几个月的时间。这一过程使涉入其中的每位成员都清晰地了解了公司的远景目标，并掌握了实现这一目标的方法。由于试点的成功，FMC 已在它所有的 27 个分部中应用了平衡计分卡。整个公司的管理层正在开发一个新的评估系统，该系统能够在短期财务绩效和长期发展机会之间取得平衡。

过去，FMC 公司有两个部门负责监督业务单位的绩效：公司的发展部负责制订战略；财务部保存历史记录，编制预算和评估短期绩效；发展战略家们制订出 5 年计划和 10 年计划，财务部制订一年预算方案，并进行短期预测，两个群体之间不存在什么联系。而现在，平衡计分卡在二者之间架起了一座桥梁。财务指标是在由财务部执行的传统职能的基础上建立起来的，其他三个维度的指标使发展部的长期战略目标有了可评估性。战略开发和财务控制的有力结合，为经理们提供了有效的业绩衡量工具。

**分析** 平衡记分卡在实际操作中不仅是绩效评估的工具，同时也是企业管理的工具。

## IBM 的绩效管理

在人员的绩效管理上，IBM 取消以往绩效四级考核的评级方式，而改为采用新的三等（1，2，3）评级方式，并实行纺锤形的绩效分配原则，即除非有例外状况，绝大多数员工都能得到评级 2（当然，绩效优异的单位会认为不公，因为单位主管会认为得评级 2 的人要多一些。而在一般员工心目中，对绩效差的单位也拿到同样比例的评级 2 亦觉不公）。IBM 的新绩效管理制度叫个人业务承诺（Personal Business Commitments——PBCs），即除了由经理人作年终绩效考评外，员工亦可自己另找 6 位同事，以匿名方式透过电子窗体考评，称为 "360° 反馈"（这种方式的弊端在于：部分员工在评价时，只征求平时关系比较好的同事的意见并提前知会，这可能导致最终的评价结果缺乏客观性）。表现评级为第 3 时，代表本人未达成业务承诺，你必须更努力工作，以取得更佳的业绩。如果得到特别差的评级 3，你可能被处以 6 个月的留公司察看。评级 2 代表你达成目标，是个 "好战士"，得到评级 1 的人被称为 "水上飞"，代表你是高成就者，能超越自己的目标，也没做错什么事。

员工的绩效计划，则建立在员工自己按下列3个领域设定的年度目标上。

（1）必胜，这里表达的是成员要抓住任何可能成功的机会，以坚强的意志来励志并竭力完成，如市场占有率是最重要的绩效评级考量。

（2）执行，这里强调三个方面，即行动、行动、行动，不要光是"坐而言"，必须"起而行"。

（3）团队，即各不同单位间不许有冲突，绝不在顾客面前让顾客产生疑惑。

这种绩效考核对一般IBM成员具有重要意义，而对被赋予管人责任的管理人员，则根据员工意见调查、高阶主管面谈、门户开放政策的反馈，另加一个评级构成，并且占有整体评级一半的比重。

IBM非常有个性的绩效管理措施之一就是闻名业界的"个人业务承诺"。这种方式不仅充分调动了员工自己制订绩效目标、完成目标的积极性，更是在客观上为绩效目标的达成提供了更多可行性。

# 北电的绩效管理

### 考核不会让你吃惊

北电网络公司的员工考核主要分为两个方面：一方面是员工的行为表现，另一方面是绩效目标。每个员工在年初就要和主管定下当年最主要的工作目标。以前，北电是每年订一次目标，现在发展的速度变快，市场变化加剧，所以北电网络对员工的考核是随时的，经常会对已订的目标进行考核和调整，每个员工除了和自己的老板定目标，还有可能与其他部门一起合作做项目，许多人都会参与同一个项目。所以一个员工的业绩考核不是一个人说了算，不是一个方面能反映的，而是很多方面的反馈。

除了自己的主管外，还有很多同事和下属对你进行评价，这就是360°考核（这样存在的问题：考核评价成本比较高，涉及范围广）。因为对员工的行为和目标的考核是经常性的，员工在工作中出现什么不足，会从周围人和主管那里获得信息，所以一般不会出现到了年终总结时，考核结果会让员工非常惊讶，最多就是有些不同看法，主管会与员工进行沟通，力求评估能够让员工获得非常积极的认识。

### 评估的作用

评估有两种功能：一方面是看以前的工作表现和业绩，也反映一个人的能力；另一方面是看这个员工以后的发展，通过评估过程可以发现员工能够发展的地方，以及现在的工作或将来应该怎么样。北电网络公司许多不同级别的领导就是在评估中被发现的，通过评估发现员工的潜能，员工有可能进入下一代领导的发展计划。

北电网络评估的整个过程通常要花两个月时间，大家都非常认真地对待评估，这既是对自己负责，也是对别人负责。评估虽然跟员工的薪水挂钩，但评估只是一部分工作，工资是另一个方面。员工的工资一是看个人对公司的贡献，二是看整体人力市场的情况。

无独有偶，北电网络的评估矩阵和朗讯公司的非常相似。我们可以通过矩阵看到员工的综合考评落在什么区域，也可以知道北电网络对员工的行为和目标要求。

### 轮岗的魅力

用薪金奖励进步员工只是一种比较简单的手段。留住优秀人才，物质奖励只是一种临时方式。随着时间的推移，员工个人的物质水平提高了，薪金的激励作用就会慢慢降低，正所谓薪金和劳动生产率并非绝对成正比的关系。对员工进行发展规划，帮助员工制订他的职业计划，更能激励员工进步。北电网络在激励员工方面更注重员工的职业发展，例如让员工去轮岗，激励他们继续发挥自己的潜能；促使员工在工作中吸收别人的经验，让他们能够发展。北电网络称主管为"People Manager"，他们有很大一部分精力是放在有效管理和激发员工的潜能上。所以每个管人的经理应该知道、理解员工的内心需求，看什么能够激励他们。例如，有些员工比较注重家庭，经理要了解他的家庭背景，如果他需要较多时间照顾家里，公司要尽量配合，出差的情况就少安排一点。在北电，通常员工工作两年就会有轮岗的机会，当然轮岗要征询员工的意见。北电网络公司有一套制度，叫 Internal Mobility，即内部调度。这项制度能够通过轮岗加强员工的能力。执行内部调度时，员工至少要在一个岗位待 18 个月或 24 个月，这能使他对现有的工作有足够的了解。如果员工有轮岗的需求，可以向人力资源部提出来，然后人力资源部会在别的部门给他找机会，有时候别的部门也将这种需求提交给人力资源部。双方如果都有意，可以通过面试交流达成一致意见，这个员工通常就会到新岗位进行工作试用。为了避免内部部门之间相互挖人，北电网络在制度上有一些基本要求，例如必须在一个岗位工作满 18 个月或 24 个月，另外挖人方的经理要给供人方经理提前打招呼，不可能让一个人做一个职位做到退休。北电希望留住人才，因为他们认为他们请进来的人都是很优秀的，希望人才能够留下来，公司会提供职业发展空间。

### 领导的 4 项潜能

绩效评估结果是员工升职的一个参考。北电网络公司不会事先给个别员工特定考核，但是对待每个升职的人一定有特定的考虑，包括该员工一直以来的表现和他的潜能。北电网络认为一个管理者的潜能包括4个方面：一是学习的能力，北电网络认为一名员工的学习能力比他的知识和经验更重要，因为市场在快速变化，知识不断更新，学习的速度和能力是非常关键的素质；二是赢得工作成绩的能力，领导不但要善于计划，而且要赢取结果，这也是重要方面；三是带动影响别人的能力，这是领导者的基本素质，每个经理人要有发展别人的能力；四是对公司业绩的贡献。

要提拔一名员工，可能会对员工有两年的高绩效要求，这个高绩效包括他的工作业绩和行为表现。为了使员工积极向上、富有朝气，北电网络对员工升职的考核非常严格和科学，以便让员工走上管理岗位就一定成功，所以对待人选还有一个高层评估，公司里更高级别的经理会聚在一起和他们交流，来综合评估这个员工各方面的情况。

 企业绩效评估的最终作用还是在于了解员工的基本状况，并在此基础上进行有效管理。

## 赛特的绩效管理

赛特购物中心进行了绩效管理改革，过去考核员工是把销售业绩、卫生环境、柜台陈列、账册管理等方面的情况汇总在一起考评，根据综合考评的结果发放奖金。这样就可能出现销售业绩单项突出的员工，最后综合评价分数不一定高，奖金不一定拿得多的情况，严重影响员工的积极性。1998年9月起，赛特购物中心推出了一套新的改革措施。具体地说，就是首先把总奖金的40%提出来，作为销售奖金，按销售业绩排序分档，第一名拿一档，第二名拿二档……最后一名，如果是有客观原因（如生病、事假等）而排在最后一名，则可以按序拿最后一档的奖金。如果没有客观原因而排在最后一名，则不能按序拿最后一档的奖金，而是直落到底，拿收底奖金50元。其次，把总奖金的20%提出来，作为销售服务奖，按服务态度分档排序。再次，拿出总奖金的5%作为领班奖，奖励领班分配的一些临时性的、不能进入业绩考核的工作。剩下的总奖金的35%才按过去的办法进行销售、卫生、陈列、账册综合考评。不难看出，新方案与过去最大的不同是，突出了员工的销售业绩，并把每个人的业绩摆在明处。

新方案实施后，确实极大地调动了员工销售的积极性，促使他们主动迎客、热情服务，9月、10月的销售额连续增长20%。但同时也引出了负效应：一些员工争抢销售，在一定程度上影响了团结。如来了顾客，两人同时争着上去迎接介绍情况，顾客要掏钱了，这个说是我先迎上去的，那个说顾客是听了我的介绍才买的。也有一些员工平时劳动态度好，只因为不善与顾客沟通而销售业绩不突出，被排在了末档，感到很委屈；排在后面的员工觉得没面子，心理压力较大。

> **分析** 只有把企业的绩效放到第一位，才能使企业快速发展，而由此引发的一些小问题也要注意解决。

# A公司的绩效考核

A公司是国有企业，成立于20世纪50年代初。经过50多年的努力，在业内已具有较高的知名度，并获得了较大发展。目前，公司有员工1000人左右。总公司本身没有业务部门，只设一些职能部门；总公司下设有若干子公司，分别从事不同的业务。在同行业内的国有企业中，该公司无论在对管理的重视程度上还是在业绩上，都比较不错。由于国家政策的变化，该公司面临着众多小企业的挑战，为此，公司从几年前开始，一方面参加全国百家现代化企业制度试点；另一方面着手从管理上进行突破。

## 中层干部的考核

绩效考核工作是公司重点投入的一项工作。公司高层领导非常重视，人事部具体负责绩效考核制度的制订和实施。人事部在原有的考核制度基础上制订了《中层干部考核办法》。在每年年底正式进行考核之前，人事部又出台当年的具体考核方案，以使考核达到可操作化的程度。

A公司的做法通常是由公司的高层领导与相关职能部门人员组成考核小组，考核的方式和程序通常包括被考核者填写述职报告、在自己单位内召开全体职工大会进行述职、民意测评（范围涵盖全体职工）、向科级干部甚至全体职工征求意见（访谈）、考核小组进行汇总写出评价意见并征求主管副总的意见后报公司总经理。

考核的内容主要包含三个方面：被考核单位的经营管理情况，包括该单位的财务情况、经营情况、管理目标的实现等方面；被考核者的德、能、勤、绩及管理工作情况；下一步的工作打算，重点努力的方向。具体的考核细目侧重于经营指标的完成、政治思想品德等，对于能力的定义则比较抽象。各业务部门（子公司）都在年初与总公司就自己部门的任务指标进行讨价还价。

对中层干部的考核完成后，公司领导在年终总结会上进行说明，并将具体情况反馈给个人。尽管考核的方案中明确说考核与人事的升迁、工资的升降等方面挂钩，但结果总是不了了之。

## 普通员工的考核

对一般员工的考核则由各部门的领导掌握。子公司的领导对下属业务人员的考核通常是从经营指标的完成情况（该公司中所有子公司的业务员均有经营指标的任务）来进行的；对于非业务人员的考核，无论是总公司还是子公司，均由各部门的领导自由进行。通常的做法是到了要发年终奖时，部门领导才会对自己的下属做一个笼统的排序。

公司在第一年进行操作时，获得了较大的成功。由于公司征求了员工意见，一般员工觉得受到了重视，感到非常满意。领导则觉得该方案得到了大多数人的支持，也觉得满意。但被考核者觉得自己的部门与其他部门相比，由于历史条件和现实条件不同，年初所定的目标不同，觉得相互之间无法平衡，心里还是不服。考核者尽管需访谈300人次左右，忙得团团转，但由于"大权在握"，体会到考核者的权威，还是乐此不疲。

进行到第二年时，大家已经丧失了第一次考评时的热情。第三年、第四年进行考核时，员工考虑前两年考核的结果出来后，业绩差或好的在奖金等方面并没有任何区别，自己还得在领导手下干活，领导来找自己谈话，也只能敷衍了事。被考核者认为，年年都是那套考核方式，没有新意，慢慢失去了积极性。考核只不过是领导布置的事情，不得不应付。

**分析**

很多企业都在进行着这样失败的业绩考核，问题出在什么地方呢？

（1）考核的定位错误。A公司的考核目的主要是为了年底分奖金，考核目的就不妥当。

（2）绩效指标的确定缺乏科学性。A公司的绩效指标中，在任务绩效方面仅仅从经营指标去衡量，过于单一，很多指标没有囊括进去，尤其是对很多工作业绩不仅仅是经营的指标。在周边绩效中，所采用的评价指标多为评价性的描述，而不是行为性的描述，评价时多依赖评价者的主观感觉，缺乏客观性，如果是行为性的描述，则可以进行客观评价。

（3）考核周期的设置不合理。多数企业者像A公司这样，一年进行一次考核，这与考核的目的有关系。

当然，考核仅仅是整个管理工作的一个环节。考核工作要想真正有效，还需要其他工作的共同配合，例如激励、培训手段等。

## 美孚公司平衡计分卡之旅

润滑油经营部门是美孚营销与炼油公司的一个重要部门，拥有雇员900名，年销售额10亿美元，成品润滑油在美国市场份额为12%，新型环保润滑油系列产品在美国有超过50%的市场份额。在实施平衡计分卡的过程中，润滑油经营单元走到了整个公司的前列，它的主要做法有以下几点。

### 建立平衡计分卡目标

以战略目标为依托，整合所有业务，使整个内部流程通畅；同时使所有员工基于业务流程参与到战略目标的实现中来。

### 按职能部门成立工作小组

为实施平衡计分卡项目，美孚润滑油部门成立了7个小组，包括混合工厂管理者小组、混合工厂筹划监督小组、工业用油和汽车用油营销代表小组、客户反映中心代表小组、领导人员代表小组等。

重整内部业务流程见"美孚公司业务流程图"。

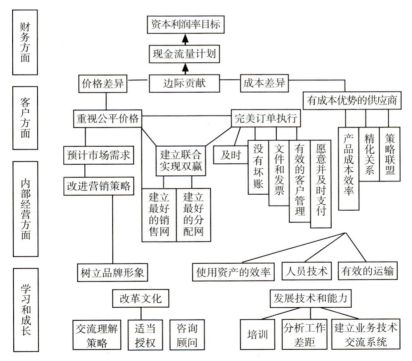

美孚公司业务流程图

通过绩效因果树，将润滑油部门的经营策略、远景目标和小组、个人的工作任务结合起来。通过四个方面（财务方面、客户方面、内部经营方面、学习与成长方面），将各层次绩效及各层次绩效之间的因果关系体现出来。同时建立适当的指标和目标值，激励各级员工，引导他们的工作朝有利于部门业绩目标实现的方向发展。依照因果树，各小组成员可以明确自己所处的位置，及在总体计划和目标实现中所需完成的工作内容；各小组成员通过将个人目标和企业目标联系起来，加深了自身工作结果对部门资本利润率的影响的认识。建立部门、小组、个人绩效因果树的流程见下图。

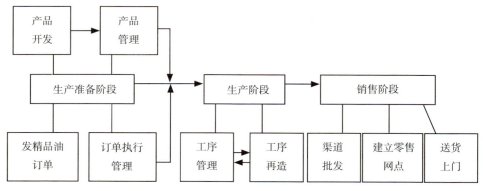

**依据因果树，建立部门、小组、个人的平衡计分卡**

其中，小组又为个人在建立计分卡时设立了特殊标准：个人计分卡必须支持管理者的计分卡；计分卡必须包括一个目标和支持其他部分业务的指标；每个管理者必须有目标和指标，并且指标评估和雇员发展相关；计分卡必须包括提前和滞后反应的指示器，一个最低目标和各方面的指标体系，至多15个指标；任何改变需要管理者和雇员一致同意。此外还包括建立统一的管理者和雇员奖惩制度并一贯坚持，建立员工的内部流程培训等。

### 平衡记分卡实施的三大关键

美孚润滑油部门的平衡计分卡设计和实施过程，展现了这一战略绩效管理系统的实施关键。

首先，必须采取有效措施将组织、部门、个人的目标联系起来，把组织战略逐层分解，最终落实到员工，使低层次目标能够体现高层次目标。这样，员工工作目标的完成才能促进组织战略的实现。美孚润滑油部门采用因果树的方式将部门各层次目标有机结合起来。

其次，建立互相关联的各层计分卡，将所有高层计分卡通过指标与低层计分卡联系起来。美孚润滑油部门建立了部门计分卡、小组计分卡、个人计分卡，它们之间通过因果树联系起来。例如，部门计分卡中资本利润率指标的完成，不仅受车间小组成本效率指标的影响，还受营销小组的销售利润指标、订单完成指标的制约；而销售利润指标、订单完成指标又与营销人员个人计分卡中客户保持率、客户满意度、目标客户销售量等指标相关。

此外，建立统一的奖惩制度，创造以人为本的企业环境至关重要。因为一切绩效评估依据统一的标准，一切奖惩依据统一的制度，雇员受到公平、公正的对待，能激发他们的积极性。同时，也使员工的注意力集中在完成主导性指标上。建立内部流程培训，使部门内部每个员工了解整个流程及各岗位设置原因，明晰自己的岗位责任，使流程前后各环节人员能互相支持、有效衔接，以促进每个员工、每个小组的计分卡目标的实现，最终使利润和工作效率大幅提升。

 **分析**　美孚公司的计分卡方式是和企业的管理相结合的，值得我们仔细分析研究。

## 绩效考核的困惑

公司年终的绩效考评结束了，小王的绩效考评分数低于她的同事小何。

小王和小何是同时应聘进入这家公司的，两个人又被分配到同一部门，做着同样的工作。这是她们进入公司后接受的第一次绩效考评，而且这一次绩效考评的结果可能会决定到下一年度谁能够升职。

从进入这家公司开始，小王一直勤勤恳恳，希望自己的付出能够得到上司的认可。而且，无论从学历还是从工作能力方面来讲，小王都自认为优于小何，这一考评结果令小王产生了困惑。

这时，邻座的电话响了，不由得使她想起了一件事情。刚刚进入这家公司后不久的一个周末，她和小何都在加班，因为有事情需要请示领导，所以小何拨通了上司家的电话。刚开始接电话的可能是上司家5岁的儿子，上司接了电话后，小何并没有直接谈工作，而是先问："刚才接电话的是亮亮吗，真可爱，让他再和阿姨说几句话？贝贝在叫啊，是不是着急让您带它出去了？"小王觉得奇怪：小何怎么会知道上司儿子的小名？贝贝又是谁？

事后她才知道贝贝原来是上司家的一条宠物狗。小王当时的感觉是，这件事情很无聊，也很浪费时间，如果是她打电话，一定会直接和上司谈工作。上司的儿子和狗跟工作又有什么关系？

现在，小王开始明白了，自己恐怕是在人际关系方面出了问题，不仅仅是和上司，和同事也是这样。因为自己过于关注工作，忽视了很多和同事之间的沟通，并且在工作中过于认真的态度也可能令同事感觉紧张，给人不够随和的感觉。

但是，人际关系和工作质量有什么关系呢？小王认为自己的工作质量和业绩是无可挑剔的，从到公司以来，承担了大量工作，并且一直勤勤恳恳，这也是有目共睹的，为什么最后的考评结果仍然很差呢？毕竟人际关系也只是考核内容中的一方面而已呀！是不是搞好人际关系是考评的大前提？如果是这样的话，也许自己和公司的想法是不一样的。那么究竟是应该适应公司的这种方式，改变个性，还是应该考虑重新找工作呢？

对绩效考评结果产生困惑的不只小王一个人。广告部的员工对金融部员工的成绩普遍高于自己而不满，而公司里有些年纪较大的员工也认为他们的成绩低于年轻人是因为上司认为自己年纪大，绩效就一定低。

**分析** 例子中的公司没有注意到考核与员工满意度的管理。事实上，企业的所有活动均围绕一个中心：经济效益最大化，考评体系设计是否合理等姑且不论，考核的目的绝不是引来一堆抱怨和令人心浮动。因此，公司应注意两个方面：一是优化和改进绩效考核体系的设置以及考核方法；二是重视"考核后"的工作，如对每个员工就考核结果进行一次谈话，将员工的注意力引导到对照考核结果寻找努力方向的道路上来。另外，员工满意度和企业凝聚力的建设应该贯彻在日常工作中，如增加老员工的荣誉感等。

## "完美"的激励计划

海勒姆·菲利普斯的心情非常好。作为生产多种耐用消费品的蓝巴雷公司的首席财务官兼首席行政官，他感到凭个人的力量已经扭转了公司的乾坤。一年前，海勒姆加盟蓝巴雷时，公司正面临业绩滑坡的局面，海勒姆推行新的绩效管理体系后，各种数据都显示公司的各项业绩已经得到了快速提升。

现在终于到了海勒姆把新的绩效管理系统取得的成果与他的同事们分享的时候了。他开始与自己聘请的咨询顾问精心准备一份十分乐观的陈述报告，打算在第二天的公司执委会会议上好好表现一下，骄傲地向众人宣布，公司的颓势已经得到扭转。他们决定从一些有说服力的数据讲起，比如劳动力成本的大幅下降、客户服务的改进、销售佣金结构和奖励方式的变化带来的巨大成效。一行又一行的数字是蓝巴雷公司业绩不断改进的有力证明，看到这些成绩，海勒姆实在是太开心了。

第二天早晨，海勒姆·菲利普斯去参加公司执委会季度会议，显得格外精神。会议开始时，首席执行官基思·兰德尔还赞扬了海勒姆的工作："海勒姆将给大家宣布成本削减和经营效率方面一些振奋人心的消息，这归功于过去一年中他设计并实施的变革。"一切看上去是那样完美，海勒姆满脑子想的都是怎样使自己的陈述报告达到最佳效果，直到其他与会者开始毫不客气地指出了海勒姆的变革带来的诸多问题。

人力资源副总裁卢·哈特说，调查问卷显示员工满腹牢骚。公司研发部门的士气空前低落，他们开发出了一个具有突破性的产品，但由于海勒姆推出的僵化的预算程序，这一产品没能及时推向市场。公司的首席法律顾问补充说，公司正在申请的许多专利产品没有商业可行性。哈特还说，许多人对公司裁员采取"一刀切"的方式表示不满，因为绩效最高的部门被迫解雇了公司一些最优秀的员工。

销售部门也有一大堆怨言："没有可以效仿的榜样""没有人指导""没有机会向有经验的销售人员讨教""不能分享客户信息"等。对于销售地区的分配，销售人员的意见比任何时候都大，大家都纷纷要求到更富裕、销量更高的地区去工作。他们的情绪很消极。

然而，海勒姆受到的打击还没有结束，因为客户也在抱怨蓝巴雷的服务。公司的长期客户布伦顿兄弟公司的代表在电话中抱怨说，货物不能按时送达，问题得不到及时解决。

 绩效管理不是万能的管理药方，它仅仅是促进企业绩效增长的一种方式。在执行企业制度的时候，总是会遇到各种问题，需要企业管理者不断对不合理之处加以改进。

## 一位部门副经理的苦恼

G公司生产保障部主要负责本公司生产装置机电仪设备运行、维护、检修、安装及机械加工制作任务，该部门下设机修、电气、仪表三个车间和一个综合办公室，共有员工260人。

该部门的一位副经理根据自己所学的绩效管理知识，决定在保障部内部对责任工程师、专职工程师、管理员、班组长以下的职员（含班组长）实行绩效考评，并制订《员工工作绩效考评实施细则》，随后召开两次车间领导会议，希望得到大力配合。具体考核办法如下。

### 一、考核内容

1. 业绩考核：依据岗位职责，考核目标、任务的完成情况，定额完成情况进行考核。

2. 能力考核：能力由四部分构成，常识、专业知识和相关知识；技能、技术或技巧；工作能力；体力。主要考核员工在职务工作过程中显示出来的能力。

3.态度考核：主要考核员工的工作积极性、热心、责任感、纪律性、团结协作能力。

## 二、组织机构

公司成立员工绩效考评组，由部门经理任组长，部门副经理任副组长，各车间领导任组员。

## 三、考核办法

1.业绩考核由被考核者按日填写《员工个人业绩记录卡（日）》（附后），考核者每周对被考核者打考评分，月末总评。

2.态度考核、能力考核每月进行，连同业绩考核进行总评填写《员工绩效考评表》（附后）。

3.根据本次考核目的，上述三类考核比重暂定为：业绩（30%）、态度（30%）、能力（40%）。

4.技术岗、班组长指技术监督、班长，由部门经理考评；班组成员、检修人员由班长考评。

## 四、奖惩

1.考核结果作为提供员工业务培训机会的重要依据，考核结果报化学公司人力资源部备案，作为晋升、加薪、调整福利待遇等的依据。

2.根据年度考评情况，按照"末位淘汰"的原则，调整工作岗位。对于考核结果优异者给予奖励。

### 员工个人业绩记录卡（日）

白班〇上午〇下午〇中班〇晚班

| 时间段 | 项目 | 工作内容（量） | 主管、协助、独立 | 工作质量 | 备注 |
|---|---|---|---|---|---|
| 早晨 | | | | | |
| 8：00 — 9：00 | | | | | |
| 9：00 — 10：00 | | | | | |
| 10：00 — 11：00 | | | | | |
| 11：00 — 12：00 | | | | | |

续表

| 时间段 | 项目 | 工作内容（量） | 主管、协助、独立 | 工作质量 | 备注 |
|---|---|---|---|---|---|
| 中午 | | | | | |
| 14：30 — 15：30 | | | | | |
| 15：30 — 16：30 | | | | | |
| 16：30 — 18：00 | | | | | |
| 晚上 | | | | | |

根据当日工作评定：

①技术岗、班组长：自评分 10 [ ] 8 [ ] 6 [ ] 4 [ ] 2 [ ]
考评分 10 [ ] 8 [ ] 6 [ ] 4 [ ] 2 [ ]

②运行岗位：自评分 10 [ ] 8 [ ] 6 [ ] 4 [ ] 2 [ ]
考评分 10 [ ] 8 [ ] 6 [ ] 4 [ ] 2 [ ]

③检修、操作岗位：自评工时、核准定额工时、日定额完成率。

个人签字＿＿＿＿＿＿＿＿＿班组长签字＿＿＿＿＿＿＿＿＿主管领导签字＿＿＿＿＿＿＿＿＿

## 员工综合评价表

| 评价因素 | 对评价期间工作成绩评价 | 评价尺度 | | | | | 得分 |
|---|---|---|---|---|---|---|---|
| | | 优 | 良 | 中 | 可 | 差 | |
| 1.勤务态度 | A.严格遵守规章制度，有效利用工作时间（纪律性） | 14 | 12 | 8 | 6 | 4 | |
| | B.对工作持积极态度（积极性） | 14 | 12 | 8 | 6 | 4 | |
| | C.忠于职守、坚守岗位、认真完成工作任务（责任感） | 14 | 12 | 8 | 6 | 4 | |
| | D.以协作精神工作，协助上级，配合同事（协作性） | 14 | 12 | 8 | 6 | 4 | |
| 2.业绩 | 根据《员工个人业绩记录卡（日）》综合评定 | 58 | 48 | 40 | 32 | 24 | |

续表

| 评价因素 | 对评价期间工作成绩评价 | 评价尺度 | | | | | 得分 |
|---|---|---|---|---|---|---|---|
| | | 优 | 良 | 中 | 可 | 差 | |
| 3. 能力（能考试的根据考试结果评定） | A. 以知识、经验为依据，正确理解工作内容 | 19 | 16 | 14 | 12 | 10 | |
| | B. 业务知识考核 | 19 | 16 | 14 | 12 | 10 | |
| | C. 操作技能考核（管理、技术人员考核业务能力） | 19 | 16 | 14 | 12 | 10 | |
| | D. 完成工作所需体力（创新能力） | 19 | 16 | 14 | 12 | 10 | |

① 通过以上各项评分，该员工的综合得分是：_____分

② 你认为该员工应处于的等级是（选择其一）：

A：160 分以上；B：160～140 分；C：140～120 分；D：120 分以下

③ 考核者意见：

考核者签字：_____日期：_____年_____月_____日

总经理核准

总经理签字：_____日期：_____年_____月_____日

该员工绩效考评制度的推行结果令这位副经理非常困惑。

（1）考评过程中，大部分员工的积极性不高，有的说没有时间填表，有的说表上要求填的内容过细。

（2）从上交的考核表看，考评者的考核意见均是良好或优秀。出现过两次员工考核等级为D的情况，经调查，两名员工均在考核当月与主管领导有过摩擦。

（3）月考核结束后，主管领导没能与被考评者沟通，根本无法进行信息的反馈，达到提高员工绩效的目的。

（4）考核的结果无法落实方案上提出的奖惩办法，也没有"末位淘汰"的竞争机制。

考评制度执行10个月后不了了之。该制度是这位副经理考察几个兄弟单位，吸取他们的成功经验后总结出来的，别人为何能成功，问题到底出在哪里？

 虽然在形式上进行了绩效考评，但却没有得到切实的执行，这就不仅仅是考核部门的问题了，而是企业执行力出了问题。

## 绩效工资怎么算？

林是一家高科技企业的年轻客户经理，有着双学位的学历背景和较好的客户资源，但是个性较强的林，常常是公司各种规章制度的"钉子户"。果不其然，在公司新的绩效考核办法推行的过程中，林又一次"撞到枪口上"了。

林所在的公司新推行的考核办法是根据每个员工本月工作的工时和工作完成度对其工作进行考核，考核结果与工资中的岗位工资和绩效工资挂钩，效益工资和员工创造出的相关效益挂钩。因为该公司有良好的信息化基础，工时是根据员工每日在信息化系统上填写的工作安排和其直接上级对员工工作安排工时的核定来累计的。员工的工作完成度也是员工本月任务完成情况的客观反映。

上月月末，该公司绩效考核专员根据信息化系统所提供的数据，发现林上月的工时离标准工时差距很大，而且林的工作完成度也偏低，经过相关工资计算公式的演算，林这个月工资中的岗位工资和绩效工资要扣掉几百元钱。

拿到工资后的林，面对工资数额的减少，非常激动，提出了如下几点质疑：工作安排不写不光是他的错，上级没有及时下达任务也是原因之一；没有完成相关的经济目标责任也不应该全由他承担，因为这和整个公司的团队实力有关；和同一岗位的同事相比，他认为自己的业绩比别人好，而拿到手的工资却比同事低，这太不公平。

**分析**

实际上，问题的关键在于考核过程中的沟通和处理。在公司推行新的考核办法后，林应该积极配合，不能因为上级领导的放松而自我放松，并且对于工作上需要利用的公司资源应主动与公司沟通，而不是消极等待公司对责任的认定。执着于与同事之间的横向比较说明林没有正确理解考核。考核是对工作过程的一种综合评判，而非单纯的对工作业绩的反馈。林所在的公司工作业绩更多反映在员工效益工资和相关奖金中。林的直接上级应该在日常工作中对于林的一些工作行为及时予以提醒、指正，不能束缚住手脚。面对管理上的困难，林也应该及时和上级沟通，寻求上级的支持和方法上的建议，这样也不会将矛盾激化，出现被动的局面。

# 薪酬管理

# 谷歌的薪酬制度

谷歌公司是一家位于美国的跨国科技企业，成立于 1998 年 9 月，被公认为全球最大的搜索引擎公司。谷歌在美国多次被评为最佳雇主，对员工和广大求职者有着很强的吸引力。

谷歌认为员工是公司发展的基石，是公司的生产力。员工有好的薪酬待遇，才能为公司设计出好的产品。一份对谷歌公司员工的随机调查显示，员工们普遍对公司信誉、同事情谊等表示满意，在员工薪酬、福利、津贴、培训、员工多样化等方面比较满意。

谷歌还为员工提供医疗服务，允许员工带薪从事志愿活动；公司一日三餐有各种美食，下午还有咖啡等热饮；公司里有洗衣房、休息室、理发厅、攀岩健身房等；谷歌还鼓励员工参加培训与发展运动爱好。谷歌的薪酬福利体系设计都有以下特点。

## 建立公平合理的奖励机制

谷歌的薪酬体系对内具有公平性，对外具有竞争性。他们向高素质、高技能、高创造性的员工给予更高的薪酬，使人才的价值在分配中得到体现。

## 公平地回报员工

多年来，谷歌坚持公平地回报员工，以奖励他们对公司的贡献。公司坚守要对杰出贡献者给予慷慨回报的理念，设立了创始人大奖计划。创始人大奖使那些为公司创造了巨大价值的团队能够获得极为诱人的回报。奖励是以谷歌股票的形式颁发的，且会随着时间推移而增值。团队成员得到的奖励按照他们的参与度和贡献水平确定，而向个人颁发的最高奖的价值有可能达到几百万美元。

## 用丰厚的福利吸引和留住人才

谷歌的福利政策是其对众多求职者形成巨大吸引力的一个重要原因。为了让员工保持愉快的心情，谷歌制定了高标准的福利政策，包括提供健身中心、免费美食、免费理发、医疗服务以及各种高科技清洗服务等。谷歌希望通过发放这些福利来达到几大目标，包括在竞争激烈的市场中吸引最优秀的人才；让员工在公司享用美食和处理私人事务，从而可以安心愉悦地加班，更好地实现自身的价值。

在员工福利方面，谷歌不断创新，从而持续提升员工的满意度。比如，谷歌员工如果不幸去世，其配偶还能在未来 10 年内领取去世员工薪酬的一半，他们的未成年子女还能每月收到 1000 美元的生活费直至 19 周岁。除此之外，配偶还能获得去世员工的股权。这项福利给谷歌人才战略带来的无形效果是难以估量的。

另外，据调查，员工在新入职的时候往往是热情高涨的，但在 6 个月之后，工作热情就会急剧下降，其中的一个重要原因是，员工感到自己不被重视。为此，谷歌为员工提供了优厚的福利，可以在很大程度上向员工传递公司对其非常重视的态度。

> **分析**　谷歌公司薪酬制度的最大优势在于对员工的重视，充分尊重员工的个性发展，用宽松自由的外部环境和合理的薪酬机制激发员工的工作积极性，提高员工的工作效率。有效的薪酬激励更多地从尊重员工的能力、愿望、个人决策和自主选择角度出发，从而能更好地创造员工个人利益与企业利益的"一体化"氛围。

## 格兰仕的激励体系

格兰仕对待不同的员工，采取不同的激励策略和方法。对待基层工作人员，主要采用刚性的物质激励的方法；而对待中高层管理人员，则更注重采用物质和精神相结合的长期激励策略。

基层工人的收入与他自己的劳动成果、所在班组的考核结果挂钩，这样，既能激励个人努力，又能激励班组形成团队力量。基层工人考核的规则、过程和结果都是公开的，在每个车间都有大型公告牌，清楚地记录着各生产班组和每位工人的工作任务完成情况和考核结果。对生产班组，则要考核其产品产量、质量、成本、安全生产等多项指标的完成情况，同时记录着每位工人的完成工件数、加班时间、奖罚项目等。根据这些考核结果，每个人都能清楚地算出自己该拿多少，别人强在什么地方，以后需要改进的地方。依靠这个严格、公平的考核管理体系，格兰仕将数十个车间和数以万计的工人业绩有效地管理起来了。

格兰仕用工作本身的意义和挑战、未来发展空间、良好信任的工作氛围来激励中高层管理者。格兰仕的岗位设置相当精简，每个工作岗位的职责范围很宽，这既给员工提供了一个大的舞台，使他们可以尽情发挥自己的才干，同时也给了他们压力与责任。

格兰仕对管理者们只发几千元的月工资，而把激励的重点放在财务年度上。他们将格兰仕的整体业绩表现、盈利状况和管理者的薪酬结合起来，共同参与剩余价值分配，从而形成稳固的利益共同体。他们采取年终奖、配送干股、参与资本股的方式，递进式地激励优秀管理者。对所有考核合格的管理者，都给予数量不等的年终奖；另外公开评选优秀管理者，参与公司预留的奖励基金分配，这个奖励基金是按公司的盈利状况提取的；其中最优秀的几名管理者会获得次年的干股，不需要支付现金购买公司股份，能够参与公司次年一定比例的分红；经过几个年度考核，能提升到公司核心层的高层管理者，则可以购买公司股权，成为公司正式的股东。目前已有50多名中高层管理者拥有格兰仕的股份（资本股），有70多名管理者拥有干股，他们形成了格兰仕在各条战线上与公司利益高度一致的中坚力量。通过层层激励，不断培养、同化、遴选，格兰仕有了一支忠诚度高、战斗力强的核心队伍和长远发展的原动力。

**分析** 良好的薪酬机制是一个企业获得长足发展的基石。

## EC 公司的工资改革方案

EC 公司（某公司的化名，后文就用"EC 公司"作为代称）作为通信制造业中的知名企业，从 20 世纪 90 年代初开始取得了长足发展，生产规模从 80 年代末期的年销售收入5000多万元发展到1998年的年销售收入59亿元。公司业绩有目共睹，但随着中国经济和通信产业的高速稳定发展和市场竞争的日趋激烈，国外跨国集团长驱直入，国内同行快速成长，企业发展承受着巨大的压力。同时，由于公司效益连年增长，职工收入也逐年提高，在职工身上体现了"小富即安"的思想，并出现了不求上进的懒散习气，而且公司内部仍然执行原有工资体系，年轻职工的工资水平明显比老职工工资水平低，与华为、中兴通信等同行企业的工资水平差距更为悬

殊，年轻职工的积极性受到极大压制，导致公司技术开发骨干和市场销售骨干大量流失。而在通信技术一日千里的激烈市场竞争中，年轻人在公司中的重要性已越来越突出。

为了调整公司不合理的工资结构体系，缩短同行业工资差距，激发员工工作积极性，公司决定在 1995 年实施大幅度的工资改革，其基本思路是：实行岗位工资制和工资总额制，根据各单位经营业绩，确定各单位的工资总额，各部门的工资发放以工资总额为限；对公司现有岗位职责重新进行定义，根据重要程度进行排序，确定工资级别，并对富余人员进行下岗培训。工资结构的调整将使效益较好的单位和年轻人获得较大利益，而老职工的相对工资水平将大大降低，在公司开始讨论工资改革初步方案的时候，效益差的单位和老职工产生了明显的抵触情绪，包括部分任职时间较长的中层干部。许多老职工甚至扬言要到上级主管部门告状。工资改革在尚未开始时，就面临着

重重阻力。

工资改革具体实施部门的领导，面临着来自公司内部的双重压力：首先，公司董事会已经通过了进行工资改革的决议，并且要在 1998 年底或 1999 年初完成工资改革。而当时距 1998 年底只有不到 3 个月时间。其次，在董事会通过工资改革的决议后，广大职工对改革方案十分关注。当改革初步方案开始酝酿时，公司内部传言四起，众说纷纭，特别是老职工的抵触情绪尤为明显。

同时，公司在外部同样承受着巨大压力，华为、中兴通信等作为地处特区的著名通信企业，利用地域优势、体制优势和高工资吸引 EC 公司年轻的技术骨干。早在 1996 年，某知名公司就把 EC 公司在上海进行移动通信交换机开发的 10 余名年轻技术骨干全部挖走，直接导致了公司移动通信交换机项目的流产。而在本次董事会召开期间，华为公司又在世界贸易中心举办人才招聘会，矛头又一次直接指向 EC 公司的年轻骨干，使 EC 公司全体董事大为震惊，进行工资改革的决心更加坚定。同时，有更多跨国集团在国内的分公司、办事处对国有企业的优秀人才虎视眈眈，用各种方法和手段吸引国有企业的年轻人。

鉴于工资改革从开始酝酿就在公司引起巨大争议，公司领导对前期工作进行了认真的总结和反思。首先，工资改革方案刚开始酝酿，公司内部有关工资改革方案的小道消息就四处流传，许多职工纷纷打电话询问或质问公司领导，有些说法甚至与工资改革方案基本一致，改革领导者感到工资改革方案酝酿过程中的保密工作存在问题，许多尚未成熟的工资改革方案通过非正式渠道在公司内传播，以讹传讹后各种说法都有；其次，现行工资体系在延续了几十年的前提下，要求在几周内有较大幅度地改变，时间紧迫、准备仓促，大家在思想上很难马上接受，尤其是时间接近年末，许多老职工面临不利的工资调整，更有少数员工要面临下岗的严峻局面，与春节合家欢聚、吉祥喜气的气氛形成强烈的反差；第三是没有很好地与职工进行沟通，原有思想观念根深蒂固，认为工资改革是人人加工资的皆大欢喜局面。

分析

进行工资制度改革，人事部应该代表公司与员工充分沟通，介绍公司目前面临的严峻形势，介绍工资改革方案的目标、意图，听取员工对工资改革方案的意见，而不是采取所谓的保密措施。工资改革方案执行需要考虑各种可能出现的风险，所以一定要设计好过渡方案，其中的内容主要是如何在过渡期内保障老员工的利益，设计好补偿措施。员工的绩效一定要与工资水平挂钩，所以制订工资与职级、绩效考核挂钩办法，即为此次工资调整方案的主要内容。工资改革方案经过补充和完善，经董事会同意之后需要坚决地执行。

# IBM 的薪酬管理

IBM 有一句拗口的话：加薪非必然！ IBM 的工资水平在外企中不是最高的，也不是最低的，但它有一个让所有员工坚信不疑的游戏规则：干得好，加薪是必然的。为了使每位员工的独特个性及潜力得到足够的尊重，IBM 一直致力于完善工资与福利制度，并形成了许多值得我们参考的特色。

## 激励文化

薪酬是企业管人的一个有效硬件，直接影响到员工的工作情绪。每一个公司都不会轻易使用这个"精确制导武器，"因为用不好会造成负面影响，这是企业制订激励机制的共识。在中国文化里一直有着"君子重义轻利"的价值取向。在西方社会里，人们主张回报和投入的等值，但同样不将收入多少作为衡量工作价值的首要标准。不过，许多企业还是拿薪金作为管理员工的利器，在有些企业里有一种负向的薪酬管理方式，就是扣薪水，通过经济制裁管理员工的方式在工厂里普遍存在。比如迟到、旷工、自己负责的岗位出现责任事故等事件出现后，一般都会处罚当事员工。西方企业的管理模式通过外企大量引入中国之后，出现了一种新的薪酬管理规则。

激励文化对员工基本上没有惩罚措施，全是激励。工作干得好，在薪酬上就有体现，否则就没有体现，这样就出现了一种阐述惩罚的新话语：如果你没有涨工资或晋升，就是被惩罚。这种激励文化是建立在高素质员工的基础上的，员工的自我认同感很强，高淘汰率使大部分人都积极要求进步，如果自己的工作一直没有得到激励，就意味着自己的价值没有得到体现，许多员工会在这种情况下主动调整自己，或者更加努力工作，或者辞职另谋发展。

员工相信企业的激励机制是合理的，并完全遵从这种机制的裁决，是企业激励机制成功的标志。IBM 的薪酬管理独特且有效，能够通过薪酬管理达到奖励进步、督促平庸的目的，IBM 已经将这种管理发展成高效绩文化。

## 薪酬与职务重要性、难度相称

每年年初，IBM 的员工特别关心自己的工资卡，自己去年干得如何，通过工资涨幅可以得到非常具体的体现。IBM 的薪酬构成很复杂，但里面不会有学历工资和工龄工资，IBM 员工的薪酬跟他的岗位、职务重要性、工作难度、工作表现和工作业绩有直接关系，工作时间长短和学历高低与薪酬没有必然关系。在 IBM，学历是一块很好的敲门砖，但绝不会是员工获得更好待遇的凭证。

在 IBM，每一个员工工资的涨幅都会有一个关键的参考指标，这就是个人业务承诺计划。只要你是 IBM 的员工，就会有个人业务承诺计划，制订承诺计划是一个互动的过程，你和你的直属经理坐下来共同商讨这个计划怎么做切合实际，几经修改后确定。这样一来，你其实是和老板立下了一个一年期的军令状，老板非常清楚你一年的工作及重点，你自己对一年的工作也非常明白，剩下的就是执行。大家团结协作、严肃活泼地干了一年，到了年终，直属经理会在你的军令状上打分。直属经理当然也有个人业务承诺计划，更高层的经理会给他打分，大家谁也不特殊，都按这个规则走。IBM 在奖励优秀员工时，是在履行高绩效文化。

1996 年初，IBM 推出个人业绩评估计划（PBC）。具体来说，PBC 从三个方面来考察员工工作的情况。第一是制胜。胜利是第一位的，首先你必须完成你在 PBC 里面制订的计划，无论过程多艰辛，到达目的地最重要。企业在实现目标时无法玩概念，必须见结果，股市会非常客观地反映企业的经营情况，董事会对总裁也不会心软。第二是执行。执行是一个过程，它反映了员工的素质，执行能力需要无止境地修炼。PBC 不光决定你的工资，还影响到你的晋升，当然同时也影响了你的收入。所以执行是一个非常重要的过程。最后是团队精神。在 IBM，只是埋头做事不行，必须合作。IBM 的员工有一种强烈的感觉：IBM 是非常成熟的矩阵结构管理模式，一件事会牵涉很多部门，有时候会从全球的同事那里获得帮助，所以团队意识应该成为第一意识，工作中随时准备与人合作。一言以蔽之：必须确实了解自己部门的运作目标，掌握工作重点，发挥最佳团队精神并彻底执行。

### 薪酬充分反映员工的成绩

PBC 考核通常是由直属上级对员工的工作情况进行评定，上一级领导进行总的调整。每个员工都有进行年度总结和与他的上级面对面讨论这个总结的权利。上级在评定时往往与做类似工作或工作内容相同的其他员工相比较，根据其成绩是否突出进行评定。评价大体上分 10～20 个项目进行，这些项目从客观上都是可以取得一致的，例如，"在简单的指示下，反应是否快速，处理是否得当"。

对营业部门或技术部门进行评价是比较简单的，但对凭感觉评价的部门如秘书、宣传部门、人事及总务等部门怎么办呢？ IBM 公司设法把感觉换算成数字。以宣传部门为例，他们把考核期内在报刊上刊载的关于 IBM 的报道加以搜集整理，把有利报道与不利报道进行比较，作为衡量一定时期宣传工作的标准。

评价工作全部结束，就在每个部门甚至全公司进行平衡，分成几个等级。例如，A 等级的员工是大幅度定期晋升者，B 等级的员工是既无功也无过者，C 等级的员工是需要努力的，D 级的员工等则是生病或因其他原因达不到标准的。

从历史看，65%～75%的 IBM 公司员工每年都能超额完成任务，只有 5%～10% 的人不能完成定额。那些没有完成任务的人中只有少数人真正遇到麻烦，大多数人都能在下一年完成任务，并且干得不错。

IBM 的薪酬政策精神是通过有竞争力的策略，吸引和激励业绩表现优秀的员工继续在岗位上保持高水平。个人收入会依据工作表现和相对贡献、所在业务单位的业绩表现以及公司的整体薪酬竞争力而确定。1996 年，IBM 调整后的新制度以全新的职务评估系统取代原来的职等系统，所有职务按照技能、贡献和领导能力、对业务的影响力及负责范围三个客观条件，分为 10 个职等类别。部门经理会根据三大原则决定薪酬调整幅度。这三大原则包括：一是员工过去 3 年 PBC 成绩的记录；二是员工是否拥有重要技能，并能应用在工作上；三是员工对部门的贡献和影响力。员工对薪酬制度有任何问题，可以当面询问自己的直属经理，或向人力资源部咨询。一线经理提出薪酬调整计划，必须得到上一级经理认可。

### 薪酬要等于或高于一流企业

IBM 公司认为，一流公司就应付给职工一流的薪酬。这样一来，员工会以身为一流公司的职工而自豪，拥有热爱公司的精神，对工作充满热情。

为确保比其他公司拥有更多的优秀人才，IBM 在确定薪酬标准时，首先就某些项目对其他企业进行调查，确切掌握同行业其他公司的标准，并注意在同行业中保持领先地位。

定期调查选择对象时主要考虑以下几点。

（1）应当是工资标准、卫生福利都优越的一流企业。

（2）要与 IBM 员工的待遇进行比较，就应当选择具有技术、制造、营业、服务部门的企业。

（3）是有发展前途的企业。

为了与各公司交换这些秘密资料，根据君子协定，绝对不能公开各公司的名字。当然，IBM 所说的"必须高于其他公司的工资"，归根结底是要"取得高于其他公司的工作成绩"。在提薪时，根据当年营业额、利润等计算出定期提薪额，由人事部门给出"每人的平均值"。从这里可以看出，要提高提薪额，就必须相应地提高工作成绩。

### IBM 的薪酬与福利项目

基本月薪——员工基本价值、工作表现及贡献的体现；

综合补贴——对员工生活方面基本需要的现金支持；

春节奖金——农历新年之前发放，使员工过一个富足的新年；

休假津贴——为员工报销休假期间的费用；

浮动奖金——当公司完成既定的效益目标时发放，以鼓励员工多作贡献；

销售奖金——销售及技术支持人员在完成销售任务后的奖励；

奖励计划——员工由于努力工作或有突出贡献时的奖励；

住房资助计划——公司提取一定数额存入员工个人账户，以资助员工购房，使员工能在尽可能短的时间内以自己的能力解决住房问题；

医疗保险计划——员工医疗及年度体检的费用由公司解决；

退休金计划——积极参加社会养老统筹计划，为员工提供晚年生活保障；

其他保险——包括人寿保险、人身意外保险、出差意外保险等多种项目，关心员工每时每刻的安全；

休假制度——鼓励员工在工作之余充分休息，在法定假日之外，还有带薪年假、探亲假、婚假、丧假等；

员工俱乐部——公司为员工组织各种集体活动，以加强团队精神，提高士气，营造团结的大家庭气氛，包括各种文娱活动、体育活动、大型晚会、集体旅游等。

　　如果你无法做好本职工作，即使身在一流企业，也一样无法取得一流的薪酬。

## 都是放手惹的祸

WH 建筑装饰工程总公司是建筑装饰施工一级企业，实力雄厚，经济效益可观。

铝门窗及幕墙分厂是总公司下属最大的分厂，曾经在一线工人和经营人员中率先实行工资全额浮动，收到了不错的效果。为了进一步激发二线工人、技术人员及分厂管理干部的积极性，该分厂宣布全面实行工资全额浮动。决定宣布后，连续两天，技术组几乎无人画图，大家议论纷纷，抵触情绪很强。经过分厂领导多次做思想工作，技术组最终被迫接受了现实。实行工资全额浮动后，技术人员的月收入是在基本生活补贴的基础上按当月完成设计任务的工程产值提取设计费的，如玻璃幕墙设计费，基本上按工程产值的 0.27% 提成，即设计的工程产值达 100 万元，可提成设计费 2700 元。当然，技术人员除了画工程设计方案图和施工图，还必须作为技术代表参加投标，负责计算材料用量以及加工、安装现场的技术指导和协调工作。分配政策的改变使小组每日完成的工作量有较大幅度的提高。组员主动加班加点，过去，个别人"磨洋工"的现象不见了。然而，随之而来的是，小组里出现了争抢任务的现象，大家都想搞产值高、难度小的工程项目设计，而难度大或短期内难见效益的技术开发项目备受冷落。

彭工原来主动要求开发与自动消防系统配套的排烟窗项目，有心填补国内空白，但实行工资全额浮动三个月后，他向组长表示，自己能力有限，希望放弃这个项目，要求组长重新给他布置设计任务。

李工年满 58 岁，是多年从事技术工作的高级工程师。实行工资全额浮动后，他感到了沉重的工作压力。9 月，他作为某装饰工程的技术代表赴呼和浩特投标，因种种复杂的原因，该工程未能中标。他出差了 20 多天，刚接手的另一项工程设计尚处于准备阶段，故当月无设计产值，仅得到基本生活补贴 78 元。虽然在随后的 10 月份，他因较高的设计产值而得到 1580 元的工资，但依然难以摆脱强烈的失落感，他向同事们表示他打算申请提前退休。

尽管技术组组长总是尽可能公平地安排设计任务，平衡大家的利益，但员工意见还是一大堆。小组内人心浮动，好几个人有跳槽的意向，新分配来的大学生小王干脆不辞而别。组长感到自己越来越难做人了。

**分析** 技术人员和管理人员从事的研发和管理工作不能完全采用量化指标，否则易造成技术短视和管理短视。建议：①采用团队绩效考核的办法，以技术部为单位或分为几个技术小组进行考核，每个小组有相应的课题方向和业务特色；②产品的设计和实施采用分工协作的方法。技术管理人员进行薪酬改革，最大的难题就是如何保证公平，设计工作尤其如此，WH 建筑装饰工程总公司的问题比较典型。专家的意见是，应该考虑设计工作的难度和设计任务的产值之间的矛盾，短期做法是难度大和暂时难见效益的技术开发项目应该区别对待，而简单和产生效益较快的项目应该减少相应的提成额度。

## 公休日加班引起的风波

某计算机公司经理安排技术开发人员在公休日加班，32 岁的工程师宋女士得知此事后，很不情愿，因为本周的公休日是她儿子的 5 岁生日，她已经做好了一个庆祝生日的计划，如果来单位加班的话，这个计划就泡汤了，儿子一定很失望。但她转念一想，大家都来加班，就自己一个人不来，一定会惹经理不高兴。再者，按单位的惯例，每次加班都按工资的 200% 发加班费。如果自己不来加班的话，到时别人都拿加班费，自己却拿不到，也挺不划算的。想到这儿，宋女士也向经理表示自己能来加班。

公休日一天紧张的加班过去后，经理通知大家："这次，公司将以补休的方式来补偿今天的加班，下周一咱们全部门统一休息。"

宋女士对公司的做法非常不满，冲着经理说道："我今天牺牲了给儿子过生日的时间来加班，不是为了要一天补休，为的是能挣点儿加班费，你现在为了不给我们加班费，而决定给我们补休一天，我不同意。根据《劳动法》的规定，我要求公司按工资的 200％ 发给我加班费，我不要补休。"

> **分析**　计算机公司是否必须要向宋女士支付加班费？如果单位在之前有书面规定实行加班发加班费的制度，并一直按章执行，此次经理口头更改，并无事先向员工书面通知，员工有权据规定拒绝补休，并向单位索要加班费。如果该单位无具体的书面规定，则可以根据《劳动法》的规定，安排员工补休，不能安排补休的情况下，才发放加班费。

## 自愿加班能给加班工资吗？

周某是某外资公司的职员，与公司签订有一年期的劳动合同，具体从事办公室文员工作。公司确定周某的工作时间为每日 8 小时、每周 40 小时，公司也按标准工时制度向周某支付工资。工作期间，周某努力工作，当日工作任务在 8 小时内未完成的，周某就在下班后自动加班完成。

一年以后，周某对公司的工作安排难以承受，就在合同期限届满时表示不再续签劳动合同，但要求公司支付其一年内的加班工资，并出示了一年内延长工作时间的考勤记录。公司对周某不愿续签劳动合同表示遗憾，但认为公司实行的是计时工资制度，并另有规定的加班制度；公司并未安排周某延时加班，周某延长工作时间是个人自愿的行为，公司不能另行支付加班工资，对周某的要求予以拒绝。

周某认为，自己在履行合同期间经常超时工作，具体超时工作时间有据可查，按照《劳动法》的有关规定，超时工作应计发加班费，但单位从未支付过自己加班费。现在双方劳动合同已终止，公司应当结算支付一年内的加班工资。

公司认为，公司实行计时工资制度，并配套实行加班制度，只有经公司同意并办理必要手续的加班才能支付加班工资。周某虽然有延时加班的考勤记录，但那是他自愿延长工作时间，并且没有办理过相关审批手续，因此不支持周某支付加班工资的要求。

周某为完成工作任务自动延长工作时间，是否可以要求公司支付延时工作的加班工资呢？

分析 自愿加班完成公司交代的任务固然是件好事，但是站在公司的角度讲，不是每个员工都是为了完成工作才加班的，起码存在一部分员工是为了"混"加班费或处理自己的事情而加班。为了能更好地处理由此引起的纠纷，建议公司建立加班申请制度，每日将加班理由、加班时间写明，让领导签字，虽然这是比较原始的做法，但起码有据可查。如果遇到加班费纠纷，可以拿出证据。还有一方面就是，公司领导必须清楚员工在做什么，才能控制好加班，遇到有员工"混"加班费或以加班时间处理个人问题，要找员工面谈，了解实际情况，并对员工进行教育，必要时可以向相关员工"开刀"，作为一种警告。

## 解剖朗讯的薪酬管理

朗讯的薪酬结构由两部分构成：一块是保障性薪酬，跟员工的业绩关系不大，只跟其岗位有关。另一块薪酬跟业绩紧密挂钩。非常特别的一点是，朗讯中国所有员工的薪酬都与朗讯全球的业绩有关，这是朗讯在全球执行行为文化的一种体现。

### 一项专门奖

朗讯有一项专门奖——Lucent Award，也称全球业绩奖。朗讯的销售人员待遇中有一部分专门属于销售业绩的奖金，业务部门根据个人的销售业绩，每季度发放一次。在同行业中，朗讯薪酬浮动部分较大，这样做是为了将公司每个员工的薪酬与公司业绩挂钩。

### 两项大考虑

朗讯公司在执行薪酬制度时，不仅看公司内部的情况，而且将薪酬放到一个系统中考虑。朗讯的薪酬政策有两大考虑。一个是保持自己的薪酬在市场上有很大的竞争力。为此，朗讯每年委托一个专业的薪酬调查公司进行市场调查，以此了解人才市场的宏观情形。这是大公司在制订薪酬标准时的通常做法。

另一个考虑是人力成本因素。综合这些考虑之后，人力资源部会根据市场情况给公司提出一个薪酬的原则性建议，指导所有的劳资工作。人力资源部将各种调查汇总后告诉业务部门市场的总体情况，在这种情况下，每个部门进行预算，主管在预算允许的情况下对员工的待遇做出调整决定。人力资源部必须对公司在6个月内的业务发展需要的人力情况非常了解。

## 年度加薪日

朗讯在为某员工加薪时做到对全体员工尽可能地透明，让每个人知道该员工加薪的原因。加薪时，员工的主管会找员工面谈，内容是根据他今年的业绩，可以增加多少薪酬。

每年的 12 月 1 日是加薪日，公司加薪的总体方案出台后，人力总监会和各地薪酬管理经理进行交流，告诉员工当年薪酬的总体情况，市场调查的结果是什么，今年的变化是什么，加薪的时间进度是怎样的。公司每年加薪的主要目的是保证朗讯增加在人才市场的竞争力。

## 学历与工龄淡漠

朗讯在招聘人才时比较重视学历，贝尔实验室 1999 年招了 200 人，大部分拥有研究生以上学历。对于应届大学毕业，学历是基本要求。对其他的市场销售工作，学历是一个方面，但经验就更重要了。到了公司之后，学历因素在比较短的时间就淡化了，无论做市场还是做研发，待遇、晋升和学历的关系慢慢消失在薪酬方面。进了朗讯以后，薪酬和职业发展跟学历、工龄的关系越来越淡化，基本上跟员工的职位和业绩挂钩。

## 两难的薪酬悖论

一方面我们知道，高薪酬能够留住人才，所以每年的加薪必然也能够留住人才。另一方面，薪酬不能任意上涨，必须和人才市场的情况挂钩，如果有人因为薪酬问题提出辞职，很多情况下是让他走或用别的办法留人，所以靠薪酬留人本身是一个悖论，这里面有些讲究，人力资源部在这方面一般很"抠"。要操作好薪酬悖论，需要细致的工作。

朗讯的薪酬结构中浮动的部分根据不同岗位会不一样。浮动部分的考核绝大部分和一些硬指标联系在一起，比如朗讯公司今年给股东的回报率，如果超额完成，每个人会根据超额完成多少给一个具体的奖励数额出来。销售人员薪酬浮动的情况则依每个季度的销售任务完成状况而定。对待加薪必须非常谨慎，朗讯每年在评估完成后给员工加薪一次，中途加薪的情况很少，除非有特殊贡献或升职。

在朗讯，也有因薪酬达不到期望值而辞职的员工。朗讯一定会找辞职的员工谈话，他的主管经理和人事部都会参与，朗讯非常希望离职的员工能够真实地说出自己的想法，给公司管理提出一个建议。朗讯注重随时随地的评估，对于能力不强的员工，给他一个业绩提高的计划，改进他的工作。如果达不到要求，朗讯会认为员工无法高效地完成这项工作，只好另请人来做。

另外，贝尔实验室许多员工因不满薪酬待遇而跳槽，但许多人连续跳槽后又希望重回贝尔实验室，因为他们发现在薪酬的背后还有许多平衡点，像公司文化、各种福利、休假长短、加班制度、培训等，尽管另一家公司的薪酬确实高一些，但综合对比后还是觉得原来的公司"合算"，于是又想回到原来的公司。尽管公司愿意敞开大门迎接他们回来，但由于业务的安排，有的能回来，有的不能回来。员工应当珍惜自己工作的机会，尤其是新员工不满意自己的薪酬，是一种浮躁的不成熟心态。对此，贝尔实验室有专门的人员对他们进行心理辅导，帮助员工认清自身在企业中的价值，合理地对自己的心态和观念进行有效的调解。

### 告诉员工发展方向

薪酬在任何公司都是一个非常基础的东西。一个企业需要一定竞争能力的薪酬吸引人才，还需要有一定保证力的薪酬来留住人才。如果和外界的差距过大，员工肯定会到其他地方找机会。薪酬会在中短期时间内调动员工的注意力，但薪酬不是万能的，工作环境、管理风格、经理和下属的关系都对员工的去留有影响。员工一般会注重长期发展，公司会以不同方式告诉员工发展方向，让员工看到自己的发展前景。朗讯公司的员工平均年龄 29 岁，更多的是看到自己的发展。

> **分析** 朗讯在薪酬管理方面的实践给了我们很多有益的启示：在薪酬的构成中，学历和资历的因素应该逐渐淡化，更需要强调的是业绩；加薪是保持企业竞争力的重要手段，但必须清楚地了解市场薪酬水平，并考虑企业人力成本的承受力；薪酬固然重要，但是如果不能提供给员工足够的发展空间，仍然会造成人才流失，因此企业应在职业生涯规划、环境营造、文化建设方面投入更多精力，而不是把目光完全放在薪酬方面。

## 员工对薪酬不满怎么办

### 一、新老员工的不满

百威科技是一家网络技术公司，企业前期寻找市场技术需求和产品研发的过程是非常艰辛的。他们用了几年时间才打开了局面，由于公司一直在投入阶段，技术人员的薪水很低，公司市场局面打开后，为增强实力，从大学招了一些尖子生。为使提供的薪酬有竞争力，他们实际已经给毕业生比较高的薪酬。在随后产品的研发过程中，老员工毫无保留地将各种最新技术教给了新员工。由于他们的基础好，再加上直接参与了核心技术的开发，新员工的实力增长得很快，可以说仅仅一年左右的时间，这些新员工的技术水平就和一些总工级的老员工相差无几。

水平上来了，新员工的自我感觉更好了，对薪酬的要求也提高了。由于掌握了最新技术以及开发最新技术的整套流程，这些新员工的不满情绪也就上来了：你看我现在已经是总工的水平，你还给我只发大学毕业生的薪酬，而且新老员工做一样的工作，有些老员工的脑筋还不如我们快，凭什么他们在薪酬、福利和各种期权上高我们一头？如果这样，我就不干了，外面想要我的公司多得是。

对新员工的这种不满情绪，公司很重视，毕竟他们是公司辛苦培养出来的核心技术人员，是公司的一笔财富，假如他们跑到竞争对手那里，后果不堪设想，于是公司一咬牙，将他们的薪水提到了与老员工相当的水平。

新员工满意了，但老员工又有了情绪：他们一年就拿了我们近 10 年积累的薪酬水平，这太不公平了，他们的技术水平还不是站在我们的肩膀上才提升的吗？我们那些年怎么算？

HR 经理也在发愁：今年一下就涨上去了，明年怎么办？还接着涨吗？

## 二、境内员工的疑惑

DEY 是一家外资企业，员工有欧洲人和中国人，主要做事的是中国人。大家都一样做事，甚至中国员工做事在有些方面要比欧洲员工好得多，但令所有中国员工不满的是，他们的薪酬与欧洲员工相比差很多，这让中国员工的心里很不平衡，认为这是薪酬歧视：既然贡献是一样的，凭什么待遇不一样？难道是我们不会花钱？这是不是对中国员工的一种剥削？于是牢骚和怠工事件不时发生，而且这些员工还团结起来，共同对付资方和人力资源部门，希望他们给一个说法。这让老板很恼火，认为公司给中国员工的薪酬在中国市场上而言已经很高了，出现员工不满是人力资源部门的原因，人力资源部门没把员工的思想工作做好。

人力资源部门很委屈：员工不满的是薪酬，薪酬是你定的标准，我说了又不算，你让我怎么做思想工作？再说，我还对我的薪酬有意见呢！

## 三、经理层的差异

赢丰集团是一家有许多下属分公司和子公司的集团公司。由于集团在多方面进行投资，管理就显得十分混乱，最近集团要对所有的分公司和子公司进行统一管理，人员也要进行相应的调换。

这时候问题就出来了。这些公司从行政级别来讲是一样的，但由于公司的性质不同，资金投入、规模大小、实际人数、利润水平、操作难度、未来发展趋势、生活条件和与发达城市的距离等区别都很大。集团为保证生存和发展，希望派能力最强的人去管理那些最不好管理的公司，比如那些资金投入少、操作难度大的夕阳产业公司。问题是他们的薪酬怎么计算，比那些容易赚钱的公司经理薪酬高还是低？高，说不过去：公司亏损，你反倒拿最高薪酬；低，也说不过去：你给我了最硬的一块骨头，我费力替你啃了半天，反得不到相应的报酬！

集团领导让人力资源部门拿方案，这让人力资源经理很头疼。

**分析**　鞋子好不好，脚最清楚；薪酬合不合理，员工最清楚。人力资源经理不要太拘泥于那些过于细化的薪酬手段，要学会简单管理，因为绝对的公平是永远无法计算出来的，只能根据自己公司的实力和员工的满意程度来衡量。人力资源经理要学会跳出自己的角度看待问题，尤其要学会从投资人的角度看待问题。对境内员工和境外员工在薪酬和信任上的问题，有一个简单的例子可以说明。假如你是一个老板，要在非洲投资上亿的项目，而你又不常在那里盯着企业，你会怎么办？你肯定要派心腹去，不然能放心吗？你也肯定不会让心腹和那些本土员工拿同样的薪酬，说不过去。但是，外籍员工的薪酬也不是中方员工无法达到的玻璃天花板。中方员工要提高薪酬，一是你确实要有能力，让人觉得你值，二是要有一些耐心和技巧。

这种薪酬上存在的客观差异使员工在心理上觉得不公，更多的时候是员工的观点有问题：喊了很长时间要打破平均主义，但涉及自身时就难免和别人一样不平衡了。

## 老板的红烧肉

老板接到一桩业务，有一批货要搬到码头上去，又必须在半天内完成。任务相当重，可手下就那么十几个伙计。

这天一早，老板亲自下厨做饭。开饭时，老板给伙计们一一盛好饭，还捧到他们每个人手里。

王伙计接过饭碗，拿起筷子，正要往嘴里扒，一股诱人的红烧肉浓香扑鼻而来。他急忙用筷子把米饭扒开一个小洞，发现三块油光发亮的红烧肉焐在米饭当中。他立即扭过身，一声不响地蹲在屋角，狼吞虎咽地吃起来。

这顿饭，王伙计吃得特别香。他边吃边想：老板看得起我，今天要多出点力。于是他把货装得满满的，一趟又一趟，来回飞奔着，搬得汗如雨下……

整个上午，其他伙计也都像他一样卖力，个个挑得汗流浃背。一天的活儿，一个上午就干完了。

中午，王伙计不解地问张伙计："你今天咋这么卖力？"张反问王："你不也干得起劲吗？"王说："不瞒你，早上老板在我碗里塞了三块红烧肉啊！我总要对得住他对我的关照嘛！""哦！"张伙计惊讶地瞪大了眼睛，说："我的碗底也有红烧肉哩！"两人又问了别的伙计，原来老板在大家碗里都放了肉。众伙计恍然大悟，难怪吃早饭时，大家都不声不响闷笃笃地吃得那么香……

如果红烧肉放在桌子上，让大家夹来吃，伙计们可能就不会这样感激老板了。同样是这些红烧肉，同样是这十几张嘴吃，却产生了不同的效果。这不能不说是一种精明。

**分析**　这种短期薪酬激励的方法是一种很有效的激励手法——让每个人都感到自己与众不同。当然，老板的红烧肉发放的时机、方式以及被伙计知道后，将来是否还能有效，是值得思考的。不同的人激励方法不同，同一个人不同时期的激励方法也不同。

## 寻找真正的激励因素

一家 IT 公司的老板，每年中秋节，会额外给员工发放一笔 1000 元的奖金。但几年下来，老板感到这笔奖金正在丧失它应有的作用，因为员工在领取奖金的时候反应相当平静，像领取自己的薪水一样自然，而且在随后的工作中也没有人会为这 1000 元表现得特别努力。既然奖金起不到激励作用，老板决定停发，加上行业不景气，这样做也可以减少公司的一部分开支。但停发的结果却大大出乎老板的意料，公司上下几乎每一个人都在抱怨老板的决定，有些员工的情绪明显低落，工作效率也受到了不同程度的影响。老板很困惑：为什么有奖金的时候，没有人会为此在工作上表现得积极主动，而取消奖金之后，大家都不约而同地指责抱怨甚至消极怠工呢？

**分析**　老板给员工发放 1000 元奖金，只是消除了员工在收入上的不满意因素，达到了没有不满意的状态，但这绝不是说，员工对收入已经很满意，并且为了维护这种很满意的状态，每个人都会非常努力地工作。相反，这笔奖金只是使员工保持了中度的积极性，维持了工作的基本现状而已。如果停发这1000元钱，则走到了"没有不满意"的对立面，员工普遍感到不满意就不足为奇了。导致员工满意的因素与导致员工不满意的因素是有本质差别的。老板消除了工作中令员工不满意的因素只能维持没有不满的状态，而不会对员工产生积极的激励作用，换句话说，这些因素只能安抚员工而不能激励员工。那些与员工的不满情绪有关的因素，如规章制度、工资水平、工作环境、劳动保护等，处理得不好会引发员工对工作的不满情绪，处理得好也只不过预防或消除了这种不满，而不能真正起到激励作用。

真正起到对员工的激励作用的是"激励因素"。

① 工作表现机会和工作带来的愉悦感；
② 工作上的成就感；
③ 由于良好的工作成绩而得到的奖励；
④ 对未来发展的期望；
⑤ 职务上的责任感。

只有在这些与工作本身紧密联系在一起的激励因素上谋求改善，才能够使员工的行为得到切实的激励。当然，如果不提供这些激励因素，员工也不会即刻产生不满情绪。

## 尚美的薪酬制度改革

尚美广告公司有员工40多人，规模虽然不大，但在本地也算得上是行业佼佼者了。公司老板洪小姐是个开朗而有个性的女孩，为人真诚友善，喜欢创新。经过几年的努力拼搏，尚美广告公司凭借独特的创意、较高的文案水平、耐心周到的服务，在业界有了良好的声望，客户数量不断增加，并接下了几家称得上是国内知名品牌企业的广告代理或设计业务，生意不错。在为生存而紧张忙碌的同时，洪小姐也比较注意公司的管理，逐步把公司的管理体系搭建了起来，有客户部、策划部、设计部、媒体部、行政人事部等部门，必要的规章制度也制订了，执行得基本到位。

2001年底，公司的业务和事务性工作比平时增加了很多，洪小姐突然有些力不从心的感觉，感到公司大大小小的事都要自己来决定，实在是太麻烦了，效率也低。尤其是各部门之间的工作协调，甚至是员工之间的工作协调，几乎占据了洪小姐近一半的工作时间，弄得她整天忙忙碌碌，想多抽点儿时间来拜访几个大客户都很难。更令她头疼的是，员工之间明争暗斗的现象屡禁不止，各部门之间协作不顺畅的现象也让她心烦，甚至经常出现部门经理与下属为客户信息而争斗的事，这与她向往并倡导的和谐的团队氛围有较大的差距。洪小姐不是那种喜欢大权独揽的人，她希望事业成功的同时，自己也不要太辛苦，公司的效率还能高一些。其实，各部门经理都是有相应权力的，为什么事情还会这样呢？

春节期间，洪小姐与朋友王先生在交流中谈到了自己的烦恼。王先生在一家知名企业做人力资源部经理，听了洪小姐的话后，他很认真也很专业地对洪小姐说："你公司的薪酬激励制度可能有问题。薪酬制度对下属和员工的工作重心和行为有很大影响，你应该去检查一下，看看要不要进行调整。"洪小姐感到这句话很有道理，也有所感悟。回去后认真想了想，觉得自己公司的薪酬制度与多数同行公司的基本一样，与业绩有关的部门以业绩指标为标准，基本工资加提成，部门经理也是如此；与业绩没有直接关系的部门接近同行平均水平，根据经理和老板的印象决定奖金的多少，大家都看中上司的评价，也都乐意在老板面前显示自己的努力和辛苦。所以造成内部不协作、明争暗斗，遇到麻烦就找老板的工作氛围。清楚了问题的根源，洪小姐决定春节过后要进行一次薪酬制度的调整，以改变员工的工作状态，提高公司的团队协作精神。

为了搞好公司的薪酬制度调整，洪小姐请王先生做自己的顾问，帮助尚美公司制订新的薪酬激励制度。王先生没有辜负朋友的信任，利用近一个月的业余时间认真考察和分析了尚美的业务运作模式、公司结构、部门职能、岗位职责等因素，根据洪小姐提出的"维持现有水平、提高运作效率、促进团队协作"的原则和目标，帮尚美制订了一套新的薪酬激励制度,同时还帮洪小姐完善了关键岗位的岗位职责。新的制度与原有制度最大的不同之处，就是对岗位职责进行综合考核，而不仅仅是考核业绩和工作量。其中，团队协作意识和行为、为企业整体效率和效益做出的贡献等成为考核的重要内容；而对部门经理的考核则强调部门的整体工作质量和下属的行为质量，而不是单纯看经理个人的工作业绩。此外，考核的权力不仅仅为部门负责人和总经理所有，每个员工对其他人的工作质量和绩效都有一定的评判权，可以对同事进行打分，从而影响他的薪酬。洪小姐对这套制度还是比较满意的，相信只要执行得当，便能够促进员工之间和部门之间的协作，也能提升公司的整体运作效率，进而增加效益。为了不影响下属和员工的正常工作，减少担心和疑问，洪小姐只让行政人事部经理知道并参与此事，在新制度确定之前没有把薪酬制度调整的计划向其他下属和员工通报，准备在4月初公布并执行。

一切都在按计划进行。4月初，在公司的管理工作例会上，洪小姐公布了公司的薪酬制度调整方案，并介绍了薪酬制度调整的目的。大家虽然感觉到近期公司可能会有所调整，但没想到对象是最敏感的薪酬制度。部门经理们在会议上没有提出反对意见，也没有表现出热烈支持的态度，似乎不清楚该针对这次变革做些什么。洪小姐觉得这套新的薪酬激励制度结构合理，考核范围适度，能减少一些不良行为和现象，对表现好的下属和员工只有好处而没有坏处，执行起来也不难，应该没什么问题，所以也没有就这次变革多说什么。洪小姐会后安排行政人事部将公司的决定和新的薪酬制度公布出来，要求出纳从4月份开始根据新的制度和考核结果确定和下发员工工资。员工们看到张贴出来的通知和制度，都只是认真看看，有的人还在本子上记下了制度的要点，然后就回到正常的工作轨迹上了，也没有出现什么特别的现象。

然而，就在一如往常的表象下，令人吃惊的变化陆续出现了，而且出现在公司的核心部门。员工们开始拿新的薪酬制度来估算自己的收入，普遍感到要比原来的少，少的幅度有大有小，原因是不知道别人怎么给自己打分。客户部的业务人员及设计部的设计师的担心最重，因为他们的收入不再是以自己的业绩或工作量为主要基准，而是看整体工作质量和表现，而这些又要由别人打分来决定，心里很别扭。关系好的员工之间也在私下议论和分析，这些议论和分析又在不断地推波助澜，公司的工作氛围也变得有些怪，员工们在工作过程中开始半开玩笑半认真地说"请多关照""请多包涵"之类的话。4月20日前后，客户部陆续有几个业务人员提出了辞职，接着是设计部有几个设计人员开始经常请假外出，名义上是有事，实际上是去面试，为辞职做准备，并有两人在4月底提出了辞职。更让洪小姐感到意外的是，她所信任的客户部经理也提交了辞职报告，原因是"自己的管理能力不足，难以胜任公司客户部经理的职责。"这突如其来的变故显然与薪酬激励制度的变革有关，洪小姐对此很清楚，可也很迷茫。为什么会这样？根据新制度，表现良好的员工收入不会降低，而是会有适当的提升，只有那些只顾及自己的业绩而不顾全公司整体利益的员工才会被降薪，为什么员工们普通不能接受呢？

带着这个疑问，洪小姐专门约见了几个老员工，把自己进行薪酬变革的原因和制订新制度的原则告诉了他们，并询问他们对新制度的看法和意见。这些员工也没有说出对新制度有什么意见，只是眼睛里不时流露出一些疑虑和担心。最后，有一个自洪小姐创业就一直跟着她的员工单独对洪小姐说："大家看了公布的新制度后也在一起议论过，都有一种担心，觉得公司好起来了，洪姐开始看我们不顺眼了。我们跑业务的已经习惯了广告公司的基本工资加提成的工资结构，您这种新的工资结构让我们一会儿担心这个同事不满意要影响收入，一会儿担心那个部门不满意会影响考核，工作中总有点不舒服的感觉。又担心在这里做不下去，所以要准备另谋出路了。"洪小姐又问客户部经理小张到底有什么想法和担心。这位张经理也只是诚恳地表示："我做惯了业务，做业务有信心，您要我主要去管理下属，我怕做不好。而且我的收入也不是根据自己的业绩来提成，我也担心收入会下降。"

了解了下属和员工们的担心，洪小姐觉得需要认真地向公司员工宣传薪酬制度变革的意义，不能让积极的薪酬制度变革引起公司的混乱和人才流失。因此，公司在"五一"长假前贴出了一份通知，内容是4月份的工资基本不低于3月份的工资，

"五一"节后召开一次全体员工会议，介绍新的薪酬制度及考核要点，以消除员工们因误解带来的疑虑和担心。

会议如期于 5 月 8 日举行，洪小姐认真地向公司全体员工介绍了薪酬制度变革的原因、目的和制订新制度的原则，介绍了新制度的考核要素，要大家正确认识，对工作和同事不要草木皆兵。这次会议确实起到了明显的效果，员工们对薪酬制度的变革有了比较清楚的认识，工作中也没有提心吊胆的感觉了。除了 3 个员工去意已定外，多数员工还是逐渐安定下来了。

5 月和 6 月，尚美的运作基本稳定，为了防止员工情绪再次出现大的波动，洪小姐虽然以新的薪酬制度为标准来考核和发放员工工资，但基本与变革前保持平衡，部分考核项目也成了形式主义。虽然公司运作和员工情绪还算稳定，同事配合与部门协作效果有所进步，但洪小姐通过薪酬制度变革形成的那种充满活力、积极友善的工作氛围的希望却没有达成，相反，自己在管理中却有一种如履薄冰的感觉，总担心自己的言行会触动员工们敏感的神经，弄得自己压力倍增。怎么弄成这样的局面？近期，洪小姐总是在思考这个问题。对薪酬制度的变革，洪小姐认为是必须的，只是不知道这次薪酬制度变革的时机是否恰当、什么地方出了问题、下一步该怎么走等。

**分析**

导致案例中问题出现的原因简单来看主要有以下两点。

第一，缺乏基础铺垫，员工难以适应。企业是一个系统，局部变革受制于系统的制约。洪小姐想营造一个充满活力、积极友善的工作氛围，是很好的想法，也是企业领导人应该做的事。要实现这个目标，首先应该加强企业文化建设，对员工们的观念和心态进行必要的调整，对管理人员的素质与技能进行必要的培训，这需要一定的时间。洪小姐直接从最敏感的关键要素——薪酬制度开始变革，而员工们的观念、思维习惯还停留在旧的打工提成模式，公司的管理体系也没有进行相应的调整，出现员工一时难以适应、担心受到伤害、准备逃避的现象是正常的。而对公司来说，回旋余地小，难度大，麻烦和问题自然就多了。

第二，缺乏必要的沟通和参与，误解和担心就多。"穷则思变，富则思稳。"在公司经营良好的状态下进行变革，遇到的阻力更大。要降低阻力，充分的沟通是必要的，而让员工们参与有关工作事项，则能有效地促使员工们主动适应变革。洪小姐没有及时与下属沟通，下属和员工们不清楚老板进行薪酬制度变革的目的，对新制度的结构、实施过程的考核内容和标准都不了解，自然会产生许多误解，担心自身利益（职位、收入等）受损，只好采取消极应对的方式来保护自己。

# 企业留人，激励第一

张经理是 A 公司的人力资源部负责人，近段时间他却烦恼透顶：两位他所看重的公司业务骨干要离职。主要原因是他们认为现在所做的贡献远大于回报，而且事实的确如此。而公司则认为他们所取得的成绩是因为有公司这个后盾，离开公司他们什么都不是，又怎么会有作为？相持之下，两人一走了之。

> **分析**　现代企业如何才能在激烈的竞争中留住优秀人才？要靠有吸引力的福利政策。福利包括除薪金以外企业支付给员工的其他报酬和津贴项目，包括各种奖金、培训机会、企业出资的保险和其他福利津贴项目。专家认为，人才在工作中寻找的无非是三方面的回报：①现实的回报；②工作的挑战；③自身的发展。这三者必须相互支持和补充，在此，高薪和福利各有千秋，而从企业留住人才进而营造持久的竞争优势出发，优厚的福利意义深远。

## 神州数码的公开薪酬体系

神州数码实行了 3P（Position，Person，Performance）公开薪酬体系，并且让薪资规则敞开，但每个人的具体数额对其他员工保密。

为什么规则公开而数额保密？一般来说，每个人对自己和他人的认识总有主观局限性，一般容易把自己评价得比他人稍高，特别是在薪酬这样敏感的问题上更是如此。薪酬保密是为了避免认识偏差而产生的问题。而公平给每一位员工提供了平等的发展机会，而非薪酬上的平等，否则又走回大锅饭的老路。其实，规则公开就是告诉每位员工如何发展、如何取得回报，在神州数码"按贡献取酬"或者说"按价值创造取酬"。

神州数码的薪酬体系是一个刚性结构。工资级别是根据岗位评估即岗位职责对员工的要求来制订的。员工走上某个岗位，就在该岗位工资级别基础上定工资，确定具体的工资水平时还要考察员工能力。员工能力可能没有达到某个职位要求，但公司就提供这么一个位置，让员工朝着这个目标去努力，这也是一个激励机制。因此可能是同一个职位，但根据员工胜任和匹配程度，两个员工的工资却不一样。

人力资源部根据岗位职责确定一些典型岗位，部门经理以此为标准，跟每个员工面谈，再定每个人的具体薪资。一个职位的档可能是 1000～5000 元。根据匹配程度，这个人可能是 2000 元，那个人也可能是 3000 元。这样，每个人心里都有个数，就能避免不公正感。

在神州数码，每个员工都有一张工资卡，取消了工资单。工资的具体条目及数目，员工可以根据权限从内部网站查看。

分析　很多企业实行薪酬保密制度，他们的理由是防止员工相互攀比；也有部分企业实行的是薪酬公开制度，所有员工的薪酬一览无余。而神州数码的公开薪酬体系却使我们看到了一种全新的模式。

## 微软的股票分配方案

比尔·盖茨在考虑劳资双方的利益分配时确定了普遍的公司股票分配方案，以股票期权的形式让员工共享产权。

微软公司不仅能留住人，而且对外部人员也有相当的吸引力。微软公司对员工的业绩考核采取经理和员工双方沟通的形式。员工对自己的工作有一个很好的衡量尺度，员工也可以提出，自己要实现目标时，希望公司给予什么样的发展机会和培训机会。微软公司为了更深入地考验员工的决心，一般付给他们相对较低的工资。但是，公司有年度奖金，还会给员工配股。一个员工工作 18 个月后，就可以获得认股权中 25% 的股票，此后每 6 个月可以获得其中 12.5% 的股票，可在 10 年内的任何时间兑现全部认购权，每 2 年还配发新的认购权。员工还可以用不超过 10% 的工资以 8.5 折优惠价格购买公司股票。这种报酬制度对员工有长久的吸引力。在微软工作 5 年以上的员工，很少有离开的。持有股票的微软员工有许多人成了百万富翁。

留人贵在留心，留心的关键在于让优秀的人才成为企业的主人，让他们与企业同甘共苦。高薪水、高奖金已经不足以吸引和留住人才了。购股选择权和其他建立在股份基础上的激励措施对于留住不安心工作的员工是极其有效的。

威廉·默瑟咨询公司最近进行的一次调查显示，美国最大的公司中给予一半以上员工以购股选择权的占 30%，而 5 年前这一数字仅为 17%。上市公司的股东们正在以前所未有的速度积累财富。购股选择权比高薪高奖有吸引力的原因，不仅在于它本身是一种物质激励，更重要的是，它还是一种精神激励，即个人命运与公司前途拴在一根绳子上。

从长远来看，购股选择权不同于一次性高额奖金，只要你认购了股票并坚持持有，你就可以永远"坐收"你的奉献带来的丰厚利润。如同栽下一棵树，长大后的树连同一年一度的果实都归你所有，这种"打工"实际上也是当老板，这是股权分享对人才有吸引力的秘密。

在每财政年度工作伊始，经理会和员工总结上年度的工作得失，指出改进的地方，然后订出新一年的目标。目标以报表形式列出员工的工作职能和工作目的，经双方共同讨论后确定下来，大概过半年时间，经理会拿出这张表来和员工的实际工作进行对照，做一次年中评价。年底时，经理还会和员工共同衡量，最后得出这个员工的工作表现等级，以此决定员工的年度奖金和配股数量。这种办法的好处在于能使公司的发展目标和员工的业务目标结合在一起，也使员工有了努力的方向。这样，这种形式就不是一个简单的目标制订，而是双向沟通，更好地体现公司尊重员工、发展员工主动性的一面。

 一切薪酬制度都是为了激发员工的积极性，微软在使用股票和期权进行激励方面积累了丰富的经验。

## 波士顿儿童医院

波士顿儿童医院为了改进现金流而设计实施了新的奖金计划。在此过程中，他们遇到了种种问题。

"医院的收款部门刚刚更换了收费系统，新系统有很大的缺陷，"医院的行政与人力资源副总裁汉凯丝说，"员工对此很有意见，士气大受影响。"

"事实上"，患者金融服务部的总监尼克尔说，"账单发出后，金融服务部要用100多天才能收回账款。"

医院下决心缩短收费周期，改进现金流。为此，他们请麦其维帮助设计相关奖金政策，让金融服务部的员工认识到季度现金流与单据处理天数之间的关系。

在奖励范围上，医院决定以团队为基础。医院的高层必须确定谁会得奖，以何为依据，然后他们还要向有关员工解释奖金计划的内容和金额。

他们给团队成员设定了3种目标：最低限、目标和最佳。这3个目标都具体为未支付账款滞留在金融服务部里的天数。完成每一个目标所涉及的奖金数额都在奖金计划中做出了明确说明，每季度的金额分别为500元、1000元和1500元。根据每个团队成员工作的小时数，奖金会按比例分配给每个成员。为了赚到这笔奖金，团队成员必须相互合作，一单一单地加速处理所有的书面工作。尼克尔说，员工从工作中看到了自己的个人利益。奖金会在季度结束之后的30天之内同工资一起发放。

在奖金计划全面实施之前，医院还得让金融服务部的员工清楚他们会付出哪些代价，清楚他们在集体成功中所承担的角色。所以尼克尔与首席财务官以及患者金融服务部的经理们一起，与员工进行了两次会议。

"我们说明了奖金计划的内容，解释了实行奖金计划的原因，以及奖金计划对员工会产生怎样的影响。"他说。他们还解释了账单在金融服务部每滞留一天所带来的金钱上的损失，以及现金流，特别是现金流的缺乏对医院的影响。然后他们说明，如果整个团队不能完成目标，团队成员就不能得到奖金。

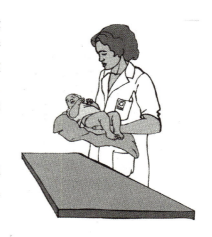

当金融服务部的员工认识到自己对医院现金流的影响，更不用说认识到额外努力对个人现金流的影响时，他们开始团结协作。很快，他们的努力获得了结果。

"我们实施这项奖金计划之前，员工缺乏为医院赚钱的个人兴趣，"麦其维说，"实施奖金计划之后，他们开始发挥个人动力，跟进病人、保险公司或是记录就诊情况的那些人。忽然之间，这些员工变得很重要，他们获得了自主权，变得充满活力。"

尼克尔补充说："没有人抱怨。如果有人不自觉，同事之间的压力会让他不得不尽职工作。"企业的目标已被员工内化，并在群体中得到加强。此时，高层管理者不必再扮演施压者的角色。"员工间的协作性非常显著。"麦其维说。在实施奖金计划的第一个财务年度结束时，员工把账单滞留在金融服务部的时间从100天降到了75.8天，然后又降到了60多天。

"员工每周都会收到进展报告，从而可以对自己的绩效进行监控。"他说。这个奖金计划还为医院带来了其他的好处。

"奖金计划对我们的招聘和留用帮了很大的忙，"尼克尔说，"我们一度有很多员工流失到了竞争对手那里。现在不再有这种情况了。"另一家医院的人力资源总监主动告诉他："我招来人进行了培训，然后你挖走了他们。"

人力资源总监瓦萨说，医院正在考虑把这个奖金计划扩大到其他部门。

"如果能让员工明白为什么发奖金，以及怎么发奖金，那么浮动奖金计划就可能成为股票期权的替代品。"薇兹曼说，"我认为我们正在进入一个透明化的新阶段，良好的业务结果应该是透明的。我们看到对所有人都透明的奖金方案正在回潮，这会重新赢得员工的信任，传递承诺。这些都是点燃业绩之火的工具。"

**分析**　波士顿儿童医院的团队奖金向员工表明了个人工作与企业成功之间的关系，这一做法的结果令双方获益。

# 薪酬激励不等于金钱激励

　　某物业经营管理公司是某房地产集团的下属企业。成立初期，该公司非常注重管理的规范化和充分调动员工积极性的重要意义，制订了一套科学、完善的薪酬管理制度，公司得到了较快发展，短短的两年多时间，业务增加了110%。随着公司业务的增加和规模的扩大，员工也增加了很多，人数达到了220多人。

　　但公司的薪酬管理制度没有随公司业务发展和人才市场的变化而适时调整，还是沿用以前的。公司领导原以为发展已有了一定的规模，经营业绩理应超过以前，但事实上，整个公司的经营业绩不断滑坡，客户的投诉也不断增加，员工失去了往日的工作热情，出现了部分技术、管理骨干离职，其他人员也出现不稳定的征兆。其中，公司工程部经理在得知自己的收入与后勤部经理的收入相差很少时，感到不公平，他认为工程部经理这一岗位相对后勤部经理，工作难度大、责任重，应该在薪酬上体现出差别，所以，工作起来没有了以前那种干劲，后来干脆辞职。员工的不断流失、员工工作缺乏积极性，使该公司的经营一度出现困难。

　　在这种情况下，该公司的领导意识到问题的严重性，经过对公司内部管理的深入了解和诊断，发现问题出在公司的薪酬系统上，而且关键的技术骨干力量的薪酬水平较市场水平明显偏低，对外缺乏竞争力；公司的薪酬结构也不尽合理，对内缺乏公平，从而导致技术骨干和部分中层管理人员流失。

　　针对这一具体问题，该公司就薪酬水平进行了市场调查和分析，并对公司原有薪酬制度进行调整，制订了新的与企业战略和组织架构相匹配的薪资方案，激发了员工的积极性和创造性，公司发展又恢复了良好的势头。

　　企业的薪酬制度科学与否，对企业发展有着巨大且具决定性的影响。建立科学合理的薪酬激励机制，发挥薪酬的最佳激励效果，吸引和留住人才，造就一支高效、稳定的员工队伍，实现企业可持续发展，是企业人力资源管理的一项非常重要的工作。

　　本案例的主要问题在于企业薪酬水平偏低，特别是关键的技术骨干力量的薪酬水平较市场水平明显偏低，对外缺乏竞争力，从而导致技术骨干和部分中层管理人员流失。薪酬缺乏市场竞争力，造成企业人才流失，后果十分严重。老员工不断离职，迫使企业不断招聘新员工以满足运作需求，这个恶性循环使企业人力资源出现极大浪费。同时，岗位间的薪酬不合理，没有较好地反映企业内部岗位间的相对价值，造成不公平感。企业薪酬设计应遵循"公平与公正"原则，特别是对内要公平，不同部门之间或同一个部门不同人员之间，薪酬水平必须反映岗位责任和能力的高低，也就是薪酬差别必须合理。要加强企业薪酬的对内公平，就必须合理地确定企业内部不同岗位的相对价值，就是要做好企业内部的岗位评价。针对岗位本身，从复杂性、责任大小、控制范围、所需知识和能力等方面来对其价值进行量化评估，这才是从根本上解决薪酬对内不公平的关键所在。

## 他们为何集体辞职？

B公司是一家日化产品生产企业。几年来，公司业务一直发展很好，销售量逐年上升。每到销售旺季，公司就会到人才市场大批招聘销售人员，一旦到了销售淡季，公司又会大量裁减销售人员。就这件事，B公司销售经理小陈曾给总经理蒋总提过几次意见，而蒋总却说："人才市场中有得是人，只要我们工资待遇高，还怕招不到人吗？"一年四季把他们"养起来"，费用太高了。这样，B公司的销售人员流动性很强，包括一些销售骨干也纷纷跳槽，蒋总对销售骨干极力挽留，但没有效果，他也不以为然，仍照着惯例，派人到人才市场中招人来填补空缺。到了11月份，B公司丢失了一台打印机，相关部门极为重视，成立了专门小组去调查追究。而对B公司销售骨干的纷纷跳槽的现象，却没有人去调查、分析其中的原因。

终于出事了。在去年B公司销售旺季时，跟随蒋总多年的小陈和公司大部分销售人员集体辞职，致使B公司销售工作一时近乎瘫痪。这时，蒋总才感到问题有些严重。因为从人才市场上可以招到一般的销售人员，但不一定总能招到优秀的销售人才和管理人才。在这种情势下，将总亲自到小陈家中，开出极具诱惑力的年薪，希望他和一些销售骨干能重回B公司。然而，这不菲的年薪依然没能打动这批老部下。

这时，蒋总才有些后悔，为什么以前没有下功夫去留住这些人才呢？同时，他也陷入了困惑：如此高薪，他们为什么也会拒绝？企业到底靠什么才能留住人才呢？

**分析** 不单是B公司，人才流失也是许多企业普遍头痛的问题。而B公司之所以留不住人才，是因为在激励、内部沟通等机制上存在许多问题，造成这些问题的关键在于对人才的不重视，缺乏正确的人力资源观。B公司的管理方式是传统的以"事"为中心，而不是以"人"为中心。这一点，也可以从公司组织结构中看出，很多公司只是在办公室下设了一个人事主管，从事的只是员工的考勤、招聘、档案管理等简单的人事管理工作。

# 人力资源

# 东方公司的故事

东方公司原来是一家设备简陋的中型化工公司，可现在已发展成一家设备先进的跨国公司。该公司年销售额20亿元，纯收入翻了两番，公司的职工人数也从原来的1300人增加到2700人。该公司生产皮革产品、医疗器械、药物和塑料制品、化纤等化工产品。

东方公司的成就应部分归功于公司人事关系处处长柳成功。这位文质彬彬、有着运动员般身材的处长，企管硕士毕业后到东方公司工作，他过去一直担任人力培训科科长。公司上下都知道，柳成功领导的培训项目调动了人的积极性，促进了公司的发展。他擅长解决职工的困难，了解职工的需要，积极帮助职工建立培训计划，发展职业生涯，将职工的需求动机与组织的目标有机地结合起来。只是自从他被提升为人事关系处处长后，人力培训事务就不再是他的主要职责了。不过这天早晨的办公例会表明，他应该抓一下人力培训科的工作，而且要尽快。

柳成功坐在办公室里，从窗户眺望着公司小公园的美丽景色，手里拿着几分钟前人力培训科科长章明红送来的刘巧英的档案材料。刘巧英的问题是这天早晨办公例会讨论的重点。

柳成功自从担任人事关系处处长后，建立了每周一次的办公例会制度，目的是让各科科长及时交流情况，讨论出现的问题，总结经验。过去的办公例会一直很成功，可是这天早晨的办公例会开得很不顺心。柳成功弄不清一贯头脑冷静的人力培训科科长章明红怎么今天在会上突然大发脾气。他想是不是章明红人变了，还是公司人力培训项目真的出现了严重问题，想着想着。突然一阵敲门声打断了他的思考。

"请进……噢，是你，小刘。"

"老柳，老章刚刚来过，要我将这封信交给您。"

"好，谢谢你。"

柳成功打开信，发现是章明红亲笔写的一封长信，柳成功希望这封信能解释今天早晨例会上章明红发脾气的原因。他仔细地读着这封信：

"老柳，很抱歉，我今天早晨在会上发脾气。不过，你要知道，我们公司的问题很严重。我们一直为本公司能吸引到最好的人才来工作感到自豪。在过去几年中，我们有许多职工参加了公司的培训计划，尤其是公司支付职工学费的培训计划。其中不少人已通过业余时间攻读学士学位，也有的获得了硕士学位。但是，这种支付职工学费的培训计划对公司来说花费太高，而收益很低，去年我们支付的教育培训计划的学费就达15万元。

刘巧英提出辞职，她在公司统计室担任统计员已有9年了。她的理想是担任公司财务处的会计，她用业余时间在大学里读财会专业，成绩全优。她获得财会专业学士学位也已有一年多了，但至今没有人过问她的事。

按理说，我是人力培训科科长，应该负责人力计划系统，了解公司的人力培训情况。可我们公司的各分公司各部门有权自己决定培训计划，公司很难有一套总体培训方案，培训计划不是根据组织、任务、个人三方面的需要而制订，人力计划系统根本没有一种方法确定组织中哪些人可以获得晋升。

公司花费了大量的资金供职工培训、提高，但是如果我们不注意充分利用这些人才，我们就会失去他们，那时我们的损失就更大了。现在已经开始出现这种苗头。如果我们无法尽快找出解决这一问题的办法，我认为应该立即停止相关培训计划。"

柳成功将章明红的信反复看了几遍，再打开刘巧英的档案，简直不敢相信自己的眼睛。刘巧英工作表现一直很好，工作认真负责、勤勤恳恳，她用前后 6 年业余时间读完了财会专业，公司支付了所有费用，可是由于公司未安排她当会计、提升她，她便提出辞职，这对公司而言损失太大。问题究竟出在哪里呢？

柳成功拿起电话，打给章明红："老章，我是柳成功。我看了你的信，你的看法很正确，我们的问题确实很严重。我们公司现在有多少像刘巧英这样的情况？"

"今年已有 15 个。"

"你最好把所有这些人的情况弄一份材料给我，如你能提供更详细一点的情况就更好。我今天下午 4 点钟与公司副总经理们见面，我想向他们提出这一问题并一起讨论解决问题的措施。"

 一个企业要善于发掘人才和使用人才，而不是让人才无法发挥作用。

## 这样的人才计划可行吗？

某国有建筑企业为了实施人才培养和激励计划，制订了一个"千万工程"计划，目标是用 3 年时间培养 1000 名左右不同层次的工程技术和管理人员的带头人及后备人选，并每年给予 1000 万元左右的岗位津贴奖励。具体方案如下。

一、基本任务。选拔 50 名左右达到国内行业施工技术先进水平，并在相关专业内有较大影响的"专家型"人才；选拔 100 名左右在企业内具有领先水平的"骨干型"人才；培养选拔 150 名左右在本单位专业技术领域内成绩卓著的中青年"优秀型"人才；培养选拔 500 名左右单位专业技术业绩突出、踏实工作的"新秀型"人才。

二、培养、选拔范围。以本企业直接从事工程技术的人员为主，财务、经济、政工、技师等管理和操作技能型人员可以参与评选，公司领导层、在建项目部经理、副经理不参加评选。

三、具备条件（略）。

四、组织管理。①实施分级管理、分层负责的原则；②专家、骨干由总公司负责选拔培养；优秀、新秀由各分公司负责选拔培养，各单位选拔的名额根据各单位的技术和管理人员的总数按比例由总公司确定。

五、人员产生的程序。①个人申报、基层推荐；②本人对照申报条件表准备个人的证书、论文等资料；③总公司的人力资源部会同总工办公室、工程管理部、设备部等部门进行初步审核；④设立专门的评审机构，通过审阅材料、逐一介绍、充分讨论、投票表决等程序产生人选，获得 2/3 票数的人员可当选。

六、津贴的发放。专家型 3000 元 / 月；骨干 1500 元 / 月；优秀 800 元 / 月；新秀 400 元 / 月。

**分析**

培育与选拔人才要从两方面着手。首先要善于发现人才，而且这种发现是从员工为企业创造的绩效中去寻找的，选拔是为了企业成长而服务的，单方面的诱因激励会使组织目标与人才目标冲突。要尊重所有员工，给予他们机会。永远用对组织的贡献来说话，而且人才梯队不是凭空臆想出来的，也不是论资排辈，给政策或做限制就能得到的。鼓励新人是好的想法，但操作性还是不强，除非有强有力的领导，否则不能真正起作用。人才计划不能仅仅局限于"重赏之下必有勇夫"，它应该有人才需求、人才配置、人才激励、薪酬福利等各方面的计划与培训计划配合实施，才可能行之有效。

## "空降兵"能走多远？

TCL 作为中国家电三巨头之一，颇为引人注目。对于这样的结果，外界在分析原因时，往往归结为"品牌"和"营销"两大因素，但这是个大大的误解。重视人才引进，重视团队建设是这种结果的根本原因。

TCL 有中国企业里最典型的"移民文化"，或说"空降文化"。TCL 公司聚集了来自四面八方的各路英才，甚至 TCL 人力资源总监、人力资源部总经理虞跃明都说难以一下子统计清楚集团下属 64 家公司中，引进的副总以上和相当于副总级别以上的工程师的数量。TCL 大力引进国内外的高级人才是从 1999 年开始的。从 1999 年 12 月 1 日聘请著名职业经理人吴士宏为集团有限公司常务董事、副总裁、信息产业有限公司总经理以来，TCL 人才空降的新闻就没有停止过。2000 年，TCL 移动通信以每人 30 万元年薪一举招聘到 10 位国内外博士。2001 年，又以百万元年薪请来毕业于美国斯坦福大学的郭爱平博士和原在美国硅谷担任首席科学家的刘飞博士。2002 年，5 名留学加拿大的博士及近 20 名来自国内企业的职业经理人和技术专家先后加盟 TCL。在这批"空降精英"中，有科龙电器股份有限公司副总裁王康平，原乐华空调公司总工程师史良，原科龙电器空调营销本部总监张铸、原乐华空调公司营销副总经理易长根和原科龙电器空调公司生产经营副总经理郑碧林等。

　　外来的和尚念了好经，人才成为 TCL 制胜的法宝。许多人认同这样一条评论："TCL 在家电业中有些另类，它是跟随者，更是创新者，往往能够出奇制胜。其中起关键作用的是人才和团队。企业的竞争很大程度上是人才的竞争，TCL 每年 50% 的增长如果没有人才的支持是无法实现的。特别是在企业国际化的进程中，国际型经营人才的作用越发重要。"

　　若团队的职业化及规范管理水平不够，即使是敬业拼搏的团队，也无法带领整个公司取得突破性的成绩。一个公司需要飞速发展，人才的需求是不同的。有些岗位需要对企业各个方面都非常熟悉的人才能胜任，这样的人才就需要内部培养，而有些岗位需要从业务方面来考虑，如果企业想在某项业务上一下子从低端跃至行业领先地位，就应该以外部引进为主。

　　当然，外部引进的基础是那些人才要认同公司的企业文化和基本价值观，同时人才引进的时机也非常重要。是引进声名远播的职业经理人，还是默默无闻的技术专家，对企业来说，适合的才是最好的。

　　比如有些人天生是做副手的料，他在那个位置可能做得很好，可一旦让他做正职，他就有可能做得不好；相反，有些人天生是做正职的，如果你让他做副职，他就有可能做得一塌糊涂，甚至阻碍公司的发展。

## IBM 矩阵式的组织结构

　　1987 年，加州伯克利大学电子工程专业出身的叶成辉在美国加入 IBM 旧金山公司，成为一名程序员。因为叶成辉不喜欢编程等技术类的工作，梦想着做生意和当经理，他便主动请缨到销售部门去工作。经过了差不多 5 年时间的努力，叶成辉获得提升，成为一线的经理。随后，叶先生回到 IBM 香港公司作产品经理。由于个人"斗志旺盛",业绩不错,而且"官运亨通",差不多每两年他都能够升一个台阶。最后升至 IBM 大中华区服务器系统事业部 AS/400 产品总经理。

从普通员工到一线经理,再提升到现在做三线经理;从一般的产品营销到逐步专注于服务器产品,再到 AS/400 产品经理,十多年来,叶成辉一直在 IBM 的"巨型多维矩阵"中不断移动,不断提升。他认为,IBM 的矩阵组织是一个很特别的环境,"在这个矩阵环境中,我学到了很多东西。"IBM 是一个巨大的公司,很自然地要划分部门。单一地按照区域地域、业务职能、客户群落、产品或产品系列等来划分部门,在企业里是非常普遍的现象,从前的 IBM 也不例外。"近七八年以来,IBM 才真正建立了矩阵组织。"也就是说,IBM 公司把多种划分部门的方式有机地结合起来,其组织结构形成了"活着的"立体网络——多维矩阵。IBM 既按地域分区,如亚太区、中国区、华南区等;又按产品体系划分事业部,如 PC、服务器、软件等事业部;既按照银行、电信、中小企业等行业划分;也有销售、渠道、支持等不同的职能划分等,所有这些纵横交错的部门划分有机地结合成为一体。对于这个矩阵中的某一位员工,比如叶成辉经理而言,他既是 IBM 大中华区的一员,又是 IBM 公司 AS/400 产品体系中的一员,当然还可以按照另外的标准把他划分在其他部门里。

IBM 公司这种矩阵式组织结构带来的好处是什么呢?叶成辉先生认为,非常明显的一点就是,矩阵组织能够弥补对企业进行单一划分带来的不足,把各种企业划分的好处充分发挥出来。显然,如果不对企业进行地域上的细分,比如说只有大中华而没有华南、华东,就无法针对各地区市场的特点把工作深入下去。而如果只进行地域上的划分,对某一种产品,比如 AS/400 而言,就不会有一个人能够非常了解这个产品在各地表现出来的特点,因为每个地区都会只看重该地区整盘的生意。再比如按照行业划分,就会专门有人来研究各个行业客户对 IBM 产品的需求,从而更加有效地把握住各种产品的重点市场。

"如果没有这样的矩阵结构,我们要想在某个特定市场推广产品,就会变得非常困难。"叶成辉说,"比如说在中国市场推广 AS/400 这个产品吧,由于矩阵式组织结构的存在,我们有华南、华东等各大区的队伍,有金融、电信、中小企业等行业队伍,有市场推广、技术支持等各职能部门的队伍,以及专门的 AS/400 产品的队伍,大家相互协调、配合,就很容易打开局面。

"首先,我作为 AS/400 产品经理,会比较清楚该产品在当地的策略是什么。在中国,AS/400 的客户主要在银行业、保险业,而不像美国主要是在零售业和流通业;在亚太区,AS/400 的产品还需要朝低端走,不能只走高端;中国市场上需要 AS/400 的价位、配置以及每个月需要的数量等,只有产品经理比较清楚。从产品这条线来看,我需要跟美国工厂订货,保证货源供应。从产品销售的角度看,

AS/400 的产品部门需要各相关地区的职能部门协助，做好促销活动；然后需要各大区、各行业销售力量把产品销售出去。比如，我需要在媒体上做一些访问，就要当地负责媒体公关的部门协助。再如，我认为'莲花宝箱'（为中国市场量身订制的 AS/400）除了主打银行外，还要大力推向中小企业市场，那么就需要跟中国区负责中小企业的行业总经理达成共识。当然，'莲花宝箱'往低端走，还需要分销渠道介入，这时，就需要负责渠道管理的职能部门进行协调。从某种意义上讲，我们之间也互为'客户'关系，我会创造更好的条件让各区、各行业更努力推广 AS/400。"叶成辉说。

任何事情都有两面性。矩阵组织在增强企业产品或项目推广能力、市场渗透能力的同时，也存在弊端。显然，在矩阵组织当中，每个人都有不止一个老板，上上下下需要更多的沟通协调。"IBM 经理的开会时间、沟通时间，肯定比许多小企业要长，也可能使得决策的过程放慢。"叶成辉进一步强调，"其实，这也不成问题，因为大多数情况下还是好的，IBM 的经理们都知道一个好的决定应该是怎样的。另外，每一位员工都由不同的老板来评估他的业绩，不再是哪一个人说了算，评估的结果也会更加全面，每个人都会更加用心去工作，而不是花心思去讨好老板。"同时运用不同的标准划分企业部门，就会形成矩阵式组织。显然，在这样的组织结构内部，考核员工业绩的办法也无法简单。在特定客户看来，IBM 公司只有"唯一客户出口"，所有种类的产品都是一个销售员销售的；产品部门、行业部门花大气力进行产品、客户推广，但对于每一笔交易而言，往往又是由其所在区域的 IBM 员工最后完成等。问题是，最后的业绩怎么计算？产品部门算多少贡献，区域、行业部门又分别算多少呢？叶成辉说："其实，IBM 经过多年的探索，早已经解决了这个问题。现在，我们有三层销售——产品、行业和区域，同时，我们也采取三层评估，比如说经过各方共同努力，华南区卖给某银行 10 套 AS/400，那么这个销售额给华南区、AS/400 产品部门以及金融行业部门都记上一笔。当然，无论从哪个层面来看，其总和都是一致的。比如从大中华区周伟锟的立场来看，下面各分区业绩的总和，大中华区全部行业销售总额，或者大中华区全部产品（服务）销售总额，三个数字是一样的，都可以说明他的业绩。"

在外界看来，IBM 这架巨大的战车是稳步前进的，变化非常缓慢。叶成辉认为，这其实是一种误会。对于基层员工和比较高层的经理，这两头的变化相对较小，比较稳定。比如说一名普通员工进入 IBM，做 AS/400 的销售，差不多四五年时间都不会变化，然后，可能有机会升任一线经理。再比如亚太区的总经理，也可能好多年不变，因为熟悉这么大区域的业务，建立起很好的客户关系也不太容易。所以，外界就觉得 IBM 变动缓慢。"但是，在 IBM 矩阵内部的变化还是很快的。中间层的经理人员差不多一两年就要变换工作，或者变换老板、变换下属，这样就促使整个组织不断地创新，不断地向前发展。"叶成辉说，"我在 IBM 公司 10 多年，换了 10 多位老板。每一位老板都有不同的长处，从他们那里我学到了很多。其实，IBM 的每一位员工都会这样幸运。"矩阵组织结构是有机的，既能够保证稳定地发展，又能保证组织内部的变化和创新。所以，IBM 公司常常流传着一句话：换了谁也无所谓。

 要保证一个企业的稳定发展，组织内部就要不断适应新形势的变化，并且能对这种变化做出调整。

## 员工管理："团队"与"卫队"

广东中旅集团在 2004 年以来遭遇大批骨干流失。14 名业务精英，包括一名资深副总以及出境游的整套领导班子、骨干，从事市场策划的负责人，负责电脑技术工作的专家集体辞职，组成一家新的旅行社，开展出境游业务。同时，广州另一老牌大社国旅假期入境游的整个班底也集体辞职，其领导人物是广州旅游业从事业务管理人员中唯一拥有博士学位的专业人士。以他为首的原国旅假期入境游团队的骨干一行 4 人，也投奔到这家在业内并不起眼的出境游组团社。

据了解，原由该名资深副总率领的广东中旅国际游分公司，13 年来，一直是广东中旅的重要部分。而国旅假期入境游，其业绩据说在华南地区无人可与之抗衡。什么原因让广东中旅的业务精英割舍下 10 多年的企业感情而另投他处呢？

企业高层管理人员由于和企业之间出现这样那样的问题，进而出走，并且带走了很多以前公司的骨干人员到新任职的公司，这样的事件在市场经济环境下已经很普遍了。那么，企业高层领导带着团队成员出走，会对企业产生什么样的影响呢？

高层领导带领团队出走，对于企业来说是非常致命的。由于这些骨干或者掌握着企业的市场，或者掌握着企业的核心技术，企业有可能因此而丧失市场、流失技术，而这些资源的积累需要高额投入才能完成。另外，经过这样的事件后，对企业未来的人力资源政策也会产生很大的影响。企业可能害怕再次发生这样的问题，在用人上畏首畏尾，不敢在内部建立团队，或者在员工中使用矛盾管理等，导致企业的运行效率大大降低。其实，这样的问题在企业中或多或少都会存在，只不过是情况的严重程度不同，或者表现为集体出走，或者表现为企业内部不同团体之间激烈的斗争。

在不少企业中，企业团队正逐步演变为高级管理人员的"私人卫队。"这种情况是企业所不愿意看到的。但是企业也面临着两难境地：如果强调建立团队，管理人员可以利用手中的权力，形成自己的小团体；如果不强调建立团队，企业又会为过多的摩擦而降低效率。那么，这样的现象产生的根源是什么呢？

　　在企业中，往往由于利害关系而形成利益集团，集团成员之间往往以利益为纽带。在广东的某日资企业中，由于最高领导者是外籍人士，不熟悉中国国情，公司实际为几个中方雇员所把持。结果，中方雇员形成了销售、供储等几个利益集团。在这些集团的内部有明确的利益关系，其他人很难插手，由此产生了很多问题。当公司发现了问题，想要处理时，又担心处理后会导致销售团队流失，危及公司的销售业绩，迟迟下不了手。这种原因是最常见的。一旦这种利益集团的领导人与公司发生摩擦，整个利益集团的利益也就面临着威胁，因为这样的情况而导致的团队出走也是最普遍的。

　　有些企业为了快速占领市场，或者迅速取得技术，不惜花血本从别的公司挖角。有时会开出诱人的条件，将整个团队挖来。虽然在短期内，企业节省了大量资源，但也埋下了很多隐患。珠三角某软件公司从别的企业挖来了整个 ERP 开发团队，这些人在以前企业中就有着良好的关系，公司本以为引进这个团队后，会减少团队之间的磨合成本，快速掌握技术。但没有想到引进该团队后，新团队与公司的文化存在着很大差异，导致了更多的摩擦，后来，这个团队又集体离开了公司。另外，在激烈的人才竞争中，很多大企业采取介绍制，即由员工介绍自己的同学、朋友进入公司，并且介绍成功还有额外奖励。这样，短期内看，企业赢得了人才，但企业内部的裙带关系变得非常复杂，实际上会为小团体的形成提供机会。

　　团队领导人特殊的个人魅力也是问题产生的一个根源。在大多数团队中，往往都会存在一个精神领袖。精神领袖在一定的阶段确实起到了很好的作用，但是，一旦精神领袖与企业的目标不一致，就会出问题。个人对企业的忠诚变成了对精神领袖个人的忠诚与崇拜。尤其是很多创业型的公司中，企业的领导者往往就是团队的精神领袖，后来由于引进了资本，当资本与领导者之间发生冲突的时候，往往也是出问题的时候。

　　"私人卫队"产生的原因有很多，也很复杂，往往不会是一种原因单独存在，往往是各种原因交互作用而导致的。

**分析**　　企业首先应该反思，为什么自己辛辛苦苦建立起来的团队，会跟着其领导者一起出走？为什么员工对企业的忠诚转变成了对个人的忠诚？为什么企业自身没有吸引力和凝聚力？是不是自己赋予了团队领导者过大的权力，而领导者将企业所赋予的权力转变为给自己打造"私人卫队"的机会。

　　要解决这个问题，企业首先应该建立完善的人力资源管理体系，建立公正公平的评估体系，减少评估中的人为因素。当发现有这种情况产生的苗头后，应该及时采取措施，包括打破利益集团的利益纽带，或者进行适当的岗位、人员调配，事先预防问题的产生。

企业还必须加强知识管理。知识管理就是将资源与人分离，将资源沉淀到企业当中，而不是沉淀在个人身上。这样，即使团队集体出走，也不会造成过大的冲击。在招聘的时候应该评估引进一个团队的风险，实在需要引进的时候，也要注意资源的转移。因为一个团队可以集体到这家公司，也可以集体到另一家公司去。另外，也可以在法律上寻求保护，在与高层管理人员签订合同的时候，应该适当加上一些条款，在法律上保护自己。

## 重视员工价值的生命周期

甲是某成长型企业的总经理，最近他一想到职员 A 心里就堵得慌。A 是该公司的老员工了，平时勤恳敬业，工作业绩也没的说——客户满意、同事称赞，可是近两年每到年终加薪时，A 总会说："我好郁闷"。也难怪，该公司高速成长，每个人都有相当大幅度的薪水增长，只有他的加薪幅度小得可怜。与他同时进入公司甚至他一手带起来的新人都已经成为某业务分支上的负责人，"薪情"早涨到他前头去了。他几次带着质问的口气说："难道对我的工作，公司有什么不满意吗？客户对我的评价不够好吗？"甲总对他说："你的薪水在咱们公司从事同样工作的员工中是最高的了。"其实甲心里很矛盾，本公司一直以"倒树型"结构快速成长着，对员工的期望是能快速在其负责的领域扩大业务，作为负责人再拉起一小班人来，以使公司呈几何式增长。A 是非常出色的业务人员，但几年来，工作职位和性质都没有什么升迁和变动，业务虽精，却不可能给他太高的薪水。也不是没尝试让他做经理式的负责人，但发觉他只是一个出色的兵，他负责的领域虽稳固，却没法开疆拓土。可是，也没有辞退合格员工的道理呀，怎么办？

**分析**

员工在某一岗位的价值是有生命周期的，走到"生命周期"的尽头，要么换岗要么换人。一个企业发展的不同阶段可分为创业期、成长期、成熟期、衰退期四个阶段，成长期是除了衰退期之外企业员工流失率最高的阶段。在企业成长阶段，公司的销售收入和利润快速增加，人员迅速膨胀，企业的经营思想、理念和企业文化开始形成，与创业初期的企业状况相比发生了巨大变化。

对于甲的公司来说，其"倒树型"结构应该是在这里任何一个节点产生分支，就会影响向下扩张的速度和新鲜血液的补充。在这种企业文化下，A 的价值在该公司该岗位上已经走到尽头，即便他还是个好兵，但由于无法胜任更高职位，他可能挡住后来者的路和限制公司业务扩张，因而也只能有两种选择：以低工资一直从事该工作，或者离开。而据经验判断，几乎不会有人选择前者。因而对于在这种机制下快速成长的企业来说，人力资源管理方面可以选择"Up or out"（不"晋"则退）的制度，如前所述换岗或者换人。

## 减薪也能留住人的秘诀

"减薪对公司造成的震动已经完全过去了。"2002年10月10日下午，广东北电通信设备有限公司人力资源部总监周良文说这句话时，明媚的阳光使他的办公室显得格外亮堂。

2002年7月1日，广东北电共900多名员工中，有200余人被削减薪酬，减幅最高达原薪酬的40%。然而，最后因此而离职的员工只有3名。

周良文自豪地说："我觉得这是一个伟大的创举。我们把减薪对公司员工的震动降低到了最小。"

事实上，就在不久前，广东北电的最大股东——加拿大北电曾宣布裁员7000人，占员工总数的17%。北电正面临困境：全球经济萎靡不振，而通信市场更是处于低潮。但成立于1995年的广东北电从其母体——加拿大北电这个百年老店那里继承了一整套管理的思想和方法，加上中国市场本身的张力，广东北电目前没有裁员，并且上个季度的员工流失率只有约2.06%。经历减薪风波后，"员工不仅没有降低工作热情，而且他们更努力地工作。"周良文说。

减薪通常不是件好事。这种手段虽然可以有限地节约成本，却无法带来更多的利润。一般的情形是：当费用减少时，收入也往往会减少，因为员工必须克服愤怒、恐惧、焦虑、沮丧等各种不利于工作的负面情绪。

尽管承认公司今年的业绩比去年差，周良文强调："减薪不是出于节约成本的需要。我们确实要节约成本，但主要是通过采购本土化来实现，减薪不是节约成本的主要手段。减薪是为了实现所谓八字方针：外部竞争，内部公平。即薪酬在企业外部的行业市场上要有竞争力，同时公司内部员工之间的薪酬必须体现公平原则。"

有着13年人力资源管理经验的周良文在2002年1月7日走马上任，他声称，决定调薪是因为"收到一些员工关于薪酬不公平的投诉"。

周良文在2月提出调薪建议并顺利得到了老板詹维坚的支持。周良文形容他的老板是一个"充分授权"的人。

在这次调薪中，所有基层员工都受到了考验。

北电从其多年的合作伙伴——伟世咨询处得到市场薪酬数据，在这个由近百家从事制造业的广东外资企业参与调查的数据库中，北电给自己的定位是在市场薪酬的 50 ~ 75 分位——"这就是我们的标杆"。

接下来，北电用了 4 个月的时间做了"无数周密的调查、研究和分析"，寻找问题的瓶颈，研究调薪方案并评估调薪的影响。这期间，不同层面的沟通工作也频繁进行，大小会议和谈话"吹风"必不可少，员工从中得知自己的价值将被如何衡量。

周良文与各部门总监、他的下属——人力资源经理与各业务部门高级经理、直线经理——分别沟通，达成共识。根据标杆和员工的绩效，人力资源部提出书面建议，交给部门主管评估并由他们最终拍板确定。减薪涉及的人员被集中起来开会，工会也帮助疏导，说明即使减薪，他们的薪酬在市场上仍然是有竞争力的。最后还要由部门主管面对面地与被减薪的员工单独沟通。"整个沟通过程中会有一些微调。"周良文说，"第一期方案还有降一半薪酬的，后来做了一个较温和的妥协处理。"

在这一切工作做完后，7 月 1 日，减薪正式执行。

"我们当初预计震动会持续半个月到一个月，事先跟各个相关部门都打好招呼了。刚开始，投诉的确比较多，慢慢就平静了。人们意识到，如果他的薪酬高于市场水平许多，他面临的将是被裁员的危险，那可比减薪糟多了。"周良文高兴地说。

 企业员工增加薪资，不会有麻烦，但是要整体减少薪资，如何保证企业员工能够接受，保持企业的稳定，就复杂很多了。

## 海尔的人力资源管理

1995 年的某天，海尔人力资源开发中心丁主任的办公桌上放着职工汪华为的辞职报告。

汪华为是刚进集团工作不久的大学生。在集团下属的电冰箱厂工作时，他表现突出，提出了一些有创造性的工作意见，被评为"揭榜明星"。领导看到了他的发展潜力，于是将其提升为电冰箱总厂财务处干部。这既是对其已有成绩的肯定，也为其进一步磨炼提供了一个更广阔的舞台。汪华为作为年轻大学生，在海尔集团有着良好的发展前途，缘何要中途辞职？丁主任大惑不解。

经了解，汪华为接受了另一家用人单位的月工资高出上千元的承诺，他正准备跳槽。仅仅是因为更高的薪资待遇吗？事实并非如此简单。虽然汪华为在海尔的努力工作得到了及时肯定，上级赋予他更大的权利和责任，但他仍认为一流大学的文凭应是一张王牌通行证，他可以理所当然地进厂就担当要职，驾驭别人而非别人驾驭他。而海尔提出的"赛马不相马"的用人机制更注重实际能力和工作努力后的市场效果，人人都有平等竞争的机会，"能者上，庸者下"；岗位轮流制更是让人觉得在企业中"仕途漫漫"。作为刚步入社会的大学生，汪华为颇有些心理不平衡。另外，海尔有着严格的内部管理，员工不准在厂内或上班时间吸烟，违反者重罚；员工不准在上班时间看报纸，包括《海尔报》；匆忙之间去接电话，忘了将椅子归回原位，也要受到批评，因为公司有一条"离开时桌椅归回原位"的规定；《海尔报》开辟了"工作研究"专栏，工作稍一疏忽就可能在上面"亮相"；每月一次的干部例会，当众批评或表扬，没有业绩也没有犯错误的平庸之辈也会被批评；海豚式升迁，能上能下的用人机制更让人感到一种无处不在的压力。当另一家用人单位口头承诺重用汪华为时，他便递上了辞职申请书。

刚上任的丁主任认为这件事情非常重大，因为任何事情都能以小见大。不能"一叶障目"，而忽略了海尔人力资源开发中或许比较重大的隐患。这也是一个更好地完善现有人力开发思路的契机。

丁主任望着办公大楼的外面，新招进的一批大学生正在参加上岗前的军训，与草地浑然一色的橄榄绿让人真正感受到这些年轻人的活力和朝气。究竟一个企业应如何为刚走出校门的大学生提供一个施展才华的空间？企业如何才能争得来人才、留住人才并保持合理的人员流动性？丁主任很想找汪华为谈谈，或者和这群刚入集团的大学生聊聊，充分了解他们的想法，或许沟通的不足是问题的症结所在。丁主任不禁反反复复地思索起海尔人力开发的各项政策和思路来。

## 海尔的用人理念

企业管理一般主要管人、管财、管信息。三者都要由人去管理和操作，人是行为的主体，可以说，人的管理是企业管理的核心。因此，现代的企业总是把人力资源开发放在相当重要的位置，每个企业都有自己的一套用人理念。海尔当然也不例外。

古人曰："用人不疑，疑人不用。"韩愈曰："世有伯乐，然后有千里马。"而作为中国家电行业排头兵的海尔集团在市场经济形势下，敢明确提出"用人不疑，疑人不用"是对市场经济的反动；主张"人人是才，赛马不相马"为海尔人提供公平竞争的机会和环境，尽量避免"伯乐"相马过程中的主观局限性和片面性，更是企业战略的魄力。

海尔总裁张瑞敏就干部必须接受监督制约时指出："所谓'用人不疑，疑人不用'在市场经济条件下是一种反动理论，是导致干部放纵自己的理论温床。"

《海尔报》上也曾撰写专文讨论此问题。该文指出，通过赛马赛出了人才就用，但用了的人不等于不需要监督。封建社会靠道德力量约束人，如忠义、士为知己者死。市场经济则靠法制力量约束人，目前法规还不健全，需要强化监督。市场是变的，人也会变。必要的监督、制约制度对于干部来说，是一种真正的关心和爱护。因为道德的力量是软弱的，不能把干部的健康成长完全放在他个人的修炼上。无法不可以治国，有章才可成方圆。

在市场经济条件下，权力如果失去监督，就会导致腐败。所谓的道德约束、自身修养、素质往往在利益面前低头。"将能君不御"，但权力的下放并不等于放弃监督制约。越是有成材苗头的干部，越是贡献突出的干部，越是被委以重任的干部，越要加强监督。总之，只要他们手中有权、有钱，就必须建立监督制约机制。

海尔集团总裁张瑞敏认为，企业领导者的主要任务不是去发现人才，而是去建立一个可以出人才的机制，并维持这个机制健康持久地运行。这种人才机制应该给每个人相同的竞争机会，把静态变为动态，把相马变为赛马，充分挖掘每个人的潜质，并且每个层次的人才都应接受监督，压力与动力并存，方能适应市场的需要。

在以上思路的指导下，海尔建立了一系列的"赛马规则"，包括三工并存、动态转换制度、在位监督控制、届满轮流制度、"海豚式"升迁制度、竞争上岗制度和较完善的激励机制等。

### 张瑞敏的领导风格

1985年，为了提高工人的质量意识，张瑞敏带领工人亲手砸毁了76台质量不合格的冰箱；1989年，张瑞敏逆市场而行，在同行业都降价的情况下，宣布产品涨价10%。这些在家电行业上传为佳话。张瑞敏给许多采访记者的印象是，他有着丰富的哲学思维，很有在谈笑间让对手灰飞烟灭的现代儒商风范。

关于人力资源的开发，张瑞敏如是说："给你比赛的场地，帮你明确比赛的目标，比赛的规则公开化。谁能跑在前面，就看你自己的了。

"兵随将转，无不可用之人。作为企业领导，你的任务是给每个人相同的竞争机会。作为企业领导，你可以不知道下属的短处，但不能不知道他的长处。

"每个人可以参加预赛，半决赛，决赛，但进入新的领域时必须重新参加该领域的预赛。"

### 海尔的系列"赛马规则"

#### 1. 在位监控

对于在位监控，海尔集团提出三个内容：一是干部主观上要能够自我控制、自我约束，有自律意识；二是作为集团要建立控制体系，控制工作方向、工作目标，避免犯方向性错误；三是控制财务，避免违法违纪。

海尔集团建立了较为严格的监督控制机制，任何在职人员都要接受三种监督，即自检（自我约束和监督）、互检（所在团队或班组内互相约束和监督）、专检（业绩考核部门的监督）。干部的考核指标分为5项，一是自清管理，二是创新意识及发现、解决问题的能力，三是市场的美誉度，四是个人的财务控制能力，五是所负责企业的经营状况。这五项指标有着不同的权重，最后得出评价分数，分为三个等级。每月考评，工作没有失误但也没有起色的干部也归入被批评之列，这使在职的干部随时都有压力。《海尔报》上引用过一句名言："没有危机感，其实就有了危机；有了危机感，才能没有危机；在危机感中生存，反而避免了危机。"

戈风钰担任海尔运输公司的总经理。1997年初，运输公司一直成为员工抱怨和投诉的对象。1997年1月8日，《海尔报》登出《对员工说"不"的运输公司赶紧刹车》的文章；4月2日"工作研究"栏目里又是批评运输公司的文章《运输公司切莫再吃这等家常便饭》；5月14日的文章点名批评总经理《戈风钰，真不好意思再说你》。这种严格的监控制度使运输公司不得不重新调整工作，包括设立职工意见箱、投诉电话和便民服务车。

在这种严格的监控机制下，海尔的员工无时不感受到一种巨大的压力，许多刚踏入社会的大学生可能受不了这种约束。

### 2. 届满轮流

海尔集团的另一具有特色的人力开发思路就是届满轮流。集团的经营在逐步跨领域发展，从白色家电涉足黑色家电，产品系列越来越大，但是海尔集团内部的发展并不平衡，企业与企业之间不仅有差距，有的差距还很大，而且集团整体高速的发展并不等于每个局部的发展都是健康的。那些不发展的企业的干部没有目标，看不到自己的现状与竞争对手之间的差距，头脑跟不上市场的变化，于是就原地踏步。市场原则是不进则退。随着集团的逐步壮大，越来越需要一批具有长远眼光、能把握全局、对多个领域了如指掌的优秀人才。针对这种情况，海尔集团提出"届满要轮流"的人员管理策略，即在一定的岗位上任期满后，由集团根据总体目标并结合个人发展需要，调到其他岗位上任职。届满轮流培养了一批多面手，但同时也让许多年轻人认为这是"青云直上"的一种客观障碍。

### 3. 三工转换

海尔集团实行"三工并存、动态转换"制度。三工，即在全员合同制基础上把员工的身份分为优秀员工、合格员工、试用员工（临时工）三种，根据工作态度和效果，三种身份之间可以进行动态转化。"今天工作不努力，明天努力找工作。"

三工动态转换与物质待遇挂钩，在这种用工制度下，工作努力的员工可及时被转换为合格员工或优秀员工，同时也意味着有的员工只要一天工作不努力，就可能用十天、百天甚至更长时间来弥补过失，就会由优秀员工转换为合格员工或试用员工，甚至丢掉岗位。另外，海尔生产车间里通常有一个S形的大脚印，每天下班，班组长进行工作总结时，当天表现不好的员工都要当着大家的面站在S形的大脚印上，直到总结结束。

另外，海尔内部采用竞争上岗制度，空缺的职务都在公告栏统一贴出来，任何员工都可以参加应聘。海尔建立了一套较为完善的激励机制，包括责任激励、目标激励、荣誉激励、物质激励等，这对于处处感到压力的海尔员工来说，无疑是一种心理调节器。

海尔的用人机制可以概括为"人人是人才，赛马不相马"。海尔管理层的最大特色是年轻，平均年龄仅26岁，其中海尔冰箱公司和空调公司的总经理才31岁，松下电器公司的人士到海尔参观时，戏称此为"毛头小子战略"。《经济日报》《中国商报》等许多报纸对海尔的人力资源开发思路做了报道。丁主任的办公桌上正放着公司编辑的长篇文章《赛马不相马及海豚式升迁》，文章全面介绍了海尔集团的人力资源管理策略。

"正步走！"场上教官的声音打断了丁主任的思路。望着那群斗志昂扬，对明天满怀憧憬的年轻人，丁主任禁不住又拿起了那份让人感觉沉甸甸的辞职报告。虽然汪华为可能是一时受了蝇头小利的诱惑，但丁主任深知，这件事非同小可，许多问题摆在了丁主任的面前：海尔的管理是否过严？怎样培养职工，尤其是刚进入社会的大学生的"市场无情"意识？如何完善现有的人才机制，特别是激励机制？如何在放权与监控机制之间找到最佳结合点？如何使各层次的人才责、权、利有机地结合？

 海尔的人力资源组织形式争议很大，但他们的经验还是值得我们认真研究的。

## 华为的用人之道

华为曾经是一个名不见经传的民营企业，在短短的十几年间，发展成为中国电子信息百强企业中利润率最高、研发投入率最高的通信网络企业。成功的原因很大程度上在于独具特色的、富有活力的人力资源管理。

### 1. 富有活力的用人机制

建立内部劳动市场，允许和鼓励员工换岗，让员工掌握多种技能，适应竞争，促进人才的有效配置并激活沉淀层。通过发现员工的比较优势，最大限度地激发员工的潜力。人才市场置换，通过内部劳动市场弥补外部劳动市场的不足。

通过持续的人力资源开发和培训，实现了公司人力资本增值的目标，包括管理者技能开发体系、新员工培训体系、用户培训体系、业务技术培训体系。

通过职能工资制促进人才能力的发挥。为干部提供机会，创造能担当重任的条件，中高级干部必须强制轮换，有效防止中高层管理人员在自己管辖的范围内形成小团体。

### 2. 有效的长短期激励机制

华为之所以能够吸引人才，一是因为这项事业的崇高性和辉煌远景，二是因为华为遵循"知本主义"，实行员工持股制度，在分配体制中能体现出知识劳动的价值。股权分配的主张向核心层和中间层倾斜，强调持续性贡献。华为的股本结构是：30% 的优秀员工集体控股，40% 的骨干员工有分量地控股，10% ~ 20% 的低级员工和新员工适当参股，而且员工持有的股份会根据其才能、责任、贡献、工作态度与风险承诺做出动态调整。"权力智慧化，知识资本化。"把崇高的精神追求与切身的利益回报相结合，是华为文化的最大特征。

### 3. 多渠道培养人才

内部建立培训制度，每年有 7% 的时间接受培训，年轻人一批批派往国外考察学习，一批批走向领导岗位。向十多所著名大学提供贷学金、奖教金或特殊津贴，以此建立长久的人才供应渠道。

### 4. 不唯学历，注重实际才干

华为提拔高学历的人才，也重用有实际才干的人才。华为不考理论，注重实际作业能力，干什么考什么，因此有学历者有优势，没学历者也不用自卑。这种考核机制逼着所有的人都奋力划船，争取进步。

新员工正式上岗前的内部培训期间，工资、福利照发不误。新员工的工资开支，长年设置的负责培训的一批员工、干部的费用开支，各种培训费用支出，培训场所的建设、维护等都是大笔开支。为了把一名刚出校门的大学生培养成可以在市场、研发上独当一面的成熟员工，华为投入了大量资金。但由于对人才实行来去自由的政策，如果新员工接受完华为的系统培训，没有为华为创造一分钱的价值就离开了华为，华为明显会遭受很大的损失。

但是，华为不会干预员工辞职。当然，华为会尽量挽留，如果你执意要走，也不会为难你，更不会克扣你的任何福利、奖金。如果你持有内部股票，你还可以很容易地套现，拿走一大笔现金。事实上，华为与新员工都签署有一份协议，协议上有违约方的赔偿办法，不过，华为从来没有向辞职员工要求过任何赔偿。

## 人才浪费了吗?

华为公司还与国内几所在业内具有领先科技水平的著名高校建立了定向培训关系，院校负责专业知识和技能的培训，华为负责为院校提供经济资助和企业文化培训，学生毕业后到华为工作。华为还在这些名牌大学里设有专门的奖学金（奖励学业优秀的学生）、奖教金（奖励有突出教学贡献的老师）、贷学金（帮助经济困难的学生），并与多所名牌高校合作培养研究生。华为还在高校里设立了华为科研开发基金，只要开发的项目对华为有利，就会得到支持。

华为通过这种先入为主、潜移默化的方式，使学生在学校期间就对华为有了强烈的归属感，对华为的企业文化理念有了强烈的认同感，以此培养忠于华为、认同华为价值观念、能够长期服务于华为的大批员工。目前，公司核心层、科研中坚，多数都是华为与对口高校培养出来的，大约占总人数的70%。

不过，这种人才策略确实在一定程度上造成了非直接生产性成本居高不下。刚进去的大学毕业生月薪就是5000元，研究生在6000元以上。即使按照5000人计算，每月光工资开支就是2500万，一年就是两个多亿。这在公司销售飞速增长的时候，还显示不出它的负面影响，但公司的发展一旦慢下来，负面效应就十分明显了。2001年后，国内电信市场的增长并没有华为预期的那么快，就造成人才大量积压，大量人才只能"储备"起来，造成很大程度上的浪费。

对于"浪费"一说，华为总裁任正非不以为然："社会上，包括一些世界著名公司，说华为浪费太大，但我们认为正是浪费造就了华为。当然，我们不能再犯同样的错误，再浪费下去。"

曾任《华为基本法》起草小组组长的中国人民大学教授彭剑锋认为，人力资本优先的意识现在看来仍具有超前性。

他说，信息通信业是个新兴产业，人才市场上尚没有该行业的成熟人才。从社会零星招聘的效率很低，招聘来的员工因以前的工作经历，对华为的文化认同感存在一定的问题，那些营销行业的业余选手在营销市场上沾染了很多恶习，养了一身毛病，许多习惯性行为改造难度很大，比直接从大学生培养成本更高。而刚毕业的大学生如一张白纸，可塑造性强，容易接受公司的价值观和创新性的营销理念与模式，虽然缺乏工作经验，上手较慢，但是一旦进入状态，成长很快，潜力很大。因此，华为侧重于直接从高校里大量招聘新人，并加大培训投入。华为最早在企业内部依据业务需求与人才成长特点建立各具特色的培训体系，如在各业务系统分别建立管理者培训中心、营销培训中心、研发培训中心、客户培训中心等。

彭剑锋认为，在他所接触到的中国本土企业中，华为是在人力资源培训开发方面倾注热情最大、资金投入最多的公司。

### "魔鬼训练"

上岗前的培训已经成为很多企业的必修课，但是华为的做法与众不同。

一是时间长达 5 个月；二是不仅限于企业文化培训，而且分为军事训练、企业文化、车间实习、技术培训、市场演习等 5 个部分。这 5 个月的生活就像炼狱，但是"生存"下来的人则有获得"新生"的感受。过去的学位已抛在脑后，"华为人"3 个字开始渗入血液。

任正非在《致新员工书》中，对那些经受培训"煎熬"的学生充满期望："实践改造了人，也造就了一代华为人。您想做专家吗？一律从工人做起，已经在公司深入人心。进入公司一周以后，博士、硕士、学士以及地位差别均消失了，一切凭实际才干定位已为公司绝大多数人接受，希望您接受命运的挑战，不屈不挠地前进，不惜碰得头破血流。不经磨难，何以成才？"

任正非以军人特有的风格管理华为，在这种模式的长期运用下，华为人纪律严明，高度自觉。华为不止一次在深圳体育馆召开全体员工大会。会议进行的 4 个小时之中，从没有响一声呼机、手机。散会后，会场没有留下一片垃圾，干干净净。

大约从 1997 年开始，招聘的大学生报到后，立即就进入包括为期一个月的军事训练在内的 5 个月封闭式培训。公司有个专门的新员工培训大队，还分了若干中队，不少高级干部包括副总裁担任队长。这期间新员工都是带薪的，奖金也照发。负责训练的主教官是中央警卫团的退役教官，训练标准严格按照正规部队的要求，凡是在训练过程中遭到淘汰的员工将被退回学校，经过几轮筛选，"幸存"的员工才能正式进入公司。很多员工总结这段漫长的培训过程时用了这几个字：苦、累、考试多。"如同高考冲刺阶段一般，这一段时间的考试次数远远超过了大学四年的总和。"很多员工将这种痛苦的煎熬铭记终生。但这也是他们日后向他人炫耀的资本，并受用一生。

刚开始，新员工训练基地设在深圳市委党校，后来搬到深圳经济特区外的石岩镇石岩湖度假村。全体学员按照一定的规则分成若干学习班，有时多达二三十班。每天早上，全体学员在教官的带领下出操，从上午开始以班为单位进行每天一个专题的企业文化学习。这种传统一直延续到今天。

**分析** 华为的优势在于它对人才的重视，从它的人力资源管理这一块就可见一斑。

## 激发员工的学习热情

佛山有家房地产公司，在技术培训后就开展岗位技能竞赛，获胜者由总经理在员工大会上颁发荣誉证书和奖金奖品。个人荣誉感和好胜心会让流水线上的工人发挥空前的学习热情。

再如管理培训后就开展案例竞赛，各项目团队纷纷主动应用学到的管理理论和工具，竞相总结展示自己团队的成绩和收获。在奖励方面，优胜团队获得的是团队活动特别预算。通过精心策划，原本用于培训实施的预算被转移到了效果的催生环节，有效引导了学员自发挖掘展现实践效果，突破了培训见效难的瓶颈。

在内部培训师的激励方面，设置兑换公式，按照授课时间等指标给予培训师们积分，这些积分可以定期兑换，人力资源部则在每次兑换季推出包括带薪假期、由世界名牌厂商出品的带有公司标志的服装包袋和热门文艺演出入场券等在内的精美奖品，积分最多的培训师还将在年会上获得刻有姓名的水晶胸章，这些激励促使培训师们非常努力地备课。

 企业在进行培训时，首先要激发员工的学习兴趣，并且激励和推动所学的知识应用到工作岗位上。要做到这一点，担任培训师的经理人可以设计丰富多彩的学习效果应用和展示活动。

## 王琳的失败

经过几年的职场奋斗，王琳跳槽到广州一家美资化妆品公司当市场部副经理。本以为凭借着这几年的丰富工作经验和专业水平能在新公司里有一番大作为，可是没过三个月，她便发觉事情没有她想得那么简单。部门里同事间关系复杂而微妙，不少人结成小团体，而首脑就是市场部的另一名副经理，让她感到很为难。

王琳是一个不喜欢搞关系的人，做事喜欢就事论事。在工作中并没有偏袒任何人，也因此而得罪了那名副经理的小团体。同事们常常在决策时偏向另一名副经理。最近，王琳在一项重大发展计划方案的竞争中败下阵来，公司采用了那名副经理的计划，原因在于部门的大多数人都投票支持那名副经理。

对于这个结果，王琳既惊讶又愤怒，她自己一直认为那个方案非她莫属。无论学历、资历、业绩，王琳都占优，更重要的是她写的计划方案确实比那名副经理的方案更加可行。

"我是办公室政治的牺牲品。"王琳以前一直觉得外资企业是块净土，不需要搞关系，只要干出成绩就可以得到同事的认同、上司的赏识，没有想到一不小心就陷入尴尬境地。刚坐上新的管理位置，该做的事情本来就千头万绪，偏偏遇上这个小团体的问题，想要大展身手更是难上加难。

**分析**

作为领导者，不但要了解别人，而且也要了解自己。不懂得人性的弱点，你就不会懂得"善解人意"，也就不会真正懂得尊重他人。你无法离开别人的配合，尊重他人——哪怕是缺点，这是一个企业内部沟通的必须过程。

另外一个方面，也许真正让员工觉得不舒服的是遇到了一个不支持他的小团体。可以理解，在这样的情况下，新经理所希望进行的任何举措往往都举步维艰，独自面临工作压力。

但是，在怨恨、唾骂、批判他人的同时，领导者更应该看到的是改变小团体的倾向其实并不是那么艰难，需要真诚地从根本上引导下属。

## 小夏的烦恼

晨星公司为生产高科技产品的制造型企业，由于良好的外部市场环境和正确的内部决策，2002 年公司获得了高速发展，员工人数从 2002 年初的 176 人增加到年末的 600 人。晨星公司一直采用扁平式的组织结构，总经理下并列着八个部门。由于公司的快速发展，人力资源部的各项工作都面临着严峻的考验，特别是招聘，被动招聘的局面日趋严重。招聘专员小夏为此很烦恼。

小夏："小梁，你说我该怎么办？这么多用人需求申请，时间紧不去说它，而且一些岗位都是新设立的，连岗位描述都没有（备注：岗位描述由部门经理负责起草，人力资源部的绩效专员负责定稿，按照人力资源部规定在招聘新岗位前应完成招聘岗位的岗位描述，而目前存在着严重的滞后现象，其主要原因在于部门经理的拖延）。你看这几张用人需求，对人员资格描述得那么含糊，叫我怎么做招聘广告？再说面试，我选上的人，他们又看不中，他们不说清楚，我怎么知道他们想要什么样的人，真怀疑他们自己心里都没谱，觉得缺人就填个单子。"

小梁："那你多催催部门经理，让他们及时补上，告诉他们没有这些基础资料，你无法正常进行招聘工作，会影响到招聘进度的。"

小夏："你以为我没说？催了好几次了，口头上都答应得好好的，转身就忘了，他们总有比这事更重要的事情。"

小梁："那你就只能缓缓。"

小夏："缓？我可担不起这个责任。王经理已经找我谈过话，她说在去年的年终会议上，许多部门提出由于人员配备不足影响部门绩效，问到为什么不及时补充人员，回答就是招聘速度太慢。真是天地良心，我可没有偷过闲，就不提每天在网上搜索简历熬得两眼通红，这3个月来我已牺牲了6个节假日去参加各种招聘设摊了。没有合适的人，总不能怪我工作不力吧！"

**分析** 企业人力资源的调整，并不仅仅是人力资源部门的事情，而是需要企业执行力提高以及企业整体步调一致才能办到。

## 李莉的违纪

王萍是高雅贸易公司的服装营业部主管，她负责领导设计部门工作和督导4名设计师。王萍和大部分设计师均相处愉快，但属下一名设计师李莉却使她感到困扰。

李莉的设计极具创意，每次也能使买家满意，她在众多同事中的确十分突出，因此王萍对她颇为欣赏。

由于李莉自觉受到公司重视，认为自己与其他同事不一样，开始出现一些违纪行为，例如借故不准时上班或私自延长午餐时间。虽然如此，李莉却能够把分内的设计工作在限时内完成。其他同事看在眼里，除向王萍投诉李莉的工作态度外，也声称会效仿她的行为。对于李莉近日的行为，王萍实在不能容忍。

于是，王萍找李莉倾谈，并指出她的行为违反了公司纪律，要求她解释原因。李莉却向王萍表示，有感于自己的工作能力比其他同事高，并且可以在限期内完成工作，上司不应该如此计较。

王萍回应说："虽然你的能力和创意较其他人稍好，但也不应拥有特权，你必须顾及别人的想法。"李莉却威胁说："如果这样也会影响别人，我宁愿考虑另找一份工作。"

王萍虽好言相劝，告诉李莉不值得为这些事情而离职，也强调公司在快速发展，在这里工作前途也会不错，然而李莉借机要求升职，或是委任她处理独立工作，如此别人便不能随意说她的不是。

王萍对李莉的要求感到为难，她仔细思考李莉是否认为自己与众不同和能力较强，所以不把别人放在眼里，并且任意妄为。

分析 李莉作为设计型人员，在工作时间方面并不需要做严格的限制，但如果影响到他人的工作状态时，就需要评估她所造成的负面影响。如果负面影响过大，那么就要采取一定的措施。

## 要不要补偿培训费？

方小姐大学毕业后进入一家企业的市场营销部工作，2001年在工作中结识了某人力资源咨询服务公司总经理王先生。王先生觉得方小姐的素质和能力很适合到自己的公司工作，于是力劝方小姐跳槽。几番商谈，方小姐决定听从王先生的意见，在一个全新领域中开始一份极具挑战性的工作。经过协商，双方签订了3年期的劳动合同。

进入公司后，方小姐果然表现不凡，一年后就升为部门副经理。2003年3月，公司决定派两名业务骨干去新加坡参加一个专业培训班，方小姐名列其中。为此，双方签订了一份培训协议，协议约定：方小姐培训结束后要为公司服务五年，服务期间不论何种原因离开公司，都应按未服务年限赔偿培训费。之后，方小姐参加了为期两个月的培训，公司为此花费了4万元。

培训结束后，方小姐回到公司继续工作。由于行业竞争的加剧，该人力资源咨询服务公司的状况开始变糟，到2004年上半年运转都发生困难，而公司对方小姐的工作状态也表示不满。5月20日，公司通知方小姐，鉴于双方的劳动合同到期，公司决定不再续签，要求方小姐办理劳动合同的终止手续，同时根据双方在培训协议中的约定，赔偿未服务年限的培训费。

方小姐找到总经理表示不能接受，她坚持，自己虽然与公司签订的是3年期的劳动合同，但双方签订的培训协议还约定了5年期限的服务期，自己愿意在合同终止后继续为公司服务，现在公司通知终止合同而不需要自己履行服务期，因此公司不能再提出赔偿要求。

总经理则说，劳动合同期满，公司终止合同是符合《劳动法》规定的，双方已约定方小姐在服务期间不论何种原因离开公司都应赔偿培训费，公司是依约行事，方小姐不能违约。

双方僵持不下，方小姐遂向劳动争议仲裁委员会申请仲裁，要求公司立即无条件为她办理终止合同手续。经过仲裁委的调解，公司同意了方小姐的要求

> 本案中，当事人双方签订了关于培训的协议，双方应当按协议约定履行。人力资源咨询服务公司出资对方小姐进行了培训，双方约定了 5 年的服务期，但公司在方小姐劳动合同期满而服务期未满时通知终止合同，实际上放弃了要求方小姐按服务期约定继续服务的权利。该人力资源咨询服务公司坚持自己是依约行事，因为培训协议中约定，方小姐"无论何种原因离开公司，都应按未服务年限赔偿培训费"，这种说法是站不住脚的，因为该约定明显违反了法律的规定。因此，该公司不能再要求方小姐赔偿未服务年限的培训费。

## 不能事事都有特例

刘先生刚到一家公司做人力资源总监，这家公司是家族式的企业，有十几个分公司，却直到今年才成立人事行政部，所有的制度都要开始建立，当然不可避免地遇到阻力。令人意外的是，阻力来自老板。《保密协议》应该要签吧？老板说有些元老就算了。在办公室里吃东西，老板经过也一笑置之；某个员工将休产假，说如果要签《保密协议》就辞职，老板又说那就别签了；因为宿舍不够，要在员工宿舍里加床，员工投诉到老板那里，老板说那就别加了，另外再租房子……

每一件事情都有特例，郁闷呀！刘总监当然会理解员工的想法并尽力为他们谋求福利，但他也要站在公司的角度上考虑，但现在怎么枉做小人了？员工也养成了一个习惯，只要遇到问题，就越过几级向老板汇报。一些元老更是盛气凌人，其他人都不看在眼里。刘总监该怎么办？

> 企业制度是一个公司发展壮大的基础。有制度不实施，每件事情都有特例，不仅是家族式企业的常见情形，在普通私营企业也屡见不鲜。如果是小企业，这种问题的严重性还不是很大；如果企业发展到了跨地区、多部门、大规模的集团公司的规模，仍然不解决这样的问题，企业的发展终究是要受到影响的。

## 你需要"强迫排名"吗？

有天晚上，即将离开通用电气的杰克·韦尔奇在纽约第五大道的一家商店买衬衫。商店老板却将韦尔奇引到一个僻静角落，他对前一天晚上韦尔奇在电视访谈节目中一直强调的一个观点很感兴趣：不断地裁掉最差的 10% 的员工，对公司的发展至关重要。商店老板问："韦尔奇先生，我店里有 20 名员工，难道我一定要让其中的两位走人吗？"

"基本上是这样的，如果你想拥有第五大道上最优秀的销售员团队的话。"

"不断地裁掉最差的 10% 的员工"是指在通用电气管理中非常重要的"强迫排名体系"。同"六个西格玛"质量管理体系一样，"强迫排名"虽非通用电气首创，但却由其前任首席执行官杰克·韦尔奇发扬光大。韦尔奇起初在其高层管理人员中推广此种绩效评估体系，随着通用电气逐渐成为世界级顶尖经理人的"黄埔军校"，再加上韦尔奇个人对"强迫排名"推崇备至，时至今日，资料表明已有 20% 的美国企业采用了这一制度，其中包括著名的高盛、微软、美国运通和惠普等公司。

韦尔奇在公司内部推广了这样一条"活力曲线"：

韦尔奇命令各层经理每年要将自己管理的员工进行严格的评估和分类，从而产生 20% 的明星员工（A 类）、70% 的活力员工（B 类）以及 10% 的落后员工（C 类）。分类具有强制性，即在一个 20 人的部门，一般会产生 4 个 A 类员工、14 个 B 类员工和 2 个 C 类员工。员工的分类是其薪酬的参照系，直接影响到加薪、期权和升职。A 类员工所获年度加薪一般是 B 类员工的 2～3 倍，外加期权；B 类员工作为通用电气员工的主力军，一般也会获得不错的加薪，其中的 60%～70% 还能得到期权；C 类员工年薪维持在原地不动，但视其实际表现会得到一到两年的改进缓冲期，逾期无改进者则被解雇。韦尔奇在设计和实施这套系统时，非常注重各层级之间开诚布公的信息反馈与交流。B 类员工是其上司的工作重点，会从上司处得知自己还需哪些改进方能进入 A 类；C 类员工一般也能得到改进意见。对 A 类员工的期望是保持桂冠，一旦出局，会在部门引起震荡。每一个 A 类员工的下滑，都会得到足够的关注和部门会诊。如果确认其经理督促不力，经理要负相关责任。

**分析**　一个企业保持稳定的人力资源结构，同时也需要必要的人员流动，这样才能使企业不断吸收新鲜血液，才能促进企业的发展。

## 人性化管理的误区

某公司总经理最近碰上一件烦心的事，因为有员工反映公司的管理过于僵化，对员工关心程度不够，所以他决定在公司推行人性化管理。不料推行人性化管理后，众多员工消极怠工，迟到早退的现象也渐渐多了起来。细问之下才发现，原来这位总经理对于人性化管理的理解就是认为对员工好，员工就会尽心尽力地做事，上下班不用打卡，工作任务的完成量由员工自己提出，就算完不成也没关系。最近这位总经理苦恼地说："相比其他公司，我们公司对员工算是挺不错的了，有了这么宽松的管理环境，他们为何还不好好珍惜呢？再说，我们公司招聘的员工学历都在大学本科以上，素质算高的了，而且有很多人员都是从大型企业出来的，最基本的制度不用说，大家都应该会遵守的。为何到了我们公司，人的行为都变了样呢？"

**分析**

很明显，这位总经理陷入了三个误区。

一、员工缺勤问题所折射的误区。人性化管理≠宽松管理。只有在做好管理的前提下，才能谈人性化。在职能上，管理保证人力可满足工作的基本要求，而人性化是一个帮助员工提升个人技能和工作时效的过程。而非人性化管理的公司是把人看成是流水线上的一部机器，不重视员工心理，只是要求员工干好公司要求的事情。人性化管理的企业不同，它会考虑这部机器的保养问题、升级问题，从公司和个人的立场共同考虑，在顾全公司大局的前提下，充分尊重每个人的理想，化群体管理为个体管理，让员工在做完自己工作的同时，开发出更大的潜能。

二、员工自定任务的误区。管理的手法不论如何变，最终目的都是为了企业利益而服务的，如果一味地追求人性化，忽略了企业的利益，那就本末倒置了。如果管理人员不划出合理的目标值下限，让员工自行完成，那人类的劣根性十有八九让人们选择较低的工作量。

三、表现好的人员去任何地方都会很出色。每个公司有每个公司的氛围和非制度约束，也可以称为企业文化，人们在这种言传身教的文化中，学会该做什么不做什么；相反，如果到了其他公司，失去了这种约束，人的行为就会随着新企业的文化而改变。这种改变与员工素质、出身都无太大关联，唯一有帮助的是，基本上大型企业在管理手法上都有相类似的东西，较高的素质和相似企业的工作经历，可以使员工在心理和生理上都较容易地接受规范化的管理，但是实施人性化管理的前提是企业具备一套行之有效的完善制度。

## 如何安排 A 的职务？

H 电脑公司是一家科技应用企业。公司创办时，董事会破格从地产公司电脑服务部聘任优秀员工 A（24 岁）为公司经理，理由是：A 在电脑应用及智能化工程实施方面的技术水平较高，是内行。A 上任 3 个月，工作积极、勤奋，带领员工刻苦钻研技术业务。但他不知道怎么经营和管理，公司经营停滞不前。于是董事会决定将其撤换掉，但如果处理方法不当会挫伤 A，并对其各方面产生负面影响。

如何平衡，董事们提出了各自的想法。

董事 C 的看法：把他增选进董事会，然后兼任公司技术负责人。

董事 Z 的看法：让他做分管技术的副经理，享受经理待遇。

董事 Y 的看法：我们需要的是懂管理、能带领员工扩大经营规模，创造效益的经理，既然他不行，那就撤职让他专干业务。现在的企业对人的管理不必太顾虑，该咋办就咋办。

董事 S 的看法：把他调回，给他 3000 元苦劳奖，开个离职欢送会，大家吃顿欢送饭。

董事长 H（领导层的权威）的看法：①A 为一个有技术的优秀员工，是企业的财富，是我们没有给他摆好位置，这是我们的失误；②A 是公司最需要的专业人才，公司正要依靠这样的技术尖子来发展，调走他会影响到公司的技术工作；③目前我们选定的经理 J 虽有经营管理经验，但技术业务不太熟，需要 A 的帮助，增选 A 进董事会不合适，若他作为董事兼技术总负责，而不是董事的新任经理在领导工作中会有难度；④若简单把其撤换掉，会产生很大的负面影响，这个问题不宜简单化；⑤我的意见是设总经理，由我兼任。设两个总经理助理，拟聘的经理 J 任总经理助理负责公司日常的经营管理工作，A 任总经理助理兼技术部经理，对年轻的优秀员工 A 我们应采取积极培养的方针，通过传、帮、带，使他既能在业务上保持高水平，又能在经营管理方面有所突破。通过一段时间的运作，在适宜的时间，我退出，那时必须建立一套稳定的、能力强的领导班子。

H 的意见通过后立即得到了实施，公司的经营状况有了起色，A 依然积极勤奋。半年后，H 卸任总经理，J 任总经理，A 任副总经理分管技术，公司运转良好。

**分析** 管理是一项需要多动脑子的工作，在考虑问题时需要面面俱到，切不可只看到事情的一个方面就轻易下决定，应一切以企业的发展、员工的合理利用为目标，只有考虑周全，才能做出比较完善的决定。

## 盘点人力资源

某集团公司为了对其内部人员状况有一个全面的了解，进行了一次人力资源大盘点。

### 盘点背景

该集团公司有 2400 多人，其中，大专以上学历占 65%，目前有五大业务板块，采用准事业部制模式进行管理。1998 年以来，主营业务市场竞争加剧，企业赢利能力迅速下降。新兴业务的核心竞争能力尚在培育之中。

### 盘点思路

（1）围绕新的业务发展战略及其要求的核心竞争能力，重点盘点关键人才。人力资源管理的重点是吸引和留住关键人才，对该集团公司来讲，恢复老业务的关键人才及能够帮助新兴业务迅速增长的关键人才，是本次人力资源盘点的重点。

（2）能力盘点比单纯学历、职称盘点更重要。传统的人力资源盘点主要是员工年龄、学历、职称、专业等人事信息的统计工作，这些信息很重要，但是这种静态盘点在竞争日益激烈的今天往往不奏效。年龄表明什么？表明一个人的经验？该公司的新兴业务板块，技术都是全新的，整个中国甚至世界范围内有3年以上经验的人没有几个。学历表明什么？如果一个人毕业3年内不去充电，那么他很可能就落伍了。能力是衡量一个企业人力资源实力的唯一具有说服力的指标。

（3）盘点人力资源的同时要盘点人力资源政策。该集团公司已有40多年的历史，我们有理由假设，目前核心人才流失现象严重，根源可能在于人力资源政策和机制。只有解决了政策和机制问题，人力资源盘点才会为人力资源管理奠定坚实的基础。

具体盘点过程见"盘点过程示意图。"

战略分析　关键成功因素　核心能力分析　实施能力盘点　分析盘点结果　提出政策建议

**盘点过程示意图**

### 盘点方法

本次人力资源盘点摒弃了传统的人事信息统计法，尝试了新的方法，着眼于能力盘点，对人力资源能力进行动态分析。所用的具体方法见"人力资源盘点表"：

**人力资源盘点表**

| 盘点方法 | 主要考查内容 |
|---|---|
| 潜能测评 | 学习能力、创新能力、领导潜力、人际沟通与合作 |
| 履历分析 | 业务经验和业务技能 |
| 业绩调查 | 在实际工作中表现出来的综合能力 |
| 360°反馈 | 管理风格、人际沟通、团队精神 |
| 基准借鉴 | 和优秀企业相比人力资源的优劣势 |

其中，潜能测评是本次盘点的重头戏，所运用的主要工具为准结构化面谈、心理测验和情景测验，现场施测时间为 3 个小时。潜能测评不同于业绩调查，它关注的是人的比较稳定的个性和能力特征，而个性和能力对一个人业绩的影响是最根本的因素，也是影响企业核心能力能否持久并不断创新的基础因素。

通过业绩调查，除了分析关键人才的综合能力表现之外，还能够发现业绩不佳背后的根源，为改进人力资源政策提供一手资料。为了达到这个目的，在进行业绩调查时，不仅仅查阅了员工的业绩档案，还对经理人员进行了深度访谈。

为了更加准确地把握员工的能力，该集团公司还运用了 360° 反馈技术，征询员工周围同事的反馈，获得了大量很有价值的信息。

## 盘点结果

经过一个多月的工作，盘点报告终于形成了。盘点报告包括每一个关键人才的综合能力分析报告（管理风格、人际与沟通能力、职业发展定向等），并对整体人力资源状况进行了具体分析，最后提出了应对措施。

为更好地说明问题，现把整体盘点结果要点做些介绍，如"盘点结果表"所列：

### 盘点结果表

| | |
|---|---|
| 关键人才库 | 按照能力和业绩评价结果，对关键人才进行分类：<br>高潜能、高业绩员工<br>高潜能、低业绩员工<br>低潜能、低业绩员工<br>低潜能、高业绩员工 |
| 人才资源政策和机制 | 新业务单元关键人才薪酬明显低于市场水平，从市场招聘核心人才很困难，在内部又找不到；<br>老业务单元的工资分配主要靠资历，趋于平均化，有能力的年轻人积极性不高，纷纷流失；<br>新老业务单元都没有建立起行之有效的业绩管理体系，尚停留在"民主评议"阶段，员工能力得不到提升，无法建立按业绩付酬的人才资源机制；公司领导战略得不到有效落实 |

**分析** 我们可以看出，"软"盘点（能力）比"硬"盘点（学历、年龄等）更有价值，更能把人力资源和企业经营战略真正结合起来。"软"盘点实际上是对企业核心能力的盘点，也是知识管理的重要内容。对于以人力资本为主要增值因素的企业而言，特别是在战略转型期，尤其是在中国加入

WTO 后，更突出了人力资源盘点是人才竞争制胜的首要工作，也是企业竞争制胜的关键。

## 新上任的总裁

埃贡·施内尔是一位曾在某公司工作的年轻的工程师，十分聪明，虽然他在事业上十分成功，也很喜欢自己的工作——开发电子游戏，但他还是决定辞职成立自己的公司。

雇员喜欢在施内尔的公司工作，因为这里的气氛轻松，这种轻松的气氛有助于新想法的发展。可是，来自大型的、管理井井有条的公司的竞争日益激烈。施内尔担任公司的总经理，但他经营公司的兴趣明显降低，观察家们描述此时的公司状况为"一团糟"。施内尔先生承认自己不是一个好的总经理，同意改组公司，由约翰·纽瑟姆先生担任公司总裁，这位新上任的总裁的首批决定之一就是任命一名新的销售经理，以克服以前由技术人员担任此职务的弱点。

纽瑟姆先生还行使了强有力的管理领导权，制订了许多新程序，规定了明显的目标，设置了严格的财务制度。由松散管理到严格管理这一改变，触怒了许多老资格的工程师，他们中的很多人离开了公司，有些甚至成立了自己的软件公司，从而成为他们以前工作过的公司的直接竞争者。

施内尔先生初期的成功在于，他相信一个创新的技术可以带来商业上的成功，当他的新技术得到了市场的认同后，公司的业务迅速发展起来。但是当公司业务发展的时候，企业的组织机构却没有随企业的目标、计划及外部环境的改变而改变，因此碰到了经营困境。

纽瑟姆先生接受总经理的职位后进行了一系列的改革，使企业由松散管理向严格管理转变，但围绕人进行组织工作是具有风险性的，尤其是当企业的文化有所改变时，必定会产生人员上的流失或补充。如果纽瑟姆先生在变革前能够与员工充分沟通，应该能够将损失降到最小。

根据授权理论，有效的领导需要具备很强的环境适应能力，这个环境不光包括企业的内部环境，更包括千变万化的外部环境。只有充分适应环境的领导才是有效的领导。企业想要达到这个目标，就必须做好内部资源的组织工作，不但包括人力资源的组织，还包括物资资源的组织。

## 受到排挤的助理

由于公司的发展出现成本失控的问题，ABC 航空公司的总裁请来了一位才华出众的年轻助理。这是一位获得执照的公共会计师，公司总裁向助理介绍了公司的成本上升这一问题后，请他帮助解决。

这位新助理把一些高明的工业工程师、财务分析专家和一名刚从国内一所最有名望的工商管理学院获得最高学位的毕业生集合成一个班子，在摆出了公司的问题之后，派他们去调查成本问题和航空公司的业务、维修、工程和销售各部门的问题。经多次研究后，该总裁助理发现了各部门效率低的问题的根源，于是他提出了许多改革经营做法的创见，此外，他还把他的班子发现的效率低下的详情和拟纠正的措施做出提要，向总裁提出了许多报告，这些报告连同大量的详细的资料，说明他建议的行动会给公司节约数百万美元。公司总裁采纳了助理的提案并予以实施。

但是，在这些成本节约方案的实施过程中，负责经营、维修、工程、销售的几位副总裁对总裁群起围攻，坚持要撤换那位助理。

作为企业的高层，应该考虑公司的整体架构调整的代价和提高效益的代价，然后再做出相应的决断。

## 麦当劳的晋升机制

麦当劳 95% 的管理人员要从员工做起。每年，麦当劳北京公司要花费 1200 万元用于培训员工，包括日常培训或去美国上汉堡大学。麦当劳在中国有 3 个培训中心，教师都是公司有经验的营运人员。

培训的目的是让员工得到尽快发展。许多企业的人才结构像金字塔，越上去越小。而麦当劳的人才体系则像圣诞树——只要你有足够的能力，就让你升一层，成为一个分支，再上去又成一个分支，你永远有升迁机会，因为麦当劳是连锁经营。

麦当劳北京公司总裁说："每个人面前都有个梯子。你不要去想我会不会被别人压下来，你爬你的梯子，争取你的目标。举个例子，跑 100 米输赢就差零点几秒，但只差一点点，待遇就不一样。我鼓励员工永远追求卓越，追求第一。"

通过这样的人才培养计划，在麦当劳取得成功的人都有一个共同特点：从零开始，脚踏实地。炸土豆条、做汉堡，是公司走向成功的必经之路。最艰难的是进入公司初期，在6个月中，人员流动率最高，能坚持下来的一些具责任感、有文凭、独立自主的年轻人，在25岁之前就可能得到很好的晋升机会。

麦当劳实施一种快速的晋升制度：一个刚参加工作的年轻人，可以在一年半内当上经理，可以在两年内当上监督管理员。而且，晋升对每个人是公平的，既不做特殊规定，也不设典型的职业模式。每个人主宰自己的命运，适应快、能力强的人能迅速掌握各阶段的技能，自然能得到更快的晋升。而每一阶段都举行经常性的培训，有关人员必须获得一定的知识储备，才能顺利通过阶段性测试。这一制度避免了滥竽充数现象的发生。这种公平竞争和优越的机会吸引着大批有能力的年轻人来麦当劳实现自己的理想。

首先，一个有能力的年轻人要当4~6个月的实习助理，期间，他以一个普通班组成员的身份投身公司各基层岗位，如炸薯条、收款等；他应学会保持清洁和最佳服务的方法，并依靠最直接的实践来积累管理经验，为日后的工作做好准备。

其次，工作岗位带有实际负责的性质：二级助理。此时，年轻人在每天规定的时间段内负责餐馆工作。与实习助理不同的是，他要承担一部分管理工作，如订货、计划、排班、统计等。他必须在一个小范围内展示自己的管理才能，并在日常实践中摸索经验，协调好工作。

在8~14个月后，有能力的年轻人将成为一级助理，即经理的左膀右臂。此时，他肩负着更多、更重要的责任，他要能在餐馆中独当一面的同时，使自己的管理才能日趋完善。

一名有才华的年轻人晋升为经理后，麦当劳依然为其提供广阔的发展空间。经一段时间的努力，他将晋升为监督管理员，负责三四家餐馆的工作。

3年后，监督管理员可能升为地区顾问。届时，他将成为总公司派驻下属企业的代表，成为"麦当劳公司的外交官"，其主要职责是往返于麦当劳公司与各下属企业，沟通传递信息。同时，地区顾问还肩负着诸如组织培训、提供建议之类的重要使命，成为总公司在某地区的全权代表。当然，成绩优秀的地区顾问还会得到晋升。

麦当劳还有一个与众不同的特点：如果某人未预先培养自己的接班人，则在公司就无晋升机会。这就促使每个人都必须为培养自己的继承人尽心尽力。正因如此，麦当劳成了一个发现与培养人才的基地。可以说，人力资源管理的成功不仅为麦当劳带来了巨大的经济效益，更重要的是为全世界的企业创造了一种新的模式，为全社会培养了一批真正的管理者。

**分析**　麦当劳的优势在于企业各项制度的执行力，尤其是人力资源制度在实际的操作上培养出来的一大批管理人才。

## 索尼的内部应聘

有一天晚上，索尼董事长盛田昭夫按照惯例走进职工餐厅与职工一起就餐、聊天。他多年来一直保持着这个习惯，以培养员工的合作意识，维持他们的良好关系。

这天，盛田昭夫忽然发现一位年轻员工郁郁寡欢、满腹心事，只是闷头吃饭，谁也不理。于是，盛田昭夫就主动坐在这名员工对面，与他攀谈。几杯酒下肚之后，这个员工终于开口了："我毕业于东京大学，有一份待遇十分优厚的工作。进入索尼之前，对索尼公司崇拜得发狂。当时，我认为进入索尼是我一生的最佳选择，但是现在才发现，我不是在为索尼工作，而是为科长干活。坦率地说，我的这位科长是个无能之辈，更可悲的是，我所有的行动与建议都得科长批准。我自己的一些小发明与改进，科长不仅不支持、不鼓励，还挖苦我'癞蛤蟆想吃天鹅肉'，有野心。对我来说，这名科长就是索尼。我十分泄气，心灰意冷。这就是索尼？这就是我的索尼？我居然要放弃了那份优厚的工作来到这种地方！"

这番话令盛田昭夫十分震惊，他想，类似的问题在公司内部恐怕不少。管理者应该关心他们的苦恼，了解他们的处境，不能堵塞他们的上进之路。盛田昭夫产生了改革人事管理制度的想法。之后，索尼公司开始每周出版一次内部小报，刊登公司各部门的"求人广告"，员工可以自由而秘密地前去应聘，他们的上司无权阻止。另外，索尼原则上每隔两年就让员工调换一次工作，特别是对于那些精力旺盛、干劲十足的人才，与其让他们被动地等待工作，不如主动地给他们施展才能的机会。在索尼公司实行内部招聘制度以后，有能力的人才大多都能找到自己较中意的岗位，而且人力资源部门可以发现那些"流出"人才的上司所存在的问题。

**分析**　这种"内部跳槽"式的人才流动能给人才创造一种可持续发展的机遇。在一个单位或部门内部，如果一个员工对自己正在从事的工作并不满意，认为本单位或本部门的另一项工作更加适合自己，想要改变一下却并不容易。许多人只有在干得非常出色，以至感动得上司认为有必要给他换个岗位时才能如愿，而这样的事，普通人一辈子也难碰上几次。当员工们因自己的愿望无法实现而感到失望时，他们的工作积极性便会受到明显抑制，这对用人单位和员工本身来说都是一大损失。

一个单位，如果真的要用人所长，就不要担心员工们对岗位挑三拣四。

只要他们能干好，尽管让他们去争。争的人越多，他们就干得越好。对那些没有本事抢到自认为合适的岗位，又干不好的员工，不妨让其待岗或下岗，或者干脆考虑外聘。索尼公司的"内部跳槽"制度就是这样，有能力的员工大都能找到自己比较满意的岗位，而那些没有能力参与各种内部招聘的员工才会成为人事部门关注的对象，而且人事部门还可以从中发现一些部下频频"外流"的上司所存在的问题，以便及时采取对策进行补救。

这样，公司内部各层次人员的积极性都被调动了起来。当每个员工和管理者都朝着"把自己最想干的工作干好，把最想用的人才用好"的目标努力时，企业人事管理的作用也就发挥到了极致。

# 组织培训

# 英特尔的领导力培训

英特尔 CEO 贝瑞特以及英特尔其他高层管理人员，对英特尔的领导力提出了一系列要求。这些要求包括：战略的思想，商务执行能力，个人对公司的忠诚度，全球性的领导力——能够领导分布在全球各地的业务以及不同文化背景的员工。

首先，英特尔会找到并确定一些关键位置，这些岗位上的人员是要被重点培养的人员；然后去发现合格的接班人，寻找有潜力胜任这些岗位的人，为这些候选人提供一系列的领导力培训计划。

### 培训课程与形式

围绕着英特尔所提出的领导力要求，公司内部设有不同的培训课程，包括如何成为全球的领导者、如何管理全球性的组织、怎样成为一个战略性的伙伴等。

英特尔公司除了众多内部的课程外，还有许多外部培训机会。英特尔与许多著名教育机构合作，满足员工培训的各种需要。公司与许多国际著名的提供 EMBA 课程的教育机构合作，选派公司重点培训与发展的员工，去参加 EMBA 培训。

英特尔除了众多课堂学习培训之外，还通过许多动手、实践的机会培训员工。公司为候选人指定一名资深的管理者，这个管理者会为被培训者提供许多案例，让被培训者去具体分析这些案例，探究怎样解决问题。被培训者要汇报对案例的分析与解决的结果，进而获得相应的领导技能。

### 教练制

除此之外，英特尔还采取许多计划与措施来进行领导力培训，比如教练制。公司指定有经验的资深人士与高层主管作为被培训者的教练或伙伴，一对一进行结对，由比较有经验的人为员工提供管理咨询，从而达到培训员工、提高员工综合领导力的目的。

### 职位轮换与跨国工作

英特尔还通过岗位的调动、职位的轮换来发展员工的领导力。作为一家高度国际化的跨国巨头，英特尔非常重视通过跨国工作轮换来培训员工的国际化工作技能与领导能力，派遣有潜力的管理者到其他国家工作一段时间，锻炼他们的跨文化管理能力。

### "二位一体"

英特尔还在公司中施行一种"二位一体"任命计划。何为"二位一体"呢？即同一个职务同时任命2名经理人，给其中1名实习、锻炼的机会，将其快速培育为合格的英特尔经理人。

英特尔公司在几十年飞速发展的过程中，对企业管理人员的要求是非常高的，英特尔的经理们不断地加强自己、超越自己，才取得了今天这样的成就。

## 企业培训是否赔钱又折兵

B公司是一家中外合资服装生产企业，某年年初曾投资3万美元送6名中方经理到其欧洲公司总部接受近6个月的培训，回国后，这6名经理负责管理公司生产，他们的月薪高达4000美元。可是，"他们在同一天同时请了病假，然后再也没回来。"该公司人力资源部经理说，"一家在中国东北新建立的服装生产企业以8000美元的月薪挖走了他们。"

这家合资公司花了巨额培训费，却损失了中国目前接受过最佳专业训练的管理队伍。不仅如此，企业订单和销售渠道也跟着流失，由骨干出走而造成的职位空缺，因一时难以补充合适人才而使生产销售陷于瘫痪状态。该公司不禁感叹：企业培训，原来是一笔"花钱买流失"的赔本生意。

而此前该公司人事经理还提到公司一年前曾有两名销售人员辞职，辞职原因是，他们认为该公司缺少一套切实可行的员工培训计划，在这里干下去看不到发展的希望。为此，企业才不惜加大培训投入，没想到却导致如此局面。公司负责人深感困惑：企业正是为留住人才才耗费巨资进行培训，为什么培训反而加剧了人才流失呢？

受训员工离职是培训给企业带来的一个十分普遍又令人头痛的问题，也是培训发展的一大障碍。有的企业人事经理甚至感叹："不培训是等死，怎么培训了反而变成找死？"

**分析** 企业投资培养出人才，流动是正常的，不要因为个别人培训后跳槽就因噎废食。公司可以要求员工在接受培训前签订《培训服务协议》，规定员工接受某类培训后在本公司的最短服务年限，如果未满服务期要求流动，应补偿企业的培训损失。同时平时也要做好人才的储备工作，当出现人员流动的时候，不至于无将可派。当然，最好的做法是将人才培训和个人发展相结合，要计划员工未来的一两年内可能到达什么位置，让他们感觉到在公司的前途是看得见摸得着的，这个发展机会不是凭空许诺，而是实打实可兑现的。

## 谁应参加培训

这是在公司销售部会议室里的一场对话。

经理：对了！葛瑞！上次培训部要我推荐一位员工参加一个销售方面的培训。那是在外地的封闭式培训，上课地点好像还是一个风景区，时间是周四、周五、周六三天。你这两季业绩都做得很好，我想让你去参加。

葛瑞：那好极了，可以去放松一下。经理！那是什么课程啊？

经理：我也不清楚，反正培训部给我们一个名额，你去参加就是了。还有，工作要好好安排一下。

葛瑞：那要找谁做代理人？

经理：伊华，葛瑞不在的时候，你代理一下他的工作。

伊华：好吧！

吕强：经理！我也希望能有机会接受这类培训。

经理：可以啊！不过你这段时间的业绩不好，哪还有资格去培训？等你业绩上去了，我也会让你参加。

**分析** 培训的目的是提升员工的能力。为有需要的员工安排适当的培训，才能够达到训而能用、训而有用的目的。但有些管理者却搞错了培训的意义，反将培训当作一种奖励、福利。这样做的结果不但会浪费培训资源，甚至会产生负面作用：需要的员工心生不满，参训的员工也不见得因此获得激励。

许多经理人经常犯以下毛病：

（1）把培训当作福利或奖励，就像本案例中的经理一样，并未用心重视员工在培训上的需求。

（2）让大家轮流参训，看似人人平等，却成了形式化，浪费培训资源。

（3）更糟的是，看谁有空就让谁去参加，使闲人把培训当成公差。

这些错误的思维，会使得企业的培训无法达到应有的效果，反倒使大家对培训产生排斥心理，身为管理者不可不察！

# 可口可乐的培训

## 确定培训需求

可口可乐公司在中国的培训策略始于 1996 年，那时，公司建立了一支饮料特别队伍，为饮料厂提供培训。这支队伍一年后成长为一个正式的实体——可口可乐企业管理学院。该学院成立于天津，后来迁到上海。然而在 1998 年，事情发生了变化。新任的负责人力资源与培训的副总裁比尔·奥尼尔先生来到公司，他聘用史丹担任培训与发展部的经理。这两人以中国香港为基地，通过培训与发展来帮助提高市场份额和收益率。他们认真地审查了公司的人力资源策略。史丹解释说："众所周知，我们从零开始，然后开设了一系列培训课程，并且还拥有了一批授课的教员，但这仍不能满足企业的需要。"

在短期内，史丹对培训需求进行了分析。为了准确了解销售人员的情况，他与销售人员一起骑着自行车沿着上海的主要销售路线进行调查。他向顾客、工人和各种不同层次的内部客户咨询，包括史威尔和凯利总裁。

为了进行更深入的分析，下一步是雇用一家外界的培训咨询公司——宏成咨询公司。宏成派出 8 人小组到上海培训部工作一周，该小组检查了所有课程，并为课程登记、举办培训、保证良好的客户服务制订了程序。史丹说："他们为如何改进我们的方法、知识、客户服务和课程提供了建议。根据他们的建议，我们为所有需要做的事制订了 8 个月的工作程序图，包括将许多课程和方法传授给我们的员工。"

## 开展培训以满足经营需求

培训工作面临的挑战并不是缺乏培训，而是当前的培训没有与经营的需求紧密结合。史丹说："我们听过一些培训课，发现有些课程缺乏战略性，并且我们不明白这些课程的内容以及这些课与经营有何关联。不是向饮料厂说明发展计划，而是将培训的各种方案放在厂长面前让其做决定，这样的做法必将导致培训工作停滞不前，无人真正了解培训，而且也不了解其员工的培训进展。他们会问谁参加过培训，谁未参加过培训，谁想参加培训，这样的话，培训不会取得进展，没有人了解员工的实际水平如何。"

史丹认为，此地的工厂没有对员工职责或基本能力做严格说明，工作停滞不前。不停地招聘，许多员工从销售主管晋升到经理，但他们并不明白两个职位的区别。他们无法培训自己的员工，因为他们从未接受过培训。他们现在需要做的是坐下来与厂长协商，共同确定他们的员工应该具备哪些基本能力。

员工需要培训的主要技能是销售技能。"大多数员工是销售人员，就经营而言，是销售人员为公司创造了利润。"正如可口可乐分厂之一——上海申美饮食公司的销售部经理李先生所说，"这些职员具有销售技能，但缺乏销售管理技能。因此我们想把培训重点从销售技能转移到销售管理技能"。据史丹所说，这种培训涉及实际管理课程，包括各种技能，如怎样举办会议，怎样把课讲好，怎样进行有效的时间管理。

但培训仍然侧重于基本的业务技能。例如，建立和谐团队的技能其实对经营并不重要。"过去我们开设了许多团队建设及发展的课程，但是后来我们不开了，因为这些课对经营没有帮助。"史丹解释说，"上这种课有好处，它对维持员工队伍的稳定性有帮助，但最后我们想开设那些能够提高销售成绩的课程。团队发展的事情让部门自己去做，他们可以单独制订发展计划，并为计划编制预算。我们不想让培训部门与发展部门都考虑这件事。"

### 废除学院，建立"中国培训与成就机构"

于是，变革开始了。众所周知，这种改变是必要的。史丹说："大家都认为改变是必要的。对待此事我们并不是不积极。每个人都知道什么是必要的，但是也明白这不是某个人的错。进行改变并不是我们做错了什么事，而是因为我们在这方面未取得进步。"

"我们提倡用一种新型的培训机构取代可口可乐企业管理学院。"史丹解释说，"可口可乐企业管理学院根据人们的需要开设课程。该学院开设了大约40门培训课程，但许多培训单元有部分内容相同。该学院并未采用超前的方式，而是采用一种反应性的方式进行管理。"史丹决定彻底改变学院的面貌，包括更改校名。他说："该项计划是要对每一件事进行改进，对学院进行改组，并且把我们自己定位于中央培训与发展部门。"

史丹决定不建立一个有形的机构，或者像摩托罗拉那样建立"可口可乐大学"，但决定创立一个新实体，名叫"中国培训与成就机构"（COLA）。"我们不想将COLA变为一个学院或一个学术场所，而是想把它建成一个充满生机的机构。我们不仅想在上海建立COLA，而且想在中国其他地方建立更多的COLA。将来人们可以在当地的办事处接受培训。每个饮料厂位于不同的销售市场，具有不同的成熟度。"史丹说。

## 建立多层次的培训系统

客户队伍建立后，在 COLA 每一家饮料厂都有一名直接的客户经理，负责了解该厂的培训计划及其企业组织文化。"我们非常关心客户，并且可以修改我们的课程使之适应每一家饮料厂的特定需要。"史丹说。史丹的培训小组不仅要考虑饮料厂的位置，而且要考虑饮料厂的目标及经营策略。因此，课程要重新设计，教员也要重新接受培训，并且做事的新方法也要传授给销售人员。

## 形象、传播、销售

改变培训策略，用 COLA 取代 CCBMS 均需要一些重要的传播技能。可口可乐公司雇用爱德曼公关公司为他们制订传播方法。爱德曼为 COLA 制订了一个新的标识语，并建议他们每季发行一期业务通讯，名字叫"COLA 路线"。此外，爱德曼还帮助他们开发新形象。与以前的经营方式相比，这是一个明显的变化。史丹评论说："CCBMS 做的标牌颜色极不协调。有时是一种颜色，有时是另一种颜色。标牌上既没有图像，也没有海报、标语或介绍手册。许多厂长都不理解培训方案，因为培训材料取自不同时期，有的在纸上，有的在电邮上，并且未介绍我们提供哪些培训课程，如何报名。在内部看来，这样做根本不行。这项工作是为 COLA 创造形象以及创造一个新开端，告诉每个人正在发生的事情。我们不再是一所商业学校、一个学院，而是一个为您服务的机构。

COLA 所有的培训材料都采用与众不同的保健可乐类饮料的颜色——灰色和红色。COLA 还发行了一系列有关人力资本规划、管理发展课程以及技术课程的小册子。培训手册用活页夹装订成册，上面有 COLA 的颜色和标识语，并且海报、文具、销售人员的自行车反光镜、迷你收音机都印上了 COLA 的标识语，以便吸引客户。

## 对教员进行培训

可口可乐公司认为对教员进行培训非常重要，但要做到这一点并不容易。起初，宏成的教员就如何讲课对可口可乐的教员进行了培训，然后可口可乐的教员与宏成的教员共同讲授该课程，直到可口可乐的教员们能够独立讲授整个课程为止。史丹说："我们有些教员能够很快地独立讲授全部课程。而有些教员只习惯于讲授 1~2 小时的单元课程，而不能独立讲授全部的长达 2 天或 4 天的课程。最后，差不多我们所有的教员既能够独立讲授又能够与其他 COLA 教员一起讲授长达 4 天的课程，他们的能力得到很大的提高，这是一个巨大的进步，但是一开始也有障碍。许多教员都未真正经过严格培训，因此讲课时心里非常害怕。当初雇用他们时只是把他们当作培训策划者。现在面临着选择：是解雇他们重新雇用人员，还是给他们提供一次机会。如果他们愿意，让他们成为教员。他们当中有些人有教学背景或销售背景，这对他们成为教员很有帮助。我解雇了一些人，因为他们不适合这项工作，这种做法在可口可乐公司是罕见的。我们并未真正地解雇员工。我设法与剩下的员工沟通，若他们想成为教员，我将尽我所能帮助他们，但他们自己也得努力。"

当教员听到大家对他们的期望时，感到害怕。"他们只习惯于讲授 1 个或 2 个小时的单元课程。若厂家需要一整天的培训，我们将不得不派出 4 个教员去厂家，每个教员只讲授他自己的单元课程，这样太浪费时间与金钱。"史丹说。因此史丹为他们制订了一个目标，要求他们能够独立讲授长达 3 天的培训课程。史丹说："他们感到害怕。刚开始他们的目标是在第一个月能够讲授一天的培训课程。他们对自己能够做到这一点感到非常惊奇。在月底，他们力争达到讲授两天的课程。"

了解培训的作用对可口可乐的中国员工而言是一大主要难题。史丹认为，中国地区的员工从未见过世界级的培训机构是什么样的。"这不是他们的错。你应该向他们说明，为他们提供大量信息，鼓励他们，并说他们做事时能够达到世界标准。他们开始改变他们对事情的看法，并且相信他们做的事一定能够达到世界标准。现在他们自己负责培训。宏成走了，爱德曼也走了。"

### 信任是关键

"从外界雇用公司为你提供培训、为你传播信息以及为你提供其他服务，归根结底是一个信任问题。"史丹说，"你必须与你信任的人团结起来。爱德曼为了在撰写业务通信及传播信息方面提供有效的服务，他们必须完全了解我们的经营。若你不把相关情况告诉爱德曼，这对他们来说是不公平的。同样，这样做对宏成来说也是不公平的。我们会见了一些高层人员，同他们讨论我们的经营计划与战略，因为他们必须了解这些。我们信任他们，为他们提供不能让外人知道的资料，同样，他们也信任我们，为我们提供他们的资料和课程。"在服务提供者方面拥有一位出色的、对全局有重要意义的客户经理是至关紧要的，这样你可以避免没完没了地会见各种人员。"拥有一名了解经营并且具有独到眼力的人是非常有用的。"史丹说，"在可口可乐与宏成及爱德曼的合作中，每一个级别有一名人员代表公司与其他两个公司的代表人员合作。两家供应商在客户关系方面极其谨慎。每一次他们去工厂都要同厂长、区域经理及每一位员工交谈，问他们一些问题。例如，摄制组为什么来到工厂，或什么时候举办培训班。"

### 培训改革

培训改革仅在一年之后就取了很大的成效，培训费用从过去每日 300 美元降至每日 20 美元。1999 年 1 月和 2 月，教员们讲授的课程比 1998 年全年还多。讲授的课程一共增长了 400%。"培训改革彻底改变了我们的方法，使培训费用大幅度减少，提高了教员的能力以及我们的授课能力，并且建立了广泛的客户关系。仅用了七八个月的时间就取得如此大的成就，实在令人吃惊。"史丹说。

课程安排也有了很大的改进。COLA 现在不安排 16 个部分内容相同的，时间长达半小时的培训单元，现在它为主管人员的课程安排了 3 个明确规定的培训单元，包括如何销售，如何管理自己的销售区域，如何提供优质的客户服务。

史丹承认，要把企业变成一个学习文化的机构还有很长的路要走。"企业仍然把工作成绩作为衡量标准，因此当有许多销售工作要做时，人们将停止培训，而且也不为培训编制预算或制订计划。让每一名员工参加培训，并且把企业变成一个员工对其自身发展负责的培训机构是一项艰巨的任务。这是一种文化改革，是对可口可乐文化的改革。奥尼尔先生希望可口可乐有朝一日能够将培训工作完全移交给饮料厂的管理人员。我们鼓励他们，让他们集中精力，充满信心。现在我希望他们自己能够把培训工作做好。"

史丹说："那个目标实现以后，最终目标是使学习机构向教学机构发展。我们想把企业转变成一个教学机构，在那儿人人都是教员。你只有学会了才能教。关键的一点是我们学了，但是我们把学到的知识传播给别人了吗？希望可口可乐的每一位员工不仅要把精力集中在销售额和利润上，还要把精力集中在培训与发展上。过去我们取得发展的唯一途径，是我们不断地培养内部员工和提高我们的自身能力。我们的使命是：成为中国地区的最佳培训机构。一年前我对我的员工说过这句话，他们转动着眼珠，不相信我说的话。现在他们即将达到这个目标。"

完善的培训体系是可口可乐强大的重要因素。

## SAI 的培训尝试

SAI 是一家高科技制造公司，它的业务领域涉及：航空领域，主要提供除主机外的其他产品及服务；汽车领域，包括为福特、通用等汽车制造公司提供涡轮增压机，排放废气回收，安全带装置等；工程材料领域，包括工业纤维、特殊化学原料等。这家在 90 多个国家设有分公司、拥有 6 万多名员工的大型集团公司，为得到进一步发展，几年前就把全球化作为其发展战略之一。其在 1997 年又提出，全球化的重点区域在中国、印度和东欧。

SAI 在中国设有 14 家独资和合资企业，自在上海成立第一家独资的涡轮增压机公司后，又先后在广州、厦门、苏州、开平、南京等地设立了公司，并与上海东方航空公司、龙华机场等合作，成立了一些合资企业。SAI 在中国的企业共有 760

多名员工，其中 28%～30% 属管理层，多为大专以上文化程度。在有些公司，甚至连操作员也具有大学本科文化程度。

在此基础上，1995 年成立了 SAI 中国控股有限公司。

事实上，控股公司是一个非常精干的组织，它由人力资源部门、财务部门和信息系统三部分组成。控股公司的主要职责是为遍布全国的各独资、合资公司提供服务，其人力资源部门的主要功能，一是制订统一的公司人力资源政策，二是为各个公司提供培训和开发服务。

自 1991 年起用新的总经理以后，SAI 公司一直以较高的增长速度发展。究其原因，其中有一条便是非常注重员工的成长和发展。总经理认为，公司的成功是和每一个员工的参与分不开的。一个公司要想得到发展，就必须有一支训练有素、有能力并愿意为公司奉献的员工队伍。正因为如此，公司每年为每个员工提供 40 个小时的培训，并要求高层经理每年花 40 个小时对下属员工进行培训。这能帮助员工更好地完成他们的工作，同时也有助于高层经理自身的业务发展。在公司 1998 年的三个目标中，有一个目标便是通过不断学习来增强竞争力。

SAI 这种"以员工为根本"，注重员工培养和开发的思想是 SAI 中国控股公司培训部在对其中国员工进行培训开发时的一个基本点。

隶属于人力资源部的培训部成立至今，只有经理罗斯一个负责了解各公司企业的培训需要，帮助它们制订培训计划和培训方案，设置培训课程等。与一般公司中的培训部门有所不同的是，罗斯必须设法使她的培训部收支平衡。用她的话来讲，要"brea keven"（不能亏损）。也就是说，罗斯向各个公司提供的服务不是免费的。这可以说是现代人力资源管理试图证明自己并不仅仅是成本中心的表现。当然，这种方式一开始并没有被中国境内的 10 多家 SAI 企业所认可，许多企业开始甚至不愿意接受这种服务。不过随着罗斯的努力，事情发生了变化。

SAI 公司在美国总部设有一个很好的培训基地—— SAI Training Center（SAI 培训中心），拥有非常先进的教学设备以及完备的课程体系，为世界各地的 SAI 公司提供培训，SAI 在中国的许多企业最初也是从 SAI 培训中心接受培训服务的。多数公司在经过他们的培训以后，虽然觉得这些培训课程很多也很好，但费用太昂贵，而且几乎所有的课程都是美国版本，有些并不适合中国的情况。因此一些企业抱怨：花了大钱，没有学到什么。也正是在这种情况下，罗斯的培训部开始运作了。

罗斯做的第一件事便是了解中国 SAI 企业的培训需求。她花了 4 个多月时间，走遍 SAI 在中国的所有企业。在每个企业中，她与高层经理、中层经理及员工代表进行深入面谈；在与高层经理（主要是区域经理）、市场副总裁进行的面谈中，她的重点是了解近 5 年中企业的发展目标、投资意图及对员工发展需求的看法。罗斯与 14 家 SAI 中国企业的 70 多位高层经理进行了面谈。据此，她制订了一个为期两年的专门针对 SAI 中国企业的培训计划。该培训计划把培训重点放在管理技能的培训上，因为从员工的总体情况来看，层次越高，专业技术能力就越强，但在管理能力上显得不足。

由于罗斯的培训部只有她一个人，于是她请来了公司外的咨询公司一起来制订培训项目。经过精心的研究和设计，他们设计了针对管理核心能力（Key Compentence）的系列课程: You and Your Boss( 你和你的老板 ), You and Your Surbordinate( 你和你的下级 ) 和 You and Your Colleague（你和你的同事）。这三个系列培训项目是相辅相成的，每一个系列都有自己的侧重点。第一个项目侧重于让员工们形成一种专业化的工作方式，学会如何从上级那里接受信息，如何给予上级反馈，进行良好的沟通，如何进行时间管理；第二个项目则侧重于培养员工形成教练他人，进行有效沟通的技能；而第三个培训侧重于团队合作，让员工意识到他是团队中的一员，了解他所扮演的角色，培养其具有团队意识和团队精神。

培训课程主题设计好以后，他们又开始了课程内容的编排。考虑到以往中国企业和员工对美国版本的反应，在这次编写时，所有案例都来自中国 SAI 企业，并且还进行了更进一步的尝试，将这些课程拍摄成录像，供培训中使用。罗斯邀请了其他公司的一些培训经理、培训讲师客串录像中的角色。从培训课程的设计到最后拍成录像，共花费了 16 万美元。罗斯的感觉是，似乎在中国国内还没有企业进行过这样的培训当地化的工作。不过，这项工作得到了总部的支持。

课程设计完成后，在南京某航空附件有限公司首次讲授。该公司是提供飞机环境控制服务的一个新的小型公司，拥有 40 多名员工。培训后，反响很热烈。参与者一致认为课程符合中国实情，并且觉得控股公司在帮助下属公司做事情，而不是仅仅告诉他们怎么做。由于这是一家新的合资企业，许多人都是第一次参加培训，所以对这种新颖的培训方式（讲授、录像、讨论相结合）很感兴趣。虽然对每个参训者的收费达 350 美元，但培训还是很受欢迎。

第一次培训的成功增加了罗斯的信心。接着，又在广东开平 SAI 工业纤维有限公司进行了再度尝试。这家公司是 SAI 在中国成立较早，发展已较为成熟的合资公司，由于大多数员工以前已接受过一些管理技能方面的培训，因此他们的反应不如在南京那次那么热烈。一些参加者指出，案例虽是中国的情况，但过于简单，没有讨论的必要。针对这样的情况，罗斯的下一步目标是进一步完善这类课程，并修改这些案例。

SAI 的案例式培训在投入方面并没有花费很大的工夫，却取得了很好的培训效果，这与公司培训部详细分析培训需求，有针对性地开发培训课程密切相关。

## "快而好"的员工培训

快而好快餐公司成立了不足 3 年，生意发展得很快，从开业时的两家店面，到现在已形成了由 11 家分店组成的连锁网络了。

不过，公司分管人员培训工作的副总经理张慕廷却发现，直接寄到公司和由"消费者协会"转来的顾客投诉信越来越多，上个月竟达 80 多封。这引起了他的不安和关注。

投诉中并没有什么大问题，大多都是鸡毛蒜皮的小事，如抱怨菜及主食的品种、味道、卫生不好，价格太贵等；但更多的是服务员的服务质量问题，不仅态度欠热情，上菜太慢，卫生打扫不彻底，语言不文明，而且业务知识差，对顾客有关食品的问题，如菜的原料规格、烹制程序等常一问三不知。还有的抱怨店规不合理而服务员听了不仅不予接受，反而粗暴地反驳；再如发现饭菜不太热时要求退换遭拒绝，等等。

张副总分析，服务员业务素质差、知识不足、态度不好，也不能完全怪她们。公司因为生意扩展快，大量招入新服务员。她们草草接受半天或一天的岗前集训，有的甚至未经培训就上岗干活儿了，当然影响服务质量。

服务员们是两班制。张副总指示人事科杨科长拟定一个计划，对全体服务员进行两周的培训，每天 3 小时。培训在服务员的业余时间进行，开设的课既有"公关关系实践""烹调知识与技巧""本店特色菜肴""营养学常识""餐馆服务员操作技巧训练"等务实的硬性课程，也有"公司文化""敬业精神"等"虚"的软性课程。张副总还准备亲自去讲"公司文化"课，并指示杨科长制订"服务态度化奖励细则"并予以宣布。

该公司的培训效果显著，以后连续两季度，投诉信分别减至 32 封和 25 封。

普通的小企业培训，只要方法正确、组织规范，就会取得很好的效果。

## 惠普的销售培训

在惠普中国公司，对销售人员的培训有两方面的含义，一方面是长期性质的解决方案,它就像是一个路径图,告诉销售人员在什么时间应该具备哪些能力、掌握哪些知识。这是一个较长时间的积累过程,可能需要2~3年或3~5年,最终水到渠成地完成量变到质变的飞跃。另一方面指近期解决方案,在时间紧、任务重的压力下,通过上一门培训课或者组织集训班,进行针对性较强的培训。惠普认为,解决方案的两个方面是缺一不可的。

### 集训班运用三种手段

在组织销售集训班的过程中,惠普有三种实施方案:

拿来。当发现合适的专业培训机构时,惠普会把专家请进来。当然,目前这种可以直接"拿来"的课程并不多,而且多限于知识传递类型的课程。

调整。当培训公司能提供的培训内容并不都符合要求时,惠普会按照业务部门的要求把内容进行改编。如果培训公司的课程内容很好,但讲课的老师不令人满意,惠普就派自己的销售经理出去听课,获得此课的授权讲课资格,然后回来自主授课。

自编。销售人员培训最大的挑战是找不到合适的解决方案,此时惠普采取自己执笔主编教材的办法。挑选几位最出色的销售人员和经理,采访他们,让他们谈是什么因素使他们成功的,然后把采访记录整理成文件,交给管理层审核、修改后作为培训教材。

### 集训班之魂——角色扮演

有些培训没有带来预期的效果——行为的改变,原因之一就是培训中理论太多,实践太少。为了增强培训效果,惠普专门为集训班编写了一个系列角色扮演脚本。以惠普业务部门优秀的销售人员的成功案例为蓝本,针对IT行业和惠普的产品编写充满实战性的练习教案。要求销售人员在每天晚上下课后,分成4~6人一组,用当天所学的技巧真实地演练客户拜访,现学现卖,从而加速行为的改变。

由于集训班是把3~5门销售课程放在一起,而每天的角色扮演,犹如一条线索把这些根本不相关的培训课串在一起,起到了画龙点睛的作用,因此,角色扮演被称为集训班之魂。

### 集训班之源——销售经理

根据脚本,集训班需要若干人扮演客户或合作伙伴的角色,公司里众多优秀的销售经理就是现成的宝库,他们有非常丰富的客户经验,能把各种场合下、各种性格、各种态度的客户演得活灵活现,让销售人员用所学的知识、技巧和态度来应对和引导客户。因此,惠普把销售经理称为集训班之源。

由于邀请的经理多数就是参加培训的销售人员的直接老板,也有上一级经理,因此他们在扮演角色时不仅可以直接向员工介绍自己的经验，为员工做当场指导，同时还可以观察本部门的员工在集训班的学习表现。

### 集训班之镜——多面点评

每次角色扮演之后，还要花很多时间来做点评。惠普认为，这是一个非常重要的获取全面反馈信息的机会。点评一般围绕职业销售人员在一般销售场合下应做到的动作、应具有的素质和心态展开。

点评是多角度、多方面的。培训讲师的点评强调课堂理论在角色扮演中的得与失，销售经理则专门点评在销售过程中需要经验积累的常识。成人学习最有效的方式之一是从同事身上学习，所以惠普的集训班还很重视学员之间的点评。点评在集训班中的作用是为学员提供一个多面镜，让他们清楚地看到自己在销售中的优势与劣势，因此被称为集训班之镜。

**分析** 惠普公司的培训能取得很好的效果，其根本原因在于综合采用各种培训方式，对公司的各个业务流程进行有效的培训。

## 不一样的员工培训

美国运通公司的新进员工培训，员工不是走进教室听课，而是在模拟公司客服中心的培训中心受训。该中心所有的陈设，小至办公桌的摆设都与真正的客服中心一样，让他们了解实际的工作情形。

新进员工接受在线培训课程后，使用在线角色扮演，回答模拟的顾客来电。员工如果犯错，会立刻获得回馈及建议。公司记录每名员工的表现，如果发现某员工学习进度落后，会请培训中心处理。

这种新型培训为期 32 天，取代过去长达 12 个星期的传统式课堂培训。当初中

心之所以设计新的培训方式，是因为过去许多新进员工在接受课堂培训时，表现似乎都没有问题，但是正式在客服中心工作时，却因为办公室环境太嘈杂，或无法应付太快的工作步调而辞职。

运通公司的客服中心新进员工的辞职率较低。不适合这份工作的员工，无论公司或员工自己都会提早发现，因此替公司节省了许多培训经费。此外，公司也较容易预测员

工将来的实际表现，主管可以根据员工在培训时的表现，规划他们正式工作后需要的个别培训。

**分析**　运通公司的培训就是模拟实际工作的进程，这对某些服务类企业很有启发。

## IBM 自助餐式的培训

新员工进入 IBM 后，要先进行 4 个月的入门培训，再经过一年的实习，通过师徒帮学，培养学员学习新技能、接受新观念、适应新环境的能力。

实习结束后，就到了选择什么路的时候了。IBM 提供的是"自助餐式培训"，由员工自选培训项目。年初，员工要做工作计划和个人发展计划，提出继续深入做现有岗位工作或是变换岗位的职业生涯发展计划。如果决定继续做现有岗位，员工可以提出自己还需要参加哪些培训，想参与哪个项目，也可以要求继续有一个师傅带自己。如果提出变换岗位，要说明现有素质能力及如何适应新的岗位。

IBM 向员工提供管理和专业两种成长渠道，让员工有多种机会和广阔的空间去发展自己的职业生涯，实现个人的职业理想。员工在自己的职业生涯发展规划中，如果提出想做经理，在管理方面发展，公司则要考查该员工是否有这个潜力。如果考查结果认为他有发展潜力，则把该员工的资料存入经理人才储备库，并列入经理培训计划中去，在适当时候让其接受 3 个月时间的经理人员培训。经理培训内容包括学习管理技巧、训练领导才能、扩大视野、熟悉跨部门的关系网络。另外，还给学员一个具体项目做，体会作为团队领导的责任和义务。课程合格者，当遇有经理职位空缺时，可以立即上岗。

如果员工想做技术人员，在专业方面发展，IBM 也提供了广阔的发展空间，可以一级一级地向上发展。当发展到一定级别，并且具备做过一定项目、带过新员工、在公司培训中教过一定课程这三个条件时，就可以参加公司专门组织的考试，并进行答辩。答辩合格者，给予相当于高级职称的级别，这个级别和管理职位的总监平级。

IBM 建立了网上大学，给员工的自选培训提供了更多便利。网上大学开设了几千门课程，并向员工提供资金账号，供学员根据自己的时间随时安排学习，解决了学习、培训与工作冲突的问题。课程形式既有教材学习，也有真实或虚拟项目训练，具有较强的实用性。每个员工可以提出自己需要去参加哪些内容培训，只要与工作有关，公司一般都会同意。IBM 专门有一个学费报销计划，给参加培训的员工报销学费。公司还欢迎员工主动和经理讨论自己的学习计划，以保证学习计划与个人业务发展、公司的业务环境相符合。

"自助餐式培训"体现了企业"尊重员工，协助自重；适才适职，发展潜能；人才培养，技能提升"的培训思想，在平等、尊重的环境中，向员工提供充满挑战性的工作、系统的学习和培训以及成功的机会，强调员工在工作中的价值和满足感。

**分析** 利用先进的信息技术对企业员工进行培训，IBM 等大型企业的先进经验是值得我们借鉴的。

## 用最少的钱，做最有效的训练

美国健康伙伴公司负责处理民众的医疗保险业务。1999 年，公司投入两年半的时间和 300 万美元所更新的数据处理系统启用。公司希望通过这套系统提高工作效率，但是该系统却遭到员工反对。

这个新系统的操作方式复杂，虽然公司曾经砸下大钱，从外界聘请讲师教导员工如何操作新系统，但是因为系统装设延误，大多数员工都已经忘了如何使用。面对不熟悉且难以操作的新系统，员工士气跌到谷底。

《劳动力》杂志日前报道，当时人力资源部门有创意地解决了这个问题，避免重复花费更多的训练预算，以及员工的工作时间。

人力资源部门邀请员工担任老师，解决了训练预算有限的问题。他们从公司内寻找之前在训练中表现杰出的员工，说服他们担任第二次训练的老师。

然后，人力资源部门把训练分解为一系列 45 分钟长的课程，无须再次耽误员工工作时间。员工很容易抽出时间接受训练，而且公司重复提供相同的课程，供员工需要时温习。此外，在课程中，有部分时间让员工讨论使用新系统时的压力，安抚了员工对改变的恐惧情绪。

由于这个创新成功，公司把它推广到其他训练上。现在，公司通常向外聘请训练师资，训练部分员工，等到这些员工熟悉训练主题后，再由他们训练其他员工。根据健康伙伴公司估计，训练经费可以节省一半以上。

以一系列简短课程取代单次长时间的训练，也有许多优点。公司目前的训练课程，单次都不超过一个半小时，而且在公司内进行，让员工更方便、更省时，不需担心接受训练时，工作进度一下子落后太多，间接增加了员工接受训练的意愿。公司相信，当课程过长时，员工通常无法完全吸收，给予他们扼要及容易了解的信息，才能让他们回到办公桌时，可以直接实际运用。

当担任老师的员工分身乏术时，公司会提供他们教课的必要协助。例如，有一名主管具备担任老师的资格，但是他因为工作太忙而拒绝，后来人力资源部门派人找他谈话，把他的想法整理成教材，这位主管只需在上课时出现，事前不需花费太多时间准备。由于人力资源部门配合得宜，这位主管也乐于担任老师。

**分析**　怎样提高培训效率、降低培训成本？每个企业都可以根据实际情况采取相应的措施。

## "公司纲要"培训游戏

英国电信公司是欧洲最大的上市公司之一，向数百万客户提供包括国内长途电话、国际长途电话业务在内的各种通信服务。英国电信公司的年营业额超过210亿英镑，雇员多达136000人。大部分雇员都在位于英国的总部公司工作。

英国电信公司在英国北部地区的业务遇到了管理培训的问题，此时，它偶然发现了一个非常有创意的解决办法——派45个一线工程经理去玩游戏。英国电信公司聘请一个外部的培训机构培训概念公司来组织整个活动。培训概念公司是百联有限责任公司在英国的特许品牌使用商，百联有限责任公司则是"公司纲要"的发明者。

"公司纲要"是由3个游戏组成的，这3个游戏分别是行星模拟、服务模拟和团队模拟。三者结合起来，为客户提供多层次的商业模拟。这三种游戏都是大规模的圆桌游戏，占用了大概一张中等大小的会议桌的表面那么大的地方，使用了卡片、可移动的小物件等，另外还配有与课文相关的学习材料。这些设计的用意在于，使经理人能够在一个相对舒适放松的环境下，想出日常工作中遇到的问题的解决办法，并且对解决办法做简要的描述。这项游戏的目的在于提供实用性、可持续性和可测量性方面的培训。

行星模拟游戏主要使用一张太阳系的天象图，图上面的行星代表了人力管理和培训的关键领域，其他的星体则代表了影响员工行为和经理决策的各种因素。该游戏的目标成果是制作出一份员工培训计划。对于英国的公司而言，还可以附带得出人力资本投资方面的结论。

服务模拟是一种设计和改进客户服务系统和客户关系、培养客户服务文化的游戏。在游戏中，经理们组成小组，用砖块搭建起一座塔。这些游戏中的砖块代表着优秀领导工作的关键因素。该项游戏的目标成果是设计出一个应用非常广泛、全面的全球客户服务体系结构。游戏需要充分利用企业内部不同员工的不同才能来达到商业目的。它强调通过对多样性才能的管理和对人际关系的影响来"使你的屋子变整洁"。游戏中，经理们努力创立一支灵活性、操作性都很强的团队，相互之间展开竞争。为此，他们要协调不同员工的不同行事风格和个性，以求达到最好的效果。目标之一是使经理们学会最充分地利用团队资源，在不同的岗位安置最合适的人。

### 让游戏发挥作用

信息输入促进游戏进一步发挥作用。这些信息都是不言自明的，但是经理们都从中受益匪浅，因为他们相互之间可以对游戏中的情形进行讨论，并且把它们与以前的经验进行对比。在许多情况下，游戏中还用到了戏剧，由演员们扮演游戏中的角色。

以英国电信公司为例，参加培训的经理都是从纽卡斯尔地区来的工程师，他们在工作中发现自己很难胜任管理工作，因为他们基本上都是刚刚被提拔到经理职位上的。他们不是自愿参加这项培训的，而是迫于上层的硬性要求。最初，他们并不认为他们需要这种培训，至少可以明确的是，他们不想玩游戏。

但从一开始玩游戏起，他们就被吸引住了，并且全身心地投入了进去。在培训后的反馈中，他们对这种富有创意的方法给予了高度评价，称赞其在增强工作动力方面的作用，并且认为它具有很高的学习价值。回到工作中以后，他们将学到的东西付诸实践，不但认识到了管理和其他人力培训手段的重要性，而且在他们的管理工作上也做出了更大的贡献。

> 培训游戏在企业培训中起的作用毋庸置疑，但怎么让游戏的效用发挥出来？相信英国电信会给我们更多启示。

## 标准人寿保险公司的开放式培训

标准人寿保险公司是欧洲最大的互助保险公司，也是金融服务业的巨人。在标准普尔对财务能力的评级中，它被评为"AAA"级。它管理的资金多达750亿英镑，在英国的雇员达到了9000人，其中7000人是在公司总部爱丁堡工作的。

### 开放式的培训中心

1996年，标准人寿公司首次开设了开放式培训中心来为员工和管理层提供传统培训课程以外的另一种学习方法，帮助公司的每一位员工发展个人能力。

从那时起到现在，又进一步开设了6个中心，分别位于公司在爱丁堡的6幢大楼内。这些学习中心里配有标准的多媒体电脑、视频和音频播放设备、软件、独立的个人学习室以及为培训或会议准备的各种大小的房间。

这些学习中心拥有1500多种不同的资源，其中包括800本书、300套录像带、300套在电脑中使用的学习材料（主要是在电脑光驱上使用），还有100套录音带。通过参观学习中心、请教OADC的工作人员或者浏览内部网站，公司的经理和员工们就能发现这里面具体都有哪些资料。OADC 的工作人员可以帮助预订这些学习资料，以确保经理们来的时候就能够得到这些资料，并且会告诉他们如何使用这些资料。如果经理们不能够进入爱丁堡的其中一家学习中心，还可以通过邮寄的方式借书。经理们能够在他们办公室的电脑上使用多媒体资源。

OADC 的员工管理着整个中心，提供各种图书馆的服务，提供培训建议，并且会在个人学习费用上提供建议。

### 资源

OADC 所拥有的资源范围非常广泛，包括寿险和养老金方面的产品知识，适合操作性培训所需要的材料、几乎所有的管理培训涉及的领域、一般的商业知识、IT 技术和任何能够提高公司员工个人能力的相关资料。它们和许多公司范围内的其他组织有联系，包括能力小组、客户满意项目、管理贡献项目等。

现在，公司仍在计划继续建设和发展 OADC 的服务。不仅仅是更多和以前一样的学习中心，还会增加能够直接在电脑上使用的服务，这也从另外一个方面说明，专业的学习资源中心和基于资源的学习是不矛盾的。

 标准人寿基于强大的学习资源库，提供了极其丰富的培训教材。

## 指导手册的作用

克瑞·奈多是马来西亚一家制造公司的商务经理。其所在公司主要生产国际名牌电器的部件。克瑞的职责是联系品牌所有者，确认业务机会，协助获得制造合同，确保遵守合同。这是个竞争非常激烈的行业，存在很多类似的制造公司，价格低，利润少。

### 接受指导

当克瑞加入公司时，他不得不经历一个复杂的指导过程。每个阶段由不同职能的专家解释他应该遵循的程序。采购经理教他如何填写各种表格，确保每份合同所需要的原材料能够按时到达；财务经理讲解了每份工作所涉及的账目清算步骤；人力资源经理介绍了雇员资源系统；商务经理的职责就是确定并传递全体职员的需求；产品经理解释了实现一个新订单的通知程序等。所有这些经理采用同一种指导方法，即把文件放在面前的桌面上，

然后一行一行地进行讲解。

克瑞觉得很无聊。他做销售和客户服务的背景使他更喜欢与人交流或者进行商务谈判，他更愿意从事一些富于创造性的活动。他很清楚自己必须掌握这些细节，按时完成管理任务，但却很难集中精力去记住这么多的操作步骤。在他工作的第一年里，他成功地争取到了一些合同，但是却犯了许多操作程序上的错误。虽然这些错误并未带来巨大的经济损失，但仍引起了很多不便，也使他的上级十分不悦。

### 再次接受指导

第一年末，克瑞要求上次指导他的所有经理再次讲解一遍。他们拿出了那些表格，按照和以前相同的步骤，指导克瑞填写每部分。克瑞发现这次指导比上次更有帮助，他现在大体明白了他需要做什么，那些文件也变得熟悉了，他的压力也逐渐变小。他提出了很多问题，不仅弄明白了他的任务，而且还明白了为什么他需要这样做，这一点是至关重要的。

克瑞认为，工作一年之后再次接受指导会比第一次更有帮助，但是他也承认这些指导信息在工作初期是必需的。这似乎是一个无法调和的矛盾，但是当他观察到工作开始后生产线上的情况时，他就改变了看法。在每个车间都放置着成沓的卡片，每个工作场所都有指导手册，上面记载着操作步骤。当雇员拿不准该如何操作时，他们首先会查一下那些书面指导。

结论是很明显的——他也应该记录下一套商务经理的任务细节。但是这还没有成为现实。克瑞是公司中唯一的商务经理，他再也不需要那些书面指导了。克瑞想，如果他有时间，他会在调离职位之前写下这些指导。如果不这样做，他的继任者恐怕又要经历他所经历过的那些指导培训了。

 企业应该把职位的指导手册作为培训必备材料，这样对于企业的管理有很大的好处。

## SD 公司的培训

SD 是一家高度重视员工培训的公司，设有专门的培训中心。中心制订了严密的培训体系和课程规划，并组建了自己的专兼职讲师队伍。据人力资源部门统计，管理干部全年的培训时数达 96 小时，这个数字甚至高出了很多跨国公司。公司每年有 500 万的投入用在培训上，但同时令人力资源经理头疼的是，公司的员工流失率也很高，管理干部的流失率在近年平均达到 32%。流失的人员目前不用对公司做出任何的赔偿，公司反而贴进不少的离职成本。

面对如此高的培训投入和人员流失率，公司总裁常自我安慰说："我们是在为社会做贡献。"对于这样的状况，公司该如何设计培训投资保证手段以减少公司损失，保证投资者利益？如要推行赔偿金制度，该如何设定赔偿金额？

**分析**

解决培训投入和人员流失的矛盾，有如下方法：

首先，公司在制订培训计划并在实施过程中，应该根据企业的发展规划、战略目标，分析现有员工应该接受什么样的培训能保证目标的实施。

其次，在员工接受培训之后，应该给员工一个自我发挥的余地，如升职、加薪、调到更能发挥其能力的岗位等，努力减少员工的流失率。

最后，在进行大量的培训之前，应与员工签订一定的赔偿违约合同，保证员工在接受培训之后能在公司工作一段时间，把其接收的知识运用到工作中来，使培训见成效。

## 培训成本低，质量却好

贵州有个家族企业，在与柏明顿公司合作时，柏明顿的顾问师为这家公司设计了多元互动的培训系统：专业技术培训全部由各事业部技术骨干担任培训师，用课堂讲授普及基本知识点，用学徒制提高应用水平。

管理技能上，把引进外部课程的一部分经费转向建立内部图书馆，购置了经典财经管理类书籍、光盘和期刊等供员工（尤其是经理人）自助阅读，辅以循环播放视频课程，引导大家把理论工具创造性地运用到工作实践中，定期举办读书沙龙和应用案例分享活动。

人力资源部还组织培训师反复观摩名师课程，精读相关书籍，整理编写管理教材，不断提高备课授课水平，一年多下来，很多工作能力出色，又善于表现的培训师脱颖而出，随着这支队伍的扩大和对课程驾驭能力的提高，培训课程逐步深入到公司的每个层面。

开放式知识分享模式的好处在于共享越多，单位成本就越小，潜在效益越高。

**分析**

知识是无价之宝，培训却并非高价。投资学习无疑既能提升整体素质，又能稳定员工心态，一箭双雕。所以，企业老板要做的是用较低的成本，尽量提升培训的质量。

# "五斗米"公司的员工培训模式

"餐饮行业的员工培训大部分仅立足于对服务人员的技能培训,我们现在要做的就是要把整个员工的培训进行整合,除了普通员工服务技能的培训,还要搞基层和中高层管理者的督导培训。"重庆"五斗米"饮食文化有限公司五斗米乡味庄(以下简称"五斗米")的副总经理周志红是这样评价他的员工培训模式的。

技能培训:标准化+个性化。

周志红说:"受餐饮企业特殊性的要求,我们从来不敢忽视对普通员工的服务技能的培训,但是与其他餐饮企业不同,我们强调的是培训的标准化和个性化。"对于标准化,"五斗米"包括两个层次,一个是服务人员服务程序的标准化,另一个是技术人员工作的标准化。

在"五斗米",每一位服务员在迎接客人时的程序都是一样的,每说的一句话也都是在培训中学的,先介绍什么菜品,后介绍什么菜品,甚至什么酒倒在杯里是多少也是相同的。周志红说,这就是培训标准化的结果,在培训前对这些东西做了量化,培训时员工也是一一实践的。餐饮业的技术人员主要是指在厨房里工作的员工,为了标准化,"五斗米"的培训是全部定量,如某一菜品在锅里的时间,某佐料在某一菜品里的量都有标准,让员工按标准操作。

对于个性化,"五斗米"强调整个企业文化的个性化和服务的个性化,在培训的时候,"五斗米"会传授给员工"五斗米"的独特经营理念。同时设置多个场合,如顾客喝醉了酒、顾客很挑剔、顾客心情不好等,通过对场景的剖析,制订"五斗米"的处理方案,即采取个性化的服务。

个性化还强调对员工个人魅力的培养。培训的时候,"五斗米"会通过测试了解每一个员工的个性特点,突出一个人的服务个性,比如服务态度很好,交际能力很强,或者协调能力很强。通过个性的突出来服务不同的顾客。

督导培训:提高管理水平。

"五斗米"的督导培训实际上就相当于对管理层的培训。管理层分为三个层次,基层、中层和高层,基层主要包括领班、组长;中层主要是部门经理;高层主要是企业负责人。

企业负责人都有比较多的实践经验,他们需要更高级的学习,"培训"一词已经不是很适合他们了。所以,"五斗米"的督导培训更多是针对中层和基层的。两个层次都有不同的课程,但大体上有很多相通的地方,基本内容是相同的。

周志红说,最基础的培训内容包括:如何做好工作计划,如何解决问题的程序,如何开好班前会。

在如何做好工作计划的培训中,要帮助员工认识到工作计划做什么和为什么做、何时做和何地做、何人做和怎么做等基础理论。

在培训员工了解解决问题的程序时,"五斗米"会把整个餐饮业的流程做详细地分解,然后把受训者融入具体角色。在完成基本的知识培训后,企业的中层和基层管理者都会在管理的基本原理和技巧上有所体会。

同时,"五斗米"认为,要想成为"五斗米"优秀的中层领导者,必须自觉做到这几点:替基层干部描绘远景,在其心中预筑美景及生涯规划。《五斗米培训规程》里规定,每一个中层干部,每年都要向他的下属提供一份企业的发展蓝图,并且向下属传达通过努力一定能够获得成功的坚定信念。

因为管理是接触人的工作,"五斗米"为中层管理者制订了亲和力培养计划。管理者必须在一周之内认识自己所管的人员,两周之内认识整个企业的人,要求管理者主动和顾客接触,每个管理职位都以一周为单位,规定了认识不同客人的人数。例如,部门经理每周必须认识 20 个不同职业的客人。

由于竞争激烈,餐饮的发展对创新要求更高。对中层干部的创新能力培训也成了"五斗米"的培训特色。他们经常做的一个游戏就叫"创意总摆在我们面前",游戏要求每一个参加的中层干部在题板上写出最时尚的词语,并可以创造新的词语,但要给出合理的解释,最后让大家评选最佳创意。

培训形式:理论 + 场景。

对于餐饮业的员工培训,现在出现的问题要么是只强调理论,要么就是只讲操作。周志红认为,两种方式都具有片面性,如何把二者有机地结合起来,"五斗米"想到了自己的高招,那就是做情景案例。

"五斗米"的培训一般是 1 / 3 的理论加 2 / 3 的操作。

在理论方面,主要是一些服务领域的常规要求和工作流程。

为了弥补理论的不足,"五斗米"将餐饮行业中可能出现的情况都制作成了情景案例。这些情景案例来自第一线,每次发现新的情况后,部门都会收集员工的实际案例,制订出典型案例。在培训中,培训师就把案例搬出来,针对一个具体的案例做分析,把员工当成事件的当事者,叫他们谈处理的方案。如果还不能解决问题,"五斗米"还会让员工实际去操作这些案例。周志红说,他们的每一次培训都会有新的东西出来。培训师要讲案例,员工也要讲出自己的案例。当然对于处理的方法,也不是只有唯一的答案,员工要针对不同的情景和不同的人来灵活处理。

这是一次普通的情景培训,培训的场景是,员工上错了菜,并且顾客已经动了筷,要求打折。受训的员工都在台上说了自己的想法,有的说马上给顾客换菜,有的说加新的菜以保证不打折。有的说向顾客说明企业有规定不能打折。讨论结束后,培训师给出了答案,他说:"让顾客笑了的形式就是处理得最好的形式。"

培训评估：三种方式

对于培训的评估，"五斗米"主要有三种形式。

第一种是理论的考评，给员工一个实际的案例，叫他做分析，并且拿出最好的解决方案。

第二种是实际的操作，比如基层员工的服务技术水平等都可以现场表演，把参加培训前的情况和培训后的情况用录像的方式做对比。对于督导培训的效果，就可以现场安排场景，让员工来操作。

第三种是对培训员工做两到三个月的追踪调查。

在整个评估中，他们会对员工的前后情况做一个统计。总体来看，通过他们的系统培训，在技术上，肯定会高于国家职业技能培训的要求。而领导的水平也会大大提高。

"五斗米"对普通员工进行培训的目的在于：

① 为做到员工服务工作的标准化、规范化；

② 使服务人员达到劳动部门的职业技能鉴定标准；

③ 提高业务水平。

培训时间：整体时间为一个月，上午 9∶35 — 10∶15 为理论培训，下午 4∶00 — 4∶45 为实际操作培训。

培训对象：整个酒楼的员工。

培训考核：培训完成后集中考试，分理论和实际操作。考试成绩可作为员工薪酬制订的一个依据。考试由组织评定小组负责。

**分析** "五斗米"公司的培训不仅对企业很有意义，而且对员工自己也有很多好处，值得餐饮企业借鉴。

## 值得借鉴的中层管理培训方案

某高科技企业有 6 年历史，销售过亿。公司面临巨大的发展空间，规模将由 200 多人扩充到年底的 350 人，但员工和干部培训面临巨大的发展瓶颈。

### 公司状况

（1）总裁非常重视培训工作，已经意识到培训的重要性和紧迫性。

（2）公司干部队伍的建设和培养已经到了非常紧迫的地步，但目前的干部绝大多数没有经过系统的管理教育，没有形成管理梯队。

（3）没有财务压力，预算比较充足。

（4）目前，核心层有 10 人，中层骨干 20 人。目标是约半年形成 50 人的管理团队，主要为内部选拔和培养。

如何制订管理人员培训计划，才能符合公司的发展需要？

## 需求分析

即使预算不紧，也要进行周密计划，这里先以中层管理人员为例进行分析。首先我们必须看到一个成功的企业，除了必须拥有高瞻远瞩的最高领导，也必须具备一个能够配合高层，执行策略，贯彻方针与政策的中层主管团队。中层管理者除了具有管理职责、岗位职责以外，还起到在员工与公司决策者间上传下达的作用，如果中层管理者不能发挥其应有的作用，则会对公司的管理和决策的贯彻带来很大的阻碍。这群中层主管在分享企业的经营理念，带领下属实现企业远景的工作上，扮演着举足轻重的角色。

50 人规模的管理队伍、人员水平、经验和教育背景参差不齐。如果有条件的话，应该对该队伍的现状、构成、能力、素质及积极性等方面进行广泛而深入的调研。选择确立有针对性的企业中层管理者的素质综合测试，以便对培训需求进行准确的分析。能力测试包括如下几个方面。

（1）智力能力：智力能力可分为概念化能力、判断力和逻辑思维能力三个方面。

（2）管理能力：管理能力可分为规划能力和行动能力。规划能力是指充分调配现有资源，制订达成工作目的计划具有的能力，中层管理者应该具有达成本部门工作目标的规划能力。行动能力是指在工作中采取积极主动的行动策略的能力。在实际工作中，很多事情在行动之前不可能进行 100% 的充分准备，这就需要中层经理能够在有很多不确定因素存在的情况下，对环境进行客观、正确的判断，并采取积极的行动。

（3）人际交往能力：在工作中，人际交往能力可分为与上级交往能力、与平级交往能力和对下属交往能力。对上级的交往主要是接受上级的任务和将任务向上级反馈。平级交往主要是部门协调及部门沟通。对下属的交往主要是布置工作任务及进行工作指导等。不论是对哪一级的交往，沟通能力都非常重要。中层管理者不但要能准确地领会对方表述的意图，还要能准确地把自己的意图表述给对方。

（4）自我控制能力：自我控制能力包括情绪控制能力、自我估计能力和环境适应能力。对管理者而言，情绪化的语言和行为并不能解决任何工作中的问题，反而会让其他员工丧失对你的认同。

以上分析结果只针对管理技能和个人发展方面的培训需求分析。如管理能力欠缺，应培训"时间管理""目标管理""项目管理"等课程；若交往和自控欠缺，则应培训"沟通技巧""团队建设"等。对于与企业战略和组织发展的培训话题，我们还需要对组织与部门进行分析。有些问题不是通过培训就能解决的，我们需要让老总事先了解，让其用其他方法解决。

### 培训课程与实施

基本必修课程：其内容是所有组织管理人员对象需要了解掌握的，企业发展战略的一部分。

本企业发展战略和市场推广。

销售团队建立与管理。

融资与财务管理。

WTO 与电信市场竞争。

人力资源战略管理。

以上课程外请专家授课，每课费用约为 10000 元。

管理技能课程：适用于市场销售部、生产后勤部、财务部等。

人力资源管理。

行销管理。

财务管理。

解决问题的技巧。

沟通的技巧。

有效的领导。

激励与管理。

时间管理。

高效团队的建立。

会议管理。

冲突管理。

项目管理。

变革管理。

自我管理。

生产管理。

质量管理。

学习组织理论。

物流后勤。

以上课程每课程大约为 2~3 天，不要求所有人员参加。培训管理者应对外部资源相当熟悉。内容应结合企业管理运行机制，以提高中层管理者专业岗位管理应用技能为目的；针对其专业管理技能修炼，力求课程与实际工作环境相结合，提高学习的针对性和方法技巧的可操作性。课程费用在每人 1500 元左右。

### 培训升级

对于少数有潜力的（即将被提拔的）管理人员，在征求老总的意见前提下，可以建议开设工商管理课程。内容包括工商管理概论、企业经营战略、人力资源开发与管理、运营管理、企业会计报表与分析、企业财务管理、技术创新与开发、国际商务、市场营销、组织行为学、经济法、财税与信贷。时间要在参加完上面培训套餐后，观察工作表现半年以上为宜。费用约为每人 3500 元左右。

### 培训评估

单课程培训二级评估：只对管理技能课进行评估。

总培训套餐三级评估：需要与培训开始前的培训需求测评的结果进行对比，主要用培训结束半年后的评估结果和它进行对比。

**分析**　这个中层干部培训方案是一个比较完整的培训方案，对于很多企业来说都值得借鉴。

## 青春化妆品公司培训案例

青春化妆品公司是南方某市一家有名的生产女用系列化妆品的国有公司，创办于 1981 年，主要生产和经营化妆品和幼儿保健用品。在最初创办的 10 多年里，该公司每年以 25% 的速度迅速发展，产品不但销往全国各省市，而且销往 10 多个国家，成为一家在国内外都享有盛誉的化妆品公司。

1985 年，原来负责销售的副总经理张一民退休后，由原销售部经理杨旭接任，而原来销售部负责国外销售的副主任春花被提升为销售部经理。春花上任后不久，即参照国外的经验制订了有关销售人员的培训计划。计划规定对销售人员集中培训两次，一次是在春节期间，另一次为六月份最后一个星期，每次时间为 3～5 天。把所有的销售人员集中起来，听取有关国内外最新销售技术知识的讲座和报告，再结合公司的销售实际进行讨论。每次培训都聘请了一些专家顾问参加讲座和讨论。这样每年集中培训两次的费用不高（每次 40 多个人，费用只用了 6000 多元），但培训

收效却很大。

近年来，由于化妆品市场的激烈竞争，公司的生意停滞不前，国家又要紧缩财政支出，公司在经济上陷入了困难。为了扭转局势，总经理要求各副总经理都要相应地削减各自负责领域的费用开支。

在这种情况下，负责销售的副总经理杨旭便找销售部经理春花商讨，他们两人在讨论是否应削减销售人员的培训问题上进行讨价还价。杨旭建议把销售人员原来一年两次的培训项目削减为一次。杨旭提出："春花，你知道，我们目前有着经济上的困难，希望通过裁减人员来缩减开支。你我都知道，公司的销售任务很重，目前 40 多位销售人员还忙不过来，所以，人员不能裁减。那么剩下的一条路就是削减培训项目了。我知道，我们目前的销售人员大多数都是近几年招进来的大学毕业生，他们在学校里都已经学过关于销售方面的最新理论知识，他们中有些人对这种培训的兴趣也不是很大。而少数销售人员，虽不是大学毕业，但都在销售方面有了丰富的经验。因此，我认为，销售人员的培训项目是不必要的开支，可以取消或缩减。"

春花回答道："老杨，我知道，我们大多数销售人员都是近几年来的大学毕业生。但是，要知道，他们在大学里学的只是书本上的理论知识和抽象概念，只有让他们在第一线干一段时间销售工作以后，才能真正理解在学校里学习到的理论知识。再者，我们对国外的最新销售技术了解得更少。你是知道的，在培训中，我们让从学校出来的人与有经验的销售人员一起工作一段时间，结合他们实际销售工作中碰到许多具体的问题，在此基础上再参加我们的培训，一边听取有关最新销售技术知识的讲座和报告，一边结合我们公司的具体实际与专家们共同研讨。正是由于我们坚持不懈地进行了这种培训，我们才在国内和国际市场上扩大了销售量，也减少了顾客对我们的抱怨，赢得了信誉。因此，我认为我们决不能削减我们这个培训项目！"

"对不起，春花。总经理要我们必须缩减开支，我真的没有办法。我对你说了，我们的销售任务很重，我们不能裁减销售人员，所以，只能通过削减你的销售人员培训计划来缩减开支了。我决定，从明年开始，把每年两次的培训缩减为一次，总之，销售人员的培训削减 50%～60%。也许，待公司的经济好转以后，我们再考虑是否增加销售人员培训费用的问题。"

**分析** 从上述案例来看，培训费用并不高，既然培训效果显著，可以提具详细的对比分析报告，将培训效果展现给决策者参考。培训是一种长期投资，期望一个 3 天的课程对业绩产生明显的影响恐怕是不现实的。在资金缺乏的情况下，开辟自我培训的方法和渠道，应该是最好的方法。

# 为何培训老是走样？

帝国股份有限公司是一家提供移动通信网络全面解决整体方案的高科技公司，主营业务为移动通信网络设计、系统设备和终端设备技术开发、网管计费和移动智网新业务等网络支撑软件开发等。帝国公司 10 年来在移动通信领域凭借其领先的科技实力，取得了良好的效益，目前在通信产业中居于领先地位。

公司现有员工 3500 余名，专业技术人员超过 70%，其中 35 岁以下的年轻人才占 89%。由于公司属新兴高科技产业，公司高层管理者充分认识到，只有迅速提高员工的素质，才能在将来的通信产业中立于不败之地。因此，近几年来，公司与颇具知名度的 Z 培训公司合作，组织了几次大型的培训。

场景 1：参加公司组织的一次技能培训后，公司职员小李对培训负责人王女士说："我在操作这台德产新机器时总是出错，新机器比我原来操作的那台复杂多了。"王女士说："也许你尚未完全掌握要领吧。我们提供的培训就是帮助你胜任这项工作。"小李反驳说："可是在培训中演练的那台机器与我的这台完全不同呀！"另有技术部骨干小张反映："我的直属上司似乎不支持我来参加培训，在培训期间不断给我布置新任务，让我根本没有时间静下心来上课。"

场景 2：在这几次培训中，公司为员工们安排了各类生产、销售、研发等专项职能及公司文化和综合能力方面的培训课程，同时为中高层管理人员安排了 MBA 课程。公司的初衷是希望通过这些培训提高员工的技能、知识水平，可培训还没有开始，企业中的大批老员工就声明不参加培训了。另一位负责培训的张经理回忆说，他们（老员工）觉得自己就这样了，没什么好培训的，于是要么推说工作忙，要么干脆请病假。另一些参加培训的员工也只是为了完成任务，甚至有些员工认为："这种培训无非是走个过场，就当放几天假，休息一下好了。"这种境况令企业的高层不禁抱怨"好的想法得不到贯彻""公司有肠梗阻""不少人把我的经念歪了"。

**分析**

一方面，应该把培训活动同考核相联系。培训的目的主要在于提高员工的素质和技能，从而提高公司业绩。当然，在进行培训的时候要进行完整的培训需求调查，使有限的培训获得最大的效益。

另一方面，要有制度保障。在制度保障下，企业培训不能是自发的，而应该是规范化、制度化的。不过有时候可考虑根据实际情况变换培训方式，或者增加一些鼓励措施，调动所有参训人（包括内部讲师）的兴趣。

# 爱立信是这样做培训管理的

爱立信（中国）公司有两个专业培训机构：爱立信中国学院和中国培训中心，在各个业务部门都有专职或兼职人员负责培训工作。

爱立信的培训更多着眼于管理技能方面，而不仅仅是专业技术方面。其培训目前分为多个层次，最低一个层次是基本技能培训。

基本技能培训并非技术培训，而是部分工种的统一培训，这类培训主要培养员工的学习能力。

基本技能培训内容包括沟通能力、创造性和解决问题的能力及基本知识等几方面。基本知识不仅仅限于工作范畴，而且还包括商业经营的基础内容。在有些公司，技术人员无须了解财务和企业运作方面的知识；而在爱立信，每个接受基本技能培训的员工都有这门课程的学习经历。在爱立信看来，技术人员也得知道公司的钱从哪里来，当然，财务人员也有必要知道 GSM 和 WAP。

爱立信的基本技能培训适用于全体员工，在此基础上是提高专业能力的专业培训，在专业培训上面是领导能力的培训，当然，这二者之间会有一些交叉。

领导能力培训的目的通常有两个：一是加强公司的企业文化并使公司的战略决策能够有效得到传达；二是让领导更多地了解自己的个性并形成与之匹配的领导风格和领导艺术，从而扬长避短，提高领导能力。

大多时候，这种领导能力的培训甚至会细分到针对个别经理人而采用不同的培养方式。爱立信有一个课程叫"自我了解"，英语原文为"Understanding of Yourself"，就是为这个培训思想而设立的。

每个学员在参加之前都要做一个 360° 的调查。会从他周围选 12 个同事，给他们发放调查表，让他们进行评估，这些人有他的领导、同级和下属。评估数据会送到第三方评估中心进行处理，处理完之后反馈给学员。评估的目的是发现"别人怎么看他"而不是"他真正怎么样"，他的素质可能是 A，但在别人眼中可能是 B，他需要了解这个情况。接受培训的学员仅仅对自己了解是不够的，更重要的是了解别人眼中的自己究竟是怎么样的。两者之间常常会有误差，这种误差对某些学员来说甚至很大。避免这种误差对工作造成障碍是这类评估的最终目的。

**分析** 一个企业的培训总是和这个企业的文化相结合，从爱立信公司的培训特点，我们可以看到爱立信在企业管理方面的独到之处。

# 波音的领导培训

波音领导培训中心的核心课程包括"向经理层过渡""当好中层经理""战略领导研讨会""高级管理人员项目"以及"全球领导人项目"。这些课程旨在满足领导者在个人职业生涯中各个时期的培训需要。

为开发这些核心课程，全公司的经理和高级管理人员都要明确指出其事业转折点。所谓转折点是指他们离开自己熟悉的工作岗位，承担起与以往不同、更具挑战性的新职责的时期。他们普遍认为存在着 5 个事业转折点：第一次担任管理职务；准备担任中层管理职务；准备担任高级管理职务；担任高级管理职务的初期；迎接作为全球领导人的挑战。在不同时期，公司会安排不同的课程。

当然，这些核心课程并非彼此孤立的，它们与所培养的四种领导才能密切相关。这 4 种才能分别是商业领导才能、经营领导才能、人力资源管理领导才能以及人性化领导才能。作为核心课程的补充，还提供"职能强化项目"课程和实践管理培训，帮助经理们掌握成熟的方法和技巧。

基层管理培训。新经理最需要了解的是公司政策和运作程序。无论他们担任新职的时间长短，对其下属的团队来讲，他们都代表着公司。他们在任命、休假、提拔以及纪律方面的决定都代表着公司决策，而这些决策必须正确无误。因此，"向经理层过渡"课程的第一部分便是"从基础做起"，新经理从走进新办公室的那一刻起，就可用计算机学习这一网络课程。新经理在接到任命后的 30 天内，必须学完这门课程的全部四个部分。教员还要为新经理教授两天的"管理业绩"课程，其目的有两个：一是学会如何有效与他人合作；二是学会如何开展业务。它是企业网络化进程的开端，对于建立统一的企业文化来说至关重要。课程内容包括：建立信任、提升团队效率、增值活动、增加客户满意度、提高股东价值以及如何最大限度地提高经营业绩。学员们在这里进行决策演练、确定业务目标，并在模拟实际业务的过程中反馈意见。这个独具特色的三步骤管理入门课程是管理工作获得成功的基础。

中层管理培训。中层经理负责将高级管理人员的构想变成具体计划，还要为基层经理提供资源和帮助。他们必须成为公司领导者和被领导者之间的纽带，必须知道什么时候需要下命令，什么时候需要说服，什么时候进行协商。为了有效地开展工作，中层经理必须清楚如何激励员工，以及公司凭借什么取得成功。"当好中层经理"的入门练习可帮助学员了解自己对航空航天、综合技术、管理理论、商务活动和世界大事等的认知程度。在来到领导培训中心之前，学员们要对个人的管理风格进行评估。在这一周的时间内，他们会互相比较评估结果，了解个性差异带来的影响，并练习组建能力互补的团队。他们把在名为"明星联盟"的集中模拟训练中所学到的东西用于实践。

战略领导研讨会。战略领导研讨会的主题并非如何成为更好的经理，而是学会如何成为战略家，并将关注焦点从一个项目扩展到整个公司。更富挑战性的是，经理在成为高级管理人员后必须要能对未来做长远思考，为此需要他们放弃以往熟悉的日常工作。战略领导研讨会为那些将要成为高级管理人员的经理们提供了一个实践机会。他们可以根据新职位的要求练习如何作出远期决策。学员们将从战略的角度重新审视他们在财务、人力资源、运营和组织等方面的技巧。此外，他们也很重视培养和教育下一代领导人。在研讨会的最后几天，学员们将进行商业模拟训练。各小组制订战略，做出承诺并严格遵守，与企业主要股东交往，进行股票交易并处理意外事件。最后，各小组将其商业战略和实施结果与研究其他领域公司的小组进行对比。每个小组必须从其他行业挑选一家他们愿意投资的公司，这也是市场运作的具体实例之一。

高级管理人员项目。波音领导培训中心设计了高级管理人员培训方法，它类似于波音公司训练飞行员的模拟机。在模拟机上你可以做各种尝试，甚至可以让飞机坠毁并一走了之。通过模拟试验你就能在实施某项计划前，了解哪些有用，哪些没用。波音高级管理人员项目可在两周的时间内，对全公司的高级管理人员进行集中培训。采取的形式有听讲座、开专题研讨会、讨论、网络训练以及最为重要的——全身心投入业务模拟训练之中。他们的目标是理解波音公司 2016 年战略构想以及其中的竞争力和价值观内容，并将其落实到行动之中；了解要达到世界一流的运营水准，需要采取的商业和财务措施；积极主动地关注管理方面的发展；为了公司和股东的利益，开展团队合作。经理们通过学习首席执行官、总裁、首席运营官以及其他企业领导人的讲话，了解和掌握公司的价值观和指导思想。

全球领导人项目。参加全球领导人项目的学员主要来自欧洲、亚洲和南美洲，他们从中可以了解波音的客户、供应商以及各自行业的竞争对手。这个为期 27 天的国际性高级管理人员培训中有两个近期目标：首先是要增加高级管理人员对特定地区的历史、政治、文化和习俗的认识。在此基础上，参与培训的人员会逐渐意识到，这些模式是各地区商业规程的一部分。第二个目标是让学员就自己业务部门选定的议题进行研究并作出计划。有些研究有助于加强他们与海外转包商或客户的关系，有些则涉及建立战略联盟或伙伴关系的合理性。他们也可以在技术交流方面提出建议。这些内容绝不仅限于课堂练习，而是要从中得出可供董事会采纳的新建议，被称为业务需求推动下的学习。通过这种高强度的从早到晚的集中培训，学员们将培养快速进行重大决策的能力、与周围高级管理人员协作的能力以及利用本地或异地资源的能力。第三个长远目标是，当高级管理人员开展实地调研时，他们会与当地的同行进行交流，因为在这些地区，社交活动是取得成功的先决条件。在这些高级管理人员重返工作岗位之后，他们将把波音这一从事国际业务的国内公司，转变为真正的全球性企业。

> **分析** 领导者培训能迅速提高管理人员的决策水平，这是一项非常实用的培训项目。

# 花旗的员工培训

在员工培训方面，花旗集团是业界的佼佼者。花旗集团通过系统而科学的培训体系来发展员工，提高员工技能，增强员工的领导力，致力于让更多的花旗金融领导人成长起来。金融行业与大众消费品行业以及其他行业不同，一个高级金融人才的成长往往需要较长的时间。花旗集团强大的培训体系与雄厚的企业实力，有助于为员工制订科学的培训与成长计划。

## 新员工导入

每一名新员工进入公司前，花旗都事先为其准备好办公电脑、文具、电话，设置好密码、电子信箱等。新员工入职第一天，部门领导会为其介绍所有其他部门，带新员工熟悉公司的环境。通过各种导入活动，让每一名员工感受到花旗大家庭的温情与和谐。

新进入花旗的员工，除了进行必要的新员工导入之外，还必须参加一个为期2～3天的花旗质量管理培训。进行质量管理培训的目的是让每一名花旗员工明白客户满意度的重要性。

在花旗中国，新招聘的见习管理生进行完新员工导入后，一般会在各个部门之间进行为期10～12个月的轮训。轮训期间，新员工将逐步熟悉银行业务、政策、业务规则等，了解各业务部门的业务运行情况。作为花旗银行未来的管理者，同时他们也将接受海外培训，了解花旗银行在亚太区的业务状况，开拓国际视野。10～12个月的管理培训生培训，目的就是让他们尽快实现从学生到职业金融人士的转变，为一年后走向管理岗位做准备。他们在近一年中所要学习的东西是其他员工2～3年才能学到的，这也是花旗银行招聘定位于高层次人才的一个重要原因。

## 常规培训

在花旗中国，培训大都集中在上海总部进行，包括在岗与课程培训。在各种培训课程上，公司从菲律宾马尼拉的花旗亚太区金融管理学院或其他国家与地区请来资深培训师，为员工进行时间不等的培训。

随着银行新业务的不断出现，为了满足客户的需要，同时也由于员工职业和职位的变化，花旗银行将根据工作的需要对员工进行培训。

人力资源部每年都会推出培训的计划和内容，花旗还开发了网上培训课程，员工可以根据需要随时上网学习，并可以参加网上考试，考试合格会获得认证证书。

### 海外培训

花旗集团通过各种方式来培养下一代金融领导人。花旗在美国总部设有高层管理人员培训中心，为来自全球各地的花旗高层人士提供培训。花旗集团在马尼拉设有亚太区金融管理学院，花旗中国也会选择优秀的员工，派遣他们去参加为期2周到一个月不等的海外培训。课程包括银行知识、人力资源、管理学等。有时，总部推出最新的培训项目或课程，而亚太区金融管理学院还没有开设，也会集中相关管理人员赴美国总部培训。

花旗中国还经常选派优秀员工到新加坡、美国，让他们学习最新的银行知识与金融工具，培养他们的跨文化工作能力。

### "人才库"计划

海外委派一般通过"人才库"计划实施。花旗在全球都设有"人才库"计划。被列入"人才库"计划的员工，都是各个部门的骨干和精英员工，他们对花旗的历史和文化了解得比较透彻，工作年限比较长。如果花旗集团在美国、亚太等地有相应的职位空缺，便会在花旗中国的"人才库"中选择精英人才来应聘相应的职位，使他们有机会和花旗其他国家的人一起面试。

"人才库"计划为花旗中国培养国际化的金融人才开创了一个非常好的先例。许多员工被派往伦敦、新加坡等地，学习世界最新的金融知识。许多人才都是一些在中国目前还没有或正待开发的金融方面的人才。在海外工作几年后，这些精英人才回国后再带领各自的团队在花旗中国筹建新的业务。"人才库"计划使得花旗中国的员工能够到海外金融领域开阔眼界，促进花旗中国的发展。

**分析** 任何服务性的企业都要对员工进行长期的岗位培训，以使员工能达到操作的要求。

## 西门子的人才培训

高质量的产品、完善的售后服务、不断创业和创新以及高效的人才培训被认为是西门子成功的关键。在人才培训方面，西门子创造了独具特色的培训体系。

西门子的人才培训计划从新员工培训、大学精英培训到员工再培训，涵盖了业务技能、交流能力和管理能力的培育，为公司新员工获得较强的业务能力，使公司得到大量的生产、技术和管理人才储备，令员工知识、技能、管理能力不断更新和提高提供了保证。因此，西门子员工长年保持着高素质，这是西门子强大竞争力的来源之一。

### 新员工培训

新员工培训又称第一职业培训。在德国，一般 15～20 岁的年轻人，如果中学毕业后没有进入大学，要想工作，必须先在企业接受 3 年左右的第一职业培训。在第一职业培训期间，学生要接受双轨制教育：一周工作 5 天，其中 3 天在企业接受工作培训，另外 2 天在职业学校学习知识。这样，学生不仅可以在工厂学到基本的熟练技巧和技术，而且可以在职业学校接受基础知识教育。通过接近真刀真枪的作业，他们的职业能力及操作能力都会得到提高。由于企业内部的培训设施基本上是最先进的，保证了第一职业培训的高水平，因此第一职业教育证书在德国经济界享有很高的声誉。由于第一职业培训理论与实践结合，为年轻人进入企业提供了有效保障，因此也深受年轻人欢迎。在德国，中学毕业生中有 60%～70% 接受第一职业培训，20%～30% 选择上大学。

西门子早在 1992 年就拨专款设立了专门用于培训工人的"学徒基金"。现在，公司在全球拥有 60 多个培训场所，如在公司总部慕尼黑设有韦尔纳·冯·西门子学院，在爱尔兰设有技术助理学院，它们都配备了最先进的设备。目前共有 10000 名学徒在西门子接受第一职业培训，大约占员工总数的 5%，他们学习工商知识和技术，毕业后可以直接到生产一线工作。

在中国，西门子与北京市国际技术合作中心合作，共同建立了北京技术培训中心。合同规定，中心在合同期内负责为西门子在华建立的合资企业提供人员培训。目前，该中心每年可以对 800 人进行培训。

第一职业培训（新员工培训）保证了员工一正式进入公司就具有很高的技术水平和职业素养，为企业的长期发展奠定了坚实的基础。

### 大学精英培训

西门子计划每年在全球接收 3000 名左右的大学生，为了利用这些宝贵的人才，西门子也制订了专门的计划。

进入西门子的大学毕业生首先要接受综合考核，考核内容既包括专业知识，也包括实际工作能力和团队精神，公司根据考核的结果安排适当的工作岗位。此外，西门子还从大学生中选出 30 名尖子进行专门培训，培养他们的领导能力，培训时间为 10 个月，分 3 个阶段进行。

第一阶段，让他们全面熟悉企业的情况，学会从因特网上获取信息；

第二阶段，让他们进入一些商务领域工作，全面熟悉本企业的产品，并加强他们的团队精神；

第三阶段，将他们安排到下属企业（包括境外企业）承担具体工作，在实际工作中获取实践经验和知识技能。目前，西门子共有 400 多名这种精英，其中 1/4 在接受海外培训或在国外工作。

大学精英培训计划为西门子储备了大量管理人员。

## 员工在职培训

西门子人才培训的第三个部分是员工在职培训。西门子公司认为，在世界性的竞争日益激烈的市场上，在革新、颇具灵活性和长期性的商务活动中，人是最主要的力量，知识和技术必须不断更新换代，才能跟上商业环境以及新兴技术的发展步伐，所以公司正在努力走上"学习型企业"之路。为此，西门子特别重视员工的在职培训，在公司每年投入的巨额培训费中，有 60% 用于员工在职培训。西门子员工的在职培训和进修主要有两种形式：西门子管理教程和在职培训员工再培训计划，其中管理教程培训以其独特和有效而闻名。

西门子员工管理教程分五个级别，各级培训分别以前一级别培训为基础，从第五级别到第一级别所获技能依次提高，其具体培训内容大致如下。

**第五级别：管理理论教程**

培训对象：具有管理潜能的员工。

培训目的：提高参与者的自我管理能力和团队建设能力。

培训内容：西门子企业文化、自我管理能力、个人发展计划、项目管理、了解及满足客户需求的团队协调技能。

培训日程：与工作同步的一年培训，为期 3 天的研讨会两次和开课讨论会一次。

**第四级别：基础管理教程**

培训对象：具有较大潜力的初级管理人员。

培训目的：让参与者准备好进行初级管理工作。

培训内容：综合项目的完成、质量及生产效率管理、财务管理、流程管理、组织建设及团队行为、有效的交流和网络化。

培训日程：与工作同步的一年培训，为期 5 天的研讨会两次和为期两天的开课讨论会一次。

**第三级别：高级管理教程**

培训对象：负责核心流程或多项职能的管理人。

培训目的：开发参与者的企业家潜能。

培训内容：公司管理方法、业务拓展及市场发展策略、技术革新管理、西门子全球机构、多元文化间的交流、改革管理、企业家行为及责任感。

培训日程：一年半与工作同步的培训，为期 5 天的研讨会两次。

**第二级别：总体管理教程**

培训对象必须具备下列条件之一：管理业务或项目并对其业绩全权负责者；负责全球性、地区性的服务者；至少负责两个职能部门者；在某些产品、服务方面是全球性、地区性业务的管理人员。

培训目的：塑造领导能力。

培训内容：企业价值、前景与公司业绩之间的相互关系，高级战略管理技术、知识管理、识别全球趋势、调整公司业务、管理全球性合作。

培训日程：与工作同步的培训两年，每次为期 6 天的研讨会两次。

**第一级别：西门子执行教程**

培训对象：已经或者有可能担任重要职务的管理人员。

培训目的：提高领导能力。

培训内容：根据参与者的情况个别安排。

培训日程：根据需要灵活掌握。

培训内容根据管理学知识和西门子公司业务的需要而制订，随着二者的发展变化，培训内容需要不断更新。

通过参加西门子管理教程培训，公司中正在从事管理工作的员工或有管理潜能的员工得到了学习管理知识和参加管理实践的绝好机会。这些教程提高了参与者管理自己和他人的能力，使他们从跨职能部门交流和跨国知识交换中受益，在公司员工间建立了密切的内部网络联系，增强了企业和员工的竞争力，达到了开发员工管理潜能、培养公司管理人才的目的。

　西门子进行的员工培训是员工长期保持高素质、拥有强大竞争力的源泉。

## 丰田的销售员培训

日本丰田汽车销售公司认为，同商品的好坏一样，左右销售的另一个关键因素是推销员。有人说："丰田不仅出汽车，也出人才。"神谷正太郎总经理曾在东京丰田宠儿汽车销售中心率先录用大学毕业生，把他们送到销售部门。为了迎接家庭用车大潮的到来，他迅速描绘出了新推销员做人的态度，并下决心，要起用并培养有文化知识的推销员，来消除汽车销售方面难以预测的销售因素。

神谷正太郎的销售理论是"车的需要是创造出来的"。接受这个理论的总经理加藤诚之则主张：推销员不是正确处理的，而是"培养教育出来的"。这个很具有学者风度的加藤，为把培养推销员的教育加以科学系统化做了很大的努力。当一个访问者称赞教育场所宏伟壮观时，加藤诚之回答说："在这里进修和听课的人，是将成为第一流推销员的人们，他们即将奔赴推销汽车这种现代化商业战场，让他们在一个狭小的环境里，是涌现不出来明快的判断能力和为克服面临的困难而寻求可能性的积极精神的。所以，有这种规模的设施是理所当然的。我们对待平素为推销而战斗的人们，不应有失礼貌。"

丰田汽车销售公司进修中心建成于1974年，在这里授课的技师指导，全部都是从汽车销售公司和丰田销售店挑选出来的具有销售经验的人。为了得到最新的市场情况，防止重复老一套，使讲课有新的内容，选任讲师采取两年轮换制。使用的教材是经营管理协会、日本能源协会结合汽车市场的实际情况和需要编写的，贯穿着科学上的合理性，它已成为教育的核心。

进修的学员，一次25人为一班，从全国的销售店招收。从一般推销员到管理人员和经营者，分别听各部门的专门化讲座。还有一种以研究学习的形式进行的讨论会，即"企业高级管理人员讲习会"，在这里主讲的是某大学的3名教授。每年陆续招收销售店的高级管理人员24名，采取4天集中训练的方式，用案例研究法进行学习。在一年之内，有1.5万名左右的管理人员轮流在这里集中接受学习教育。

培养推销员的做法是，每年4月，全国的丰田销售店，大约有3500名新的推销员参加公司工作。负责对这些新人进行教育训练的，是在进修中心学完"训练员讲座"的人，称为训练员。他们是工作岗位上的副课长或股长，同时负责这里的业务指导和教育工作，他们一边在工作岗位上从事实际业务，一边积极从事销售技术和销售态度教育的检验。在进公司之前，新参加工作的员工首先要进行基础理论课的学习，要学习销售理论、销售的社会作用、推销员的立场和资格、举止动作的礼仪、商谈的一般规则等销售学的基础讲座。另外，东京丰田宠儿汽车销售中心还有"BS制度"。"B"是兄弟（Brother）、"S"是姐妹（Sister），这就是说在同一工作岗位已参加工作一两年的前辈，要同新参加工作的人结成一对"兄弟"或"姐妹"，不仅在工作上，而且要在日常生活上为新参加者作顾问，大体上以一年为期。实际上，继续保持这种关系的也不少。其教授的销售顺序如下。

（1）推销员首先推销自己的人品，取得顾客的信任，从而营造一种亲切交谈的气氛。

（2）为了使顾客对车感兴趣，推销员要说明车的效用，大力宣传商品的优越性。

（3）推销出售价格。如果前两个重要条件能很好地被理解，那么，按适当的价格出售是能够做到的，把以上三点叫作"销售三原则"，规定为销售的基本态度。

销售汽车在日本以"访问"为主。通过访问活动，对不太想买车的人，积极地说明车的使用效能，以便使他感到有买的必要。这种活动叫作"访问销售"。因此，访问技术非常重要。新员工还通过扮演角色，学习说话技巧和做买卖的恰当态度。

 有效的丰田销售培训是丰田公司迅速扩张的重要因素。

## 东京迪斯尼乐园的员工培训

到东京迪斯尼乐园游玩时，人们不大可能碰到乐园的经理，碰到最多的还是扫地的清洁工。所以东京迪斯尼乐园对清洁工非常重视，将更多的训练和教育集中在他们身上。有些清洁工是暑假打工的学生，虽然他们只工作两个月时间，但是培训他们扫地要花 3 天时间。

### 学扫地

第一天上午要培训如何扫地。扫地有 3 种扫把：一种是用来扒树叶的；一种是用来刮纸屑的；一种是用来掸灰尘的，这 3 种扫把的形状都不一样。怎样扫树叶才不会让树叶飞起来？怎样刮纸屑才能把纸屑刮得很好？怎样掸灰才不会让灰尘飘起来？这些看似简单的动作却都应严格培训。而且扫地时还另有规定：开门时、关门时、中午吃饭时、距离客人 15 米以内等情况下都不能扫。这些规范都要认真培训，严格遵守。

### 学照相

第一天下午学照相。十几台世界最先进的数码相机摆在一起，各种不同的品牌，每台都要学，因为客人可能会带世界上最新型的照相机来这里度蜜月、旅行，会叫员工帮忙照相。如果员工不会照相，不知道这是什么东西，就不能服务好顾客，所以要用一个下午学照相。

### 学包尿布

第二天上午学怎么给小孩子包尿布。孩子的妈妈可能会叫员工帮忙抱一下小孩，但如果员工不会抱小孩，动作不规范，不但不能给顾客帮忙，反而会给顾客增添麻烦。抱小孩的正确动作是：右手要扶住臀部，左手要托住背，左手食指要顶住颈椎，以防闪了小孩的腰或弄伤其颈椎。不但要会抱小孩，还要会替小孩换尿布。给小孩换尿布时要注意方向和姿势，应该把手摆在底下，尿布折成十字形，最后将尿布别上即可。这些内容都要认真培训，严格规范。

### 学辨识方向

第二天下午学辨识方向。有人要上洗手间，"右前方约 50 米，第三号景点东，那个红色的房子"；有人要喝可乐，"左前方约 150 米，第七号景点东，那个灰色的房子"；有人要买邮票，"前面约 20 米，第十一号景点，那个蓝白条相间的房子"……顾客会问各种各样的问题，所以每一名员工要把整个迪斯尼乐园的地图熟记在脑子里，对乐园的每一个方向和位置都要非常明确。

训练 3 天后，发给员工 3 把扫把，开始扫地。如果在迪斯尼乐园里面，碰到这种员工，人们会觉得很舒服，下次会再来，也就是所谓的"引客回头"，这就是所谓的员工面对顾客。

 很好的服务态度是迪斯尼乐园的制胜法宝，而只有培训才能促成其服务态度的根本转变。

## 把好的培训给优秀的员工

LG 的"核心力量"是革新、开放、伙伴关系。明确的企业价值观使员工有一致的思考方式和行动方式。LG 把员工分为技术职社员和经营职社员两大部分。培训中心根据员工的不同要求为其设立不同内容的课程，然后让各部门员工选择参加。培训分必修和选修两部分。公司文化、思维理念的培训课程通常是必修，非常专业化的课程一般为选修。通过这样的课程设计，把公司的经营目标与员工的专业要求很好地结合在了一起，让员工在了解公司文化及公司核心力量的基础上得到了最需要的专业培训。

### 好的培训：给优秀员工

在 LG，每个员工的培训机会不是均等的。新员工只有一些最基本的培训，而做到高层管理者的员工则有去韩国总部培训中心，或去国外参加专门培训，或去进修 MBA 之类的机会。公司的很多课程都是专门为"核心人才"设立的。"让有能力的人先培训"，有发展潜力的员工的培训机会更多。LG 把培训作为鼓励员工努力工作的一种很好的方式。

### 培训新渠道：IBL 课程

IBL 是"Internet Based Learning"的缩写，即基于互联网的学习。公司设计了以网络为基础的学习软件，活用网络提供的资源，以远程教育的形式营造有利的环境来促进学习。LG开发的课程有新入社员课程、社员能力向上课程、超一流亲切课程。每个员工可以随时随地按照自己的方式和进度进行自我培训，完成课程中的课题。

### 培训目的：更好地为顾客服务

LG的经营理念是"经营以人为本，为顾客创造价值"。在LG电子的培训课程里有一门叫作"顾客满足"的课程，课程的目的就是培养顾客至上的思维方式和行为方式。课程的内容从接待顾客的心态、着装、表情、语言、问候、电话应答等细节，到为顾客服务的心态、行动、处理顾客投诉的原则等。同时，各工厂都有专门的培训场地，以便及时根据顾客的要求进行专门的培训。LG还专门为自己的培训师开设了"社内讲师养成课程"。另外，公司有时也会请韩国总部的讲师来中国培训员工，有时也会把中国公司的培训师送到韩国总部培训中心去学习。

**分析**　　LG公司培训的根本目的在于更好地为客户服务。LG正是抓住了这一点，才得以迅速发展。

# 招聘
# 管理

# 从笔迹看性格

全国知名企业 X 公司中的 Y 部门需要招聘一名文员，要求英语专业的女性。招聘消息在网上发布后没多久，就接到了大量的求职信。

经过对几十个求职者进行初筛后，Y 部门的陈经理选定了一些人来面试。经过层层考核，其中几个人实力相当，难以取舍。在最终抉择中，通过笔迹分析让他迅速做出了判断。陈经理让每个应聘者写一篇 800 字以内的中文作文，一方面考查她们的文字表达能力，另一方面通过分析笔迹来判断谁最合适这个岗位。

A 小姐：有光鲜的在加拿大留学的经历，面试中发现她的英语口语和写作水平都非常出色。但由于部门文员需要做大量日常琐碎的工作，所以除了英语水平外，日常工作的严谨、上进和办事细腻程度也是考查的重点内容。

仔细看她的作文，发现她的字横倒竖斜，没有任何棱角，通篇很不整洁，很多地方有大团涂抹的污迹。整个字体给人的感觉是懒惰、不思进取、散漫和得过且过。

这也可以从她说话极慢的语速和不是很灵动的眼神得到印证。陈经理认为她不是一个合适的文员人选。

B 小姐：英语水平和中文表达能力都极其出色，而且由于她看过很多书，谈吐非常得体。陈经理面试时对她的印象很好，已经把她作为第一考虑人选。但仔细研究她的笔迹后发现，她的字体非常大、棱角过于突出，经常有一些竖笔划到下一行的现象。通篇给人一种不可一世、压倒一切的霸气感。

经过分析，陈经理认为这是个很有才气同时又很有野心的女孩，她不会安心于终日做一些琐碎日常的工作。而且由于她自信心极强，字体里反映出的不可一世，让她也不可能很随和地与部门里的人相处。作为经理，会非常难领导这样的下属。有这样字体的女孩子更适合做营销、业务等能带来高度挑战感的工作。

所以陈经理放弃了她。

C 小姐：人长得非常漂亮，口齿伶俐，在面试时的一问一答都机灵而敏捷。她的英语口语非常出色。但在研究她的笔迹后发现，她的字体非常小而粘连，弱弱娇娇，字没有一点儿骨架，有很明显的谄媚之相。研究后，陈经理强烈感觉这是个心胸狭窄、娇滴滴、吃不了一点儿苦、有极强虚荣心的人。

陈经理还联想起她反复问他进了公司后是不是经常有机会出国，于是判断这是个极爱出风头的花瓶一样摆在那儿看的女孩，所以不予考虑。

D 小姐：表面看她没有任何优势，她是通过英语自学考试拿到的英语本科文凭，无法与其他人光鲜的大学背景相比。虽然通过考试发现她英语口语和写作都不错，但由于人长得非常不起眼，而且说话很少、声音很轻，刚面试时她没给陈经理留下什么印象。恰恰是她的字让陈经理立刻注意到了她。经过仔细研究，陈经理知道，部门文员就是她了。

她的字写得娟秀、清爽、整齐，笔压很轻，通篇干干净净，字的大小非常均匀，而且字体中适度的棱角让字体很有个性，但这种棱角又没有咄咄逼人之气。

从她的字可以判断出来，她做事非常认真仔细，自律意识很强且安心做日常琐碎的工作。她有自己独立的见解但又不至于没有团队精神。

她的问题是笔压非常轻，从中可以看出自信心不足。但陈经理认为她是可造之才。

在笔迹分析的帮助下，陈经理选择了 D 小姐做他的部门文员。半年过去了，事实证实 D 小姐的性格走向完全与陈经理当初的判断相符：她敬业且高效，严谨且认真，她将陈经理部门的日常工作处理得非常好。

**分析** 了解一个人的途径有很多种，实际上，一个人的言谈举止在很大程度上就已经说明了一切。

## 微软纳才有怪招

对于刚刚毕业的大学生，微软常会问"为什么下水道井盖是圆的？"或者"在没有天平的情况下，你如何称出一架飞机的重量？"等诸如此类的问题。其实微软并不是想得到"正确"答案，只是看看应聘者是否能找到最佳的解题方案，是否能够创造性地思考问题，是否具有很强的可塑性。

面试时，微软常在上午教给应聘者一些新知识，下午则提出与新知识相关的问题，看看他们究竟掌握了多少。什么样的回答会让人留下深刻的印象？

如果应聘者说："这真是一个愚蠢的问题！"这并不是错误的回答。当然，微软会问清他们这样回答的理由。最糟糕的回答是："我不知道，我也不知道如何计算。"

微软的面试官会多提些富有启示性的问题，如"你对什么感兴趣？"。如果面试官能使应聘者谈起自己感兴趣的东西（他们熟悉的业务），就可以很自然地插入一些问题，面试也就变成了一种双向的交流。在这个过程中，可以看出应聘者是否精于此道，他的相关知识是如何积累起来的，他对该业务的前景有何见解等。

微软对心理测试不感兴趣。因为在心理测试中，即使 100% 正确回答问题的人，也并不一定就是公司所需要的——一个多项选择题怎么能够说明一个人是否具有创造性呢？微软会让公司主管领导参与重要职位的招聘。如果高层人士对招聘漠不关心，那么其他人就更不会重视招聘工作。

**分析** 微软对企业员工的要求是要突出其创造性，所以它的招聘方式就会与此相关。

## 500 强公司的面试题

（1）有一个长方形蛋糕，切掉了长方形的一块（大小和位置随意），你怎样才能直直的一刀下去，将剩下的蛋糕切成大小相等的两块？

提示：将完整的蛋糕的中心与被切掉的那块蛋糕的中心连成一条线。这个方法也适用于立方体。请注意，切掉的那块蛋糕的大小和位置是随意的，不要一心想着自己切生日蛋糕的方式，要跳出这个圈子。

（2）有 3 筐水果，第一筐装的全是苹果，第二筐装的全是橘子，第三筐是橘子与苹果混在一起。筐上的标签都是骗人的（比如，如果标签写的是橘子，那么可以肯定筐里不会只有橘子，可能还有苹果）。你的任务是拿出其中 1 筐，从里面只拿一个水果，然后正确写出 3 筐水果的标签。

提示：从标着"混合"标签的筐里拿 1 个水果，就可以知道另外两筐装的是什么水果了。

（3）你有 8 个球。其中 1 个有破损，因此比其他球轻了一些。你有一架天平用来比较这些球的重量。如果只称两次，如何找出有破损的那个球？

提示：第一次两边各放 3 个球，第二次两边各放 1 个球。

（4）为什么下水道的井盖是圆的？

提示：方形的对角线比边长！

其他答案：①圆形的井盖可以由一个人搬动，因为它可以在地上滚。②圆形的井盖不必为了架在井口上而旋转它的位置。

（5）美国有多少辆车？

提示：从美国的人口数，汽车工厂数量，人均收入等方面估算，无固定答案。

（6）你让一些工人为你工作了 7 天，你要用 1 根金条作为报酬。金条被分成 7 小块，每天给出 1 块。如果只能将金条切割两次，你怎样分给这些工人？

提示：按 1 : 2 : 4 的比例分开即可。

（7）一列时速 15 英里（1 英里 = 1.61 千米）的火车从洛杉矶出发，驶向纽约。另外一列时速 20 英里的火车从纽约出发，驶向洛杉矶。如果一只鸟以每小时 25 英里的速度飞行，在同一时间从洛杉矶出发，在两列火车之间往返飞行，到火车相遇时为止，鸟飞了多远？

提示：想想火车的相对速度。

（8）你有两个罐子，分别装着50个红色的玻璃球和50个蓝色的玻璃球。随意拿起一个罐子，然后从里面拿出一个玻璃球。怎样最大限度地增加让自己拿到红色球的机会？利用这种方法，拿到红色球的概率有多大？

提示：不考虑罐子里放罐子之类的非常规解答，应该是一个罐子放一个红球，另一个放49个红球和50个蓝球。

（9）你有5瓶药，每个药丸重10克，只有一瓶受到污染的药的重量发生了变化，每个药丸重9克。给你一个天平，你怎样一次就能测出哪一瓶是受到污染的药呢？

提示：①给5个瓶子标上1、2、3、4、5。

②从1号瓶中取1个药丸，2号瓶中取2个药丸，3号瓶中取3个药丸，4号瓶中取4个药丸，5号瓶中取5个药丸。

③把它们全部放在天平上称一下重量。

④现在用 $1 \times 10 + 2 \times 10 + 3 \times 10 + 4 \times 10 + 5 \times 10$ 的结果减去测出的重量。

⑤结果就是装着被污染的药丸的瓶子号码。

（10）有4条狗（或4只蚂蚁）分别在一个广场的4个角落里。突然，它们同时以同样的速度追赶在自己顺时针方向的一个，而且会紧追这个目标不放。它们需要多少时间才能相遇，相遇地点在哪里？

提示：它们将在广场中央相遇，所跑的距离与它们跑的路线无关。

500强企业的面试题主要考查的是被聘者解决问题的能力。

## 500强考员工的推理题

### 1. 水平思考法

有一家人决定搬进城里，于是去找房子。全家共三口人：夫妻两个和一个5岁的孩子。他们跑了一天，直到傍晚，才好不容易看到一张公寓出租的广告。他们赶紧跑去，房子出乎意料的好。于是，就前去敲门询问。

这时，温和的房东出来，对这三位客人从上到下地打量了一番。丈夫鼓起勇气问道："这房屋出租吗？"房东遗憾地说："啊，实在对不起，我们公寓不租给有孩子的住户。"夫妻俩听了，一时不知如何是好，于是，他们默默地走开了。

那5岁的孩子把事情从头至尾都看在眼里。那可爱的心灵在想：真的就没办法了？他那红叶般的小手，又去敲房东的大门。这时，丈夫和妻子已走出5米来远，都回头望着。

门开了，房东又出来了。这孩子精神抖擞地说："……"

房东听了之后，高声笑了起来，决定把房子租给他们住。

问：这位5岁的小孩子说了什么话，终于说服了房东?

### 2. 篮球赛

在某次篮球比赛中，A组的甲队与乙队正在进行一场关键性比赛。对甲队来说，需要赢乙队6分，才能在小组出线。现在离终场只有6秒钟了，但甲队只赢了2分。要想在6秒钟内再赢乙队4分，显然是不可能的了。

这时，如果你是教练，肯定不会甘心认输，如果允许你有一次叫暂停机会，你将给场上的队员出个什么主意，才有可能赢乙队6分?

### 3. 分油问题

有24斤（1斤＝0.5公斤）油，现在只有容积为5斤、11斤和13斤的容器各一个，如何才能将油分成三等份?

### 4. 第十三号大街

史密斯住在第十三号大街，这条大街上的房子的编号是从13号到1300号。琼斯想知道史密斯所住的房子的编号。

琼斯问道：它小于500吗? 史密斯做了答复，但他讲了谎话。

琼斯问道：它是个平方数吗? 史密斯做了答复，但没有说真话。

琼斯问道：它是个立方数吗? 史密斯回答了并讲了真话。

琼斯说道：如果我知道第二位数是否是1，我就能告诉你那所房子的号码。

史密斯告诉了他第二位数是否是1，琼斯也讲了他所认为的号码。

但是，琼斯说错了。

史密斯住的房子是几号?

### 5. "15点" 游戏

乡村庙会开始了。今年搞了一种叫作"15点"的游戏。

艺人卡尼先生说："来吧，老乡们。规则很简单，我们只要把硬币轮流放在1到9这个数字上，谁先放都一样。你们放镍币，我放银圆，谁首先把加起来为15的三个不同数字盖住，那么桌上的钱就全数归他。"

我们先看一下游戏的过程：某妇人先放，她把镍币放在7上，因为将7盖住，他人就不可再放了。其他一些数字也是如此。

卡尼把一块银圆放在8上。妇人第二次把镍币放在2上，这样她以为下一轮再用一枚镍币放在6上就可加为8，于是就能赢了。但卡尼第二次把银圆放在6上，堵住了夫人的路。现在，他只要在下一轮把银圆放在1上就可获胜了。

于是，妇人便把镍币放在了1上。

卡尼先生下一轮笑嘻嘻地把银圆放到了4上。妇人看到他下次放到5上便可赢了，就不得不再次堵住他的路，她把一枚镍币放在了 5 上。

但是卡尼先生却把银圆放在了 3 上，因为 8+4+3=15，所以他赢了。可怜的妇人输掉了这 4 枚镍币。

该镇的镇长先生被这种游戏所迷住，他断定是卡尼先生用了一种秘密的方法，使他比赛时怎么也不会输掉，除非他不想赢。

镇长彻夜未眠，想研究出破解这一秘密的方法。

突然他从床上跳了下来："啊哈！我早知道那人有个秘密方法，我现在晓得他是怎么干的了。真的，顾客是没有办法赢的。"

这位镇长找到了什么窍门？你或许能发现怎么同朋友们玩这种"15 点"游戏而一盘都不会输。

### 6. 尤克利地区的电话线路

直到去年，尤克利地区才消除了对电话的抵制情绪。虽然现在已着手安装电话，但是由于计划不周，进展比较缓慢。

直到今天，该地区的六个小镇之间的电话线路还很不完备。A 镇同其他五个小镇之间都有电话线路；而 B 镇、C 镇却只与其他四个小镇有电话线路；D、E、F 三个镇则只同其他三个小镇有电话线路。如果有完备的电话交换系统，上述现象是不难克服的。因为，如果在 A 镇装个电话交换系统，A、B、C、D、E、F 六个小镇都可以互相通话。但是，电话交换系统要等半年之后才能建成。在此之前，两个小镇之间必须装上直通线路才能互相通话。

现在，我们知道 D 镇可以打电话到 F 镇。

请问：E 镇可以打电话给哪三个小镇呢？

### 7. 猜字母

S 先生：让我来猜你心中所想的字母，好吗？ P 先生：怎么猜？

S 先生：你先想好一个字母，藏在心里。 P 先生：嗯，想好了。

S 先生：现在我要问你几个问题。 P 先生：好，请问吧。

S 先生：你所想的字母在 CARTHORSE 这个词中有吗？ P 先生：有的。

S 先生：在 SENATORIAL 这个词中有吗？ P 先生：没有。

S 先生：在 INDETERMINABLES 这个词中有吗？ P 先生：有的。

S 先生：在 REALISATON 这个词中有吗？ P 先生：有的。

S 先生：在 ORCHESTRA 这个词中有吗？ P 先生：没有。

S 先生：在 DISESTABLISHMENTARIANISM 中有吗？ P 先生：有的。

S 先生：我知道，你的回答有些是谎话，不过没关系，但你得告诉我，你上面的六个回答，有几个是真实的？ P 先生：三个。

S 先生：行了，我已经知道你心中的字母是……

### 8. 猜帽问题

在众多的逻辑名题中，影响最广泛的，恐怕要数"猜帽问题"了。下面举一个例子来说明这类问题的概貌。

有三顶红帽子和两顶白帽子。将其中的三顶帽子分别戴在 A、B、C 三人头上。这三人每人都只能看见其他两人头上的帽子，但看不见自己头上戴的帽子，并且也不知道剩余的两顶帽子的颜色。

问 A："你戴的是什么颜色的帽子？" A 回答说："不知道。"接着，又以同样的问题问 B。B 想了想之后，也回答说："不知道。"最后问 C。C 回答说："我知道我戴的帽子是什么颜色了。"当然，C 是在听了 A、B 的回答之后而作出回答的。试问：C 戴的是什么颜色的帽子？

有人说，这个问题的作者是诺贝尔奖获得者、英国物理学家狄拉克。的确，狄拉克在他的著作中极力推崇这个问题。然而，实际上，远在狄拉克以前的年代，就有这种类型的问题了。不管这类问题的作者是谁，它都不失为逻辑题中的杰作，它将以永恒的魅力世世代代地流传下去。

这类问题，需预先加以规定：出场人物都必须依据正确的逻辑推理。以上题为例，C 听了 A 和 B 的回答后，知道自己的帽子的颜色，这是以 A、B 的逻辑推理为前提的。如果 A、B 胡乱猜测或者智力不足，以致对问题作出了错误的判断，那么，C 就不可能得出正确的答案。

**答案：**

1. 孩子自己去租，说："我没孩子，只有父母。"

2. 让对方进个 2 分球，打加时，争取赢他们 6 分。

3. 先把 13 斤的倒满，然后用 13 斤的倒满 5 斤，这时 13 斤中就有 8 斤，也就是 1/3 了，将这些到入 11 斤容器中。

再用 5 斤和剩余的倒满 13 斤的，重新来一次，就完成了。

4. 64 号，首先想最简单的处理办法，这里一共有 5 个条件，能作为初步判断的只有前三个，那么前三个中最简单的就是第三个立方数的条件，假设为真，得出 1～10 的立方数，其中既符合平方数的也符合立方数的只有 64 和 512，若大于 500 则只有 512，小于 500 则 64，但 512 中有 1，若通过这个判断是 512，那么就不会说错，所以初步判断是 64。判断既符合平方数又符合立方数的原因是如果只符合立方数或平方数其中一项，则会因为符合条件的选项太多而推测不出来，因此估计为两项同时符合。

5. 用最简单的思路，肯定是跟能组成 15 的任选三个无重复的组合有关，那么我们看：

从 9 开始：9+1+5=15，9+2+4=15

8：8+1+6=15，8+2+5=15，8+3+4=15

7：7+2+6=15，7+3+5=15

下面开始就是重复的了，也就是说能组成 15 的组合只有 7 对，只要对方选了一个数字后，可供的选择组合成 15 的选项仅有 3 组，那么只要记住这些组合，简单就可以取胜了。如果到这里还要解释你的智商就……

6. ABC 三个小镇。

7. H。

8. 这是博弈论中的公共知识问题。你必须把这里的人都想成理想的人，然后利用反向排除法。

 500 强企业的招聘推理试题主要考查的是被聘者解决问题的能力。

## 招聘总经理的真实试题

这是某公司招聘总经理的真实试题，该公司员工人数为 400 名左右。

（1）你新到一家公司，公司上下都讲人事部主管是"老板的人"；人事部主管的权力很大，也很有号召力，你调动不了的人和事他都可以调动得了，你明显感觉到这位主管对你在这家企业的发展是个"绊脚石"。某天，人事部主管向你报告，人事部的公章在他的抽屉里不翼而飞。你将会如何处理公章事件和人事部主管？

（2）你向老板递交了一份新的公司管理方案，老板很欣赏并让你推行新的管理方案。公司个别高层老职员对这套方案的推行进行软抵抗，你将如何开展工作？

（3）公司有名女工偷了同事 10 元钱，按厂规应予开除。人事主管找你，向你汇报了调查经过：这个女工父母双亡，是她哥哥把她养大，他哥哥要结婚了，她手里只有 40 元钱，她想凑够 50 元钱寄给哥哥表示心意。人事主管请求不要开除这个女工，给这个女工一次改过的机会。你所了解的情况与人事部掌握的情况根本不符，这个女工的父母都还健在。你是否会批准人事主管的请示？

（4）老板已把公司的食堂承包了出去。员工们一直对公司食堂的伙食有意见，这些意见已形成员工对公司不满的焦点。你将此事汇报给老板，老板说一切交给你处理。你打算怎样处理食堂之事？

（5）业务部小赵和司机小钱出去送货，到目的地时刚好是客户工厂下班的时间，要等下午上班后才能卸货。客户工厂收货员小孙对小赵开玩笑地说要小赵请他吃饭，小赵是个直爽大方的人，热情地拉着小孙非得请小孙吃饭不可，3 人共花了 68 块钱。第二天小赵来找你签字报销招待费。公司规定业务人员未经公司批准不得对客户请客送礼。老板告诉过你，3000 元以下的费用审批由你全权处理，不用请示老板。你是否会给小赵签字报销？

（6）老板出国考察要 4 月 10 日回国，临走前安排你处理公司的一切事务。供应商李总和老板是好朋友，两家公司一直合作得很好。3 月 9 日李总来找你，说他最近资金周转较困难，3 月 11 日前着急用钱，请求将你公司本应 4 月 15 日付他公司的货款 15 万多元提前付给他。你询问了财务部，李总公司的对账单已核对无误，你公司账户资金充裕，近一个星期内没有计划外应付账款。你批示财务部，付给李总此项货款。财务部主管提出了异议，说不可以破坏规定，不同意提前支付。你是否会坚持并落实你的决定？

（7）冬至到了，按惯例，公司会请主管级以上职员和办公室全体职员去酒楼聚餐。最近公司订单排满，全公司上下员工很是辛苦，特别是生产车间工人更是接连加班加点。为此，你改变惯例邀请了班组长以上的职员去酒楼聚餐，并给车间员工每人发了一斤苹果。事后老板对这件事很不满意，并电话里和你的助理说，超出计划的 3800 多元钱不可以入账。你将会怎样处理这件事情？

（8）某种生产用原材料，用月结结算方式和用现款结算方式购买到的价格相差近 2 元钱；物控部向你请示要求用现款购买此原材料，以降低产品成本。公司制度规定常用原材料结算方式一律为月结，不得用现款采购。你不想改变公司规定，又想为公司省下 2 元钱，真是难坏了你。你打算怎么办？

（9）不知道什么原因，公司最近几个月生意很不好，资金非常紧张，吴总经理和公司的高级主管已有 3 个月没有领到薪水了；老板召集高级主管以上职员开会，请大家和老板一起渡过难关，说公司下个月就会有出乎大家预料的好转。主管们议论纷纷，人心惶惶，有人已请假开始偷偷去找新工作了。这时期，有一家企业来请吴总去任职，吴总看不出老板会有什么起死回生之术，而现在向老板提出辞职似乎又于心不忍，于是吴总称病不再来公司上班。半个月后，老板委托其他公司开发的新产品问世，新产品刚一亮相，新加坡一客户就下了 490 万美元的订单。吴总回来上班了。老板对吴总一如既往。你如何评价吴总经理？你如何评价这个老板？

（10）你在这个公司的努力工作终于得到了老板的嘉奖，老板说公司要给你 5% 的股份或者是十几万的奖金，任你选择。你会选择哪一样？

（11）郑先生已有两个女儿，他和他的太太是高中同学。郑先生 7 年前开了一家工厂，这几年生意很不错。郑太太从工厂步入正轨后就在家里做起了家庭主妇，郑太太多次提出要去工厂帮忙，郑先生都不同意，说：你只要把家管好，把孩子带好就可以了。突然有一天，有人告诉郑太太说："你老公在外面养了一个'二奶'，那女人还给你老公生了一个儿子！"郑太太询问郑先生此事真假，郑先生承认不假。郑先生已和"二奶"同居，决定要和郑太太离婚；郑太太不想和郑先生离婚，说只要郑先生不和她离婚，把那个孩子带回来她也可以接受。他们两个都是你的好朋友，你会怎样帮助他们？

（12）在你的认可下，一家供应商终于"攻"进了你的公司。供应商为了答谢你，要给你一笔酬金，这件事除了供应商和你并无别人知晓，你会接受供应商的酬金吗？

（13）你公司的货物全部由深圳货运站承运，成都客户指定他的货物在广州某物流公司发货。你公司付深圳货运站每件 4 元的短途运费。某日，成都客户来电说发给他的 37 件货，他只收到 20 件，物流公司承认货物在路途丢失了 17 件，并同意赔偿损失。成都客户没有时间去跟踪此事，请你公司解决。你认为此事该由谁去解决？物流公司应按产品的什么价格赔偿？

（14）深圳某公司在上海设有办事处，华东地区五家经销商的货物配送均由上海办事处负责。请详细说明你认为可行的配送方式。

（15）你公司的货物与另外两家公司的货物同一货柜车发往西安。你公司的货物是 45 立方的影碟机，另外两家公司的货物分别是 6300 公斤的手表和 48 立方的化妆品。3 家公司争执不下，纷纷要求自己公司的货物应该装在上面。你认为应该怎样装车？

（16）深圳发往长沙的货物走汽运需要一天半，走铁路快运需要一天，走空运需要一天；长沙客户因要参加展销会急订 15 立方的货物，今天下的订单明天就要收到货物，后天要参展。你公司今天下午立即组织发货。你认为走哪种运输方式最理想？

（17）本公司外销客户已稳定。某日，有两家本市的贸易公司前来洽谈业务，有一家贸易公司请你工厂 OEM 两个 40 柜的产品；有一家贸易公司想让你公司长期为其 OEM 产品。是否接洽这两笔业务？

（18）2002 年底，本公司接到日本一长期客户数量为 6 万台（分多次交货）的订单。日本从 2003 年 1 月 1 日起执行新的电源方案认证，中国尚无一家电源生产厂家具有此项认证。日本客人为此订单愿意帮助电源厂家取得认证，请你公司把电源厂家的资料寄交日本客户。但是，为你公司供应电源的电源厂家不愿意承担此项认证费用。怎样解决这个问题？

（19）成都原经销商销售业绩总是不能达标，国内销售部经理向你报告更换一经销商，并推荐了新的经销商人选。你同意销售经理的提议，但公司与原经销商的合同尚未到期，怎样处理可以两全其美？

（20）国内各大网站均有你公司产品的广告和网店，大部分地方报刊和地方电视媒体也有你公司产品的宣传，各大地区销售渠道已基本建成。对于网络营销和渠道营销，如何避免市场营销中的重复行为？网络营销和渠道营销会有哪些冲突？如何避免这些冲突？

（21）你公司产品价格定位走的是同行业中等路线，注重产品质量和新产品研发。某家同行公司将和你公司相同的产品降价销售，各地经销商纷纷要求对你公司的产品进行降价。你怎么解决此次问题？面对市场经常会出现的这类价格竞争问题，你有哪些创意？

（22）你公司华北办事处已将产品成功推进各大超市，山东经销商提出了异议，担心超市的销售会影响他的业绩。对主流渠道和非主流渠道，你会采用哪些办法来避免它们的冲突？

（23）某国外连锁超市在深圳设有采购机构，并开始采购招标。你公司中标，取得了每月金额为20多万美元的份额。请介绍你取得此份额的经过。

（24）新加坡一客商来你公司签署代理协议，协议书中有一项指出，商品到岸后3个月内产品包换，一年内产品保修，退换货物的一切费用由你公司承担。此条款对你公司有较大的执行难度。你提出一建议，对方很满意。协议书此条款按你的建议进行了修改，协议书顺利签署。请透露一下你提出的是什么建议。

**分析** 这些试题对于应聘者的要求很高，并没有标准答案，主要考查应聘者的学识基础和应变能力。通过这些试题也能看出应聘者的处事风格。

## 上海通用招聘中的评估方法

在上海通用的招聘程序中，严格规范的评估录用程序值得业内人士借鉴。曾经参加过上海通用招聘专场的人士都感慨上海通用招聘人才的门槛真高。凡是进入会场的应聘者必须在大厅接受12名评估员的应聘资格初筛，看是否符合岗位最低要求。合格者才能进入二楼的面试台，由用人部门同应聘者进行初次双向见面，若有意向，再由人力资源部安排专门的评估时间。在进入科学会堂的2800人中，经初步面试合格后进入评估的仅有百余人，最后正式录用的只有几十人。

首先，录用人员必须经过评估。这是上海通用招聘工作流程中最重要的一个环节，也是上海通用招聘选择员工方式的一大特点。公司为了确保自己能选拔到适应一流企业、一流产品需要的高素质员工，借鉴通用公司美国工厂采用人员评估中心来招聘员工的经验，结合中国的文化和人事政策，建立了专门的人员评估中心，作为人力资源部的重要组织机构之一。整个评估中心设有接待室、面试室、情景模拟室、信息处理室，中心人员也都接受过专门培训，评估中心的建立确保了录用工作的客观公正。

其次，标准化程序化的评估模式。上海通用的整个评估活动完全按标准化、程序化的模式进行。凡被录用者，需经填表、筛选、笔试、目标面试、情景模拟、专业面试、体检、背景调查和审批录用 9 个程序和环节。每个程序和环节都有标准化的运作规范和科学化的选拔方法，其中笔试主要测试应聘者的专业知识、相关知识、特殊能力和倾向；目标面试则由受过国际专业咨询机构培训的评估人员与应聘者进行面对面的问答式讨论，验证其登记表中已有的信息，并进一步获取信息，其中专业面试则由用人部门完成；情景模拟是根据应聘者可能担任的职务，编制一套与该职务实际情况相仿的测试项目，将被测试者安排在逼真的模拟工作环境中，要求被试者处理可能出现的各种问题，用多种方法来测试其心理素质、潜在能力的一系列方法。如通过无领导的两小组合作完成练习，观察应聘管理岗位的应聘者的领导能力、领导欲望、组织能力、主动性、说服能力、口头表达能力、自信程度、沟通能力、人际交往能力等。上海通用还把情景模拟推广到了对技术工人的选拔上，如通过齿轮的装配练习，来评估应聘者的动作灵巧性、质量意识、操作的条理性及行为习惯。在实际操作过程中，观察应聘者的各种行为能力，判断其是否适合所应聘的岗位。

再次，两个关系的权衡。上海通用的人员甄选模式，特别是其理论依据与一般的面试以及包括智商、能力、人格、性格在内的心理测验相比，更注重以下两个关系的比较与权衡。

（1）个性品质与工作技能的关系。公司认为，高素质的员工必须具备优秀的个性品质与良好的工作技能。前者是经过长期教育、环境熏陶和遗传因素影响的结果，它包含了一个人的学习能力、行为习惯、适应性、工作主动性等。后者可通过职业培训、经验积累而获得，如专项工作技能、管理能力、沟通能力等，两者互为因果。相对而言，工作能力较容易培训，个性品质则难以培训。因此，在甄选录用员工时，要看其工作能力，更要关注其个性品质。

（2）过去经历与将来发展的关系。无数事实证明，一个人在以往经历中，对待成功与失败的态度和行为，对其将来的成就具有影响。因此，分析其过去经历中所表现出的行为，能够预测和判断其未来的发展。

上海通用正是依据上述两个简明实用的理论、经验和岗位要求，来选择科学的评估方法，确定评估的主要行为指标，来取舍应聘者的。如在一次员工招聘中，有一位应聘者已进入第八道程序，经背景调查却发现其隐瞒了过去曾在学校因打架而受处分的事，当对其进行再次询问时，他仍对此事加以隐瞒。对此公司认为，虽然人的一生难免有过失，但隐瞒过错属于个人品质问题，个人品质问题会影响其今后的发展，最后经大家共同讨论，一致决定对其不予录用。

最后，坚持"宁缺勿滥"的原则。

为了招聘一个段长，人力资源部的招聘人员在查阅了上海市人才服务中心的所有人才信息后，发现符合该职位初步要求的只有6人，但经评估一个人都不合格。

对此，中外双方部门经理肯定地说："对这一岗位决不放宽录用要求，宁可暂时空缺，也不要让不合适的人占据。"评估中心曾对1997年10月到1998年4月这段时间内录用的200名员工随机抽样调查了其中的75名员工，将其招聘评估的结果与半年的绩效评估结果做了一个比较分析，发现当时的评估结果与现实考核结果基本一致，两次结果基本一致的占84%左右，这证明人员评估中心的评估有着较高的信度和效度。

上海通用的招聘经验对于很多企业都有借鉴意义。

## 北电网络的用人之道：为真正的人才铺路

像许多公司一样，北电网络公司的招聘途径很多，中高层用猎头公司找人，配合北电人力资源部的猎头公司有几家。

一般而言，通过广告招聘和员工内部推荐招人，也有通过招聘会的方式吸纳新人。北电网络经常到大学进行招聘讲座，在毕业生中选择优秀学生，但是北电网络招聘应届大学生为正式员工的情况并不多，更多招的是有经验的专业人员。

在北电网络公司的所有招聘方式中，员工推荐是效果最好的方式。"通过推荐招聘的人，我们通常能够知道员工大概的情况。例如，我们现有的员工很有可能是从竞争对手那里来的，所以推荐来的人也可能有这个行业的经历。或者一些从比较好的大学毕业的学生，他们在北电工作的同学可以给他们推荐，这样来的员工，基本素质比较接近。"北电人力资源部的人士非常认同这种内部推荐方式，并且建立了一种内部推荐奖金制度，员工推荐来的人如果被北电网络录用，北电将会给这位员工一定金额的奖励。员工内部推荐的流程是：先由需要用人的经理提出用人需求，人力资源部将此信息进行内部招贴，企业内部的员工知道有这个用人名额，就可以将自己认为合适的人选推荐到公司来，公司的用人经理和面试人员通过面试，觉得推荐人选适合，就可以让他来上班了。在这种方式下，招聘速度非常快。推荐进来的员工要经过3个月的试用期，经理觉得推荐来的员工适合，该员工的推荐人就可以拿到奖金。推荐来的人最大的一个好处是可以免去对背景考察，这种方法很有效。

北电网络公司对没有被录用的人会给他们建立档案，一些优秀的面试者因为没有相应的位置来录用，人力资源部通常会跟他们保持联络，在合适的时候请他们进来。从北电网络辞职的人如果不是因为违反公司制度的原因，尤其是那些表现好的员工，公司非常欢迎他们再回北电来。人力资源部会不定期与他们保持联络。

为了吸引那些优秀员工回北电，公司专门有一个"回归"政策。如果这些离去的优秀员工重新进入公司，公司会将他们原来的工龄续起来，所有与原来工作有关的福利都会接上来。

北电网络吸引人的特色是让每个人有"没有天花板"的感觉，用人只看人的表现和贡献。如果这个人有潜能，北电会给他提供许多学习机会。

北电公司一年里可能有两次薪金调查，比较北电与整个市场的薪金情况，确定公司整体的调薪政策。

在面试时，员工可能会提出一个薪酬要求，甚至有时候求职者提出的要求比北电给的还低，但是北电仍然会非常公平地按岗位给员工相应的薪水，不会出现员工要多少就给他多少的情况。北电网络的每个职位的薪酬标准都有很细致的市场调查依据。整个公司按职位将薪酬进行了很细的分类调查，构成整个工作类别的薪酬体系。

北电网络最大的一部分工资是基本工资。另外，每个员工有交通补助和餐补，也有国家规定的三大保险。公司在住房方面有自己的制度。公司大体上可以分为两条线：一类是做行政的，另一类是做市场和销售的。与销售有关的员工根据业绩有一部分佣金，做行政的员工无佣金，但是根据公司整体情况和个人贡献有奖金，1年有2次这样的奖金。行政员工的调薪在4月进行，销售人员在1月调薪。一般情况下，一名员工的工资在一年内不会变化，如果职位变了就会有薪金变动。北电的每个部门经理手头有一部分现金用于奖励员工，他们对业绩好的员工可以随时进行奖励，不需要通过人力资源部的烦琐手续。这种很常用的鼓励方式，能够对员工进行及时的肯定，让员工时刻能够感受到被肯定的快乐。

**分析**　北电网络的招聘和面试都是为了选拔真正的人才，它的经验有许多值得我们学习的地方。

# 独特的面试

某年 12 月初的一个平平常常的下午，广州宜安广场 18 楼普华永道广州办事处的一间会议室里，12 个年轻人正围桌而坐，用英语互相交谈讨论着。他们在分析一桩谋杀案，目的是找出凶手。在会议室的一角，两个普华永道的业务经理正襟危坐，一言不发地听着他们的讨论。

12 个人是来普华永道参加面试的应届毕业生。"这样的面试很独特，我完全没有料到他们会用这样的面试方法。"咎思思说。她是其中的面试者之一，即将从广州外语外贸大学毕业的她，已经是第四次踏进普华的办公楼——普华永道为每一个应聘者都设置了五道关卡，只有在这五道关卡都有出色表现的应聘者，才会被普华永道相中。

"我们对学生的专业没有任何限制，我们唯一关注的是他们的素质。"普华永道合伙人之一杜源申说，"我们对人才的要求是五个必备素质：优秀的英语表达能力、熟练的电脑操作能力、优秀的领导能力、良好的团队合作精神和极佳的沟通能力。"

为了招到优秀的人才，普华永道的人力资源部部长每年 10 月都要到中山大学和暨南大学为普华永道做宣传。每年他都会遇到同样的情形——听者云集，人山人海。

## 从申请到首次面试

从应聘者的一组数字可以看到面试的淘汰率——普华永道自从在 10 月做了招聘演讲以后，到截止日 11 月 5 日一共收到 900 份应聘简历，而最后能被录用的，不过 60 人左右，录取率不到 7%。

普华永道的招聘体系非常规范。每年 9 月份，普华永道中国区会召开一个统一的招聘会议，专门讨论本年度的招聘事宜，分别确定招聘时间、测试材料等具体事项。虽然招聘的测试程序有五个，但普华永道为每一次的测试确定了明确的时间——什么时候进行第一次面试，什么时候进行外语考试，什么时候会宣布应聘结果。有了这样一个明确的时间表，应聘者再也不用三天两头打电话询问了。

应聘者的简历都是在网上提交的。普华永道的网站上有对于简历的详细要求，应聘者按照要求填好电子表格，发到普华的网上，这算是第一道关。

应聘者的第二道关是英语关。在 900 多名应聘者中，普华选取了 600 个左右参加英语能力考试。时间确定在 11 月 10 日，这是简历提交截止日以后的第五天。"我们的英语考试形式很类似于大学课堂中的考试，"普华广州人力资源部任国洪介绍说，"至于口语能力，我们会在后面的面试中考核。"

10 天以后的 11 月 20 日，开始了第一轮面试。一般第一轮面试主要是介绍自己，整个面试过程都是用英语来完成的，由普华永道的各个业务部门经理做面试官。主要是询问面试者的工作经历和工作体会，还有就是遇到一些问题如何解决。

第一轮面试以后，600 个应聘者中有 400 个左右跨过了这第三道关。11 月 26 日，他们迎来了第四道关。

### 普华的撒手锏

普华招聘程序中最重要的一个环节是群体评估（普华称为 Assessment Center）。"这是我们招聘流程中最有特色的一点。"普华永道人力资源部部长介绍说。

普华把通过第一轮面试的应聘者以 10 个人或 12 个人分为一组，让每组人就某一个问题自由发挥，而面试官则在一旁观察，看每一个人的表现，并且给他们评分。所有的讨论都要用英语来完成。10 个人要分别找一个自己不认识的人两两搭配，用 10 分钟的时间相互介绍，然后用 3 分钟的时间向所有小组成员介绍自己的同伴。第二部分是主题讨论。面试官会给应聘者几个选题让他们挑选，然后有 10 分钟的准备时间，然后用三分钟的时间做陈述。

埃森·拉塞尔在他的《麦肯锡方法》中说到一个电梯理论——一个咨询师必须在和客户一起坐电梯的 30 秒钟内把自己的方案向他说清楚，不然就不会让繁忙的客户对你取得认同。如此看来，留给普华应聘者的 3 分钟还是挺长的。

群体评估的第三阶段是案例解决。面试官给应聘者一个案例，让小组成员共同解决。每一个面试者都会得到一张纸条，上面是面试官提供的几条相关信息——这些信息各不相同，可能是有用信息，也可能是无用信息，需要面试者自己来判断。10 个小组成员不能相互交换纸条，只能向别人提供自己手上的信息。

通常，每个小组一开始想把自己手上所有的信息都拿出来给别人看，但马上发现这样会非常浪费时间，在限定的 30 分钟内根本无法解决问题。于是有些小组就会找一个人做领头人，让他确定一条思路，然后 10 个人围绕这个思路提供自己的信息。这样，有些小组只用了 15 分钟就把问题解决了。

经过这一轮考核，400 个应聘者剩下了 200 个。他们要跨越最后一道关卡。

### 最后的面试

最后一次面试是由普华的合伙人来做面试官的。这个时候，普华不会再去考核他们的英语能力或专业能力，而是要考查他们的最终素质。

通过最后一轮面试的应聘者有 60 人左右，这 60 人即使不被录用，也会接到普华的等待通知单，一旦有空缺职位，普华永道首先想到的就是有等待通知单的人。

**分析** 能进入普华永道公司的员工无一不是百里挑一的精英，而怎么挑选精英也许是一个企业最重要的事情。

## 无领导小组讨论

东方票务是某地区最大的航空票务服务提供商。随着业务的不断发展和市场的快速扩张，公司希望有更多更优秀的人才加盟。在一次人才面试中，他们采用国际先进的人才测评技术——评价中心，即主要通过无领导小组讨论（Leaderless Group Discussion，简称 LGD）的方式。无领导小组讨论是将数名面试人员集中起来组成小组，要求他们就某一问题开展不指定角色的自由讨论，主试（评价者）通过对被评价者在讨论中的言语及非言语行为的观察来对他们作出评价的一种测评形式。

由于目前东方票务针对票务人员并没有系统的岗位描述书，因此在设计面试过程中，他们利用行为事件法来确定作为一名出色的票务人员所必须具备的素质，所以在无领导小组讨论中，他们将重点考查面试人员的市场意识、沟通能力、领导能力、团队精神以及工作主动性 5 个方面。

具体如下：

（1）面试方法：无领导小组讨论（LGD）。

（2）面试时间：1.5 小时（19：30 — 21：00）。

（3）分组方式：4~6 名一组，男女组合。

（4）讨论题目：（略）

（5）准备事项：

①桌子 1~2 张（视面试人员数量而定）；

②题目和答卷、主试者打分表。

（6）面试程序：

公司及岗位说明——面试程序说明——小组讨论 45 分钟——总结汇报。

小组讨论的进行主要是对于讨论题目，你们会怎样决定？有何方案？对他人选择的方案有何更好的建议和补充？

（7）1.5 小时后，小组将统一方案向主试者口头汇报。

评估表如下：

## 东方票务面试评估表

面试人员姓名：

| 项目 | 项目定义及事项 | 评分 |
|------|--------------|------|
| 市场意识 | 敢于提出不同意见，善于推销自己的观点 | |
| 沟通能力 | 说服或调解、营造使不发言的人也发言的气氛 | |
| 领导能力 | 坚持自己的观点，统一小组意见，总结观点 | |
| 团队精神 | 支持或肯定别人的观点，消除紧张气氛 | |
| 主动性 | 发言次数 | |

**分析**

　　无领导小组讨论适用于那些经常与人打交道的岗位（比如企业各层管理人员、人力资源管理人员以及营销人员等）的招聘。对于较少和人打交道的岗位（比如财务和研发），并不提倡以此法作为中心测评技术。一般来说，无论哪一种人才测评方式，测量的素质因素越少越好，只测五六种，测量多了会导致考官无法集中注意力。这是人才测评的一个基本原则。

　　当然，通过小组讨论还可以测量应聘者的思维能力、语言表达能力等，但测量这些素质还有更加适合的方法，不作为无领导小组讨论测评的主要变量。比如，面试就可以更加全面地测量一个人的语言表达能力。

## 丰田的"全面招聘体系"

### 一、"全面招聘体系"具体内容

　　丰田公司全面招聘体系的目的是招聘最优秀的有责任感的员工，为此公司做出了极大的努力。

　　丰田公司全面招聘体系大体上可以分成6大阶段，前5个阶段招聘大约要持续5～6天。

　　第一阶段，丰田公司通常会委托专业的职业招聘机构，进行初步筛选。应聘人员一般会观看丰田公司的工作环境和工作内容的录像资料，同时全面了解丰田公司的招聘体系，随后填写工作申请表。1个小时的录像可以使应聘人员对丰田公司的

具体工作情况有个大概了解，初步感受工作岗位的要求。观看录像同时也是应聘人员自我评估和选择的过程，能使许多应聘人员知难而退。专业招聘机构也会根据应聘人员的工作申请表和具体的能力和经验做初步筛选。

第二阶段，评估应聘人员的技术知识和工作潜能。通常会要求应聘人员进行基本能力和职业态度心理测试，评估应聘人员解决问题的能力、学习能力和潜能以及职业兴趣爱好。如果是技术岗位的应聘人员，还需要进行6个小时的现场实际机器和工具操作测试。通过前两个阶段的应聘者的有关资料会被转入丰田公司。

第三阶段，丰田公司接手有关招聘工作。本阶段主要是评价员工的人际关系能力和决策能力。应聘人员在公司的评估中心参加一个4小时的小组讨论，讨论过程由丰田公司的招聘专家即时观察评估，比较典型的小组讨论是应聘人员组成一个小组，讨论未来几年汽车的主要特征。实地问题的解决可以考察应聘者的洞察力、灵活性和创造力。同样在第三阶段，应聘者需要参加5个小时的实际汽车生产线的模拟操作。在模拟过程中，应聘人员需要组成项目小组，负担起计划和管理的职能，比如如何生产一种零配件、人员分工、材料采购、资金运用、计划管理、生产过程等一系列生产考虑因素的有效运用。

第四阶段，应聘人员需要参加一个1小时的集体面试，分别向丰田的招聘专家谈论自己取得过的成就。这样可以使丰田的招聘专家更加全面地了解应聘人员的兴趣和爱好，他们以什么为荣，什么样的事业才能使应聘人员兴奋，以便更好地做出工作岗位安排和职业生涯计划。在此阶段也可以进一步了解员工的小组互动能力。

通过以上四个阶段，应聘人员基本上被丰田公司录用。但是应聘人员还需要接受全面的身体检查，以了解他们身体的一般状况和特别情况，如有无酗酒、滥用药物等问题，这是第五阶段。

最后在第六阶段，新员工需要接受6个月的工作表现和发展潜能评估，新员工会接受监控、观察、督导等方面严密的关注，以及严格的培训。

## 二、丰田公司到底招聘什么？

丰田的全面招聘体系使我们理解了如何把招聘工作与未来员工的工作表现紧

密结合起来。从全面招聘体系中我们可以看出：首先，丰田公司招聘的是具有良好人际关系的员工，因为公司非常注重团队精神；其次，丰田公司生产体系的中心点就是品质，因此需要员工对于高品质的工作进行承诺；再次，公司强调工作的持续改善，这也是为什么丰田公司需要招收聪明和受过良好教育的员工，基本能力和职业态度心理测试以及解决问题能力模拟测试都有助于形成良好的员工队伍。正如丰田公司的高层经理所说："受过良好教育的员工，必然在模拟考核中取得优异成绩。"

品质是丰田公司的核心价值观之一，因此，公司也在找寻对于工作质量有责任感的员工。小组面试的一个主要原因，就是发现员工自己最感到骄傲的成就。

丰田公司的生产体系基于决策的一致性、工作轮换制、富有弹性的职业发展路线。这就需要头脑开阔灵活、适应力强的员工，而不是因循守旧的教条主义者。丰田公司的全面招聘体系正是为此而设计的。

### 三、丰田公司全面招聘体系的主要特点

（1）不仅仅要看招聘员工的技能，还要考虑员工的价值观念。员工是否具备持续改善精神、诚实可信等优秀素质，对于员工基本价值观念的考查可以得出相关的答案，全面招聘体系就是考查员工基于这些价值观念的团队精神。

（2）必须为复杂的招聘过程付出时间和精力。通常，丰田公司在招聘初级员工的面试时间达到 8～10 小时，一般可能高达 20 个小时。大量时间和精力的投入是辨识人才的关键。

（3）企业的需要和员工的价值观以及技能相适应。小组工作制、持续改善和弹性工作制度是丰田公司的核心价值观，解决问题能力、人际关系技巧、对优良品质的追求是录用员工的关键要素。

（4）员工的自我选择也是重要的招聘过程。丰田公司不论在招聘的初期还是在长达 6 个月的试用期中，给予员工双向选择的机会，同时淘汰不能胜任的员工。整个全面招聘体系需要应聘员工做出同样的牺牲，员工需要花费大量时间和竭尽全力才能入选。

> **分析**　值得注意的是，丰田公司在招聘中不仅重视员工的技能，也考虑员工的价值观念。

## 花旗的招聘机制

每一年，花旗都会发起一定数量的实习生在花旗各地的机构实习，通过各种业

务为他们提供实习的机会和辅导计划。这些实习生参加诸如"系列演讲夏令营"活动，由有号召力的公司高层领导参加，包括花旗集团主席、董事长桑迪·威尔，花旗集团首席财务官托德·汤姆森等。

英若兹是美国一个非营利性组织，花旗集团每年与英若兹合作招聘新员工，这是一个可提高才能、发展领导力，帮助将更高的多样化带入工作场所的实习项目，在商业与工业领域训练与发展高中生与大学生，使其通过这个项目开始成功的职业生涯。花旗集团参与这个项目包括识别并雇佣少数实习生，并且用整个夏天的时间合作完成他们的职业设计，与此同时学习花旗集团的业务。这样，每年都有众多实习生通过这个渠道进入花旗集团，成为正式雇员。

### 多元化招聘策略

花旗集团用人多样化的印记无处不在。它与几所历史上有名的处于领导地位的黑人大学有着长期联系。花旗集团创立了一个团队，设计了明确的目标，从这些黑人大学招聘毕业生。这个团队与公司的业务部门紧密合作，来加强与这些学校的伙伴关系。

花旗集团注重与许多专业组织的战略性合作，包括全美黑人 MBA 协会、全美西班牙人 MBA 协会等，花旗集团是这两个组织的合作顾问董事会的成员之一。

花旗集团吸引多样化优秀人才的努力包括广泛地参加职业展览会。花旗每年都参加纽约、芝加哥、达拉斯等的"雇佣女性"活动，不断从中招聘女性进入消费者集团、投资银行、个人银行和技术部门的岗位。花旗还每年参加华尔街项目、西班牙人职业促进联盟、城市金融服务联盟等举行的专业招聘活动，通过各种渠道招聘优秀的金融人才。

### SEO 和华尔街项目

SEO（Sponsors for Educational Opportunity）是花旗创立的一种职业教育资助计划的简称。SEO 职业规划为没有毕业的大学生提供了在许多领域进行定位、培训和实习的机会。

花旗全球合作与投资银行是 SEO 的创始人之一。从 20 世纪 80 年代初以来，接收了 401 名实习生。已经有 45 名先前的实习生在花旗工作，他们的职位从分析人员到管理总监。

彩虹推动联盟 - 华尔街项目（Rainbow/Push Coalition - Wall Street Project）。花旗集团是这一项目的创建者之一，花旗支持项目的努力，支持少数公司更接近于金融服务公司。

## 花旗中国：人才定位在高层次

在中国，花旗银行每年都在著名大学中招募应届硕士毕业生，作为管理培训生，专业侧重在金融、财务、商务等领域。花旗银行前中国区企业传播及公共事务部助理副总裁郭晔就是作为管理培训生进入花旗集团的，从一名助理做起，短短几年她已经成为花旗的中层骨干管理人员，如今她又被派往美国总部接受国际化培训。

在招聘程序上，花旗银行通常会首先通过简历筛选，选择专业和学历都符合要求的应聘者，然后对应聘者进行考核。在对应聘者的考核环节中，首先对应聘者进行笔试，大都通过英语进行。面试环节，首先由人力资源部主持，接下来由用人部门进行，有时可能会经历五至六次面试，可谓"过五关、斩六将"，体现出花旗致力于通过高标准招聘到有志于在金融领域发展的合格人才。

在招聘标准上，花旗不会太注重毕业生的工作经验。作为学生来讲，社会经验肯定有所不足，花旗并不强求。但若有的毕业生拥有在大公司实习的经历，会增加应聘时的竞争力。花旗更加关注应聘者的潜力，在面试时，不但看应聘者现在所具备的能力，更会看其是否具有发展潜力，在若干年后能否在工作中发挥更大的作用。

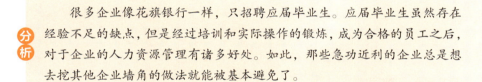

**分析**　很多企业像花旗银行一样，只招聘应届毕业生。应届毕业生虽然存在经验不足的缺点，但是经过培训和实际操作的锻炼，成为合格的员工之后，对于企业的人力资源管理有诸多好处。如此，那些急功近利的企业总是想去挖其他企业墙角的做法就能被基本避免了。

## 朗讯有文化的招聘

朗讯是这样一家公司：它的历史很长，它的面孔很新，它喜欢各种不同类型的人；它可以摆脱 AT&T 的阴影，它摆不脱通信进入信息时代的宿命；它的文化要学习别人，它的通信技术让人学习；它有一个贝尔实验室，实验室支撑了它的命运；它真正渴望人才，它对待人才的方式是：抢！

### 闪电招聘

朗讯的招聘用一个"抢"字形容毫不为过。1998 年，朗讯中国公司需要大量的研究人才。"军令如山"，人力资源部接到这个命令，迅速组织了一支招聘"快速反应部队"，25 个人分成 5 个小组，乘飞机迅速进入 5 个地区，散布到 16 所院校。5 人小组由 3 个科学家、一个人力资源部负责人、一名秘书组成。招聘小组到达学校的第一天就马上做招聘会、贴广告，组织学生来看来谈。一天内他们花 1.5 个小时做招聘会，然后筛选收集来的简历，到晚上就公布面试名单。第二天，招聘小组全天进行紧张的面试。晚上 9 点，5 个小组通过电话会议，彼此通报各地区的生源情况，确定各地区的专业情况和名额，当晚 10 点钟就将录用的名单贴出去。第三天跟被录用的学生签合同。一周时间内，他们用 25 个人招了 100 个人。

"1998 年因业务发展需要招 100 个应届毕业生，时间比较紧，我们在招聘上做了一些创新。"朗讯人力资源部经理孙贺影说，"他们做招聘是在和竞争对手抢，更确定地说是在人才市场中抢。"1999 年，朗讯共招聘了 419 人。1999 年 10 月，朗讯就招了 200 人，这些人将在 2000 年上班。一般情况是，当别的公司意识到要开始到大学搞演讲宣传招人时，朗讯就已经招完了。

"闪电行动"需要充分的前期准备工作，朗讯公司很早就开始集中目标甄选学校，去年去过的学校，今年朗讯就不再去招人。朗讯还要提前解决进京进沪的指标问题。招聘前做好招聘袋，里面有面试日程表、面试问卷、朗讯公司的资料等。朗讯对自己的资料要求是：一旦学生看完朗讯公司的资料，就不需要问任何问题，非常清楚。朗讯的招聘过程非常程序化，所以一开动招聘机器就能抢占先机。

朗讯很少用猎头公司。它用猎头公司招的人不到 2%。朗讯的观点是：①倾向于自己培养人才；②猎头公司费用太高；③服务跟不上。中国的猎头公司比前几年有很大进步，但跟国际先进水平相比还有一定距离。

### 有文化的招聘程序

朗讯需要什么样的人才？在中国，朗讯有两个差别明显的地方，一个是贝尔实验室的研究开发人员，一个是市场销售和行政人员。

贝尔实验室喜欢从应届毕业生里挑选人才，其挑选应届毕业生的方式针对性很强。朗讯认为搞研究开发要有很新的知识，而且搞通信技术的开发"坦率地说需要高学历"。1999 年朗讯贝尔实验室招聘的 200 人，98% 是硕士研究生和博士生，这些高学历人才的集散地当然是学校，它的目标就是应届毕业生。学校是人才最新最集中的地方，除了全面扎实的知识结构和较新的知识，朗讯还看重毕业生的可塑性，他们比较容易学新东西。

朗讯的招聘程序目标非常明确。它考查的重点有两个方面。一个重点是专业技能，如主考官可能会关心应聘者的专业和工作背景及经验，你对所申请的工作具备的技能。主考官会就这些方面问一些问题，而每个问题会有三个等级的打分。另一项非常重要的考查值是朗讯的文化尺度行为：GROWS，看应聘者是否能够适应朗讯的文化，朗讯在招聘时就考虑了文化优先权。GROWS简单地讲就是5个方面："G"代表全球增长观念；"R"代表注重结果；"O"代表关注客户和竞争对手；"W"代表开放和多元化的工作场所；"S"代表速度。就在5个不同方面，主考官同样会问不同的问题，如你在以前工作中遇到困难是怎么处理的，你有没有在有竞争的情况下成功签单，还有你如何提高自己的工作速度，如何当团队领导等问题。每一个应聘者面试时会有两个面试官，他们会在每一项问答里面评注和打分。应聘者可能被标记为优势明显，可能被标记为需要一定培训，可能被标记为不足，最后面试官会通过这些问话的打分，将技能经验打分与GROWS打分填到招聘矩阵中，来确定应聘者是否符合朗讯的要求。

　　朗讯将它的这种测试称为行为和技能测试。在招应届毕业生时，情况会有所不同。朗讯会让应届毕业生用英语做45分钟的演讲，这是非常艰难的关卡。演讲会暴露很多问题。如果应聘技术职位，朗讯会让应聘者专门针对他做过的课题，进行技术方面的演讲。朗讯的招聘一般有科学家参加，这是朗讯对贝尔实验室技术专家的特别称谓。这种面试会有两个科学家和一个研究人员旁听，考查应聘者技术领域的知识。行为测试主要是对他们过去的经历进行行为学分析，来判断一个人的综合素质，如思考能力、分析能力、沟通能力以及意识和情绪特点。主考官有一些标准的问话，半个小时的面谈注重考查他怎么处理以前发生的问题。什么样的回答打2分，什么样的回答打3分，最后行为和技能面试的总分成为是否录用的依据，这些都能通过矩阵非常清楚地显示出来。

　　朗讯有时也会遇到一些非常优秀的人才，但是暂时还没有适合他们的位置，人力资源部会有一个自己的"红名单"，记录这些被隔离在朗讯玻璃门外的优秀人才。朗讯会与"红名单"上的人建立联系，这是它们的一种习惯。建立自己的"人才小金库"，往往能在人才出现少量变动时及时提供候补人员。

　　朗讯公司在招聘流程上的高效率以及重视应聘者的文化素质实际上是它们在企业文化上的特点。

## 麦肯锡的主张

　　麦肯锡公司是美国一家世界著名的企业咨询机构，其管理思想、用人之道一贯受到世人的青睐。麦表锡认为，如果用人时主要考查其工作能力和工作热情两个方面，则可以将人分为4种：

　　（1）工作能力强，工作热情高。

　　（2）工作能力低，工作热情高。

（3）工作能力强，工作热情低。

（4）工作能力低，工作热情低。

管理者应仔细思考对这4种人采取什么样相应的对策。这4种人有不同的使用方法。麦肯锡主张，对于第一种人采取重用、鼓励政策；对于第二种人采取培训或调用的策略；对于第四种人则解雇；对于第三种人是勿留！

**分析**

第一种人和第四种人大家都觉得好处理，第一种人重用，第四种人不用。在第二种和第三种人的处理上，参加讨论的人产生了分歧。在第二种人和处理上，有人提出不用，理由是企业是追求利润的，没有必要录用没有能力、不创造利润的人。有人提出可以视情况予以录用，企业用人不应太投机，也应该有投入，自己培养出来的人更可靠。在第三种人的处理上，参加讨论的人分歧很大。有的人认为如果他遇到这样的人是会录用的，原因是人家有能力、能创造利润，人才难得；另外有人认为坚决不用，原因是不能因小失大，队伍的纯洁性比一个人创造的利润更重要。

## 张先生的一次招聘经历

根据职位分析书，人力资源主管张先生从网上简历库中找到了A。A毕业于重点大学化工机械专业，有一年软件市场推广经验。张先生同他约好，第二天下午3点到公司面试。

第二天，A准时来到公司接待室。A着深灰西服、白衬衫、深紫色领带，头发经过仔细修饰，脸上有一些细细的小汗珠。张先生先问了问他坐什么车，路上顺不顺利等，以缓和一下紧张的空气。然后，张先生让他填一张应聘人员登记表，表填完之后，张先生详细地看他填写的情况是否同网上简历一致。进入下一个程序后，张先生请他简单地谈一下在上一家单位的工作情况。从他的谈话中张先生了解到，他在上一家单位做了一年销售工作，有较好的业绩，从那家公司辞职是因为不适应公司的管理风格。张先生问："你能把做得成功的业绩给我谈谈吗？"A开始进入了状态：如何电话联系，如何同客户交流，如何采用销售技巧，到后来简直有点眉飞色舞。为了考验他对情绪的把握能力，张先生打断了他的谈话，问："你凭什么认为你适合在我们公司做销售工程师呢？"A的脸马上红了，沉默了两三分钟，然后说："我做了一年销售工作，因为是学化工机械的，对化工行业熟悉，而贵公司是做与实验室有关的信息管理系统软件。"张先生听罢，微笑不语，然后把公司有关销售工程师面试的测试题交给他，让他做。面试结束送走他后，张先生将他做的测试题交给公司市场营销部，并在应聘登记表上的结论处写下了对他的评语：不容易把握自己，重视事物的表面现象，工作经验欠缺，人际交往能力有待提高。

张先生后来联系了 A 上一家单位的相关人员，得知此人是因为最近同部门经理关系僵化才离开公司的，而且其业绩并不是如他所说，都是同其他人合作才取得的。

> **分析** 作为一个招聘人员，在为公司进行人员招聘时，要坚持人才招聘工作的最基础的准则，要找到合适的人员，而不是找一个没有一丝缺点的人，更不要凭自己的第一印象来判断一个人是否合格。发现合适的人要当机立断决定下来，不要拖延时间，贻误战机。你认为这个人对你公司是合适的，同时，可能这个人对其他公司也是合适的。要记住：千万不要草草结束面试，更不要把面试时间硬性规定为 20 分钟，用一些程式化的语言提问，如先给应聘者 10 分钟谈谈自己、为什么要离开上一家公司之类的话，要让应聘者自己自然而然地讲出来。人才招聘工作中要想全面地了解一个应聘者的情况，通过多种方式进行考查是一个切实可行的方法。

## 耐顿的招聘活动

耐顿公司是 NLC 化学有限公司在中国的子公司，主要生产、销售医疗药品。随着生产业务的扩大，为了对生产部门的人力资源进行更为有效的管理开发，自 2000 年初始，分公司决定在生产部门设立一个新的职位，主要负责生产部与人力资源部的协调工作。部门经理希望从外部招聘合适的人员。

根据公司的安排，人力资源部设计了两个方案：一是通过在本行业专业媒体中做招聘广告，费用为 3500 元，优点是对口的应聘人员的比例会高些，招聘成本低，缺点是企业宣传力度小；另一个方案为在大众媒体上做招聘广告，费用为 8500 元，优点是广告影响很大，缺点是不合格应聘人员的比例很高，前期筛选工作量大，招聘成本高。人力资源部的初步意

见是选用第一种方案。人力资源部把两种方案向上级主管汇报，反馈回来的意见是，考虑到公司处于初期发展阶段，市场的知名度不高，公司应该抓住每一个宣传企业的机会，而第二种方案显然有利于宣传企业，所以人力资源部最后选择了第二种方案。

在接下来的一周里，人力资源部收到了 800 多份简历，人力资源部的人员首先从 800 多份简历中选出 70 份候选简历，然后经再次筛选，最后确定 5 名候选的应聘人员，并将这候选人名单交给了生产部的负责人。

经过与人力资源部协商，生产部经理于欣最后决定选出两人进行面试，这两位候选人是李楚和王智勇。人力资源部获得的他们的资料如下：

| 姓名 | 性别 | 学历 | 年龄 | 工作时间 | 以前的工作表现 | 结果 |
|------|------|------|------|----------|----------------|------|
| 李楚 | 男 | 企业管理学士学位 | 32 | 有 8 年一般人事管理及生产经验 | 在此之前的两份工作均有良好的表现 | 可录用 |
| 王智勇 | 男 | 企业管理学士学位 | 32 | 7 年人事管理和生产经验 | 以前曾在两个单位待过，第一位主管评价很好，没有第二位主管的评价资料 | 可录用 |

从以上资料可以看出，李楚和王智勇的基本资料相当。但值得注意的是，王智勇在招聘过程中，没有上一个公司主管的评价。公司告知两人一周后等待通知。在此期间，李楚静待佳音；而王智勇打过几次电话给人力资源部经理，第一次表示感谢，第二次表示非常想得到这份工作。人力资源部和生产部门的负责人对两位候选人的情况都比较满意，虽然王智勇的简历中没有在前一个公司工作的主管的评价，但是生产部负责人认为并不能说明其一定有什么不好的背景。生产部负责人虽然感觉王智勇有些圆滑，但还是相信可以管理好他，再加上王智勇在面试后主动与该公司联系，生产部主管认为其工作比较积极主动，所以最后决定录用王智勇。

王智勇来到公司工作了 6 个月，公司经观察发现，他的工作不如预期的那样好，指定的工作经常不能按时完成，有时甚至觉得他不能胜任其工作。王智勇也觉得很委屈：工作一段时间之后，他发现招聘时所描述的公司环境及其他方面情况与实际情况并不一样；原来谈好的薪酬待遇在进入公司后有所降低；工作的性质和面试时所描述的也有所不同；没有正规的工作说明书作为岗位工作的基本依据。

**分析**　在招聘过程中，企业要制订好招聘原则，应聘者首先要衡量招聘企业是否适合自己。

# 编 后 语

　　人类的发展与知识传播的速度是成正比的。当一个人的智慧变成了绝大多数人的智慧的时候，整个人类就前进了一大步。能够致力于知识与信息的传播，为社会的进步尽绵薄之力，是一件引以为荣的事情。本系列图书的编写者均为一直奋斗在管理培训领域的工作者，亲身体验也亲眼目睹了培训师群体的成长。几年来，我们总是以收藏家的眼光来发掘和整合一些业界的"珍宝"——对培训师和培训工作有用的资讯、素材和工具。业界许多的朋友对于我们长期积累的这些成果表现出了浓厚的兴趣，甚至于不远万里来求索，并建议付梓出版。

　　经过多年的努力，我们终于顺利出版了企业管理培训丛书：《培训游戏全书》《培训故事全书》《培训幽默全书》《培训案例全书》《户外拓展训练全书》《杰出员工训练全书》《培训管理全书》《培训师训练全书》《PPT微课制作全书》等九本培训专业工具书。在编写过程当中，我们秉承了一贯的原则，那就是努力使书中的内容做到最新、最全面和最经典。我们希望，书中辑录的每一段文字都能够对读者产生影响，对读者有所启迪。

　　本书能够顺利出版，要感谢众多有实战经验的培训界朋友和作者对此系列图书的重视和支持。是他们主动给我们提供了有价值的材料，并对我们的编辑工作给予了宝贵意见和指导。

　　为编写本书，我们翻阅、借鉴了大量图书、资料。由于种种原因以及时效和通讯上的障碍，无法一一与原作者及版权所有者取得联系，在此谨表歉意。为了表示我们对原作者及版权所有人的尊重，相关事宜请通过专设邮箱peixunbook@163.com与我们联系，我们将及时予以回应。

　　最后，再次向关心和支持本系列图书出版的朋友，表示深深的谢意。

编 者